本书出版得到铜仁学院精品科研成果经费资助

YUEJIAJUN YANJIU

岳家军研究

史泠歌 著

河北大学出版社·保定

出 版 人：朱文富
责任编辑：王红梅
装帧设计：王占梅
责任校对：王亚薇
责任印制：常　凯

YUEJIAJUN YANJIU

图书在版编目（CIP）数据

岳家军研究 / 史泠歌著. -- 保定：河北大学出版社，2016.8（2023.8重印）
ISBN 978-7-5666-1042-3

Ⅰ. ①岳… Ⅱ. ①史… Ⅲ. ①岳家军－研究 Ⅳ. ①K245.05

中国版本图书馆CIP数据核字(2016)第205033号

出版发行：河北大学出版社
地址：河北省保定市七一东路2666号　邮编：071000
电话：0312-5073003　0312-5073029
网址：www.hbdxcbs.com
邮箱：hbdxcbs818@163.com
经　　销：全国新华书店
印　　刷：保定市北方胶印有限公司
幅面尺寸：148 mm × 210 mm
字　　数：290 千字
印　　张：12.25
版　　次：2016 年 8 月第 1 版
印　　次：2023 年 8 月第 2 次印刷
书　　号：ISBN 978-7-5666-1042-3
定　　价：32.00 元

如发现印装质量问题，影响阅读，请与本社联系。
电话：0312-5073023

序

程民生

自古以来，历代正规军队都是国家所有，这是一个朝代稳定的政治基础和标志，军权就是政权。一旦帝王不能有效指挥军队、任命军官，那就意味着他丧失了军权，或自愿放弃了军权，其地位性质通常就是傀儡了。至此，这个朝代也就不正常了。

帝王并不亲自执戈，必须委托武将带兵，为了宗庙社稷，对替自己卖命的武将肯定要给予一定的信任和优惠来换取其忠心；另一方面，还会密切防范其背叛。相应的是，一个武将，无论级别多高都不是最高统帅，都必须听命于帝王。对帝王来说，武将也是兵，可以任意调遣、处置。正因为军权的极端重要性以及帝王对军权的极端敏感性，武将处在既要在军队中树立“军令如山倒”的绝对权威，又要避免帝王对其“拥兵自重”乃至“功高盖主”的猜忌。前者涉及战争的胜负、国家的安危，后者则涉及武将地位的升降、自身的安危。英勇善战、深谋远虑，是优秀武将的必备素质，但是，如果不被帝王信任，就可能惹来杀身之祸。

这真是“为君不易为臣难!”军权无论对君主还是武将，都是双刃剑，可置对方于死地，稍有不慎也可置自己于死地。所以武将、尤其是威名远扬的武将一定要小心翼翼，尽可能地避免所率军队打上个人的印记，这才是于国、于民、于己都有利的万全之策。

然而，竟有例外！

那就是，在君主专制的古代，在崇文抑武的宋朝，有以武将姓氏命名的军队。南宋中兴时立下汗马功劳的三大将，就是如此。“隶张俊者则曰张家军，隶岳飞者则曰岳家军，隶韩世忠者则曰韩家军。”其中，名气最大的就是“岳家军”。检索收录自先秦至民国历代典籍1万种、计17万卷《中国基本古籍库》，发现“岳家军”284次、“韩家军”21次、“张家军”16次；此外，南宋后期还有四川吴璘、吴玠的“吴家军”15次（2次无关）；再扩大视野，明朝也有戚继光的“戚家军”16次，俞大猷的“俞家军”8次，明末郑芝龙的“郑家军”3次（清末、民国时期的西北“马家军”尚不在该数据库任何书籍中）。显而易见，所有其他的频次都无法和“岳家军”比拟。这就显示了“岳家军”在中国历史上的典型性以及特殊性。而仅有的7支冠以统帅姓氏的军队4支在南宋，3支在南宋初，又显示了南宋初的时代特点。

作为历史的产物，“岳家军”早已成为过去，化成一座丰碑，但当代中国需要一支精神上清正威武的“岳家军”。研究“岳家军”的历史意义，不仅在于弘扬著名将领岳飞的伟大爱国主义精神，具体在于分析、揭示其特殊性和蕴含的密码；研究岳家军的学术意义，则在于首次系统梳理一支部队的形成、建制、番号、结构、兵力、装备、驻防、归属以及变迁，等等，是宋代军制研究的有益充实。犹如解剖麻雀，由此类比其他部队；犹如管孔窥豹，由此一窥南宋军队和政治。这是我支持史泠歌博士选择该题目作博士后出站报告的全部理由。

史泠歌博士是在河北大学宋史研究中心博士研究生毕业后，由著名史学家、中国宋史研究会原会长王曾瑜先生推荐给我，到河南大学宋代研究所作博士后的。曾在河北大学兼职的王先生对她十分器重，说她起点虽低，但非常用功，所以进步快而且明显。入站以来，她在本单位繁忙的教学任务之余，克服家务和身体等的诸多麻烦，奔波于保定、铜仁、开封三地，靠着一贯的刻苦勤奋，几经修改，完成了这部出站报告。其中的艰辛甘苦，恐怕唯有自己知道了。

学无止境，无论宏观还是微观都是如此。对史家姑娘来说，宏观上博士后出站只是学术生涯的开端，还有数十年的路途遥遥在望；微观上岳家军研究还有很大的空间，即便是倾其一生，也未能穷尽。当今之世，做学问虽然清苦，但并不难，难在静下心来做学问。有不畏清苦，毕生追求者；有不觉清苦，甘之如饴者。人各有志，未必清苦一生，我也不希望她、不希望任何人一生清苦。如果能真诚地喜爱学问，将其当作欢乐的事业，那该多妙啊！值祝贺付梓之际，以此与泠歌君共勉。

2015 年 8 月于河南大学

目　录

绪　论

一、选题的学术价值和现实意义

绍兴初年（公元 1131 年），为抵抗女真骑兵南侵，南宋逐渐形成了韩世忠、刘光世、张俊、吴玠和岳飞统率的五支屯驻大军，与金朝对峙。而岳飞治下的岳家军，自建炎三年（公元 1129 年）独立成军后，一直以“纪律严明，秋毫不犯”“兵不犯令，民不厌兵”、勇于战斗而著称于世。[①] 这支雄师的将士都由哪些人组成？其指挥系统如何运作？常用兵器装备是什么？后勤供应途径有几种？和南宋同时期其他军队相比，岳家军的作战能力有何特点？岳飞被害以后，后岳飞时代的鄂州驻扎御前诸军战斗力又如何退化？这些问题，都值得我们重视和研究。

（一）学术价值

本书拟对岳家军进行尽可能的深入考察，以期还原真实的岳家军。对岳家军的系统考察，有助于了解南宋军队的建制构成、指挥体系、后勤供应特点，以及南宋军队的作战水平，从而拓宽对宋代军事史的研究，对宋金史和中国古代军事史的研究可起到

① ［宋］岳珂著，王曾瑜校注：《鄂国金佗续编校注》卷 1 高宗手诏、卷 14《忠愍谥议》，中华书局 1989 年版，第 1142、1338 页。

添砖加瓦的作用。对岳家军的系统研究，也有助于深入了解中国古代专制社会中央集权的等级授职制下的军队腐败的症结。

（二）历史意义

岳飞治下的岳家军虽然存在时间短暂，但岳家军所具有的中华民族优秀军事传统，是值得今人传承和发扬的。岳飞和岳家军的爱国主义精神，对于中华民族今天的继往开来，进行精神文明建设，弘扬“祖国至上”的爱国主义，仍有重要的价值和意义。

对后岳家军的战斗力的退化进行考察，对今天的军队反贪腐的重大课题当然也有重要的历史借鉴意义。

（三）现实意义

首先，军队作为特殊的社会组织形式，能打仗、打胜仗是军队的使命所在。能打胜仗，也是维护国家安全和实现强军目标的必然要求。岳家军严明的军纪、整肃的军政、强悍的军风、严格的军训，勇往直前、不惧强敌的殊死战斗精神，对于我们今天现代化国防军队的建设、强军理想和目标的实现，仍然具有重要的启迪和借鉴作用。

其次，岳家军在维护祖国统一、抵御外侮方面的强大战斗力，对于今天的国防军队建设，仍然有重大的借鉴意义。

二、研究现状

岳家军主将岳飞，是中国家喻户晓的历史人物，自然也是学者们关注的对象。学界在对岳飞进行研究的同时，对岳飞组织和训练的南宋抗金雄师——岳家军也有相当研究。

（一）专门论著

1．专门研究主将岳飞的论著

清末，反清的革命党人为鼓舞士气，开始注意到反抗异族压迫的著名将领岳飞。自此至民国，尤其是在抗战时期，各种论著皆是力赞岳飞为中国的抗金英雄。[①] 如1903年发表在《湖北学生界》第4期的《中国民族主义第一人岳飞传》，“称岳飞是中国五千年历史上的第一抗金英雄”[②]。

1933年，管雪斋先生所著《岳武穆》在汉口出版，书中涉及了岳飞的军功、治军等方面。[③] 金毓黼先生1944年发表在《志林》第6期的《岳飞战功考实》，考证了岳飞战功。[④] 1945年，重庆商务印书馆出版彭国栋先生的《岳飞评价》，该书用6万字评价了岳飞修身、用事、事功等方面。[⑤]

何竹淇先生在《岳飞抗金史略》一书中，将岳飞抗金活动分为四期，并列出了岳飞抗金大事年表。[⑥] 1969年，毕生从事岳飞研究的台湾学者李安，在《岳飞史迹考》书中，对岳飞的“安内成就”“攘外事功”等进行了叙述。[⑦] 但此书显然不是专治宋金史的史家之作，只是株守岳珂《鄂王行实编年》的叙事，不加考辨，也不懂宋朝的制度。

邓广铭先生是中国近代科学研究岳飞事迹的开拓者和奠基人。“顾颉刚先生发起的古史辨讨论，破除了对三皇五帝等的迷信，在真正意义上开始了对上古史的科学研究。那么邓广铭先生敢于对岳珂的《鄂王行实编年》提出质疑，破除对这份传记的迷信，并且广泛网罗宋人载籍，对岳飞事迹重新进行考订，剔除后人加于

① 朱瑞熙：《岳飞研究一百年》（1901—2000），载龚延明、岳朝军主编《岳飞研究论文集汇编》，浙江大学出版社2013年版，第944页；朱瑞熙、程郁：《宋史研究》第2章“有关宋代政治史的一些重大争论”，福建人民出版社2006年版，第32页。

② 《岳飞研究一百年》（1901—2000），《岳飞研究论文集汇编》，第942页。

③ 《岳飞研究一百年》（1901—2000），《岳飞研究论文集汇编》，第943页。

④ 《岳飞研究一百年》（1901—2000），《岳飞研究论文集汇编》，第945页。

⑤ 《岳飞研究一百年》（1901—2000），《岳飞研究论文集汇编》，第943页。

⑥ 何竹淇：《岳飞抗金史略》，生活·读书·新知三联书店1959年版。

⑦ 李安：《岳飞史迹考》，台北：中正书局1976年版。

岳飞的神的虚饰，而还其人的面目，也是在真正意义上开始了对岳飞的科学研究。邓先生的论著还包括编入全集的若干论文。此后的研究者大体都是沿着邓广铭先生开辟的通道行进。”他前后三次撰写《岳飞传》：第一次为1945年胜利出版社印行的《岳飞传》；第二次为1955年生活·读书·新知三联书店出版的《岳飞传》；第三次为1983年人民出版社出版的《岳飞传》（增订本），该书详细地记述了岳飞的生平经历，“讴歌和颂扬岳飞的爱国主义高风亮节，用以激励和鼓舞中华民族的复兴和奋进”①。

1984年，岳飞研究会在杭州成立后，多次组织召开国内或国际的研讨会，在对岳飞研究不断深化的同时，有关岳家军的研究成果在广度和深度上都大有进展。王曾瑜先生耗费心血校注的《鄂国金佗稡编、续编校注》②，校点了现存最详细记录岳飞生平的史籍，并做了史料的汇编和考证，为全面研究岳家军提供了极大便利。按王先生本人的说法，这是他毕生唯一的一部重量级史学作品。

祖慧先生《“黄龙府”再考》一文，对岳飞“痛饮黄龙”之说做了细致考证。祖慧先生认为宋人一般将黄龙府作为辽金的统治中心，“岳飞用‘黄龙府’代指女真贵族的老巢是有依据的，这也与他的一贯志向相吻合”③。

2. 专门研究岳家军的论著

（1）对岳家军部将的研究

张秀平、罗炳良先生在《岳家军群体人物研究》④ 一文中，

---

① 王曾瑜：《中国近代宋史研究奠基者的六十六年治史丰碑》，《丝毫编》，河北大学出版社2009年版，第439—440页。

② ［宋］岳珂著，王曾瑜校注：《鄂国金佗稡编校注》，中华书局1989年版。

③ 祖慧：《“黄龙府”再考》，《岳飞研究》第3辑，中华书局1992年版。

④ 《中国史研究》1997年第1期。

对岳家军中具有代表性的人物进行了考察，并分为三类。

王曾瑜先生在《岳飞和南宋前期政治与军事研究》与《尽忠报国——岳飞新传》《丝毫编》等书中，对岳飞事迹，包括其部将与幕僚生平等进行了详细考证。[①] 岳家军兵力最多时达 10 万之众，将士们来自社会各个阶层。这样一支大军，也需要对其指挥系统进行研究。

（2）对岳家军作战经历的研究

我们注意到，邓广铭先生在《岳飞传》最后一版，除了继续第二版论证不存在朱仙镇之战以外，也不再沿用第二版关于岳飞三次北伐的提法。《岳飞传》（增订本）说："金军并力来打击岳家军时，在郾城和颍昌府的几次战役当中，岳家军虽然还勉强获胜，不曾落得失败的下场，而用战略眼光来估量这场战争，却已注定是必败之局了。"[②]

1978 年，徐规先生在《杭州大学学报》首期发表《朱仙镇之役与岳飞班师考》一文，论证了当时南宋诸军并非是岳家军最后南撤的史实。认为岳家军有朱仙镇一役，说六月"顺昌战败后"，"岳家军乘虚而入，进抵朱仙镇是有可能的"。但七月"颍昌一战"，岳家军"已遭受金兵的猛烈反击，折将损兵，几陷失败"，就不会有朱仙镇之战。此外，文章使用"金兀术"的小说用语，而不用完颜兀术的史名，系误。[③]

王曾瑜先生修订邓广铭先生 20 世纪 50 年代提出的岳家军三次北伐之说，认为绍兴六年（公元 1136 年）有秋、冬两次北伐，

① 王曾瑜：《岳飞和南宋前期政治与军事研究》，河南大学出版社 2005 年版；王曾瑜：《尽忠报国——岳飞新传》，河北人民出版社 2007 年版；王曾瑜：《丝毫编》，河北大学出版社 2009 年版。

② 邓广铭：《岳飞传》（增订本），人民出版社 1983 年版，第 312 页。

③ 《杭州大学学报》1978 年第 1 期，第 96—104 页。

应予分别，提出四次北伐之说。他对绍兴六年（公元 1136 年）秋、冬的第二、三次北伐提出新的论证，还引用《嘉靖尉氏县志》的记载，进一步确认有朱仙镇之战。① 他进一步指出："人们往往忽略金军被迫撤出开封城的问题，故我又在后来的文章中几次强调。这两件事应是岳家军北伐胜利形势最重要的标志，并且是紧密关联的。唯有岳家军朱仙镇之胜，已进逼开封城，方得有金军之撤。"② 王曾瑜先生又考订了岳家军最高兵力达十万人，其下至少分背嵬军等十二军，并设幕僚机构。③ 他提出："自宋金开战以来，宋军主要有和尚原、仙人关、顺昌、郾城和颍昌五次大捷，都大败完颜兀术亲率的金军主力。"④ 漆侠先生对此说表示赞同，他说："岳飞绍兴十年的北伐，作者充分肯定了岳家军郾城之战和颍昌之战，指出这两个战役，与吴玠、吴璘的和尚原、仙人关之战，刘锜的顺昌之战，是宋军抗金斗争的五次大捷，这一评论是恰当的。"⑤

就涉及本书的相关内容而言，近代的研究者对于岳家军的兵力、绍兴十年（公元 1140 年）岳家军大举北上后的军事态势，以及是否有朱仙镇之战，存在着不同看法。

顾文璧先生《岳飞清水亭之战和岳家军出师建康的路线问题》一文，考证了清水亭的具体位置，以及岳家军从宜兴出师建康的

① 参见王曾瑜《纤微编》，河北大学出版社 2011 年版，第 487 页注 2。

② 王曾瑜：《关于岳飞第四次北伐战绩的通信》，《丝毫编》，河北大学出版社 2009 年版，第 202 页。

③ 王曾瑜：《岳家军的兵力和编制》，《岳飞和南宋前期政治与军事研究》，河南大学出版社 2005 年版。

④ 王曾瑜：《岳飞和南宋前期政治与军事研究》，第 141 页。

⑤ 漆侠：《宋辽金史研究的"大有"年》，《漆侠全集》第 12 卷，河北大学出版社 2008 年版，第 214 页。

路线。[1] 贾文龙先生在《海江联防：岳飞旧部与南宋水军》一文中，认为岳家军水军旧部参加的绍兴三十一年（公元 1161 年）陈家岛海战和采石之战，“对扭转南宋朝廷的命运有着决定性作用”[2]。

（3）对岳家军军制的研究

关于作为岳飞亲军的背嵬军军名起源，汤开建先生《有关“铁鹞子”诸问题的考释》[3]、杨倩描先生《从俄藏黑水城文献看宋代的“背嵬”》[4]，对此有详细考证。

（4）岳家军军政与军纪

郭秉寅先生认为，岳飞治军以“严”字为核心，贯穿于选拔人才、军事训练、赏罚等方面。[5] 李安[6]、林登泉[7]先生在研究中都涉及了岳飞严于律己的治军风范。张其凡先生认为岳飞军事思想体现在“训士以德，为将谋先，严以治军，临机制胜，各用其长”[8]。

龚延明先生著有《岳飞评传》及一系列论文，对岳飞研究会的建设，以及《岳飞研究》辑刊的编著，有相当大的贡献。他在论著中分析了岳飞身先士卒、治军以严的军事思想。由于他熟悉

---

① 载龚延明、岳朝军主编《岳飞研究论文集汇编》，浙江大学出版社 2013 年版，第 19 页。

② “纪念岳飞诞辰 910 周年学术研讨会”发言稿，2013 年 3 月。

③ 载《宋史研究论文集》（1987 年年会编刊），河北教育出版社 1989 年版。

④ 载《宋史研究论丛》第 9 辑，河北大学出版社 2008 年版。

⑤ 郭秉寅：《岳飞的治军之道》（岳飞军事思想探讨摘录），载龚延明、岳朝军主编《岳飞研究论文集汇编》，第 298 页。

⑥ 参见李安《岳飞评传》，台北：正中书局 1969 年版。

⑦ 参见林登泉《严格清廉率先垂范——岳飞治军之法浅析》，《军事历史》1989 年第 2 期。

⑧ 张其凡：《岳飞军事思想试探——兼论宋代军事思想的发展》，载龚延明、岳朝军主编《岳飞研究论文集汇编》，第 637 页。

官制，如《岳飞官衔系年与考释》也有其特色。①

朱瑞熙先生在《岳飞思想论述》一文中，对岳飞思想中的“忠义和孝道”“公私观和正己自治说”等进行了分析。②

（二）相关论著

1. 政治史

王曾瑜先生的《北宋晚期政治简论》③《宋徽宗时的奸臣群》④《宋徽宗时的宦官群》⑤，以及《荒淫无道宋高宗》⑥ 等著作，对了解岳家军的历史背景具有一定作用。

2. 军事史

1932年出版的《自修适用白话本国史》一书，则认为岳飞的抗金事迹被夸大了，作者吕思勉先生谴责并否定了岳飞。⑦

1958年，沈起炜先生编著的《宋金战争史略》一书中，用相当多篇幅介绍了岳飞及其所率军队的战绩。⑧

陈振先生认为，朱仙镇之战“当系岳飞为掩护撤退而进行的佯攻”⑨。许怀林先生在《江西通史·南宋卷》中也肯定有朱仙镇之战。⑩ 陈振、许怀林和王曾瑜先生都是邓广铭先生的弟子，他们当然尊敬老师，但也对老师的研究提出一些异论，这是学术发

---

① 龚延明：《岳飞评传》，南京大学出版社2001年版；龚延明：《岳飞研究》，人民出版社2008年版。

② 朱瑞熙：《岳飞思想论述》，载龚延明、岳朝军主编《岳飞研究论文集汇编》，第249—253页。

③ 载《丝毫编》，河北大学出版社2009年版。

④ 载《中华文史论丛》2015年第3期。

⑤ 载《隋唐辽宋金元史论丛》第5辑，上海古籍出版社2015年版。

⑥ 河北人民出版社2007年版。

⑦ 《岳飞研究一百年》(1901—2000)，《岳飞研究论文集汇编》，第943页。

⑧ 《岳飞研究一百年》(1901—2000)，《岳飞研究论文集汇编》，第946页。

⑨ 陈振：《宋史》，上海人民出版社2003年版，第462页。

⑩ 许怀林：《江西通史·南宋卷》，江西人民出版社2009年版，第35页。

展和进步的正常状态。此外，朱瑞熙先生在《中华民族杰出人物传·岳飞传》中，也写了朱仙镇之战。[①]

黄宽重先生在《南宋地方武力——地方军与民间自卫武力的探讨》一书中，认为南宋时“各种民间自卫武力经朝廷收编，纳入正规军中，成为支撑南宋立国的重要国防战力；各地的地方军也在中央有调派的方式，填补屯驻大兵战力的不足，或成为正规军的一个支系，支撑晚宋政局”[②]。

王曾瑜先生在《宋朝军制初探》（增订本）一书中提出，南宋初屯驻大兵取代禁军，成为正规军。中期至后期时，创设的新军逐渐成为正规军主力；而各屯驻大军兵力削减，只占正规军的一小部分。[③] 他的另一专著《辽金军制》，则论析了作为岳家军对手的金军的军制、战斗力盛衰、战术等特点。[④]

林瑞翰先生《南宋之边防》[⑤]、陶晋生先生《南宋利用山水寨的防守战略》[⑥]、石文济先生《南宋初期军力的建立》[⑦]、何光岳先生《论南宋用于水战的“车船”》[⑧]、王曾瑜先生《辽宋金代的炮

---

① 朱瑞熙：《岳飞传》，载《中华民族杰出人物传》，中国青年出版社 1983 年版，第 53—54 页。

② 黄宽重：《南宋地方武力——地方军与民间自卫武力的探讨》，台北：东大图书公司 2002 年版。

③ 王曾瑜：《宋朝军制初探》（增订本），中华书局 2011 年版。

④ 王曾瑜：《辽金军制》，河北大学出版社 2011 年版。

⑤ 林瑞翰：《南宋之边防》，《幼狮学志》1907 年第 9 卷第 2 期，第 1—36 页。

⑥ 陶晋生：《南宋利用山水寨的防守战略》，《食货月刊》1977 年第 7 卷第 1—2 期，第 1—10 页。

⑦ 石文济：《南宋初期军力的建立》，《史学汇刊》1978 年第 9 期，第 75—81 页。

⑧ 何光岳：《论南宋用于水战的“车船”》，《洛阳师专学报》1985 年第 2 期，第 48—53 页。

和炮兵》[1] 等文，则对考察岳家军事装备与时代背景方面具有启迪作用。

3. 后勤供应

汪圣铎先生在《两宋财政史》的第二编第六章“军费开支”中，对南宋军费开支与军粮供给进行了研究，对军马的购买与养殖费用进行了着重探讨。[2] 史继刚先生《宋代军用物资保障研究》一书，较详细地考察了宋代军用物资保障问题。[3]

以上论著对研究岳家军兵力编制、后勤供给与鄂州大军等方面起到了很大的参考作用。

综上可知，目前史界的研究中，还只是涉及岳家军军政的某些方面，对岳飞在建设岳家军的作用、岳家军的指挥系统、武器装备种类与后勤供应途径，特别是对后岳家军——鄂州驻扎御前诸军的腐败与退化，至今尚未有系统研究的专著出现。

三、研究方法

首先，注重以历史唯物主义与辩证唯物主义相结合的史学理论，特别是马克思主义的阶级论和国家论作指导。沿袭前辈学者们总结出来的优秀史学研究方法，深入研究相关历史文献、金石碑刻资料，收集相关史料，实事求是地探求岳家军出现、壮大，以及改编为鄂州御前诸军后的腐败与退化。

其次，注重个案研究。不仅将岳家军与金军进行作战能力、战术的对比，而且将岳家军与同一时期南宋其他部队进行对比，凸显岳家军的战绩与强大的战斗力。在现有史料的基础上，对岳

---

① 王曾瑜：《辽宋金代的炮和炮兵》，《河南大学学报》1989 年第 4 期，第 87—94 页。

② 汪圣铎：《两宋财政史》，中华书局 1995 年版，第 395—440 页。

③ 史继刚：《宋代军用物资保障研究》，西南财经大学出版社 2000 年版。

飞身后鄂州驻扎御前诸军都统制进行统计，进而分析鄂州大军的退化原因。

最后，重视利用现代军事学、政治学等相关理论对岳飞的军事指挥思想与岳家军后勤供应等方面进行论析，以求还原真实的岳家军。

四、困难与努力创新

每一个学术选题都有其局限性，本文亦不例外。所遇到的最大困难和苦恼，就是相关史料的缺乏，甚至严重不足。

绍兴十一年（公元1141年），岳飞被宋高宗、秦桧等人杀害，之后的二十年间，“他作为一个大逆不道、十恶不赦的死者，几乎没有人敢于在公开场合，为他说半句公道话。在漫长的阴暗岁月里，在非常严酷的政治迫害下，大量有关岳飞的文字资料佚失或销毁了”①。官修史书如《高宗日历》，正如南宋人张震所说：“多所舛误。”② 当时一个修日历者对人说：“自（绍兴）八年冬，（秦）桧既监修国史，岳飞每有捷奏，桧辄欲没其实，至形于色。其间如阔略其姓名，隐匿其功状者，殆不可一二数。”③ 秦桧“擅政以来十五年间，凡所纪录，莫非其党奸谀谄佞之词，不足以传信天下后世”④。岳飞与岳家军的战功，不仅“国史秘内，无所考质”⑤，在文字狱的高压之下，私人记载也多被销毁。建炎四年（公元1130年）六月，岳飞驻军于宜兴县张渚镇张大年家，曾在

---

① ［宋］岳珂著，王曾瑜点校：《鄂国金佗稡编校注》前言，第1页。

② ［宋］王应麟：《玉海》卷47《高宗日历·建炎中兴日历、绍兴修日历》，广陵书社2003年版，第900页。

③ 《鄂国金佗稡编校注》卷20《吁天辨诬通叙》，第1026页。

④ ［宋］王明清：《挥麈录·后录》卷1《自秦桧擅政，纪录不足传信》，上海书店出版社2001年版，第54页。

⑤ 《鄂国金佗续编校注》卷14《武穆覆议》，第1343页。

张家屏风题辞，“后陷入罪，其家洗去之，今尚有遗迹隐然”①。南宋周南记载，绍兴九年（公元 1139 年），洪吉寿随赵士㒟与张焘往洛阳“祗谒陵寝”，私撰《巩洛行记》，从未公开。尽管在七十三年后，“败笈之所藏复出”，而其中“在武昌，所抄多窜定不尽存。其赴岳军燕设，与岳帅致馈间，亦多涂抹，偶其字画浓淡，尚余彷彿。使实遇兵，又蒙岳力，其不敢形笔墨以贾祸，决矣”②。再如薛徽言，与岳飞颇善，绍兴九年（公元 1139 年）去世后，长子薛季随“集录遗书，惧为家族之祸，故如《议和札子》《请岳相飞书》之类，皆别匮藏贮，有待而出”，“不意尚多遗落”。③ 正如后来的袁甫所说：“背嵬军马战无俦，压尽当年几列侯。先辈有闻多散轶，后生谁识发潜幽？”④

据王曾瑜先生考证和统计，宋高宗给岳飞手诏原有几百份，岳飞子孙费尽心力，最终仅得八十六份。⑤ 岳飞佚失的奏议等文件，“凡有数奏或数状，而不能计其数者，仅以一篇计”，共达二百零六篇以上。他最近重新统计，另加四篇，则共计二百一十篇以上。其中就包括绍兴十年（公元 1140 年）北伐时的复蔡州捷奏，郾城和颍昌大捷的至少两份补充捷奏。又如绍兴六年（公元

---

① ［宋］赵彦卫撰，傅根清点校：《云麓漫钞》卷 1，中华书局 1996 年版，第 12 页。

② ［宋］周南：《山房集》卷 5《跋巩洛行记后》，台北：商务印书馆，影印文渊阁《四库全书》本，1986 年版，第 1169 册第 60 页。

③ ［宋］薛季宣：《浪语集》卷 33《先大夫行状》《书先右史遗编》，台北：商务印书馆，影印文渊阁《四库全书》本，1986 年版，第 1159 册第 546 页；李心传：《建炎以来系年要录》卷 125，绍兴九年正月癸巳，上海古籍出版社 1992 年版，影印文渊阁《四库全书》本，第 2 册第 707 页。此书今有中华书局 2013 年出版的标点本，恢复了“虏”“夷狄”之类清人讳字，但错误较多，本书也取以参校，不另注页码。

④ ［宋］袁甫：《蒙斋集》卷 20《岳忠武祠》（三），台北：商务印书馆，影印文渊阁《四库全书》本，1986 年版，第 1175 册第 565 页。

⑤ 《鄂国金佗稡编校注》，第 50—51 页。

1136 年）第二次北伐，共计五份捷奏，今只剩下最后的杨再兴克长水县捷奏，而克伪齐镇汝军、虢州、商州和伪齐顺州的前四战捷奏也都已佚失。再如《铁网珊瑚》书品卷 2《宋两朝御札墨本》引绍兴十年（公元 1140 年）七月宋高宗赐杨沂中手诏："得岳飞奏，措置班师。刘锜奏，复入顺昌。已令各且驻军近便去处，报卿同共相度。如机会可乘，即约期并进。如未可，亦可驻军相近，声援相接，勿致为贼所窥。卿可急遣人与飞、〔锜〕议，定卿一军所向，庶几不失期会也。"岳飞"措置班师"奏今已佚失。同卷引绍兴十年（公元 1140 年）七、八月宋高宗赐杨沂中手诏："岳飞近奏，留王贵等在蔡州，已过顺昌，由淮西前来奏事。俟有定议，即报卿知。特遣亲札，谅宜体悉。"岳飞"留王贵等在蔡州"奏今已佚失。"搜入《家集》与《宝真斋法书赞》之诗文，共计一百七十八篇。可知《家集》与《宝真斋法书赞》之诗文仅存少数"，即使再加上《凤墅帖》续帖卷四所载的三封书简，"很多诗文业已佚亡"。[①] 王曾瑜先生说："笔者翻阅宋代史料，曾企图将岳家军各军和各将的统兵官，岳飞制置使司、招讨使司、宣抚使司等幕僚属官，排列成一个完整的战斗序列和编制名单，然而因资料之残缺不全，只能以失败告终。在传世的断简残编中，岳飞的部将和幕僚，有的尚可勉强拼凑成一个较完整的简历，有的仅存片断记述，有的长期服役于岳家军，有的仅短期充当岳飞部属，情况各不相同。"[②] 这也反映了史料不足给他带来的困难和苦恼。

经过邓广铭、王曾瑜、龚延明等先生两代人的努力，岳家军的相关史料大致可说已罗掘俱尽，不可能再有深入的搜剔，除非意外地发现新史料。岳家军从独自成军的建炎三年（公元 1129

① 《鄂国金佗稡编校注》卷 19，第 989—1020 页。

② 王曾瑜：《尽忠报国——岳飞新传》附录四"岳飞的部将和幕僚"，第 350 页。

年）到正式取消行营后护军名号的绍兴十一年（公元 1141 年），为时十三年，遗存的残缺史料在某种意义上仍算是相对丰富的。相比之下，自设立鄂州驻扎御前诸军到咸淳十年（公元 1274 年），元军占鄂州，宋荆、鄂诸军都统制程鹏飞“以本军降”①，前后共计一百三十四年，史料的单薄，又远逊于岳家军的相关史料。笔者经过极大的努力，甚至连鄂州驻军都统制的完整表格都制作不出，本书的附录只能是有多少统计多少。

尽管困难很多，自己学力浅薄，但有了程民生先生和王曾瑜先生的鼓励，我还是尽心尽力而为。毕竟迄今为止，尚无专著对岳家军进行系统与整体的研究。本书希望在前辈学者研究的基础之上，探究岳家军的建军和壮大，详细考察岳家军将士的组成，领导指挥体系和编制，岳家军的军事装备与后勤供应，岳家军的军政、军纪、军风、战斗力和战绩等。如在第一章第二节进一步论述岳飞是南宋初军界的后起之秀，第二章第二节进一步论述岳家军的提举一行事务和岳飞的幕僚，第三章第一节介绍岳家军的装备，第四章进一步比较顺昌、郾城、颍昌、柘皋、濠州诸战。希望对岳家军有更为系统和深入的研究，并以岳家军和鄂州大军为典型，推进南宋军制变迁的研究。特别是尽可能详细而深入地剖析鄂州大军腐败和退化的问题，并依据马克思主义的阶级论和国家论，进一步研讨历朝军队的退化规律，以为历史借鉴，则应是本书重要的创新点。

① ［宋］宋濂等：《元史》卷 8《世祖纪》，中华书局点校本 1976 年版，第 158 页。

第一章　岳家军的建军和壮大

事物的产生、发展与灭亡，都是内因和外因共同作用的结果，既是由它本身所固有的内部原因所引起，又同一定的外部条件密切联系。岳家军的产生，亦是如此。北宋军政腐败、军队没有战斗力的严重问题，在联金灭辽行动中充分表现出来，使得女真贵族看准了北宋皇朝的虚弱，敢于大胆发动不义的民族战争。面对女真贵族野蛮地侵掠、屠杀和奴役，以汉族为主的各族民众奋起反抗，以保卫当时最先进的文明。在抗金战争的洪流中，岳飞治下的岳家军，在抗金战场上作战勇猛，在众多抗金队伍中脱颖而出，号称“无一不当十”①。而金人则有“撼山易，撼岳家军难”之哀叹。② 著名的爱国诗人陆游诗云：“剧盗曾从宗父命，遗民犹望岳家军。”“岳家军，盖绍兴初语。”③ 岳家军是南宋时的民间称呼，其正式番号则前后有神武右副军、神武副军、神武后军和行营后护军。

---

① ［宋］魏了翁：《鹤山先生大全文集》卷 71《知南剑州洪公秘墓志铭》，《宋集珍本丛刊》，线装书局 2004 年版，第 77 册第 383 页。

② ［宋］岳珂著，王曾瑜点校：《鄂国金佗稡编校注》卷 9《遗事》，第 787 页。

③ ［宋］陆游：《陆游集·剑南诗稿》卷 27《书愤》，中华书局 1976 年版，第 743—744 页。

第一节　北宋晚期军政腐败和宋军溃散

贪腐是阶级社会的痼疾，一切剥削和统治阶级的通病。中国自秦汉以降，在古代专制主义中央集权的等级授职制下，政治的贪腐不可能得到有效的制约，只能愈演愈烈。政治的贪腐决然渗入军队，或者说，军队的贪腐本身就是政治贪腐的重要组成部分，军政腐败遂成中国历朝军队的通病。恩格斯说："国家无非是一个阶级镇压另一个阶级的机器。"① 军队当然是国家机器的重要组成部分。马克思说："中央集权的国家政权及其遍布各地的机关——常备军、警察、官僚、僧侣和法官，是起源于君主专制时代。"② 恩格斯还说："有产阶级，即土地贵族和资产者，使劳动人民处于被奴役的地位，这不仅靠他们的财富的力量，不仅靠资本对劳动的剥削，而且还靠国家的力量，靠军队、官僚和法庭。"③ 中国历朝军队的各种积弊，无非源于其阶级性。

一、北宋晚期军政腐败

宋朝的军政腐败也有其特殊性。因为有开国皇帝以黄袍加身的经历，故宋朝特别疑忌和防范武将。为了赵宋皇权的稳固，自宋太宗始，宋朝又开始采取以文制武的方针，实行保守的文官政治，而且纵容和姑息醉心于良田美宅、金帛子女的贪夫庸将。"赏

---

① 中共中央马克思恩格斯列宁斯大林著作编译局：《马克思恩格斯选集》第 2 卷《〈法兰西内战〉1891 年单行本导言》，人民出版社 1995 年版，第 336 页。

② 《马克思恩格斯选集》第 2 卷《法兰西内战》，第 372 页。

③ 《马克思恩格斯选集》第 2 卷《致国际工人协会西班牙联合会委员会》，第 321 页。

重于罚，威不逮恩”①，成了宋代对贪婪无能将帅的传统政策。

（一）北宋军政腐败的原因

中国不少皇朝在开国之初，军队还是强盛的，此后则逐步甚至相当快地走上弱化和退化之路。宋朝开国皇帝宋太祖赵匡胤固然是高明的军事家，他部署削平南方诸国，显示了宋军相当强的战斗力。但也应看到，当时与辽之间没有大战，而宋太祖攻北汉，却也在太原坚城之下顿兵挫锐。宋太宗灭北汉，则达到了宋朝武力之极盛。但随后又立即在对辽的高梁河之战大败，标志着宋朝的武力从此一蹶不振。在之后的对辽战争中，宋军尽管不无胜仗，总的说来，又明显地处于下风。在此种情势下，宋太宗无志于奋发图强，却开始确立了“守内虚外”的国策，这是由邓广铭和漆侠先生总结出来的。②

宋朝的武力由盛转衰，明显地早于和快于中国古代的其他王朝，高梁河之战距离宋朝开国正好二十年。王曾瑜先生认为：“宋朝的军事能力为何软弱，是个尚待深入探讨的问题，但显然是由各种因素造成的。例如宋朝消极地接受唐末与五代军事政变频繁的教训，着意提倡崇文抑武，以文制武，把对将帅的猜忌与防范，视为恪守不渝的家规，不敢委以全权，付以重兵，而通过各种制度和办法，削弱其指挥权限和主动性、灵活性。宋朝军制着重于消弭内乱，却以牺牲军事效能为代价。……北宋建国不久，就逐渐形成了‘守内虚外’、消极防御的战略传统，习惯于分兵防守，结果尽管处处被动挨打，仍然不愿集中兵力，特别是让有能力的

① ［宋］李焘：《续资治通鉴长编》卷138，庆历二年十月戊辰，中华书局2004年版，第3316页。

② 参见漆侠《宋太宗与守内虚外》，《漆侠全集》第9卷《探知集》，河北大学出版社2008年版。

将帅统一指挥。凡此种种，都可以说是重要原因。”①

人类的军事史表明，战争可以成为强军的磨刀石，只要将帅优秀和高明，军队必然愈战愈强，其素质会愈战愈好。反之，和平时期往往会出现军队素质下降和退化，其主要因素无非是军政腐败和军训废弛。两者有连带关系，而尤以军政腐败为根本。军政腐败，必然导致庸劣之才窃居军事领导的高位，从而导致军备废弛。

1. 宋军积弊严重

澶渊之盟后，宋辽之间长期和平相处，“承平既久，武备渐宽”②。庆历元年（公元 1041 年），范仲淹说：“国家太平日久，不知战斗之事”，“边城无备”。③ 庆历四年（公元 1044 年），枢密副使富弼上奏说，“当国大臣议和之后”，“以边臣用心者，谓之引惹生事；以搢绅虑患者，谓之迂阔背时。大率忌人谈兵，幸时无事。谓虏不敢背约，谓边不必预防，谓世常安，谓兵永息。恬然自处，都不为忧”。“但只自谩赫，佯为包容，其实偷安，不肯为国家忘私任责，画久长之远经”。④ “时承平久，将士多因循乐纵弛”⑤。

过去长期对辽作战，“最号劲兵之处”⑥ 是河北，但在军政腐

① 参见王曾瑜《王安石变法简论》，载王曾瑜《锱铢编》，河北大学出版社 2006 年版，第 31—32 页。

② ［元］脱脱等：《宋史》卷 187《兵志》，中华书局点校本 1977 年版，第 4570 页。

③ ［宋］李焘：《续资治通鉴长编》卷 130，庆历元年正月丁巳，第 3080 页；［宋］赵汝愚撰，北京大学中国中古史研究中心校点整理：《宋朝诸臣奏议》卷 132 范仲淹《上仁宗论夏贼未宜进讨》，上海古籍出版社 1999 年版，第 1463 页。

④ 《宋朝诸臣奏议》卷 135 富弼《上仁宗河北守御十三策》，第 1501 页；［明］黄淮、杨士奇：《历代名臣奏议》卷 327 富弼奏，上海古籍出版社 1989 年版，第 4232 页。

⑤ 《宋史》卷 464《李昭亮传》，第 13563 页。

⑥ 《续资治通鉴长编》卷 150，庆历四年六月戊午，第 3644 页。

败的作用下，和平时期的河北驻军的战斗力退化甚烈。皇祐元年（公元 1049 年），户部副使包拯上奏说："今河北沿边，卒骄将惰，粮匮器朽。主兵者非绮纨少年，即罢职老校，隐蔽欺诞，趣过目前，持张皇引慝之说，训练有名无实。"① 元符二年（公元 1099 年），右正言邹浩奏："臣闻河北路州军多是城壁不完，器械不利，士卒不足，训练不精。"②

自北宋中期以降，陕西兵因为长期宋夏战争的锻炼，在战斗力整体衰弱的北宋军队中，博得了"独西兵可用"③ 之赞誉，号称北宋后期战斗力最强的一支军队，是北宋晚期镇压方腊、征辽与抵抗金兵的主要依仗，却也是将骄兵惰，军政不修。嘉祐七年（公元 1062 年），权陕西转运副使薛向说："陕西之兵，厢、禁军凡二十五万。其间老弱病患，伎巧占破，数乃过半。"④ "仁宗之世，西兵招刺太多，将骄士惰，徒耗国用。"⑤ 宋神宗即位后，希望通过强兵改革，改变宋军"将不知兵，兵不习战"⑥ 的局面，但宋军积弊依然存在。李纲说："熙丰盛时，内外禁卒马步军凡[五十九万]人，承平既久，阙额三分之一，失于招填。"⑦ 宋哲宗亲政后，恢复宋神宗时积极进取、继续经略河湟地区的战略，

---

① 《续资治通鉴长编》卷 166，皇祐元年三月庚子，第 3992 页。

② 《续资治通鉴长编》卷 508，元符二年四月戊寅，第 12102 页。

③ [宋] 徐梦莘：《三朝北盟会编》卷 23、卷 27 引《北征纪实》，上海古籍出版社 2008 年版，第 166、199 页。

④ 《续资治通鉴长编》卷 196，嘉祐七年二月癸卯，第 4742 页。

⑤ [元] 脱脱等：《宋史》卷 187《兵志》，第 4570 页。

⑥ 《续资治通鉴长编》卷 139，庆历三年二月庚戌，第 3353 页；《历代名臣奏议》卷 324 范仲淹奏，第 4203 页。

⑦ [宋] 李纲著，王瑞明点校：《李纲全集》卷 61《乞募兵札子》，岳麓书社 2004 年版，第 654 页。

"四方用兵，增戍益广"①。事实上，却仍是军备堪忧，但当时只是对西夏用兵，未遇强敌，故军中的积弊也无由暴露，而引起当政者的重视。

2. 军政渎乱

宋朝实行以文制武的一个严重的消极后果，是用不知兵的文臣主管军事。枢密院长贰文官化，不知兵的文臣出任枢密使，其实往往成为升迁宰相前的一个梯级，而并不要求他们懂得军事。北宋中期以降，又往往在大军区以文官出任长官，而懂军事的武将一般只能充当他们的副手。如今看来，当然是件相当荒唐的事。从今存史料看，自视科举出身高贵的宋朝的士大夫辈，反而对此没有什么异议。

宋初即有宦官参加军事的制度和传统。宋太宗时，宦官王继恩竟被任命为平王小波和李顺之变的主兵官。宋神宗排除王安石的反对②，又重用宦官李宪和王中正主持对西夏的战事。宋徽宗时，宦官统兵就发展到顶点，宦官童贯、谭稹和梁方平都出任军事统帅，特别是童贯势倾朝野，乃史无前例。

宋徽宗继承宋哲宗时对西夏实行筑城蚕食的战略方针③，崇宁以来，在表面上，对西夏战争节节取胜，"斥大土宇，鲜有宁岁"④，"地大人众"⑤，成为"拥有当时世界上首屈一指的人力、

---

① 《宋史》卷 187《兵志》，第 4579 页。

② 《续资治通鉴长编》卷 250，熙宁七年二月辛卯，第 6101—6102 页。

③ 参见李华瑞《宋夏关系史》，河北人民出版社 1998 年版，第 215—224 页。

④ 《宋史》卷 85《地理志》，第 2096 页；［宋］马端临撰，上海师范大学古籍研究所、华东师范大学古籍研究所点校：《文献通考》卷 315《舆地考》，中华书局 2011 年版，第 8537 页。

⑤ ［清］徐松辑，刘琳、刁忠民、舒大刚、尹波等校点：《宋会要辑稿》兵 5 之 13，上海古籍出版社 2014 年版，第 8706 页。

物力和财力”[①] 的帝国。宋徽宗与蔡京等君臣“荒嬉无度，而朝政大坏”[②]，“言路壅蔽，面谀日闻，恩幸持权，贪饕得志”[③]。太学生朱梦说多次上书，指责“宫中奢侈，内侍乱政，小人满朝，贤士窜尽”，“入仕之源太浊，不急之务太繁，宦寺之权太重”。[④] 所谓的“太平极盛之日”，倒不如说北宋“腐败政治达到了极度膨胀和恶性泛滥的新阶段”[⑤] 更为恰当。军政作为专制政治的一部分，自然也是严重腐败。

童贯“少出李宪之门，性巧媚”[⑥]。崇宁二年（公元 1103 年），他曾大力向宋徽宗荐引蔡京，蔡京任相后，就推荐他去河湟地区任走马承受公事。应当承认，童贯还是有一定的军事能力，故最初随着北宋对西夏的军事胜利而不断蹿升，极受宋徽宗的重用，破例提拔其为武将的最荣耀头衔节度使等。崇宁四年（公元 1105 年）正月，童贯升任熙河兰湟、秦凤路经略安抚制置使，“讨溪哥藏征，复积石军、洮州”后，“颇恃功骄恣，选置将吏，皆捷取中旨，不复关朝廷，寖咈京意”[⑦]。童贯掌兵时，“势倾内外，凡遇阵败，耻于人言，第申逃窜”[⑧]。“自童贯握兵以来，选将必先其家奴，其他皆以贿进，货赂公行，其门如市”[⑨]。童贯能

① 王曾瑜：《北宋政治简论》，《丝毫编》，河北大学出版社 2009 年版。

② ［宋］真德秀：《西山先生真文忠公文集》卷 5《江东奏论边事状》，《宋集珍本丛刊》，线装书局 2004 年版，第 75 册第 707 页。

③ 《宋史》卷 371《宇文虚中传》，第 11527 页；《三朝北盟会编》卷 25，第 188 页。

④ 《三朝北盟会编》卷 159 引《中兴姓氏录》，第 1152 页。

⑤ 王曾瑜：《北宋政治简论》，《丝毫编》，河北大学出版社 2009 年版。

⑥ 《宋史》卷 468《童贯传》，第 13658 页。

⑦ 《宋史》卷 468《童贯传》，第 13658 页。

⑧ 《宋史》卷 187《兵志》，第 4582 页。

⑨ ［宋］汪藻著，王智勇笺注：《靖康要录笺注》卷 7，靖康元年六月三日，四川大学出版社 2008 年版，第 810 页。

"握兵二十年，权倾一时，奔走期会过于制敕"①。宋人朱胜非在《秀水闲居录》中抨击宋徽宗末年军政腐败，他说："宣和以来，宦者童贯弄兵，蔡攸并窃枢柄，边帅大率皆小人以贿赂用之，军政尽废，非徒士卒骄惰不可用，且零落尽矣。"②

曾是苏轼"小史"的高俅本是市井无赖，"数被杖责"③。因善蹴鞠，得到宋徽宗欢心，就交付边帅刘仲武，让他在陕西混一点"边功"，"优宠之，眷渥甚厚，不次迁拜"，"数年间建节，循至使相，遍历三衙者二十年。领殿前司职事自俅始也"。④ 一人得道，鸡犬升天。凭借高俅的"好脚迹"，其父高敦复为节度使，其兄高伸"后登八座，子侄皆郎。潜延阁恩幸无比，极其富贵"⑤。他其实根本不是严格意义上的军人，倒是宋徽宗重用不懂军事者渎乱军政的象征。

自童贯、高俅"迭主兵柄，教阅训练之事尽废，上下阶级之法不行。溃败者不诛，而招以金帛；死敌者不恤，而诬以逃亡。于是赏罚无章，而军政大坏"⑥。宋人称"本朝之兵，自童贯、高俅等坏之，而劝沮之法废，骄惰之风成，出戍则亡，遇敌则

① 《宋史》卷468《童贯传》，第13662页。

② 《三朝北盟会编》卷140引《秀水闲居录》，第1021页。

③ ［宋］李若水：《忠愍集》卷1《再论高俅札子》，台北：商务印书馆，影印文渊阁《四库全书》本，1986年版，第1124册第663页。

④ ［宋］章颖：《宋朝南渡十将传》卷1《刘锜传》，《碧琳琅馆丛书》本，［清］宣统己酉年（1909年）刻本，第1页；［宋］王明清：《挥麈录·后录》卷7《高俅本东坡小史》，上海书店出版社2001年版，第138页。

⑤ 《挥麈录·后录》卷7《高俅本东坡小史》，第138页。

⑥ ［宋］真德秀：《西山先生真文忠公文集》卷5《江东奏论边事状》，《宋集珍本丛刊》，第75册第707页。

溃”①。宋人称“蔡京、王黼坏文，高俅、童贯坏武”②。然而宋徽宗却为两人“御书阁名”，“童贯曰‘褒功’，高俅曰‘风云庆会’”。③ 从反面看，宋徽宗之所以当俘虏，败坏宋军的童贯和高俅也确是他的特大和首要“功臣”。

二、宋军溃散

宋徽宗时，宋军对付相对弱小的西夏军固然有优势，但最终于宣和元年（公元 1119 年）统安城之战大败，大将刘法阵亡。童贯虽隐瞒败绩，也只能终止战争。④ 此后宋军平方腊之变，也损折甚多。

宋徽宗君臣看到北方新兴的女真族屡败辽军，辽国灭亡在即，与金订立“海上之盟”，希冀收复燕地，妄图建立不世功勋。宣和三年（公元 1121 年），金军占辽中京（今辽宁昭乌达盟宁城县天义镇大明乡）。宣和四年（公元 1122 年），辽秦晋国王耶律淳在燕京自立北辽，此时金军已攻占辽西京。在辽国败亡形势确凿无疑的情况下，宋徽宗任命领枢密院事童贯为河东、北宣抚使，蔡京长子蔡攸为宣抚副使，“将兵十余万”，企图以巡边名义迫使耶律淳将燕地归宋。临行前，宋徽宗“以三策授贯，上策取燕，中策耶律淳称藩，下策全师而还”⑤。五月，童贯至高阳关后，分兵两路，令种师道总东路军，屯白沟，辛兴宗总西路军，屯范村。西

① ［宋］张守：《毗陵集》卷 5《又乞疾速讲求防秋事务札子》，台北：商务印书馆，影印文渊阁《四库全书》本，1986 年版，第 1127 册第 724 页；《历代名臣奏议》卷 223 张守奏，第 2932 页。

② 《历代名臣奏议》卷 223 张守奏；［宋］朱熹、李幼武纂集：《宋明臣言行录五集・续集》卷 2《吴敏》，台北：文海出版社 1967 年版。

③ ［宋］王明清：《挥麈录・后录》卷 7，第 130 页。

④ 李华瑞：《宋夏关系史》，第 197—200 页。

⑤ 《建炎以来系年要录》卷 1，建炎元年二月壬子，第 1 册第 18 页。

路前军统制杨可世轻敌冒进，被辽军击败于兰沟甸。耶律淳“益兵二万，遣萧幹统之。将渡白沟，诸将皆欲迎战”，种师道却无斗志，“坚壁不动”。[①]“杨可弼与辽将萧幹战于白沟，败绩”。接着，“辛兴宗败于范村”。六月，“种师道退保雄州，辽人追击至城下”。[②] 宋徽宗得知败讯，急召大军还师。

同年七月，宋廷乘耶律淳病死、萧妃执政之机，再次命童贯攻燕，以刘延庆宣抚都统制，“督兵十万渡白沟。延庆行军无纪律”，“大军踧队行而不设备”。“至良乡，辽将萧幹帅众来，延庆与战，败绩，遂闭垒不出”。[③] 降将郭药师献袭取燕京之策，约以刘光世“简师为后继”。刘延庆遣大将高世宣与药师“先行即入燕城”，刘光世却“渝约不至。药师失援败走。世宣死之。延庆营于卢沟南”，“见火起，以为敌至，烧营而奔，相蹂践死者百余里。自熙丰以来，所储军实殆尽”。“契丹知中国不能用兵，由是轻宋”[④]，北宋两次十万大军攻燕，却不堪残余辽军之一击，不仅契丹“轻宋”，新兴的金朝女真贵族更看准了北宋皇朝的虚弱，宋军的腐败无能，遂发动战争。

靖康元年（公元1126年）正月，金军破相州（今河南安阳）。面对女真军队的攻势，宋军“不堪战”[⑤]，更不想战，一触即溃，或不战即溃。“二日，梁方平南奔，（何）灌亦望风迎溃。黄河南岸无一人御敌。”[⑥] “金人寻得小船子十余只，可载五七人。浮水

---

① [宋] 陈均著，许沛藻等点校：《皇朝编年纲目备要》卷29《徽宗皇帝》，中华书局2006年版，第743页。

② 《宋史》卷22《徽宗纪》，第410页。

③ 《宋史》卷357《刘延庆传》，第11237页。

④ 《宋史》卷357《刘延庆传》，第11237页。

⑤ 《宋史》卷357《何灌传》，第11227页。

⑥ 《宋史》卷357《何灌传》，第11227页。

过者，所损甚多。步兵尚未至，于上下流得大船，遂渡骁骑，至六日方渡毕，其步军始至。而老弱者留濬州。”金军将领说：“南朝可谓无人矣，若有一二千人，吾辈岂能渡哉!”①

勃兴于白山黑水的金朝，经历了十二年的灭辽战争，正好在军事上臻于极盛。金军的优点，是“不但擅长野战，也善于进行城市攻坚战。辽军和西夏军不善攻城战，而金军善于攻城战，这是金朝得以深入中原的重要原因。因为要深入中原，就不可能回避攻城战”②。

反顾北宋，宋人自称是进入“太平极盛之日”③，却仅在一年有余的时间，被女真军队灭亡。

在野战中，腐败的宋军只能是一触即溃，或不战而溃。过去宋军对付辽军和西夏军，守城战多半有效。如今面对金军猛烈的攻城战，又多半无效。宋人王云就曾对时为康王的赵构说，他出使金军，金军特别教他观看攻城，真定城比开封城“高几一倍”，金人“不移时破之。此（开封）虽楼橹如画，亦不足恃也”。④

尽管如此，也还只有守城战，宋军尚有勉强应对的可能。其典型是李纲指挥的开封初次守城战和武将王禀指挥的太原保卫战。当时在国难的危急关头，原来不懂军事的文臣李纲能挺身而出，组织军民抗击，使攻开封城的金东路军受挫。太原保卫战坚持了二百五十余天，最后在粮尽援绝的情况下方被金军攻破，王禀殉

---

① 《三朝北盟会编》卷 27，靖康元年正月三日，第 198 页。

② 王曾瑜：《辽金军制·金朝军制》第 9 章“金军军事装备和骑兵的盛衰”，第 284 页。

③ ［宋］真德秀：《西山先生真文忠公文集》卷 5《江东奏论边事状（丙子十二月十二日上）》，《宋集珍本丛刊》，第 75 册第 707 页。

④ ［宋］杨仲良：《续资治通鉴长编纪事本末》卷 145，北京图书馆出版社 2003 年版，第 2448 页。

难，这是北宋末抗击侵略最悲壮的一幕。①

北宋灭亡的原因自然很复杂。宋钦宗一方面企图革除其父的弊政，另一方面却又有一系列重大的失策。北宋养士一百六十年，危难时刻，绝大多数文臣根本不起作用，甚至还搞窝里斗，不以国事为重。好不容易出了个李纲，宋钦宗虽起用他，却又听信谗言，并不能真正信用，反而予以废斥。

但当时军政严重腐败，任何人也无力立即革除和扭转，自然是北宋灭亡不可否认的最重要原因。

以兵额不足为例，崇宁元年（公元 1102 年），蔡京上奏，“今拓地广，戍兵少，当议添置兵额，以为边备”②，得到宋徽宗批准。但事实上，“崇宁、大观以来，蔡京用事，兵弊日滋，至于受逃亡，收配隶，犹恐不足。政和之后，久废搜补，军士死亡之余，老疾者徒费廪给，少健者又多冗占，阶级既坏，纪律遂亡”。“河北将兵，十无二三，往往多住招阙额，以其封桩为上供之用。陕右诸路兵亦无几，种师道将兵入援，止得万五千人。故靖康之变，虽画一之诏，哀痛激切，而事已无及矣”。③

靖康元年（公元 1126 年），许翰上奏说：“国家武备久弛，盗贼横行不忌，虽有军旅，骄惰难用。”④ 另一臣僚说得更详：“帅臣、监司与夫守倅、将副多违法徇私，使禁卒习奇巧艺能之事，或以组绣而执役，或以机织而致工，或为首饰玩好，或为涂绘文缕，公然占破，坐免教习。名编卒伍而行列不知，身为战士而攻守不预。至有因缘请托，升迁阶级，或在众人之上。遂使辕门武

① 参见李华瑞《宋金太原之战》，载《宋史论集》，河北大学出版社 2001 年版。
② 《宋史》卷 187《兵志》，第 4581 页。
③ 《宋史》卷 187《兵志》，第 4582 页。
④ 《历代名臣奏议》卷 222 许翰奏，第 2918 页。

功之士困于差役之劳，未作庇身之人复享安闲之利。所以兵阵教习之法日废，工匠技巧之事日多。兵政之弊，一至于此。”① 军纪涣散的宋军与金军相遇时，只能溃败而逃。建炎元年（公元 1127 年），李纲上奏说：“靖康之变，金人再犯都城，诸路禁军往往溃散，流为盗贼，天下之兵所存者无几矣。”② 他又说：

> 自童贯、高俅主兵以来，其制始坏，团结保伍废，而无以相维持；教阅战阵废，而无以习攻击，甲胄五兵，初不服练；旌旗金鼓，初不习熟；禁戒号令之威不振，而无以作士气；上下阶级之法不行，而无以一士心；兵将取于临时，而初不相知，彼此递相观望，而初不相救；卢沟之溃，反以金帛招集，则逃亡溃散者不诛矣；浙东之役，虏掠良民财物者，悉皆官军，则搔扰乱群者不罚矣；仆厮亲近，皆授高爵，而立功者不赏；以收身不到为名，而死敌者不恤。纪律如此，而欲驱之以抗大敌，岂不难哉！是以金人再犯王室，则控扼之兵，望风先溃；攻围帝都，则救援之师逗挠不进。其因循至此，非一日之积也。③
>
> 中国之兵，既失训练，又不用令者不必诛，逃亡溃散者反招集之；此风既成，习以为常，则有不可胜诛者矣。故以天下之大，而不能御一方，积弊之渐，亦非一日也。④

再看军器制造。宋太祖时，“颇以简稽军实为务，京师所造兵

---

① ［清］徐松辑，四川大学古籍整理研究所校点：《宋会要辑稿》刑法 2 之 96—97，上海古籍出版社 2014 年版，第 8334—8335 页。

② 《历代名臣奏议》卷 222 李纲奏，第 2919 页。

③ 《李纲全集》卷 62《乞修军政札子》，第 661 页。

④ 《李纲全集》卷 62《乞修军政札子》，第 661 页。

器，十日一进，谓之旬课。上亲阅之，制作精绝，尤为犀利”①。至宋徽宗宣和时，“岁岁督责军器，率用御笔处分，工造不已，而较数常阙，缮修无虚岁，每称敝坏。大抵中外相应，一以虚文，上下相蒙，驯致靖康之祸。靖康汹汹，兵仗皆缺，诏书屡下，严立刑赏，而卒亦无补。勤王之兵，经过郡县，随身军器若马甲、神臂弓、箭、枪、牌之属，于市肆饭邸博易熟食，或名寄顿，其实弃遗逃役”②。

如此腐朽的军队，面对强悍的金军，又如何指望其折冲御侮？故靖康元年（公元 1126 年）闰十一月，金军开始仅“十余人登垒，官兵无一用命者，（开封）城遂陷”③。后来岳飞在题词中深表感喟：“中原［板］荡，金贼长驱，如入无人之境，将帅无能，不及长城之壮。”④ 他“文臣不爱钱，武臣不惜命”⑤ 的名言，其实也是对宋徽宗时的政治和军事的反省和针砭。

北宋帝国恰似一座金碧辉煌的大厦，而其内部竟构筑了无数大大小小的白蚁窠，蛀蚀一空。在诸多贪腐之中，对一个国家政权而论，最可怕、最致命的就是军队的腐败。俗话说：“兵松松一个，将松松一窝。”大大小小的军官，大多数是凭关系和马屁而蹿升，并且是只知贪腐、不懂打仗的庸才和蠢材，战士则无训练和士气，当然不堪新兴金军之一击。这也许是宋徽宗时虚夸“盛世”留给今人最重要的历史教训。

---

① 《文献通考》卷 161《兵考》，第 4825 页。

② 《文献通考》卷 161《兵考》，第 4828 页。

③ ［宋］汪藻：《靖康要录笺注》卷 13，靖康元年闰十一月二十五日，第 1393 页。

④ ［宋］赵彦卫：《云麓漫钞》卷 1，第 12 页。

⑤ ［宋］黎靖德编，王星贤点校：《朱子语类》卷 112《论官》，中华书局 1986 年版，第 2737 页。

第二节　南宋初的军事形势和岳家军的建军与壮大

一、南宋初战祸惨烈

在北宋灭亡、南宋初建之时，女真贵族的南侵，使酷烈的战祸遍及宋朝除两广、福建、川蜀以外的各路，对经济、文化造成了严重的破坏。华北“尸盈郊邑，血满道途”，“男女无分，白骨交横”。[①] “淮南荐罹腥膻蹂躏，且群盗继之，民去本业，十室而九空，其不耕之田，千里相望。”[②] 建炎三、四年（公元1129—1130年）金军渡江作战，接着又被迫退出大江以南，更是在撤兵地区施加十分残酷的焚戮。对明州“焚其城，惟东南角数佛寺，与僻巷居民偶有存者”，“遍州之境，深山穷谷，平时人迹不到处，皆为虏人搜剔，杀掠不可胜数”。[③] 接着，金军又在临安府城“纵火，三日夜烟焰不绝”[④]。“临安府自累经兵火之后，户口所存裁什二三。”[⑤] 在平江府，金军“纵火延烧，烟焰见二百里，凡五昼夜”[⑥]，“金人焚劫之余”，“士民死者近五十万人，得脱者十之一

---

① ［清］张金吾：《金文最》卷65李致尧《汾州葬枯骨碑》，中华书局1990年版，第947页。

② 《历代名臣奏议》卷260汪藻奏，第3401页；《三朝北盟会编》卷149，第1078页；《建炎以来系年要录》卷40，建炎四年十二月，第1册第576页；［宋］汪藻：《浮溪集》卷2《论淮南屯田》，台北：商务印书馆，影印文渊阁《四库全书》本，1986年版，第1128册第18页。

③ 《建炎以来系年要录》卷31，建炎四年二月丙子，第1册第467—468页。

④ 《建炎以来系年要录》卷31，建炎四年二月庚辰，第1册第468页。

⑤ 《宋会要辑稿》食货38之19，第6837页。

⑥ ［宋］王明清：《挥麈录·后录》卷10，第159页。

二而已”。[①] 在建康城，“凡驱而与俱者十之五，逃而免者十之一，死于锋镝敲榜者盖十之四。城中头颅、手、足相枕藉，血流通道，伤残宛转于煨烬之间，犹有数日而后绝者”。后宋人收拾尸骨，“得全体四千六百八十有七，断折残毁不可计以全者又七八万”。[②] 另一路金军则又在洪州等地实行屠城。[③] 由于长期战争的破坏，宋金南北分裂的百余年间，自黄河以南，到长江以北的广阔地域，大多人口稀少，经济凋敝，不能恢复到北宋末年的水平。

金初女真族显然处于奴隶社会的发展阶段。金太祖完颜阿骨打起兵反辽时，“遂命诸将传梃而誓曰：‘汝等同心尽力，有功者，奴婢、部曲为良，庶人官之，先有官者叙进，轻重视功。苟违誓言，身死梃下，家属无赦’”[④]。可知当时女真社会成员大致分三类：一是奴婢、部曲，即奴隶，乃是相对于良人的贱人；二是庶人，即平民；三是有官者，即奴隶主贵族。金朝入侵中原，强制推行奴隶制，将大批汉族人口驱掠为奴。“其所得汉人，并削发，使控马荷担，得妇女，好者掠去，老丑者杀之。”[⑤] 女真贵族通过各种手段，部分地破坏了中原农业社会固有的土地租佃关系，而扩大其奴隶制经济，对华北广大的汉文明来说是反动和倒退的。[⑥]

金朝为了巩固对中原的统治，以女真族为主的猛安谋克户迁

① 《建炎以来系年要录》卷 32，建炎四年三月丁未，第 1 册第 476 页。

② ［宋］马光祖修，周应合纂，王晓波等点校：《景定建康志》卷 43《义冢》，《宋元珍稀地方志丛刊》甲编，四川大学出版社 2007 年版。

③ 《建炎以来系年要录》卷 30，建炎三年十二月乙未，第 1 册第 454 页。

④ ［元］脱脱等：《金史》卷 2《太祖纪》，中华书局点校本 1975 年版，第 24 页。

⑤ 《三朝北盟会编》卷 36 引《靖康遗录》，第 271 页。

⑥ 关于金初奴隶制的扩张，参见王曾瑜《宋朝的奴婢、人力、女使和金朝奴隶制》，《涓埃编》，河北大学出版社 2008 年版；漆侠、乔幼梅：《辽夏金经济史》第 16 章“金国建立后女真奴隶制的发展”，《漆侠全集》第 5 卷，河北大学出版社 2008 年版。

居华北，实行所谓“括地”[1]，即强制没收汉民耕地，大量霸占田产，然后对猛安谋克户“计其户口，授以官田”[2]。其实类似于清朝初年的圈地运动。[3]

汉人遵照“身体发肤，受之父母，不敢毁伤”的古训，[4] 长期保留蓄发习俗。金朝却强迫华北的汉民“剃头辫发”[5]，“仰削去头发，短巾左衽，敢有违犯”，“当正典刑”[6]，“禁民汉服，又下令髡发，不如式者杀之”[7]，甚至“削发不如法者死”[8]。采取了类似后来清朝初年“留头不留发、留发不留头”的政策，这又是对汉族人民的极大侮辱。

二、南宋的抗战

恩格斯说：“在历史上，对立中的运动在居于主导地位的民族的一切危机时期表现得尤为明显。在这样的时刻，一个民族只能在进退两难中二者择其一：‘非此即彼！’而且问题的提法总是迥然不同于一切时代谈论政治的庸人们所期望的提法。”[9] 为了抗击女真贵族的侵掠、屠杀和奴役，以汉族为主的各族民众奋起反抗，以保卫当时最先进的文明。

深重的祸难和耻辱，正是造就奋发有为之英主的条件和机遇，

---

① 《金史》卷47《食货志》，第1045页。

② 《建炎以来系年要录》卷138，绍兴十年，第1册第855页。

③ 参见刘浦江《辽金史论·金代土地问题的一个侧面——女真人与汉人土地争端》，辽宁大学出版社1999年版；漆侠、乔幼梅：《辽夏金经济史》第20章“金代的土地制度”，载《漆侠全集》第5卷，河北大学出版社2008年版。

④ ［宋］邢昺：《孝经注疏》卷1《开宗明义章》，李学勤主编：《十三经注疏·孝经注疏》，北京大学出版社1999年版，第4页。

⑤ 《三朝北盟会编》卷115，第844页。

⑥ ［宋］佚名编：《大金吊伐录》下《枢密院告谕两路指挥》，四部丛刊本。

⑦ 《建炎以来系年要录》卷28，建炎三年秋，第1册第432页。

⑧ 《三朝北盟会编》卷132引《金虏节要》，第960页。

⑨ 《马克思恩格斯选集》第4卷恩格斯《自然辩证法》，第317—318页。

然而南宋开国皇帝宋高宗赵构却另有一副心肠和盘算。他后来还得意地自我标榜说："自顷用兵，朕知其必至于讲和而后止。在元帅府时，朕不知有身，但知有民，每惟和好是念。"① 所谓"不知有身，但知有民"，自然是欺人之谈。金人册封伪齐刘豫为子皇帝时，揭露宋高宗"衔命出和，已作潜身之计；提兵入卫，反为护己之资"②，就揭破了最基本的史实真相。但他自诩"每惟和好是念"，则是真情。他在称帝前，就已定下了卑屈求和与苟守一隅的基本国策。

宋高宗所真正信用者，无非是黄潜善、汪伯彦、秦桧等投降派，还有一批宦官和医官，如张去为、王继先等。

国难见忠臣。尽管在专制主义中央集权的贪腐政治下，人才凋零和萎靡，但自北宋末到南宋初，还是出了一批爱国忠臣，其中最重要的三位就是文臣李纲、宗泽和武将岳飞。然而宋高宗不仅不能信任和重用，反而采取了罢斥、压制，以至于杀害的极端手段。

南宋建炎初，"天下人望之所归者"，李纲"一人而已"，"万口一音"，认为其"德义才力，足以任大事"。③ 李纲也"以一身任天下之重"，"慨然以修内攘外为己任"，④ 而任相仅七十五日，且终不复用。宋高宗后来说："士大夫间有言李纲可用者，朕以其

① 《建炎以来系年要录》卷159，绍兴十九年四月戊辰，第3册第225页。

② ［宋］杨尧弼撰，朱希祖校补：《伪齐录校补》卷上，重庆独立出版社1942年版，第11页。

③ 《建炎以来系年要录》卷5，建炎元年五月乙未附吕中《大事记》，卷6建炎元年六月，第1册第102、139页；《三朝北盟会编》卷124，第907页；［宋］周紫芝：《太仓稊米集》卷57《上皇帝书》，台北：影印文渊阁《四库全书》本，1986年版，第1141册第405页；［宋］程俱：《北山小集》卷36《寄李枢密论事札子》，四部丛刊本。

④ 《建炎以来系年要录》卷8，建炎元年八月乙亥附吕中《大事记》，第1册第163页。

人心虽忠义，但志大才疏，用之必亡人之国，故不复用。”①

金朝最初根本看不起新立的南宋政权，不承认其立国，而力图消灭之。金朝灭辽破宋，正当军威最盛之际，却遇到了第一个真正的对手。宗泽是个进士出身，而长期蹭蹬于官场的一个年近七旬的老人。他原先并无军事经验可言，却毅然以救国为己任，在转眼之间，成了速成的军事家、两宋最优秀的统兵文臣，这无疑是一个奇迹。在宋军溃散之余，宗泽重新组建了南宋第一支抗金雄师——东京留守司军。建炎元年到二年（公元 1127—1128 年），宗泽与金朝最善用兵的、骄悍的左副元帅完颜粘罕大军对阵，金军根本无力逼近开封城，宋金两军只是在开封城外围激烈交锋，最终是金军失败。故金军“尊惮”宗泽，不敢直呼其名，“必曰宗爷爷”②。然而在宋高宗小朝廷的压制下，宗泽心力交瘁，忧愤成疾，大呼“过河”而逝。

此后，金人“所大畏服，不敢以名呼者”，唯有岳飞，“号之为岳爷爷”。③ 南宋中期的荆、鄂御前诸军都统制孟宗政，也被金人称之为“孟爷爷”。④ 嘉定年间，赵方为淮阃，“威望表耸，金人相戒，不敢犯边，皆以赵爷爷呼之”⑤。终南宋一世，仅有四个被金军称为“爷爷”的文臣武将。但孟宗政、赵方掌军，已值金朝衰败而行将灭亡之际，故尚不足与前两人相提并论。

宋高宗虽然力图卑屈求和，而面对骄狂的金军侵逼不已，也只能重组败军。他虽然亲近一批宦官中的小人，鉴于亡国的教训，

---

① 《建炎以来系年要录》卷 27，建炎三年闰八月乙酉，第 1 册第 406 页。

② 《宋史》卷 360《宗泽传》，第 11284 页。

③ 《鄂国金佗稡编校注》卷 8《鄂王行实编年》，第 719 页。

④ 《宋史》卷 403《孟宗政传》，第 12213 页。

⑤ ［元］刘一清：《钱塘遗事》卷 3《赵方威名》，台北：商务印书馆，影印文渊阁《四库全书》本，1986 年版，第 408 册第 983 页。

也不得不下令“不以内侍典兵权”[①]。终南宋一代，此条禁令还是得到执行的。当然，北宋时武将奉承宦官的风气仍持续不断。南宋初，武将王渊和刘光世与宦官结交。宋高宗登基仅三个月，刘光世即官拜奉国军节度使，表面理由是“赏平贼之劳”，其实是因他“曲意”奉承宦官。[②] 节度使号称武人“极致”[③]，尊崇的头衔，居然在相当程度上成为宦官们的赠礼。这又是南宋军政腐败的一个侧面。

北宋末年，以文制武也发展到了极端，凡有军事行动，除了宦官，往往任命文臣为主帅，而武将只能充当其副手。最突出者，就是负责守开封南城的文官李擢整日宴饮，坐视金军填平一段护龙河，成为开封城陷落的重要因素之一。[④]

宋高宗即位，重组军队，另设御营司，由文臣黄潜善和汪伯彦分别任御营使和御营副使，武将王渊为御营使司都统制，刘光世为提举一行事务，[⑤] 仍实行以文臣领导武将。在之后的军事实践中，也有此类实例。如平范汝为、刘忠等变乱，由文臣孟庾任宣抚使，韩世忠任副使。岳飞平曹成，名义上受文臣李纲节制，平杨么，仍由宰相兼都督张浚领导。但在事实上，却仍由武将全权和直接指挥。因军事实践之需，最终则又自然而然地改由武将

---

① 《建炎以来系年要录》卷 5，建炎元年五月己亥，第 1 册第 106 页。

② 《建炎以来系年要录》卷 8，建炎元年八月庚申，第 1 册第 157 页；《宋史》卷 369《刘光世传》，卷 469《蓝珪传》，第 11479、13668 页。

③ 《宋史》卷 474《贾似道传》，第 13783 页。

④ 《三朝北盟会编》卷 64、65、66、67，第 477、478、492、498、509 页。[宋] 汪藻：《靖康要录笺注》卷 12，靖康元年十一月八日所载京城四壁守御使名单稍异，但李擢负责南壁相同，见第 1228 页。

⑤ 《建炎以来系年要录》卷 5，建炎元年五月丁酉，第 1 册第 103 页；[宋] 李心传著，徐规点校：《建炎以来朝野杂记》甲集卷 10《御营使》，中华书局 2000 年版，第 197 页。

直接统兵，全权负责军事。可知在南宋初，压抑武将的传统国策只能放弃，而武将的地位已成必然提高之势。终南宋一代，北宋后期必须由文臣统兵、武将为其助手的体制，亦不可能再严格遵行。

三、岳飞从军

岳飞出身于贫苦农家，为生活所迫，北宋末曾两次投军。当金军南侵后，他怀抱着“尽忠报国”① 的宏誓大愿，自愿参军杀敌。顺便说一句，直到现在，民间往往受《说岳全传》的影响，说他背刺“精忠报国”，系误。

岳飞作为偏裨，曾先后追随过七个上级，他们是刘浩、张俊、宗泽、张所、王彦、闾勍和杜充。从今存史料看，感情最深的上级无疑是张所。张所虽是文臣，在国难当头，却没有宋代士人那种轻视武人的风习，十分器重岳飞，“待以国士”②，予以破格提拔。岳飞两次隶属宗泽，第二次升任东京留守司的一军统制，已成全军闻名的勇将。当时宗泽的主要副手是主管侍卫步军司公事闾勍。③“在岳飞一生中，受教诲最深的长官无疑是宗泽。他并非是宗泽麾下的第一等武将，却是最忠实的继承人。从‘唾手燕云’的矢志，到‘连结河朔’的远谋，从治军的整肃，到律己的严格，岳飞处处保留着宗泽的遗风余烈。宋人评论说，宗泽‘虽身不及用，尚能为我宋得一岳飞’④。”⑤

---

① 《宋史》卷380《何铸传》，第11708页。

② 《鄂国金佗稡编校注》卷4《鄂王行实编年》，第75页。

③ 《建炎以来系年要录》卷9，建炎元年九月壬辰，卷12，建炎二年正月甲辰，第1册第169、215页。

④ ［宋］黄震：《黄氏日抄》卷91《跋宗忠简行实》，台北：商务印书馆，影印文渊阁《四库全书》本，1986年版，第708册第973页。

⑤ 王曾瑜：《尽忠报国——岳飞新传》第3章“屡折不挠”，第42页。

建炎三年（公元 1129 年），韩世忠和张俊因平苗刘之变，分别升从二品武胜军和镇西军节度使。[①] 岳飞在当年的官衔则为正七品武经大夫，同品武德大夫、英州刺史，[②] 仅为“列校”[③]。经过几年抗金战争的锤炼，南宋同时出现了一批优秀的武将。如死守楚州的赵立，因“殊勋”而“超转（正五品）徐州观察使”。[④] 陕西出现三员良将。死守陕州的李彦仙官衔为正六品右武大夫、宁州观察使。[⑤] 曲端官至正五品宣州观察使[⑥]，后被张浚陷害。吴玠在建炎三年（公元 1129 年）官至正六品右武大夫、忠州刺史。[⑦] 他们的官位都高于同时的岳飞。赵立和李彦仙都英勇殉难。吴玠后有和尚原与仙人关两次大捷，使金军遭受惨败，是南宋第一个因抗金战功而升节度使者。绍兴元年（公元 1131 年）和尚原大捷后，吴玠拜镇西军节度使；绍兴四年（公元 1134 年）仙人关大捷后，拜奉宁、保静军两镇节度使。[⑧] 再以当时并不出名的杨沂中和刘锜而论，杨沂中时为张俊部将，建炎四年（公元 1130 年）明州之战后，“以奇功迁文州防御使”[⑨]，其武阶为从五品的

① 《建炎以来系年要录》卷 22，建炎三年四月甲寅，第 1 册第 364 页；《宋史》卷 364《韩世忠传》、卷 369《张俊传》，第 11360、11471 页。

② 《鄂国金佗稡编校注》卷 4《鄂王行实编年》，第 88、90 页。

③ 《建炎以来系年要录》卷 90，绍兴五年六月丁巳，第 2 册第 278 页。

④ ［宋］王明清：《挥麈录·后录》卷 9，第 154 页。

⑤ 《建炎以来系年要录》卷 31，建炎四年正月丁巳，第 1 册第 461—462 页。

⑥ 《宋史》卷 369《曲端传》，第 11492 页。

⑦ 《建炎以来系年要录》卷 29，建炎三年十一月，第 1 册第 447 页。

⑧ 《建炎以来系年要录》卷 50，绍兴元年十二月己丑，卷 78，绍兴四年七月丙辰，第 1 册第 682 页、第 2 册第 90 页；洪业等编：《琬琰集删存》卷 1《吴武安玠功绩记》，上海古籍出版社 1990 年版，第 94、99 页；《宋史》卷 366《吴玠传》，第 11410、11412 页，“保静”作“保定”，系误。

⑨ 《宋史》卷 367《杨存中传》，第 11434 页。

亲卫大夫。绍兴元年（公元 1131 年）因参加破李成，“转五官”①，据绍兴二年（公元 1132 年）的记载，杨沂中当时官至正五品的中侍大夫、密州观察使。② 自亲卫大夫升中侍大夫，为四官，而自防御使升观察使，为一官，共计五官。岳飞即使在当年收复建康城后赏功，也只是官至正七品的武功大夫、昌州防御使。③ 可知杨沂中在建炎四年（公元 1130 年）的官位显然高于岳飞。绍兴二年（公元 1132 年），岳飞因平曹成匪军，超升从五品中卫大夫、武安军承宣使。④ 与杨沂中相比，承宣使固然高观察使一官，而武阶中卫大夫仍低中侍大夫两官，故他的遥郡承宣使仍低于杨沂中的遥郡观察使。这是宋朝武官官阶的特有情况。当然，此后岳飞的官位超越了杨沂中。刘锜建炎四年（公元 1130 年）为正六品右武大夫、开州团练使、泾原路经略安抚使、兼知熙州⑤，身为一路之帅，即陕西的一个大军区司令，其官位也在岳飞之上。

下面再看南宋初诸大将年龄对比。

张俊：生于元祐元年（公元 1086 年）⑥，比岳飞年长十七岁。

---

① ［宋］程俱：《北山小集》卷 27 杨沂中掩杀李成等“转五官”制，四部丛刊本。

② 《建炎以来系年要录》卷 52，绍兴二年三月己酉，第 2 册第 704 页。

③ 《鄂国金佗稡编校注》卷 5《鄂王行实编年》，《鄂国金佗续编校注》卷 4《乞科拨钱粮照会从申省札》，第 130、1204 页；《建炎以来系年要录》卷 35，建炎四年七月庚申，第 1 册第 520 页作“昌州团练使”，系误。

④ 《鄂国金佗续编校注》卷 2《中卫大夫武安军承宣使告》，第 1157 页；《建炎以来系年要录》卷 55，绍兴二年六月庚子，第 2 册第 741 页。

⑤ ［宋］章颖：《宋朝南渡十将传》卷 1《刘锜传》，《碧琳琅馆丛书》本，第 5 页；《建炎以来系年要录》卷 37，建炎四年九月癸丑，第 1 册第 712 页。

⑥ 《宋史》卷 369《张俊传》，第 11476 页；《宋朝南渡十将传》卷 6《张俊传》，《碧琳琅馆丛书》本，第 7 页；《建炎以来系年要录》卷 167，绍兴二十四年七月壬戌朔，第 3 册第 334 页。

郭浩：生于元祐二年（公元1087年）①，比岳飞年长十六岁。

刘光世：生于元祐四年（公元1089年）②，比岳飞年长十四岁。

韩世忠：生于元祐四年（公元1089年）③，比岳飞年长十四岁。

曲端：生于元祐六年（公元1091年）④，比岳飞年长十二岁。

吴玠：生于元祐八年（公元1093年）⑤，比岳飞年长十岁。

赵立：生于绍圣元年（公元1094年）⑥，比岳飞年长九岁。

李彦仙：生于绍圣二年（公元1095年）⑦，比岳飞年长八岁。

刘锜：生于元符元年（公元1098年）⑧，比岳飞年长五岁。

---

① 《宋史》卷367《郭浩传》，第11442页；《建炎以来系年要录》卷154，绍兴十五年十一月丙辰，第3册第154页。

② 《宋史》卷369《刘光世传》，第11485页；[宋] 朱熹、李幼武：《宋名臣言行录五集·四朝名臣言行录》别集上卷7《刘光世鄜国武僖王》，第1218页；《建炎以来系年要录》卷147，绍兴十二年十一月辛丑，第3册第59页。

③ 《建炎以来系年要录》卷162，绍兴二十一年八月壬申，第3册第59页；洪业等编：《琬琰集删存》卷1《韩忠武王世忠中兴佐命定国元勋之碑》，第122页。

④ 《宋史》卷369《曲端传》，第11492页；《建炎以来系年要录》卷43，绍兴元年四月丁亥，第1册第606、791页；[宋] 周密撰，张茂鹏点校：《齐东野语》卷15《曲壮闵本末》，中华书局1983年版，第269页。

⑤ 《宋史》卷366《吴玠传》，第11413页；《琬琰集删存》卷1《吴武安玠功绩记》，第99页；《宋名臣言行录五集·四朝名臣言行录》别集下卷9《吴玠涪国武安王》，第1599页；《宋朝南渡十将传》卷10《吴玠传》，《碧琳琅馆丛书》本；《建炎以来系年要录》卷129，绍兴九年六月己巳，第2册第749页。

⑥ 《宋史》卷448《赵立传》，第13215页；《建炎以来系年要录》卷37，建炎四年九月戊辰，第1册第548页。

⑦ 《宋史》卷448《李彦仙传》，第13212页。

⑧ [宋] 章颖：《宋朝南渡十将传》卷1《刘锜传》，《碧琳琅馆丛书》本，第19页；《建炎以来系年要录》卷197，绍兴三十二年二月丁未，第3册第827页。关于刘锜卒时为二月，还是闰二月，王云裳《刘锜评传》（巴蜀书社2001年版）第108—109页已有考证。

杨政：生于元符元年（公元 1098 年）①，比岳飞年长五岁。

杨沂中（改名存中）：生于崇宁元年（公元 1102 年）②，比岳飞年长一岁。

吴璘：生于崇宁元年（公元 1102 年）③，比岳飞年长一岁。

岳飞：生于崇宁二年（公元 1103 年）。

李显忠：生于大观四年（公元 1110 年）④，比岳飞小七岁。按李显忠晚出，至绍兴九年（公元 1139 年），方由伪齐与金归宋。

通过以上年龄对比，亦可知岳飞为南宋军界之后进，故史称“飞在诸将中年最少”⑤。

面对金军的威逼，宋高宗在生死存亡之际，不得不树立强军的目标；但不论他口头上如何说，其实是以强军作为忍辱苟安的资本，却没有恢复故土、复仇雪耻之意。然而在宋高宗强军的需求下，岳飞作为军界后起之秀，后来又成了当时升迁最快的武将。既然岳飞和宋高宗强军的目标完全不同，最终也不能不发生分歧，以至决裂。

绍兴五年（公元 1135 年），李邴上奏说：“陛下即位之初，韩世忠、刘光世、张俊威名隐然为大将，今又有吴玠、岳飞者出

---

① 《宋史》卷 367《杨政传》，第 11444 页；《建炎以来系年要录》卷 176，绍兴二十七年二月庚子，第 3 册第 478 页。

② 《宋史》卷 33《孝宗纪》，卷 367《杨存中传》，第 636、11439 页。

③ 《宋史》卷 366《吴璘传》，第 11420 页；《琬琰集删存》卷 1《吴武顺王璘安民保蜀定功同德之碑》，第 141 页；《宋名臣言行录五集·四朝名臣言行录》别集下卷 9《吴璘信国［武］顺王》，第 1612 页。

④ 《宋史》卷 367《李显忠传》，第 11433 页；《宋名臣言行录·四朝名臣言行录》别集上卷 11《李显忠忠襄公》，第 1306 页；《琬琰集删存》卷 3《故太尉威武军节度使提举万寿观食邑六千一百户食实封二千户陇西郡开国公致仕赠开府仪同三司李公行状》，第 479 页；《宋朝南渡十将传》卷 3《李显忠传》，《碧琳琅馆从书》本。

⑤ 《鄂国金佗续编校注》卷 20《鄂王传》，第 1489 页。

矣。”① 当时还认为吴玠和岳飞是新兴的将星，但已确立了五大将的概念。南宋初的五大将最终都升任宣抚使，自“祖宗以来，所置使名莫重于宣抚，多以见任执政官充使”②，是执政级的高官。刘光世绍兴七年（公元 1137 年）罢兵权时，官至正一品少师、护国、镇安、保静军三镇节度使。③ 吴玠在绍兴九年（公元 1139 年）病逝时，官至从一品开府仪同三司、保平、静难军两镇节度使。④ 绍兴十一年（公元 1141 年）罢三大将兵权时，韩世忠官至正一品太保、横海、武宁、安化军三镇节度使，张俊官至正一品少师、镇洮、崇信、奉宁军三镇节度使，⑤ 岳飞官至正一品少保、武胜、定国军两镇节度使。⑥ 岳飞的官位与刘光世、韩世忠、张俊大致平级而略低。罢兵权后，韩世忠和张俊任枢密使，而岳飞任枢密副使。相形之下，宰相秦桧因策划罢兵权有功，方从右相升左相，另加官衔尚比开府仪同三司低一阶的从一品特进，⑦ 足见南宋初诸大将官位之高。

四、岳家军发展壮大

建炎三年（公元 1129 年），可以定为岳家军成军之年。岳飞劝说东京留守杜充不应放弃开封城，却不得不随杜充退守江南的

---

① 《三朝北盟会编》卷 173，第 1248 页。

② 《宋会要辑稿》职官 41 之 24—25，第 4010 页。《李纲全集》卷 65《论宣抚两司职事乞降处分奏状》，第 692 页作“多以见任宰相、执政官充使”，“宰相”两字疑衍。

③ 《宋史》卷 369《刘光世传》，第 11484 页；《建炎以来系年要录》卷 109，绍兴七年三月甲申，第 2 册第 498 页作少保，而卷 110，绍兴七年四月甲午，第 2 册第 501 页作少师，则《建炎以来系年要录》前一条未载刘光世自少保升少师，系误。

④ 《建炎以来系年要录》卷 129，绍兴九年六月己巳，第 2 册第 749 页；《琬琰集删存》卷 1《吴武安玠功绩记》，第 99 页。

⑤ ［宋］徐自明撰，王瑞来校补：《宋宰辅编年录校补》卷 16，中华书局 1986 年版，第 1054 页。

⑥ 《鄂国金佗续编校注》卷 2《枢密副使加食邑制》，第 1169 页。

⑦ 《建炎以来系年要录》卷 140，绍兴十一年六月乙亥，第 2 册第 878 页。

建康府。尽管杜充是个自命不凡、颇喜吹嘘的草包，但他所统的东京留守司军，还是东部战场一支能打硬仗的部队，非御营司各军，也包括韩世忠军可比。十一月，金军渡江，双方举行马家渡之战。都统制陈淬率岳飞等军，与敌“凡战十余合，胜负略相当”①。这显然是御营司各军无以企及者。最终只因御前前军统制王　卖阵，才导致失败，陈淬战死。

岳飞时为江、淮宣抚司右军统制，② 他率本军退屯钟山，决定不再理会尚在建康城中的杜充，而独自成军，转战广德军等地，最后移屯宜兴。由此可见，岳家军的组建，就是以原东京留守司为基干。

如本章开头所述，“岳家军”本是南宋初的民间习惯称呼。当时“分隶张俊者，则曰张家军；分隶岳飞者，则曰岳家军；分隶杨沂中者，则曰杨家军；分隶韩世忠者，则曰韩家军”③。至于岳飞军的正式军号，绍兴元年（公元1131年）七月，定名为“神武右副军”④，十二月升级为“神武副军”⑤。绍兴三年（公元1133年）九月，升级为“神武后军”⑥。绍兴五年（公元1135年）十二月，又改名行营“后护军”⑦。

再说岳家军兵力的扩充。建炎三年（公元1129年）正月，杜

① 《建炎以来系年要录》卷29，建炎三年十一月丁卯，第1册第443页。

② 《建炎以来系年要录》卷31，建炎四年正月丙辰，第1册第460页。

③ 《三朝北盟会编》卷202，第1459页。

④ 《鄂国金佗续编校注》卷5《除神武右副军统制省札》，第1203页；《建炎以来系年要录》卷46，绍兴元年七月庚子，第1册第629页。

⑤ 《建炎以来系年要录》卷50，绍兴元年十二月丁丑，第2册第679页。

⑥ 《鄂国金佗续编校注》卷5《改差充神武后军统制省札》，第1208页；《建炎以来系年要录》卷68，绍兴三年九月庚辰，第2册第890页。

⑦ 《建炎以来系年要录》卷96，绍兴五年十二月庚子，第2册第341页。

充任东京留守、开封尹时，岳飞“有兵二千，来受充节制”①。经过收编刘经部，拣汰韩京、吴锡部近千精兵，收编曹成“溃兵万余”②，原有“万二千人”的岳飞军，到绍兴三年（公元1133年）八、九月间，即达到“两万一千有余”③。此后，牛皋、董先、李道等部的加入，使岳家军兵力“计二万八千六百一十八人”④。绍兴四年（公元1134年）岳家军第一次北伐时，宋廷将颜孝恭部约“千九百人”、崔邦弼部约三千人，加上荆南镇抚使解潜司派统制官辛太助战的“乡兵千二百人”，暂归岳飞指挥，兵力将近三万五千人，但并不增加岳家军本军的兵力。⑤ 绍兴五年（公元1135年），平定杨么后，岳飞从杨么“贼众十余万”中，“择其老弱疲软者，给据为民，取其强壮者为军”⑥，编入岳家军的“强壮者”，即达到数万之众。⑦ 宋廷又相继增拨荆湖北路安抚司统制颜孝恭和崔邦弼部，荆湖南路安抚司统制任士安、郝晸、王俊等部，江

---

① 《鄂国金佗续编校注》卷27黄元振编《岳飞事迹》，第1589页。

② 《鄂国金佗稡编校注》卷9《遗事》、卷17《分拣吴锡韩京两军讫申省状》，第757、948页；《李纲全集》卷116《与吕相公第七书别幅》、卷118《与秦相公第九书别幅》《与秦相公第十一书别幅》，第1102、1129、1132页。

③ 《鄂国金佗续编校注》卷29赵鼎《措置防秋事宜》，第1627页；［宋］赵鼎：《忠正德文集》卷2《措置防秋事宜》，《四库全书》本，第1128册度659页；《宋会要辑稿》兵5之17，第6848页载“岳飞一军二万余人”；《建炎以来系年要录》卷59，绍兴二年十一月戊辰条，第1册第791页吕颐浩说“岳飞军二万三千”。

④ 《鄂国金佗稡编校注》卷18《措置襄汉乞兵申省状》，第954页。

⑤ 《鄂国金佗稡编校注》卷6《鄂王行实编年》、卷10《措置曹成事宜奏》，第233、838页；《建炎以来系年要录》卷51，绍兴二年二月甲戌，卷64，绍兴三年四月戊戌，第1册第692、838页；《三朝北盟会编》卷176，第1274页；《历代名臣奏议》卷90吕颐浩奏，第1239页；《宋会要辑稿》兵10之31—32，第8811—8812页。

⑥ 《鄂国金佗续编校注》卷27黄元振编《岳飞事迹》，第1585页。

⑦ 《建炎以来系年要录》卷90，绍兴五年六月丁巳，第2册第278页；［宋］朱熹著，郭齐、尹波点校：《朱熹集》卷95张浚行状，四川教育出版社1996年版，第4834页。

南西路安抚司统制祁超、统领高道、丘赟等部，都督府左军统制杜湛率领的几千蔡州兵，都归岳飞统率。[①] 当时宋廷规定岳家军“以三十将为额”[②]。岳家军遂由绍兴四年（公元 1134 年）克复襄汉时的二万八千余兵力，激增到十万人以上。

绍兴四年至五年（公元 1134—1135 年），是岳家军壮大的关键时期。一是岳家军第一次北伐成功，使南宋首次收复大片失地，岳飞正式驻军鄂州，出任南宋中部荆襄战区统帅。二是岳家军兵力扩充到十万以上。“在以后的岁月里，也大体维持此数。与当时各支大军相比，岳家军不但兵力最多，而且素质最好，成为名副其实的抗金主力军。”[③]《鄂国金佗续编》卷 14《湖北转运司立庙牒》说：

> 故少保岳飞顷提十万之众，留屯沔、鄂，纪律严明，秋毫无犯，捐躯徇国，有百战百胜之勋。

曾敏行《独醒杂志》卷 7 载：

> 岳公飞独后出，而一时名声几冠诸公。身死之日，武昌之屯至十万九百人，皆一可以当百。余尝访其士卒，以为勤惰必分，功过有别，故能得人心。

可知岳家军最终兵力达十万人，应是无可疑者。人们提不出

① 《鄂国金佗稡编校注》卷 9《遗事》，第 766—773 页。
② 《鄂国金佗续编校注》卷 19 章颖编《鄂王传》，第 1443 页。
③ 王曾瑜：《尽忠报国——岳飞新传》第 9 章“长驱伊洛”，第 167 页。

有力证据可以推翻此说。①

第三节　岳飞在建设岳家军中的巨大作用

如前所述，绍兴初年，南宋逐渐形成了韩世忠、刘光世、张俊、吴玠和岳飞统率的五支屯驻大军，与金朝对峙。特殊的时代需要宋军成为抗击侵略、捍卫先进文明与南北重新统一的武力，即古人所谓吊民伐罪的仁义之师。然而真正能做到的唯有岳飞。张俊、刘光世两人拥兵自重，养敌玩寇以自丰，分明是假抗金，他们所延续的其实倒是宋军的真正传统。岳飞则痛愤于金军入侵，中原文明被女真铁蹄践踏，挺身投入抗金战场，组织和训练了一支坚不可摧的岳家军。岳家军在数支抗金大军中脱颖而出，成为闻名朝野的一支抗金雄师。当然，韩世忠坚决反对降金，禁止本军骚扰百姓，吴玠军奋起抗战，保卫四川，也应当肯定。

---

①　2015年11月，第三届中国南宋史国际研讨会上，李裕民先生发表论文《岳家军三大问题考辨》（载《第三届中国南宋史国际研讨会论文集》下册，2015年11月），文章认为“岳家军的人数是诸路家军之冠”“岳家军具备独自赶走金兵收复故土的实力”“郾城、颍昌之战是岳飞与兀术大军的主力对决”问题值得探析、考辨。其实，这些问题不需要争论。如绍兴十年岳家军第四次北伐，郾城大捷，以宋高宗为首的宋廷对此做出了极高的评价：“自羯胡入寇，今十五年，我师临阵，何啻百战。曾未闻远以孤军，当兹巨孽，抗犬羊并集之众，于平原旷野之中，如今之用命者也。盖卿忠义贯于神明，威惠服于士卒，暨尔在行之旅，感怀克敌之心，陷阵摧坚，计不反顾，鏖斗屡合，丑类败奔。念兹锋镝之交，重有伤夷之苦，俾尔至此，时予之辜。惟虏势已穷，而吾军之方振，尚效功名之志，亟闻殄灭之期。载想忠勤，弥深嘉叹，降关子钱二十万贯，犒赏战士，故兹奖谕，想宜知悉。”可以看出，岳家军是与金军主力对决，是没有疑问的。关于岳家军的兵力扩充，王曾瑜先生《岳家军的兵力和编制》有详细考证（王曾瑜：《岳飞和南宋前期政治与军事研究》，河南大学出版社2005年版）。

主将是军队的灵魂，一支军队强大与否，甚至单兵能否勇敢作战，可以说与将帅的品格和才能直接相关。岳家军自建炎三年（公元1129年）独立成军后，之所以一直以军纪严明、军政整肃、勇于战斗而著称于世，令骄悍的金军震撼，自然与岳飞特殊的人格魅力分不开。

一、崇高的爱国主义精神和坚定的抗金信念

岳飞从背刺“尽忠报国”① 时始，就献身于“从头收拾旧山河”② 的伟业。“尽忠报国”四个字，不仅刺在了岳飞的背上，更深刻地镌刻在他的心中。自此之后，岳飞“始终以百折不挠的努力，履践着自己和母亲共同的庄严誓言。千百年来，‘尽忠报国’成了中华民族爱国主义的一面大旗”③。

中国古代的爱国主义，主要还是随着秦汉以降的大一统，即统一的多民族国家的政治传统的建立和发展而不断强化，形成了人们对祖国的深厚感情。秦汉以降的爱国主义，大致似可说是以儒家的节义观为基本内涵，其中也必然有忠君思想。但古人也有“忠孝从义，而不从君、父”之说，④ 即要看是非曲直，而不能盲从君主和父亲。故司马光说忠臣的标准：“忠臣忧公如家，见危致命，君有过则强谏力争，国败亡则竭节致死。”⑤ 今人看来，祖国、皇朝和君主三者，当然是不同的概念；然而在中国古代的历史条件下，这三种概念却难于做严格区分，这又是中华古代爱国主义的缺点。但岳飞爱国主义的精髓，则在于由祖国至上的理念而养成的高风亮节。他坚定的抗金信念正是源于爱国主义精神。

---

① 《宋史》卷363《岳飞传》、卷380《何铸传》，第11393、11708页。

② ［明］天顺二年（公元1458年）《满江红》词碑，汤阴：岳飞纪念馆藏。

③ 王曾瑜：《尽忠报国——岳飞新传》第2章“尽忠报国”，第21页。

④ 《三朝北盟会编》卷191引杨炜上书，第1377页。

⑤ ［宋］司马光：《资治通鉴》卷291，中华书局1957年版，第9512页。

岳飞一生的奋斗目标，是“宋朝再振，中国安强”①。他曾对人说：“使我得与诸将齿，禀命于天子。何功不立，一死乌足道哉！要当克复神州，迎还二圣，使后世史册知有与关、张齐名。”② 建炎元年（公元 1127 年）六月、七月间，岳飞作为一个官位卑微的偏将，却越级向宋高宗恳切上书言事，指责黄潜善、汪伯彦等“有苟安之渐，无远大之略，恐不足以系中原之望”，“请车驾还京”，“亲帅六军，迤逦北渡。则天威所临，将帅一心，士卒作气，中原之地指期可复”。③ 在崇文抑武的风尚下，这肯定是绝无仅有的事，反映了他“位卑未敢忘忧国”④ 的胆识和勇气。

颟顸的黄潜善、汪伯彦“以为小臣越职，非所宜言，夺官归田里”⑤，不仅将岳飞革职，还赶出军营。“孤孑一身，狼狈羁旅”⑥ 的岳飞，却满怀激情，投奔河北西路招抚司，他对长官张所慷慨流涕地说：“今日之事，惟有灭贼虏，迎二圣，复旧疆，以报君父耳！”⑦ 建炎四年（公元 1130 年）六月，在离开宜兴县张渚镇时，岳飞在张大年家屏风题词，将自己渴望在抗金战场上施展才能和抱负，希望世人知晓自己豪情壮志的心情，表露无余：

近中原［板］荡，金贼长驱，如入无人之境，将帅无能，不及长城之壮。余发愤河朔，起自相台，总发从军，小大历二百余战，虽未及远涉夷荒，讨荡巢穴，亦足快国仇之万一。

① 《鄂国金佗稡编校注》卷 19《广德军金沙寺壁题记》，第 984 页。
② 《鄂国金佗续编校注》卷 14《忠愍谥议》，第 1338 页。
③ 《鄂国金佗稡编校注》卷 10《南京上皇帝书略》，第 835 页。
④ ［宋］陆游：《陆游集·剑南诗稿》卷 7《病起书怀》。
⑤ 《鄂国金佗稡编校注》卷 4《鄂王行实编年》，第 74 页。
⑥ 《鄂国金佗稡编校注》卷 11《乞以明堂恩奏张所男宗本奏》，第 857 页。
⑦ 《鄂国金佗稡编校注》卷 4《鄂王行实编年》，第 75 页。

今又提一垒孤军，振起宜兴，建康之城，一举而复，贼拥入江，仓皇宵遁，所恨不能匹马不回耳！今且休兵养卒，蓄锐待敌，如或朝廷见念，赐予器甲，使之完备，颁降功赏，使人蒙恩，即当深入虏廷，缚贼主蹀血马前，尽屠夷种，迎二圣复还京师，取故地再上版籍。它时过此，勒功金石，岂不快哉！此心一发，天地知之，知我者知之。①

同年七月，宋廷任命岳飞为通、泰州镇抚使。此项任命与岳飞光复故土的志向相差甚远，岳飞力辞，请求将自己的母、妻并二子为质，“止除一淮南东路重难任使，令飞招集兵马，掩杀金贼，收复本路州郡，伺便迤逦收复山东、河北、河东、京畿等路故地。庶使飞平生之志得以少快，且以尽臣子报君之节”。然而以宋高宗为首的朝廷，也并不理睬岳飞渴望“速行剿杀”金贼，“殄灭静尽，收复诸路”的壮志雄心。② 岳飞在诗文中也屡次表达自己的宏誓大愿。“扫清胡虏，复归故国，迎两宫还朝，宽天子宵旰之忧，此所志也。”③ “忠义必期清塞水，功名直欲镇边圻”，“金酋席卷尽擒归”。④ 岳飞的言行无不表达了他热切希望抗击金军，收复故土，以求中华一统的崇高理想。

当南宋对金议和时，岳飞连续表示反对。绍兴八年（公元1138年）九月，岳飞上奏札说：“不可与和，缘金人犬羊之性，国事隙深，何日可忘！臣乞整兵，复三京、陵寝，事毕，然后谋

① ［宋］赵彦卫：《云麓漫钞》卷1，第12页。

② 《鄂国金佗稡编校注》卷17《乞淮东重难任使申省状》，《鄂国金佗续编校注》卷14《忠愍谥议》，第941、1338页。

③ 《鄂国金佗稡编校注》卷19《永州祁阳县大营驿题记》，第986页。

④ 《鄂国金佗稡编校注》卷19《题翠岩寺》，第979页。

河朔，复取旧疆，臣之愿也。臣受陛下深恩厚禄，无一时敢忘。”[①] 绍兴九年（公元1139年），岳飞在《谢讲和赦表》中再次强烈地表明抗金愿望，他反对“卑辞”求和，“愿定谋而全胜，期收地于两河。唾手燕云，终欲复仇而报国；誓心天地，当令稽首以称藩”[②]！针对宋高宗和秦桧的卑屈事仇，发出了誓死抗金的最强音。故宋人称“此公誓不与虏俱存之名言也”[③]。

岳飞立身行事所体现的高风亮节，归根结底，是由他许身抗金战争的理想所支配。他在自己的战袍上刺了“誓作中兴臣，必殄金贼主”[④] 十个字，以示不能直捣金朝巢穴的黄龙府，誓不罢休。[⑤]

在坚定的抗金信念支配下，岳飞十分注重以爱国主义教育部众，鼓舞士气。建炎三年（公元1129年），金军渡江，建康府失守，“诸将恟恟欲叛”，岳飞“洒血厉众曰：‘我辈荷国厚恩，当以忠义报国，立功名，书竹帛，死且不朽。若降而为虏，溃而为盗，偷生苟活，身死名灭，岂计之得耶！建康，江左形胜之地，使胡虏盗据，何以立国！今日之事，有死无二，辄出此门者斩！’[⑥]”他在危难时刻，凝聚了军心，终于独立成军。岳飞每次“临戎誓众”，“言及国家之祸”，岳飞往往“仰天横泗，气塞莫能语，士卒感怆，皆欷歔而听命”。[⑦] 在特殊的时代条件下，爱国主义教育是

① 《三朝北盟会编》卷207引《岳侯传》，第1493页。

② 《三朝北盟会编》卷192，绍兴九年正月，第1388页。

③ 《鄂国金佗续编校注》卷28《鄂武穆王岳公真赞》，第1613页。

④ 《鄂国金佗稡编校注》卷9《遗事》，第757页。

⑤ 关于岳飞直捣黄龙府之说，参见《鄂国金佗稡编校注》卷8《鄂王行实编年》及注，第567页。祖慧《“黄龙府”再考》（载《岳飞研究》第3辑，中华书局1992年版）对此有详明考证。

⑥ 《鄂国金佗稡编校注》卷4《鄂王行实编年》，第103—104页。

⑦ 《鄂国金佗稡编校注》卷9《遗事》，《鄂国金佗续编校注》卷30王自中《郢州忠烈行祠记》，第744、1646页。

岳家军战斗力生成的要素之一。

二、严于律己的立身行事

岳飞严于律己。他曾在奏中说："臣闻正己然后可以正物，自治然后可以治人。"① 岳飞治军，主要以"廉"字"正己""自治"，以"仁"和"严"字"正物""治人"。"文臣不爱钱，武臣不惜命，天下当太平"② 之语，是岳飞一身正气的写照，也是他治军用兵之基本准则。

岳飞"奉身俭薄，不二蔵，居家惟御布素，服食器用，取足而已，不求华巧"③。一天，他看到妻子"御缯帛"，立即批评道："吾闻后宫妃嫔在北方，尚多窭乏。汝既与吾同忧乐，则不宜衣此。"此后，全家人皆不敢穿戴丝绸。四川宣抚使吴玠得知岳飞生活简朴，"素无姬侍"，"以二千缗买一士族女"，"饰以金珠宝玉，资奁巨万"，不远千里送至岳飞处。岳飞却拒绝留下，"厚遣使者"将"名姝"退回。有部属劝岳飞说："相公方图关陕，何不留此以结好。"岳飞则回答："国耻未雪，圣上宵旰不宁，岂大将宴安取乐时耶！"④ 吴玠得知此事后，也愈加敬佩岳飞。

人生在世，酒、色、财三关决不易过。就传世的史料看来，两宋三百年间，不嗜美色的文臣仅有王安石和司马光两人，而武将仅有岳飞一人。由于他对心目中神圣的抗金事业十分热衷，对个人的利禄、嗜好、享受之类也就十分恬淡。他说："某旧日亦爱烧香，瓦炉中烧柏香耳，后来亦屏之。大丈夫欲立功业，岂可有所好耶！"⑤ 以至在瓦炉中烧一点廉价的柏香，"亦屏之"。

---

① 《鄂国金佗稡编校注》卷 15《辞男云特转恩命第四札子》，第 913 页。

② 《朱子语类》卷 112《论官》，第 2737 页。

③ 《鄂国金佗续编校注》卷 9《遗事》、卷 14《辞太尉第四札子》，第 741、903 页。

④ 《鄂国金佗稡编校注》卷 9《遗事》，第 741—742 页。

⑤ 《鄂国金佗续编校注》卷 27 黄元振编《岳飞事迹》，第 1589 页。

岳飞“平居洁廉，不殖货产，虽赐金己俸，散予莫啬，则不知有其家”[①]。“兵食不给，则资粮于私廪”[②]。《鄂国金佗续编》记载：

> 公命宅库，除宣赐金器存留外，余物尽出货，以付军匠，造弓二千张。先父曰：“此军器，当破官钱。”公曰：“几个札子乞得，某速欲用，故自为之。”[③]

世上贪官的公私不分，是侵吞公财；岳飞的公私不分，是以私财补贴公用。岳飞遇难后，秦桧派人抄家，发现岳飞家中没有一件金玉珍宝，[④] 却存有价值九千贯的数量可观的布、绢、米、麦等物资，显然是准备贴补军用，的确堪称“家无剩财”[⑤]。

大将刘光世、张俊等人钻营功名利禄，[⑥] 岳飞却“避荣宠”[⑦]，与他们形成鲜明的对比。绍兴六年（公元1136年）母亲姚夫人去世后，除了官给丧事之外，宋高宗“格外特赐银、绢一千匹、

---

① 《鄂国金佗续编校注》卷14《武穆谥议》，第1342页。

② 《鄂国金佗稡编校注》卷9《遗事》，《鄂国金佗续编校注》卷30王自中《郢州忠烈行祠记》，第756—757、1646页。

③ 《鄂国金佗续编校注》，第1588页。

④ ［宋］袁褧：《枫窗小牍》卷下，《宋元笔记小说大观》第5册，上海古籍出版社2007年版，第6页。

⑤ ［元］陶宗仪：《说郛三种》卷29《朝野遗记》，上海古籍出版社1988年版，第513页。

⑥ 如绍兴十年时，张俊仗没怎么打，却要求将部将王德和田师中升任正任承宣使，全军八万余人，居然“有功之士逾四万”，要求对他们论功行赏，见［宋］张嵲《紫微集》卷25《为张俊乞赏缴奏状》《为王德田师中除正任承宣使缴奏状》，台北：商务印书馆，影印文渊阁《四库全书》本，1986年版，第1131册第562、566页。再如刘光世请求朝廷封赠姬妾，“中兴后诸大将封妾自此始”。参见《建炎以来系年要录》卷85，绍兴五年二月辛丑；卷134，绍兴十年二月；卷149，绍兴十三年六月丙戌朔，第2册第198、800页，第3册第80页。

⑦ 《鄂国金佗稡编校注》卷9《遗事》，第795页。

两”，岳飞却两次辞谢。[①] 对于宋廷的嘉奖，岳飞亦是再三辞，他说：“某所之战，皆将士竭力，在臣何功。”[②] 自律的同时，岳飞“遇诸子尤严”[③]。他认为必须严于律己，以身作则，然后以此“服众”和“率人”[④]，才能使将士们效力。

特别值得提出的是，岳飞严格对待长子岳云。由于年龄的关系，岳飞的五子中，唯有岳云幼年参军，随父出入行阵。在军政腐败的风气下，将帅为自己的亲属“寄名虚奏”[⑤]，即冒领战功，是十分普遍的现象。在北宋末开封城陷落前夕，城内“逐急差到统制、统领官不下数十员，每一统制官下使臣不下三四十员，效用三四十员。每使臣一员，日给食钱八百或一贯，效用三百或五百，率多权贵亲戚、门生、故吏，又有朝廷缘权贵、内侍请求而至者。身未尝到，而请给论功，倍于将士。或遇出战第功，亲随使臣并在优等，受上赏，用命当先者未必收录。至于伤重军兵，有轻伤而得重赏，伤重而得轻赏者，有战死而作逃亡自死者。其弊不胜言，此所以败国家之事也”[⑥]。岳云“尝以重铠习注坡，马踬而踣”，岳飞“以其不素习，怒曰：‘前驱大敌，亦如此耶？’遽命斩之，诸将叩头祈免，犹杖之百，乃释之”。[⑦] 此后岳云屡立战功，岳飞反而经常扣押不报。据《紫微集》卷 16 岳云升任左武大夫、忠州防御使的制词说：

---

① 《鄂国金佗稡编校注》卷 14《辞母亡格外赙赠及应办丧事奏》《辞格外赙赠银绢札子》，第 895、896 页。

② 《鄂国金佗稡编校注》卷 9《遗事》，第 793 页。

③ 《鄂国金佗稡编校注》卷 9《遗事》，第 796 页。

④ 《鄂国金佗稡编校注》卷 9《遗事》、卷 15《辞男云特转恩命第四札子》，第 795、913 页。

⑤ 《鄂国金佗续编校注》卷 27 黄元振编《岳飞事迹》，第 1590 页。

⑥ 《三朝北盟会编》卷 69，第 522 页。

⑦ 《鄂国金佗稡编校注》卷 9《遗事》，第 757—758 页。

成功行封，犹有遗者，何以为劳臣之劝哉！具官某，大帅之子，能以勇闻。比从偏师，亲与敌角，刈旗斩将，厥功为多。显赏未行，殊非国典。

可见他最后一次因绍兴十年（公元 1140 年）战功而升官受奖，仍然不是岳飞上报战功的结果。岳飞对于儿子当之无愧的官封，仍一如既往，上奏力辞：

父之教子，岂可责以近功。臣昨恭依睿算，与虏贼决战于陈、颍之间，云随行迎敌，虽有薄效，殊未曾立到大功。遽超横列，仍领郡防，赏典过优，义不遑处。①

岳云的差遣是书写机宜文字，只需为父亲抄录密奏等，即算克尽己责。用现代语，是机要秘书，不需要上战阵。然而在战时，岳飞却执意命他当敢死队长。② 岳飞身为一军统帅，最紧要的问题自然是指挥，不可能处处带头冲锋陷阵，但有意安排儿子在战斗最危难、最紧切处带头拼死血战，弃身于枪林箭雨之中，却又有意扣押儿子奋身死战夺得的战功。

岳飞严于律己的人格魅力对将士、幕僚起了极大的表率作用，故岳家军军政清明，大致杜绝了宋军中常有的各种弊病。幕僚黄纵看到一名兵士，“盛寒止一单布衫”，便问他：“汝怨乎？”兵士回答：“不怨也。他军所得请给，则有减克。又如科作纳袄之类，自身虽暖，老小则冻馁矣。宣抚则不然，所请食钱若干，不减一

① 《鄂国金佗稡编校注》卷 15《辞男云特转恩命札子》，第 917 页。
② 《鄂国金佗稡编校注》卷 8《鄂王行实编年》，第 530 页。

钱，听士自用之。某自因家累重而费之，非在上者有克于我也，何怨之有。”① 岳飞的严于律己、淡泊名利，更加激发了岳家军将士对岳飞的拥戴之情。

三、仁严兼济、精于训练的治军风范

中国古代早有为将五德之说，《孙子兵法·计篇》就说：“将者，智、信、仁、勇、严也。”② 《武经总要》在《选将》篇说：“大凡将以五才为体”，“所谓五才者，一曰智，二曰信，三曰仁，四曰勇，五曰严。非智不可以料敌应机，非信不可以训人率下，非仁不可以附众抚士，非勇不可以决谋合战，非严不可以服强齐众”。③

绍兴元年（公元 1131 年），岳飞曾对张俊说：“用兵者无他，仁、信、智、勇、严五事，不可不用也。有功者重赏，无功者重罚，行令严者是也。”④ 岳飞待人、治军，将“仁”字放在第一位。他将“五德”的次序有所调整，应是受儒家思想的影响。他对部属、百姓，甚至对降敌，都贯穿着儒家倡导的“仁心爱物”⑤的理念。

在物资供应十分菲薄和匮乏的情况下，岳飞特别注意抚恤军卒。他“常与士卒最下者同食。樽酒脔肉，必均及其下，酒少不能遍，则益之以水，人受一啜。出师野次，士卒露宿，虽馆舍甚备，不独入”；“诸将远戍，则使妻至其家，问劳其妻妾，遗之金

---

① 《鄂国金佗续编校注》卷 27 黄元振编《岳飞事迹》，第 1590 页。

② ［春秋］孙武撰，［三国］曹操等注，杨丙安校理：《十一家注孙子校理》卷上《计篇》，中华书局 1999 年版，第 7 页。

③ ［宋］曾公亮、丁度等编：《武经总要》前集卷 1《选将》，《中国兵书集成》编委会：《中国兵书集成》，解放军出版社、辽沈出版社 1987 年版，第 3 册第 20 页。

④ 《三朝北盟会编》卷 207 引《岳侯传》，第 1491 页。

⑤ 《鄂国金佗续编校注》卷 27，黄元振编《岳飞事迹》，第 1584 页。

帛，申殷勤之欢”。① 岳飞对待伤病者则“亲造抚视”，甚至“手为调药”；战死者则吊唁尽哀，“辍食数日”，抚育孤寡，“或以子婚其女”。② 在艰苦的行军、作战环境中，岳飞“抚下有恩”，“每与士卒同甘苦，而得其欢心。虽上赐累巨万，毫发不以为己私，故士卒用命，而所至无扰”③，造就了一支雄师。

岳家军部众原来大都是“四方亡命、乐纵、嗜杀之徒”④，岳飞在尽可能善待部众的同时，还须用铁的手段对这些人进行管理，使他们“奉令承教，无敢违戾”，以维护军队的纪律和声誉。岳飞特别重视军队的纪律问题，以严格的军法约束其官兵。“有践民稼，伤农功，市物售直不如民欲之类，其死不贷。卒有取民麻一缕，以束刍者，诘其所自得，立斩之。”⑤ “取人一钱者，必斩。”⑥

每到一地，岳飞“必自从十数骑周遭巡历，惟恐有一不如纪律者”⑦。在岳飞严格的管束下，“冻杀不拆屋，饿杀不打虏”⑧ 的口号，成为岳家军在忍饥受冻的艰难处境下，仍大致维持军纪的真实写照。岳家军驻庐州时，“遣骑驰奏，至扬子江，风暴禁渡，典者力止之”，此骑士却回答：“宁为水溺死，不敢违相公令!”“自整小舟绝江，望者以为神。”⑨ 由于岳飞治军公正，仁严兼济，

---

① 《鄂国金佗稡编校注》《金佗稡编》卷 9《遗事》，第 758 页。

② 《鄂国金佗稡编校注》卷 9《遗事》，第 758 页。

③ 《鄂国金佗续编校注》卷 14《武穆覆议》，第 1343 页。

④ 《建炎以来系年要录要录》卷 117，绍兴七年十一月甲午，第 2 册第 576 页。

⑤ 《鄂国金佗稡编校注》卷 9《遗事》，第 758 页。

⑥ 《鄂国金佗续编校注》卷 27 黄元振编《岳飞事迹》，第 1588 页。

⑦ ［宋］曾敏行著，朱杰人标校：《独醒杂志》卷 7《岳飞治军严明》，上海古籍出版社 1986 年版，第 64 页。

⑧ 《鄂国金佗稡编校注》卷 9《遗事》，第 786 页。《鄂国金佗续编校注》卷 21《鄂王传》作“饿杀不虏掠”，稍异。

⑨ 《鄂国金佗稡编校注》卷 9《遗事》，第 759 页。

"勤惰必分，功过有别"，"小善必赏，小过必罚，待数千万人如待一人"，[①] 造就了岳家军雷厉风行的军风。故令下如山倒，"御众得其死力"[②]。

一支军队的战斗力强弱，士兵的编组和训练无疑是重要因素。岳飞注重对士兵的选择，"贵精不贵多"的"精兵"原则，是其"御军之术"。他非常重视对士兵的训练和考核。"止兵休舍，辄课其艺，暇日尤详，至过门不入，视无事时如有事时。如注坡、跳壕等艺，皆被重铠，精熟安习，人望之以为神。"[③] 精于弓射的岳飞，为提高部队的射箭技术，将自己"左右射"之法，推广给全军将士，"由是军中皆善左右射，屡以是破贼锋"[④]。

四、"运用之妙，存乎一心"[⑤] 的作战指挥艺术

《孙子兵法·虚实篇》说："兵无常势，水无常形，能因敌变化而取胜者，谓之神。"[⑥] ［宋］曾公亮：《武经总要》亦强调："兵不奇，则不胜。"[⑦] 岳家军的战争实践充分体现了岳飞"用兵无奇正，临机制胜"[⑧] 的指挥特点。

岳飞"以奇取胜"的指挥艺术，早在太行山区刺死金将黑风

---

① 《鄂国金佗续编校注》卷 30 王自中《郢州忠烈行祠记》，第 1646 页；《独醒杂志》卷 7《岳飞治军严明》，第 64 页。

② 《鄂国金佗稡编校注》卷 9《遗事》，第 786 页。

③ 《鄂国金佗稡编校注》卷 9《遗事》，第 757 页。

④ 《鄂国金佗稡编校注》卷 4《鄂王行实编年》，第 58 页。

⑤ 《鄂国金佗续编校注》卷 17《鄂王传》，第 1389 页；《鄂国金佗稡编校注》卷 4《鄂王行实编年》第 58 页，与《鄂国金佗续编校注》卷 23《襄阳石刻事迹》第 1535 页记载略有差异。

⑥ 《十一家注孙子校理》(增订本)，第 125 页。

⑦ 《武经总要》前集卷 4《奇兵》，《中国兵书集成》第 3 册，第 149 页。

⑧ 《鄂国金佗稡编校注》卷 9《遗事》，第 787 页。

大王时，[1] 便已经开始显露。建炎元年（公元 1127 年），招抚使张所问岳飞："闻汝从宗留守，勇冠军，汝自料能敌人几何?"岳飞回答说："勇不足恃也，用兵在先定谋。谋者，胜负之机也。故为将之道，不患其无勇，而患其无谋。今之用兵者，皆曰：'吾力足以冠三军。'然未战无一定之画，已战无可成之功。是以'上兵伐谋，次兵伐交'，栾枝曳柴以败荆，莫敖采樵以致绞，皆用此也。"[2] 岳飞认为为将之道，"在先定谋"[3]。战场上，主将正确的指挥，远比匹夫之勇重要得多。

建炎二年（公元 1128 年），战斗的间隙，东京留守宗泽与统制岳飞[4]的一番对话，更显示出后者对军事指挥的远见卓识。宗泽令岳飞认真研究阵图，岳飞却"一见即置之"，并回答道：

> 留守所赐阵图，飞熟观之，乃定局耳。古今异宜，夷险异地，岂可按一定之图。兵家之要，在于出奇，不可测识，始能取胜。若平原旷野，猝与虏遇，何暇整阵哉！况飞今日以裨将听命麾下，掌兵不多，使阵一定，敌人得窥虚实，铁骑四蹂，无遗类矣。[5]

宗泽惊讶于岳飞的回答，反问岳飞："如尔所言，阵法不足用

① 《鄂国金佗稡编校注》卷 4《鄂王行实编年》，《鄂国金佗续编校注》卷 17《鄂王传》、卷 22《襄阳石刻事迹》，第 71、1524、1393 页。

② 《鄂国金佗稡编校注》卷 4《鄂王行实编年》，第 74 页。

③ 《鄂国金佗稡编校注》卷 4《鄂王行实编年》，第 75 页。

④ ［宋］宗泽：《宗忠简公集》卷 7《遗事》，台北：商务印书馆，影印文渊阁《四库全书》本，1986 年版，第 1125 册第 80 页；［宋］王柏：《鲁斋王文宪公文集》卷 14《宗忠简公传》，《续金华丛书》本；《宋史》卷 360《宗泽传》，第 11281 页。

⑤ 《鄂国金佗稡编校注》卷 4《鄂王行实编年》，第 73 页。

耶？”岳飞回答：

> 阵而后战，兵之常法，然势有不可拘者，且运用之妙，存乎一心。①

“运用之妙，存乎一心”，成为中国古代有名的军事格言，是岳飞对军事指挥的深刻认识，也是其军事实践的指导原则。

且看建炎四年（公元1130年）收复建康之战。据邵缉说，复建康后，岳家军“军中精锐能战之士几二万人，老弱未壮者不在此数，胜甲之马亦及千匹”②。但据岳飞本人在三个月后上申宋廷，“本军头口，老小、正兵七万余人口”，这是连带家属的数字，而“见带军马万余”。③ 两个数字有差异，估计与战后的伤病员死亡有关。故岳飞在另一公文中说：“新复建康之后，所有士马疮痍尚新，羸弊方甚。”④

但当时岳家军仅是孤军作战，没有其他军队的支援。全权负责收复建康事宜者，是浙西路、江东路制置使张俊，“诸将并受节度”，而张俊宁肯任人唾骂，也不敢率军向建康前进一步。⑤ 岳家军所面对的是完颜兀术所率的大部队。金军自侵犯江南以来，转

---

① ［宋］宗泽：《宋宗忠简公全集》卷9《宗忠简公事状》，清康熙刊本；《鄂国金佗稡编校注》卷4《鄂王行实编年》，第73页。

② 《鄂国金佗续编校注》卷28《孙逌编鄂王事》引邵缉荐书，第1606页。

③ 《鄂国金佗稡编校注》卷17《赴镇画一申省札子》，第943页。

④ 《鄂国金佗稡编校注》卷17《申刘光世乞兵马粮食状》，第944页。

⑤ 张俊任浙西路、江东路制置使的日期，《三朝北盟会编》卷137作四月一日，并称此项任命是为“策应世忠”。《建炎以来系年要录》卷32则为四月二十八日己亥，即在韩世忠战败和岳飞发动清水亭之役后，但当时宋廷尚未得韩世忠败讯。据《鄂国金佗稡编校注》卷19《建康捷报申省状》载，岳飞称“恭依圣旨”而出兵，宋廷不可能先令岳飞攻建康府，后任命张俊为战区统帅，疑《建炎以来系年要录》所载日期太迟。

战半年，相当疲惫，但损折并不大，又在黄天荡之战中最终败韩世忠军，更是挟战胜之威。金军虽不耐暑热，却仍不愿放弃在江南最后的立足点。故“穴山作小洞子，以为避暑之地，陆增城垒，水造战船”，若干支金军从采石矶“已渡复回者，累累不绝”。①

岳家军没有按照常规径由镇江府前线挥师建康，而是由“驻军地宜兴县出发，经由溧阳县和溧水县境，从建康府的东南方入境，进入建康府战场”。此出师路线，既以驻地宜兴县和收复的溧阳县作为战略基地，又将岳家军往来战斗所熟悉的溧水县和广德军为战略依托，使岳家军处于进退自如的不败之地。② 按现实的军力对比，军力较少的岳家军不可能歼击金军的大部队。故岳飞在初战建康城南的清水亭告捷后，就西向占据建康城南的牛头山，占据制高点，居高临下，采取自南而北，逐次推进，驱逐金军渡江的军事策略。在两军“大小数十合”的战斗中，岳飞采用灵活战术，或是白天进攻，或是夜晚袭击，终于使金军“扫地而去，无一骑留者”③。克复建康，当然是南宋得以立足南方的关键之战。

杨么军盘踞鼎州洞庭、青草湖一带，长达六年，一时成了南宋的“腹心害”④。“一时将帅皆谓不可以岁月成功”⑤，绍兴五年（公元 1135 年），宋廷委任岳飞全权“讨捕”杨么军。岳飞根据杨么军“春夏则耕耘，秋冬水落则收粮于湖寨，载老小于泊中，而

---

① 《三朝北盟会编》卷 138，第 1004 页。

② 顾文璧：《岳飞清水亭之战和岳家军出师建康的路线问题》，《岳飞研究论文集汇编》，第 19 页。

③ 《鄂国金佗续编校注》卷 28 孙逌编《鄂王事》引邵缉荐书，第 1604—1605 页。

④ 《建炎以来系年要录》卷 85，绍兴五年二月戊子，第 2 册第 189 页。

⑤ 《鄂国金佗稡编校注》卷 6《鄂王行实编年》，第 301 页。

尽驱其众四出为暴”①，“官军路攻则入湖，水攻则登岸”② 的习性，“先分遣军马，扼贼要路，断其粮道，严行禁止博易，使贼乏食。寻遣军分头赍执旗膀，谕以祸福，说谕招安，溃其腹心，并欲诱致桀黠，以为乡导”③。“上兵伐谋”，岳飞针对杨么军“陆耕水战”④ 的作战特点，有针对性地围困、瓦解杨么军。岳飞对张浚说：“湖寇之巢，艰险莫测，舟师水战，我短彼长，入其巢而无乡导，以所短而犯所长，此成功所以难也。若因敌人之将，用敌人之兵，夺其手足之助，离其腹心之援，使桀黠孤立，而后以王师乘之，覆亡犹反手耳。”⑤ 因实施上述策略，就将岳家军将士“并系西北之人，不习水战”⑥ 的劣势转变为优势，仅用两个半月的时间，即使杨么军土崩瓦解。

绍兴六年（公元1136年）秋天，岳家军打破宋军秋季防守惯例，进行第二次北伐。“岳飞采取声东击西的战术，以牛皋左军的佯攻，掩蔽大部队的主攻方向”⑦，最终取得北伐胜利，是南宋立国后“十余年来所未曾有”⑧ 的大规模反攻。

尽可能提高指挥艺术，减少无谓牺牲，不仅是现代战争统帅和各级指挥员追求的目标，也是岳飞追求的作战指挥效果。岳飞

① 《建炎以来系年要录》卷86，绍兴五年闰二月辛酉，第2册第208页。

② 《建炎以来系年要录》卷90，绍兴五年六月壬子，第2册第276页；［宋］熊克：《中兴小纪》卷18引李龟年《记杨么本末》，台北：文海出版社，1968年版，第231页。

③ 《鄂国金佗稡编校注》卷11《招杨钦奏》，第854页。

④ ［宋］叶适著，刘功纯、王孝鱼、李哲夫点校：《叶适集·水心文集》卷22《故知广州敷文阁待制薛公墓志铭》，中华书局1961年版，第425页；《宋史》卷380《薛弼传》，第11721页。

⑤ 《鄂国金佗稡编校注》卷6《鄂王行实编年》，第316页。

⑥ 《鄂国金佗稡编校注》卷11《措置杨么水寇事宜奏》，第850页。

⑦ 王曾瑜：《尽忠报国——岳飞新传》第9章“长驱伊洛”，第180页。

⑧ 《李纲全集》卷128《与岳少保第二书（十月初二日）》，第1237页。

在拟定作战计划时，能将岳家军的作战力量与空间、时间、手段等各种制胜因素有机地结合起来，最大限度地发挥岳家军的整体威力，夺取作战胜利。绍兴四年（公元 1134 年）第一次北伐时，岳家军在邓州城外三十里，“遇敌兵数万迎战，王万、董先各以兵出奇突击，贼众大溃”①。这是以奇兵获胜。岳飞有勇有谋，也是岳家军屡战屡胜的重要因素。

五、不畏艰险、英勇战斗的示范行为

岳飞“骁武”善战，常“自为旗头”“亲冒矢石”“摧精击锐，不胜不止”。② 建炎四年（公元 1130 年）十一月，岳家军在泰州柴墟镇抗击金军，岳飞“率先士卒，身被两枪，犹乘胜逐北”③。绍兴四年（公元 1134 年），岳家军北伐，攻打郢州城时，岳飞坐在大纛下指挥，“忽一砲石堕其前，左右惊避”，他却“独不移足”。④ 岳飞战阵中的表现，当时也赢得了宋高宗“岳飞勇于战斗，驭众有方”⑤ 的称赞。

岳飞身先士卒的表率行为产生了强大的感召力，激励岳家军将士们英勇奋战。例如在郾城和颍昌之战中，岳家军打得特别英勇顽强，岳云“大战无虑十数合，出入虏阵，甲裳为赤，体被百余创”⑥。岳家军将士艰难搏战，杀得“人为血人，马为血马，无一人肯回顾者”⑦。

六、注重建立群众基础

建炎四年（公元 1130 年）春，岳家军移屯常州宜兴县（治今

---

① 《鄂国金佗稡编校注》卷 6《鄂王行实编年》，第 353 页。
② 《鄂国金佗稡编校注》卷 9《遗事》，第 799 页。
③ 《鄂国金佗稡编校注》卷 25《承楚辨》，第 1087 页。
④ 《鄂国金佗稡编校注》卷 9《遗事》，第 787 页。
⑤ 《鄂国金佗稡编校注》卷 9《遗事》，第 790 页。
⑥ 《鄂国金佗稡编校注》卷 9《诸子遗事》，第 805 页。
⑦ 《鄂国金佗续编校注》卷 27 黄元振编《岳飞事迹》，第 1588 页。

江苏宜兴市）后，对民众秋毫无犯，“常之官吏、士民弃其产业趋宜兴者万余家。邑人德之，图其象以祠之，曰：‘父母生我也易，将军之保我也难’”[①]。当地民众为岳飞建立生祠，感激岳飞的“捍国保民”之情。[②] 同年七月，岳飞除通、泰州镇抚使，率领岳家军移驻泰州。岳飞“治军严整”，“尤得民情”。[③]

绍兴四年（公元 1134 年），岳家军收复襄汉六郡后，兴办营田，将此六郡建成南宋巩固的前沿阵地。绍兴五年（公元 1135 年）平定杨么后，岳飞亦是妥善安置原本是“国家赤子”的杨么“徒党”，“一方生灵”，“始得平定安乐”，[④] 为以后的抗金战争营造了一个较安定的后方。绍兴六年（公元 1136 年），岳家军第二次北伐收复长水县城，缴获的二万石粮食，除了官兵食用，还“给散百姓”，并且“即时招抚，并与安业，别无分毫骚扰”。[⑤] 绍兴十年（公元 1140 年）岳家军第四次北伐时，两河“父老百姓争挽车牵牛”，“顶盆焚香，迎拜而候者，充满道路”的壮观场面，说明岳家军群众基础深厚。这也是岳家军克敌制胜的重要条件。

从岳家军的英勇善战可以看出主将在治军中的关键作用。其实不仅岳家军如此，古今中外的其他军队，概莫能外。一支军队军纪整肃、能征善战，它的主将肯定有强大的人格魅力，他的立身行事必然对部将形成强大的感染力和影响力。反之，主将庸碌贪惰，军队必然军风不整、战斗力低下。考察历史上能征善战军队的优秀主将，发现他们皆有与士卒同甘苦、不贪功、注重训练、公正严明等共同之处。仅以宋代为例，如何继筠“深沈有谋略，

---

① 《鄂国金佗稡编校注》卷 5《鄂王行实编年》，第 115 页。

② 《鄂国金佗续编校注》卷 30 钱湛《宜兴县生祠叙》，第 1650 页。

③ 《三朝北盟会编》卷 142，第 1032 页。

④ 《鄂国金佗续编校注》卷 26《杨么事迹》，第 1578、1580 页。

⑤ 《鄂国金佗稡编校注》卷 16《复西京长水县捷奏》，第 929 页。

与士卒同甘苦，得其死力。居北边前后二十年，善揣知敌情，屡以少击众，契丹人畏伏，多画像拜之”①。杨业“忠烈勇武，有智谋”，“屡立战功，所向克捷，国人号为‘无敌’”。雁门关以数千骑大败辽军后，“契丹望见（杨）业旌旗，即引去”②。雍熙三年（公元 986 年），杨业孤军在朔州陈家谷口与十余万辽兵激战，“自午至暮”，杨业在“身被数十创”的情况下，“犹手刃数十百人”，他所率“数万精兵”“无一生还者”。③ 杨业军战场上的英勇表现，与杨业“练习攻战，与士卒同甘苦”“为政简易，吏民爱之”④ 是分不开的。其子杨延昭“智勇善战，所得俸赐，悉以犒军，未尝问家事。性质素，出入骑从如小校，号令严明，与士卒同甘苦，寒不冒絮，暑不执盖。遇敌必身先行阵，克捷推功于天下，人乐为用”，“在边防二十余年，契丹惮之，目为杨六郎”。⑤ 北宋末，时任河北兵马副元帅的文臣宗泽，率部与金军作战时，“亲冒矢石”，“在军中与士卒同甘苦，故人乐为用”。⑥ 王彦“为将帅也，严明纪律，沈勇能断，而以公行之。每出师，无供帐厨传，诛茅为庐，与士卒同器而食，井灶未具，饥渴不敢先。战士卒有伤痍者，解衣衣之，亲为傅药。或违令犯法，虽故旧，立斩之，而抚恤其家。及凯旋论功，必自下推众以为当，虽疏逖必居上列，以

---

① 《续资治通鉴长编》卷 12，开宝四年七月己未，第 269 页；《宋史》卷 273《何继筠传》，第 9327 页。

② 《宋史》卷 272《杨业传》，第 9304 页。

③ 《续资治通鉴长编》卷 27，雍熙三年八月，第 621、622 页；《宋史》卷 272《杨业传》，第 9303、9305 页。

④ 《续资治通鉴长编》卷 27，雍熙三年八月，第 622 页；《宋史》卷 272《杨业传》，第 9304、9305 页。

⑤ 《续资治通鉴长编》卷 82，大中祥符七年正月甲午，第 1861 页；《宋史》卷 272《杨业传》，第 9308 页。

⑥ 《建炎以来系年要录》卷 3，建炎元年三月辛丑，第 1 册第 66 页。

是人人乐为尽死。尤长于简练士伍，不以修饰为先，而取其轻足鸷果有力者。每破贼，大阅，以充军者盖十之一，故其所部号天下精兵”①。

马克思主义哲学向来强调事物的必然性，认为“在历史的发展中，偶然性发挥着作用，而它辩证的思维中就像在胚胎的发展中一样，这种偶然性融合在必然性中”②。岳家军的出现，固然是特殊的抗金战争之所需，但关键还是统帅岳飞个人独有的崇高理想、远大抱负、高尚品格、治军有方等因素发挥了重要的作用。正如汤阴岳飞庙中明代董其昌撰写的《重修鄂王祠记》石碑碑文对岳飞的评价，“一曰忠，涅肤激烈，挥涕誓师；二曰虚，食客常满，群策毕收；三曰整，兵所往来，草苇不乱；四曰廉，不私藏一钱，藉其家仅九千缗；五曰公，小善必赏，小过必罚，待数千万人如待一人；六曰定，大敌猝撼，难于撼山；七曰选能，背嵬五百，一皆当百；八曰不贪功，功率推于其下，虽子云之胜抑而不列”。岳飞以“仁、信、智、勇、严”③ 作为立身行事与治军标准，造就了一支军纪严明、军政整肃、军风端正、英勇顽强、坚不可摧的抗金雄师。

绍兴二年（公元 1132 年），宋廷在官告中说岳飞“为时良将，统我锐师，许国惟以忠诚，驭众亦能训整，同士卒之甘苦，致纪律以严明。宣力久劳，战多实著，功加数路，迹扫群凶”④。从岳

① 《三朝北盟会编》卷 198 引王彦行状，第 1431 页；《建炎以来系年要录》卷 9，建炎元年九月乙卯，第 1 册第 180 页。

② 《马克思恩格斯选集》第 4 卷恩格斯《自然辩证法》，第 331 页。

③ ［宋］曾公亮：《武经总要》前集卷 1《选将》，《中国兵书集成》第 3 册，第 20 页。

④ 《鄂国金佗续编校注》卷 2《中卫大夫武安军承宣使告（六月十一日）》，第 1157 页。

飞与岳家军的经历来说，宋廷的告词恰如其分。岳飞曾对幕僚夸赞岳家军的素质，说："某之士卒真可用矣！"①

绍兴十年（公元 1140 年），一个名叫冯时行的士人向岳飞上书，称誉他"忠勇壮烈，柱石本朝，德望威名，夷夏充满"，"区区愤激之心，日夜之所冀望以尊主庇民者，如相公之贤，独一二数耳"。冯时行建议，"以相公之威望，虏人素所畏服，若能以数万之众，径趍商、虢，使必闻声股慄，望风破胆，岂徒保卫川蜀，必能据有关陕"②。此信其实也反映了爱国的士大夫辈对岳飞所寄予的重望，认为欲光复故土，非岳飞莫属。岳飞入冤狱时，范澄之为营救岳飞而上书说："况胡虏未灭，飞之力尚能戡定。"③ 理学家朱熹也受宋朝崇文抑武传统的影响，轻视武人。但他也承认，岳飞"直是忠勇"，"若论数将之才，则岳飞为胜"。④ 宋孝宗对岳霖说："卿家纪律、用兵之法，张（俊）、韩（世忠）远不及。"⑤ 这些无疑都是当时对岳飞将才的公论。

附论：岳飞根本不是军阀和官迷

我们注意到，一些人可能是出于逆反心态，也给岳飞杜撰了不实之评语。《读者报·旧闻周刊》2013 年 7 月 25 日载《岳飞：

---

① 《鄂国金佗续编校注》卷 27 黄元振编《岳飞事迹》，第 1588 页。

② ［明］解缙等：《永乐大典》卷 8414《冯缙云先生集·上岳相公书》。

③ 《鄂国金佗续编校注》卷 30《南剑州布衣上皇帝书》，第 1643 页。

④ ［宋］黎靖德纂，王星贤注：《朱子语类》卷 131、卷 132，中华书局 1986 年版，第 3147—3148、3166 页。按：朱熹即使对岳飞，也有若干不实事求是的偏见之说。如指责岳飞"有些毛病"：其一是"骄横"，其二是"恃才不自晦"。据［明］张志淳《南园漫录》卷 1《论将》（台北：商务印书馆，影印文渊阁《四库全书》本，1986 年版，第 867 册第 11 页）认为："夫朱子之论岳，多得之张敬夫（张栻）。敬夫之言，多得之于父浚，宜无怪者。"此说有理。张浚对岳飞的指责，既有宋代崇文抑武风尚下文臣的优越感，对武将的偏见，又有个人为淮西兵变文过饰非的成分，其偏见却传给张栻，又为朱熹所接受，但今天看来，却无道理。

⑤ 《鄂国金佗稡编校注》卷 9《昭雪庙谥》，第 825—826 页。

那些意外的历史》，据载是“综合摘自《百家讲坛》海东青/文、《学习博览》冯八飞/文、《民间故事选刊》李开周/文、《时代青年》朱仙/文、《大话花边历史》龚令民/著（中国长安出版社2012年版）”而成。此文“并非战神”部分的结论说：“岳飞及他的岳家军带有一点军阀性质，岳家军实际上相当于一支私家军队，如果任由其势力坐大，很难说不会演变成为唐代的藩镇，这也是他受到宋高宗猜忌，最终被杀的一个重要原因。”要引申其结论，当然就是宋高宗和秦桧杀害岳飞有理，预防了“演变成为唐代的藩镇”。其实，作者也许不知，早在抗战前，一些日本军国主义史家就早已持此论调，就岳飞是“军阀”而赞颂秦桧的投降主义，以服务于侵华的政治目标。

但在此也必须简单地作一点回应。军阀者，无非是将本人所统的军队当作荣华富贵的资本，拥兵自重，割据一方。岳飞是贪恋兵权的人吗？当然不是。绍兴四年（公元1134年）第一次北伐成功后，岳飞就上奏请求解除军权，为的是侍奉老母：

> 臣近者奉命收复襄汉，去家远涉六月余日。臣老母姚氏年几七十，侵染疾病，连月未安。近复腿脚注痛，起止艰难，别无兼侍，以奉汤药。人子之心，实难安处。伏望圣慈察臣悃愊，无他规避，暂乞许臣在假，以全侍奉之养。将本军人马，权暂令统制官王贵、张宪主管。候臣老母稍安，依旧管干职事，恭听驱策，结草衔环，誓图报效。①

这难道是一个贪恋兵权者之所为？此后岳飞又屡次恳请解除兵权，绍兴八年（公元1138年）四月，宋高宗正在酝酿对金和

① 《鄂国金佗稡编校注》卷13《乞侍亲疾札子》，第880页。

议，岳飞给枢密副使王庶写信说：“今岁若不举兵，当纳节请闲!”[①] 在宋朝，拥有最荣耀头衔的武将，有一套十分威风的仪仗叫“旌节”[②]。所谓“纳节”，就是向朝廷主动上缴节度使的“旌节”仪仗，请求撤销武胜、定国军两镇节度使的虚衔，王庶受到感动，“称其壮节”[③]。正如《满江红》词所说：“三十功名尘与土。”他志在抗金，而将功名富贵视同尘土一般。再引绍兴九年（公元1139年）的辞职奏如下：

> 臣叨冒已逾十载，而所施设，未效寸长，不惟旷职之可羞，况乃微躯之负病。盖自从事军旅，疲耗清神，旧患目昏，新加脚弱，虽不辞于黾勉，恐有误于使令，愿乞身稍遂于退休，庶养痾渐获于平愈。比者修盟漠北，割地河南，既不复于用兵，且无嫌于避事。[④]

这是在绍兴八年（公元1138年）宋金初次和议后所上，“而所施设，未效寸长，不惟旷职之可羞”，无非反映他抗金之志不得伸的苦闷，以“旷职”，即不能恢复故土为“可羞”，而不愿尸位素餐。一个视兵权如命的军阀，能对兵权如此超脱？在绍兴十年（公元1140年）北伐前，岳飞专给庐山东林寺高僧慧海写诗：

> 湓浦庐山几度秋，长江万折向东流。
> 男儿立志扶王室，圣主专师灭虏酋。

---

① 《三朝北盟会编》卷183，第1326页。

② 王曾瑜：《辽宋金之节度使》，《点滴编》，河北大学出版社2010年版，第174—175页；又见《鄂国金佗稡编校注》卷6《鄂王行实编年》，第268—270页注2。

③ 《三朝北盟会编》卷183，第1326页。

④ 《鄂国金佗稡编校注》卷15《气解军务札子》，第909页。

功业要刊燕石上，归休终伴赤松游。
丁宁寄语东林老，莲社从今着力修。①

岳飞本拟功成身退，将来归老于庐山东林寺，所谓“莲社”是引用东晋名僧慧远在庐山东林寺结白莲社的典故。这难道是一个军阀之所思所为？

问题在于岳飞根本不是某些人所臆测的军阀和官迷。《鄂国金佗稡编》卷9《遗事》说：“权虽专，莫敢擅辄。初，襄汉平，诸郡雕瘵，州县官率瓜时不上，诏先臣得自专辟置、臧否之权”，“迨其稍还旧观，即上章乞还辟置之权。上降诏，援卫青不与招贤事称之，且曰：‘自非思虑之审，谦谨之至，何以及此。’其远权势盖如是”。岳飞本来按宋廷的命令，可以自己委任荆湖北路和京西南路的官员，他后来上奏，请求归还“辟差”之权，“所有今后差官，欲乞径自朝廷差注施行”。② 宋高宗也为此专门发布奖谕诏。③ 难道一个官迷和军阀，能够向朝廷主动交出两路官员的“辟差”之权？宋人袁甫写诗记录说：

儿时曾住练江头，长老频频说岳侯：
手握天戈能决胜，心轻人爵只寻幽。④

① 《鄂国金佗稡编校注》卷19《寄浮图慧海》，第980页。

② 《鄂国金佗稡编校注》卷12《乞免便宜辟置札子》，第863页。

③ 《鄂国金佗续编校注》卷4《先以湖北京西路累经残破州县官无人愿就许令自知通以下辟差今来已复河南故地其两路并是腹心所有州县差官乞自朝廷差注得旨依奏仍赐奖谕诏》，第1192页。

④ ［宋］袁甫：《蒙斋集》卷20《岳忠武祠》（其二），台北：商务印书馆，影印文渊阁《四库全书》本，1986年版，第1175册第565页。

“心轻人爵只寻幽”，这当然是南宋百姓对岳飞客观而公允的评价。不顾一点起码的史实，完全由自己随便臆测，就对众所敬仰的伟大爱国将领滥加不实之词，其故安在呢？

第二章　岳家军的指挥机关和编制

岳飞治下的岳家军在战场上威名素著，离不开广大岳家军将士的共同努力和行之有效的指挥体系。王曾瑜先生对岳家军的部将和幕僚进行了较系统的统计，但并没有进行详细分类。① 本章拟在王先生研究的基础上，对岳家军的将士来源与成分进行分析，对岳家军的编制和领导指挥体系进行梳理。

第一节　岳家军将士的组成

军人来自社会，岳家军的将士也不例外。岳飞麾下将士，主要由以下六部分人组成。②

---

① 王曾瑜：《尽忠报国——岳飞新传》附录 4“岳飞的部将和幕僚”，第 350—438 页。

② 张秀平、罗炳良先生在《岳家军群体人物研究》（《中国史研究》1997 年第 1 期）一文中，将岳家军将领分为“原从将领”“招降将领”“拔隶将领”三种，个人愚见认为此种划分还可以再细化。

一、岳飞在独立成军前所属军队

了解岳家军的将士组成，须先介绍岳飞本人独立成军前所属军队。如前所述，他作为偏裨，曾先后追随过七个上级，即刘浩、张俊、宗泽、张所、王彦、闾勍和杜充，其中宗泽和张俊曾两次隶属。

靖康元年（公元 1126 年）冬，岳飞以自觉的爱国者的抗金渴望，第三次参军，他所隶属的第一个上级是刘浩。① 当时康王赵构开河北兵马大元帅府，② 设五军，其中“武翼大夫刘浩前军统制”③，岳飞就成为河北兵马大元帅府前军的一员偏裨。

后副元帅宗泽前来北京大名府，与康王、副元帅汪伯彦就是否南下救援开封城的问题发生激烈争执。最终是康王分兵一万人，听凭宗泽孤军南下救开封，而自己却与汪伯彦拥重兵东逃。刘浩“改差充副元帅下前军统领”④，岳飞即成副元帅宗泽属下前军的一员偏裨。这是岳飞第一次隶属宗泽，时值靖康元年（公元 1126 年）末和建炎元年（公元 1127 年）初，因他作战勇猛，故得宗泽赏识。

刘浩前军转战曹州，占据柏林镇后，康王大元帅府又命这支

---

① 《鄂国金佗稡编校注》卷 4《鄂王行实编年》，第 67 页。

② 关于康王的元帅衔，《建炎以来系年要录》卷 1，建炎元年正月辛卯朔，第 1 页；《宋史》卷 24《高宗纪》，第 440 页，作“河北兵马大元帅”。而《宋史》卷 23《钦宗纪》，第 434 页，及其他史籍作“天下兵马大元帅”。据高纪春先生考证，康王任大元帅后，只能调动和号令河北军马，而不能调动和号令全国军马，应以“河北兵马大元帅”为准。

③ 《三朝北盟会编》卷 71，第 537 页。

④ 《三朝北盟会编》卷 73，第 551 页；［宋］宗泽：《宗忠简公集》卷 7《遗事》，影印文渊阁《四库全书》本，第 1125 册第 80 页。

军队改隶黄潜善。[①] 金军立伪楚政权后撤兵，康王即到南京应天府即位。出发前，改组军队，“张俊依旧充中军统制，刘浩中军副统制”[②]。岳飞随刘浩编入中军，又成中军的一员偏裨。这是张俊第一次充当岳飞上级。第二次是在岳飞独立成军后绍兴元年（公元 1131 年）破李成匪军，实属临时性的节制。故后来岳飞说：“张宣抚宿将，飞之旧帅也。”[③] 但第一次的隶属时间甚短，岳飞很快以上书言事而被逐出军营。

岳飞“孤孑一身”，投奔到驻北京大名府河北西路招抚司张所军下，得到后者的赏识。应当指出，《建炎以来系年要录》卷 8（建炎元年八月乙亥）、卷 114（绍兴七年九月辛酉条），以及《宋史》卷 363《张所传》说岳飞在张所属下任“准备将”或“中军将”，系误。《鄂国金佗稡编》卷 4《鄂王行实编年》记载，张所一见岳飞，“待以国士”，“自白身借补修武郎、 门宣赞舍人，充中军统领。寻又升统制”。[④] 岳飞自己也说：“因诣招抚使张所，所一见，与臣言两河、燕云厉害，适偶契和。臣自白身借补修武郎、 门宣赞舍人，充中军统领。寻又升统制。”[⑤] 按当时军制，岳飞自然成了河北西路招抚司的一军统制，不可能是“准备将”或“中军将”。

张所命招抚司都统制王彦率领岳飞、张翼等将，渡过黄河，其目标是先收复河北路的濬、卫、怀三州。面对大量集结的金军，

---

① 《三朝北盟会编》卷 79，第 593 页；[宋] 宗泽：《宗忠简公集》卷 7《遗事》，影印文渊阁《四库全书》本，第 1125 册第 80 页；《建炎以来系年要录》卷 2，建炎元年二月癸未，第 1 册第 56 页。

② 《三朝北盟会编》卷 94，第 696 页。

③ 《鄂国金佗稡编校注》卷 7《鄂王行实编年》，第 428 页。

④ 《鄂国金佗稡编校注》，第 75 页；《尽忠报国——岳飞新传》，第 30 页。

⑤ 《鄂国金佗稡编校注》卷 11《乞以明堂恩奏张所男宗本奏》，第 857—858 页。

岳飞反对王彦的持重方针，擅自率部出战，并赢得小胜。王彦军却遭到数万金军的反攻。“王彦及金人战，败绩，奔太行山聚众，其裨将岳飞，引其部曲，自为一军。”① 年少气盛的岳飞脱离王彦后，率领他的小部队继续在太行山区坚持抗金，在艰苦恶劣的环境下与金军苦战。

镇守东京开封府的宗泽，为恢复失地密切联系两河地区的抗金义军。“四方义士，云集京师”②。岳飞在建炎元年（公元 1127 年）冬率部投奔，这是他第二次隶属宗泽。

关于他此次隶属，岳珂为避讳祖父所受处分故作曲笔。《鄂王行实编年》只是简单地记录：

> 先臣自知为彦所疑，乃自为一军，归宗泽，泽命为留守司统制。未几，泽死，杜充代之。③

他甚至将岳飞与宗泽讨论军事时著名的“运用之妙，存乎一心”的谈话，也移至当年初宗泽任副元帅时，而谈话中却又称宗泽为“留守”，而显露了叙事的破绽。《鲁斋王文宪公文集》卷 14《宗忠简公传》却另有记载：

> 十二月，虏驻兵于河之北，稍稍南渡，西犯汜水，北侵胙城，时扰滑、濬……初，岳飞〔偶〕犯，有司将正典刑。公一见，奇之，曰：“此将材也！”不加之罪，留之军前。至

① 《鄂国金佗稡编校注》卷 4《鄂王行实编年》，《鄂国金佗续编校注》卷 17 章颖编《鄂王传》，第 75—79、1389—1394 页；《宋史》卷 24《高宗纪》、卷 360《宗泽传》、卷 365《岳飞传》，第 449、11281、11377 页。

② 《宗忠简公集》卷 7《遗事》，影印文渊阁《四库全书》本，第 1125 册，第 79 页。

③ 《鄂国金佗稡编校注》卷 4《鄂王行实编年》，第 81 页。

> 是遣为踏白使，以五百骑授之，曰："汝罪当死，吾释不问，今当为我立功。往视敌势，毋得轻斗！"飞谢罪禀命，鼓勇而前，竟与虏接，败之。公喜，〔补为〕统领，后迁统制，自是每出必捷。

此外，《宋史》卷360《宗泽传》也有所补充：

> 秉义郎岳飞犯法，将刑，泽一见，奇之，曰："此将材也！"会金人攻汜水，泽以五百骑授飞，使立功赎罪。飞大败金人而还，遂升飞为统制。飞由是知名。

所谓"偶犯"，应是指追究岳飞不听指挥、擅自用兵和脱离王彦的事，按照军法，应当处斩。宗泽是以执法如山而闻名，例如他处死擅杀主将的统制赵世隆，却仍重用其弟赵世兴；[①] 他执法处斩聚众抗金的李旺，又命其弟李道接管这支抗金队伍。[②] 赵世兴和李道也服从宗泽的执法。宗泽对岳飞的处置，显然是法外用情，情大于法。他理解岳飞抗金心切，而并不认为岳飞与王彦的龃龉是岳飞全错，故尽力保护"将材"。他不仅不按军法处斩，而且在岳飞立功后，又很快提拔其为一军统制，说明宗泽一片爱护的苦心。更重要的是《宋宗忠简公全集》卷9《宗忠简公事状》的记载："秉义郎岳飞犯法，请正典刑，公一见，奇之，曰：'此

① 《宗忠简公集》卷7《遗事》，影印文渊阁《四库全书》本，第1125册，第78页；《宋史》卷360《宗泽传》，第11284页；《建炎以来系年要录》卷15，建炎二年四月甲寅朔，第1册第240、307页；［宋］王柏：《鲁斋王文宪公文集》卷14《宗忠简公传》，《续金华丛书》本。

② 《三朝北盟会编》卷145，第1056页；《建炎以来系年要录》卷43，绍兴元年三月，第1册第601页；《宋史》卷465《李道传》，第13592页。

将材也!'使立功赎罪。适羽报虏犯汜水，公遣飞为踏白使，以五百骑授之，曰：'汝当为我立功!'飞即行，大捷而凯还，补为统领。公曰：'尔智勇才略，古良将不能过。但好为野战，非万全计。'因授以阵图。飞答曰：'阵而后战，兵法之常，运用之妙，存乎一心。'"明确记载"运用之妙，存乎一心"的谈话是在建炎二年（公元1128年），击破金军大举进犯之后。

岳珂记载祖父的历任官衔，巨细无遗。他的《鄂王行实编年》在前已交代张所将岳飞"借补武经郎"①。可知岳飞因此自武经郎降官秉义郎。据《朝野类要》卷3《双转》："有军功人自武翼郎以上，每转一官，即双转两官。"降官亦是如此。自武经郎双降，超越武义郎，降至武翼郎，只算降一官，以下逐次有敦武郎、修武郎、从义郎到秉义郎，则共计降五官。②《鄂王行实编年》不载岳飞第二次隶属宗泽后的历任官衔，直到建炎二年（公元1128年）八月记事，方记载祖父"以奇功转武功郎"③。这是因为武功郎高于原官武经郎。岳珂本着孝子慈孙之心，煞费苦心，曲意掩饰祖父所受的降官处分，在今人看来，则显然不足取。

大致从建炎二年（公元1128年）初始，到建炎三年（公元1129年），岳飞就一直任东京留守司所属的某军统制。其间岳飞经历了参加开封保卫战，与宗泽讨论阵图，宗泽逝世，随闾勍转战西京，又奉命回开封，而隶属接任东京留守的杜充。

杜充"短于抚御，人心疑阻，两河忠义之士，往往皆引

① 《鄂国金佗稡编校注》卷4《鄂王行实编年》，第76页。

② 关于赵秉渊降官的论证，参见《岳飞和南宋前期政治与军事研究》，第317—318页。

③ 《鄂国金佗稡编校注》卷4《鄂王行实编年》，第85页。

去”①，“喜功名，性残忍好杀，而短于谋略”②，是个刚愎自用、自命不凡，又喜自我吹嘘的草包。但他与岳飞的关系却较为特殊，居然人们称岳飞是其“爱将”，甚至皇帝宋高宗也知此事。③ 岳飞当时已是东京留守司一员骁勇善战的统制，进士出身的杜充虽然藐视武将，对武将十分粗暴，却又不得不倚重于他，以解自己的危困。两人同是相州人，大约也是一个因素。杜充恣睢暴戾，专尚杀戮立威，根本容不得部属异议，但《鄂王行实编年》却记载，岳飞在撤离东京开封府和守建康府时，两次谏劝杜充，杜充对前一次是“不听”，后一次是“充漫应曰：‘来日当至江浒。’竟不出”④。在宋代崇文抑武的背景下，他身为武人的部属低官，却可以两次出面谏劝高级文官的上司，可见“爱将”之说并非空穴来风，说明两人的关系确有几分微妙。岳飞的内心当然对这个上级也充满了鄙薄和嫌恶，故后来乘马家渡战败的机遇，当机立断，挣脱杜充的羁束，独自成军。

建炎三年（公元 1129 年）闰八月，有目无珠的宋高宗，居然将弃开封南逃的杜充⑤升任右相，兼江、淮宣抚使，全权负责江防，岳飞改任江、淮宣抚司右军统制。⑥

二、以东京留守司旧部为基础独立成军

杜充虽然完全反宗泽之道而行之，却必须继承宗泽的军事遗

---

① 《宋史》卷 475《杜充传》，第 13810 页。

② 《宋史》卷 475《杜充传》，第 13809 页。

③ 《鄂国金佗稡编校注》卷 5《鄂王行实编年》，《鄂国金佗续编校注》卷 28《吴拯编鄂王事》，第 130、1607 页。

④ 《鄂国金佗稡编校注》卷 5《鄂王行实编年》，第 93、96 页。

⑤ 王曾瑜：《〈宋史〉与〈金史〉杂考》一八“《杜充传》一段记事的辨误”，《点滴编》，河北大学出版社 2010 年版，第 673—674 页。

⑥ 《建炎以来系年要录》卷 31，建炎四年正月丙辰，第 1 册第 460 页。

产，他欺世盗名的资本，正是劲勇敢战的东京留守司军。宋廷为加强江防，故为他所统率的江、淮宣抚司增拨兵力。宋人赵鼎记载说："是时，刘、韩各提重兵，畏充严峻，论说纷纷。已而光世移屯江州，世忠移江阴、常州境上。由是充所统者，王　及其旧部曲陈淬、岳飞数头项而已。"[①] 另一记载则说"统制官王民、颜孝恭、孟涓、刘经、鲁珏，殿前副都指挥使郭仲荀皆隶之，又以御前前军统制王　为之援"[②]。殿前副都指挥使郭仲荀则原是东京副留守，杜充逃后，也接踵南逃。以上共计增加六名统制的军队，而御前前军统制王　以卖阵逃遁著称。杜充"以其兵六万人列戍江南岸"，而王　"所部万三千人"。[③] 估计六万人中，原东京留守军应占半数以上。

建炎三年（公元 1129 年）十一月，完颜兀术（宗弼）率金军渡江，杜充"急遣都统制陈淬督统制官岳飞、刘纲等十七人"[④]，率二万人[⑤]迎战马家渡。马家渡之战的宋军之全部或主力，无疑是原东京留守军，故能与金军"凡战十余合，胜负略相当"[⑥]。只因王　率御前前军卖阵逃跑，才招致失败。杜充"竟以金陵府库

---

① ［宋］赵鼎：《忠正德文集》卷 7《建炎笔录》，台北：商务印书馆，影印文渊阁《四库全书》本，1986 年版，第 1128 册第 732—733 页。

② 《建炎以来系年要录》卷 27，建炎三年闰八月辛卯，第 1 册第 422 页；《宋会要辑稿》刑法 7 之 32，第 6749 页。

③ 《建炎以来系年要录》卷 29，建炎三年十一月壬戌，第 1 册第 441 页。

④ 《建炎以来系年要录》卷 29，建炎三年十一月壬戌，第 1 册第 441 页。

⑤ 《鄂国金佗稡编校注》卷 4《鄂王行实编年》，第 99 页；［宋］王明清：《挥麈录·后录》卷 10，第 160 页；［宋］熊克：《中兴小纪》卷 7，第 84 页；《宋史》卷 475《杜充传》，第 13811 页都作二万人。《建炎以来系年要录》卷 29，建炎三年十一月壬戌，第 1 册第 441 页作"三万人"，疑传抄有误。

⑥ 《建炎以来系年要录》卷 29，建炎三年十一月甲子，第 1 册第 441—442 页。

与其家渡江”降金。[①]

岳飞整军退屯钟山，“从此得以摆脱杜充的羁束，自成一军，开始了独当一面的抗金活动”[②]。他亲统的右军自然是原东京留守军的精锐：

> 诸将恟恟欲叛，戚方首亡为盗，先臣麾下亦有从之者。先臣洒血厉众曰：“我辈荷国厚恩，当以忠义报国，立功名，书竹帛，死且不朽。若降而为虏，溃而为盗，偷生苟活，身死名灭，岂计之得耶！建康，江左形胜之地，使胡虏盗据，何以立国！今日之事，有死无二，辄出此门者斩！”音容慷慨，士为感泣，不敢有异志。又招余将曰：“凡不为红头巾者，随我！”于是傅庆、刘经以军从。……余兵皆西北人，素慕先臣恩信，有密白先臣，愿请为主帅而俱叛北者，先臣阳许之。有顷，其部曲首领各以行伍之籍来。先臣按籍呼之曰：“以尔等之众且强，为朝廷立奇功，取中原，身受上赏，乃还故乡，岂非荣耶！必能湔涤旧念，乃可相附，其或不听，宁先杀我，我决不能从汝曹叛！”众皆幡然，欢呼曰：“惟统制命！”遂尽纳之。[③]

由此可见，岳家军最早的组成就是以东京留守司旧部为基础，并吸收江、淮宣抚司的溃军游勇。《建炎以来系年要录》记载了岳家军改正式军名为行营后护军：

---

① 《鄂国金佗稡编校注》卷 4《鄂王行实编年》，第 104 页；《三朝北盟会编》卷 135，建炎三年十一月二十三日，第 978 页；《宋史》卷 475《杜充传》，第 13810 页。

② 王曾瑜：《尽忠报国——岳飞新传》第 4 章“建康风云”，第 55 页。

③ 《鄂国金佗稡编校注》卷 4《鄂王行实编年》，第 103—104 页。

后护军者，本岳飞所将河北部曲，后以韩京、吴锡、李山、赵秉渊、任士安之众隶之。……至是（张）俊与（韩）世忠、（刘）光世军最多，（吴）玠次之，飞又次之。①

此段文字有疏谬之处：第一，五大将之军，并非是岳家军兵力最少，而是兵力最多，对此王曾瑜先生已作考证；② 第二，说岳家军“本岳飞所将河北部曲”。按岳飞只是率原河北西路招抚司的一支小部队投奔宗泽的东京留守司，人数不详，但绝不会多。如前所述，他降官后，宗泽“以五百骑授飞”，在汜水关战胜立功，这是他到东京留守司的第一战。“五百骑”大约是其旧部，或主要是其旧部。他后来升为统制后，显然是扩充了兵力。到建炎三年（公元 1129 年）初，“有兵二千，来受（杜）充节制”③，即使兵力还不多，就只怕不能笼统说都是“河北部曲”了。

但岳家军将领的相当重要部分，确是“河北部曲”。如岳家军中汤阴县同乡的最终官位，是“王贵承宣使，徐庆防御使，姚政团练使，王万横行，自余随王者皆正任”④。“使臣赵宏”，“汤阴县弓手也，时人谓之赵胡子”，“初为岳飞部曲”。建炎二年（公元 1128 年），赵宏从岳飞护卫北宋皇陵。后被主管侍卫步军司公事闾勍借用，留守河南府。⑤ 岳飞的重要助手张宪，与岳飞“从微相随”⑥，似也是“河北部曲”。宋时“河北”或“河朔”的概念

① 《建炎以来系年要录》卷 96，绍兴五年十二月庚子，第 2 册第 341 页。

② 参见王曾瑜《岳家军的兵力和编制》，《岳飞和南宋前期政治与军事研究》，河南大学出版社 2005 年版。

③ 《鄂国金佗续编校注》卷 27 黄元振编《岳飞事迹》，第 1589 页。

④ 《鄂国金佗续编校注》卷 28 孙逌编《鄂王事》，第 1599 页。

⑤ 《建炎以来系年要录》卷 33，建炎四年五月甲寅，第 1 册第 496 页；《三朝北盟会编》卷 138，第 1008 页。

⑥ 《鄂国金佗稡编校注》卷 24《张宪辨》，第 1065—1066 页。

自然与今不同，包括今河南省黄河以北。岳飞当时就算河北人。

吸收江、淮宣抚司军最突出的事例是刘经所部。前面交代，统制刘经部是宋廷增拨杜充江、淮宣抚司的部队之一，他显然原非东京留守司的部将。《三朝北盟会编》记载：

> 初，建康，军溃于蒋山也，统制刘经、扈成、岳飞皆入茅山。经屯上观，成屯中观，飞屯下观，皆纵兵掳掠为资。飞与经、成议，移军入广德军钟村，经与成皆许之，岳飞与经引兵先行。飞等既行，成按军在路下，摆踫不动。飞与经军马已行尽，成乃往金坛县。①

从此刘经就与岳飞合军。岳飞率军出战，而刘经除了曾率军收复溧阳县外，留守宜兴。收复建康府后，岳家军“还屯溧阳”。刘经的将官王万“报经欲杀飞母及妻，而并其军。飞大惊，即令姚政往图之。政夜行，抵宜兴，以飞母命传语经，适得家书，请略访来议事。经不虞其诈，入其室，则有杨某者伏于壁间，遂杀经。少刻，飞到，抚其众”，“而并其军”。②

总的说来，岳家军最初是以“河北部曲”与“西北人”③ 为基础。

三、来自南宋其他部队

（一）宋廷划拨者

建炎四年（公元 1130 年）九月，宋廷任命岳飞为通、泰州镇

---

① 《三朝北盟会编》卷 135，第 984 页。

② 《建炎以来系年要录》卷 33，建炎四年五月壬子，第 1 册 494 页；《三朝北盟会编》卷 138、卷 207 引《岳侯传》，第 1007、1491 页。

③ 《鄂国金佗稡编校注》卷 4《鄂王行实编年》，第 104 页。

抚使。九月二十六日，岳家军进入泰州后，岳飞立即“籍郡中敢死士及部押使臣、效用，责其从军愿否状。尽收其马，置之教场，集射于其中，中的多者，得自择一马。讫射，得百人，以赐甲五十副并作院甲五十副予之，分为四队，常置左右”①。

绍兴元年（公元 1131 年），因范汝为叛军进攻，江南西路兵马副都监李山军溃，“退保光泽县，山遂走信州”②。绍兴三年（公元 1133 年），李山部驻扎蕲州，岳飞时为江南西路舒、蕲州制置使，“奏乞（傅）选、（李）山皆为本司统制”。九月二十七日，宋廷“以李山军马隶（岳）飞”，“于是飞始能成军”。③ 同月，武经郎、舒州知州武赳，亦成岳飞部属。④

绍兴四年（公元 1134 年），伪齐军占领襄阳府、郢州、随州、邓州等地。五月，岳飞制置“极边”复州时，修武郎、　门祗候、知复州韩遹由此隶属岳飞。⑤ 襄汉之战前，宋廷下令，“湖北帅司崔邦弼、颜孝恭两军，并荆南镇抚使司军马，并听节制使唤”。此后，在宋廷的准许下，颜孝恭和崔邦弼所部正式归岳飞统辖。其

---

① 《鄂国金佗稡编校注》卷 5《鄂王行实编年》，第 139 页。

② 《建炎以来系年要录》卷 38，建炎四年十月辛卯；卷 48，绍兴元年十月癸巳，第 1 册第 558、663 页。

③ 《建炎以来系年要录》卷 68，绍兴三年九月丙寅，第 1 册第 883 页。

④ 《建炎以来系年要录》卷 51，绍兴二年正月癸丑；卷 68，绍兴三年九月丙寅；卷 90，绍兴五年六月乙丑，第 1 册第 687、883 页，第 2 册第 280 页。《宋会要辑稿》兵 13 之 12，第 8857 页。《宋史》卷 368《牛皋传》，第 11465 页。

⑤ 《建炎以来系年要录》卷 64，绍兴三年四月庚子；卷 72，绍兴四年正月丁卯，第 1 册第 838 页，第 2 册第 31 页。《宋会要辑稿》食货 63 之 92—93，第 6032—6033 页。《鄂国金佗续编校注》卷 5《照会伪齐已差人占据州郡省札》，第 1211 页。

中崔邦弼军约三千人，成为岳家军将士。① 颜孝恭如前所述，原是与岳飞平级的江、淮宣抚司统制，其军后也曾命名为神武右副军。②

绍兴五年（公元1135年），宋廷令江南西路安抚大使司“除存留丘赟一军外，自余军马并拨付岳飞”。其中就包括前军统制祁超所部，武经郎、统领高道部五百人。不久，“不满二千人”的江南西路安抚制置使中军统领丘赟部，亦拨给岳飞。③

荆湖南路安抚司军共二万余人，因吴锡、步谅等军并未并入岳家军，并入岳家军者为一万余人。湖南安使司统制任士安、郝晸、王俊等，参加镇压杨么之战后，亦被宋廷拨给岳飞节制。④ 任士安所部有陈照、马准和李建三员统领。后任士安因江南西路安抚制置大使李纲之求，调任江南西路；但他的部伍仍然留在岳

---

① 《建炎以来系年要录》卷55，绍兴二年六月丁酉；卷85，绍兴五年二月癸巳；第1册第740页，第2册第193页。《三朝北盟会编》卷176，第1278页。《鄂国金佗稡编校注》卷6《鄂王行实编年》、卷18《措置襄汉乞兵申省状》，《鄂国金佗续编校注》卷5《朝省行下事件省札》，第233、954、1209页。［宋］吕颐浩著，徐三见等点校：《吕颐浩集》卷2《论舟楫之利》，《浙江文丛》，浙江古籍出版社2012年版。

② 《鄂国金佗续编校注》卷5《除神武右副军统制省札》，第1203页。

③ 《李纲全集》卷82《论江西军马札子》、卷85《乞差将兵讨捕虔吉盗贼及存留李山弹压奏状》《乞将丘赟下存留洪州军兵充亲兵奏状》、卷87《措置招军画一奏状》，第828、855、963页；胡寅：《斐然集》卷17《寄张德远》，台北：商务印书馆，影印文渊阁《四库全书》本，1986年版，第1137册第509页。

④ 《建炎以来系年要录》卷86，绍兴五年闰二月辛酉；卷90，绍兴五年六月甲辰，第2册第209、272页。《三朝北盟会编》卷168、卷206、卷207引《岳侯传》、卷208引《林泉野记》，第1215、1486、1490、1498页。《鄂国金佗稡编校注》卷8《鄂王行实编年》，《鄂国金佗续编校注》卷28吴拯编《鄂王事》，第710、1609页。《李纲全集》卷73《收降到马友下溃兵步谅等奏状》、卷120《与吕提刑第三书》，第757、1153页。［宋］胡寅：《斐然集》卷17《寄张德远》，《四库全书》本，第1137册第504页。

飞麾下，并未一同调离。[①] 故李建曾参加绍兴六年（公元 1136 年）冬第三次北伐。[②]

绍兴五年（公元 1135 年）时，湖北兵马都监杜湛亦改为都督府左军统制，鼎州知州程千秋“因留湛所将蔡兵捍贼”[③]。绍兴七年（公元 1137 年），杜湛改任岳飞统辖的黄州知州，其兵亦并入岳家军。[④]

（二）主动投奔者

北宋末，“聚兵万人”与金人战的宋宗室赵不尤，本就“与岳飞善”。“高宗立，以众归御营”，后“复从（岳）飞”，成为岳家军的部将。[⑤]

建炎三年（公元 1129 年）十一月，原为刘光世部属、与岳飞共同在广德军对金作战的傅庆等人，敬慕一心抗金的岳飞，“以军从”[⑥]。傅庆后因居功自傲被岳飞处斩。[⑦]

庞荣，初为江、淮宣抚司统制扈成部属。扈成被盗匪戚方杀害后，庞荣“收成余众，往宜兴县投水军统制郭吉”。建炎四年（公元 1130 年）二月，岳飞进驻宜兴县张渚镇时，“庞荣率其众背

① 《李纲全集》卷 65《乞拨还陈照等人兵奏状》、卷 91《乞拨韩京等军马奏状》、卷 104《与李尚书措置画一札子》，第 692、894、993 页。

② 《鄂国金佗续编校注》卷 28 孙逌编《鄂王事》，第 1601 页。

③ 《建炎以来系年要录》卷 85，绍兴五年二月辛卯，第 2 册第 191 页。

④ 《建炎以来系年要录》卷 85，绍兴五年二月辛卯；卷 96，绍兴五年十二月庚戌注；卷 109，绍兴七年二月丁巳，第 2 册第 191、346、492 页。

⑤ 《叶适集·水心文集》卷 21《中大夫直敷文阁两浙运副赵公墓志铭》，第 418 页；《宋史》卷 247《赵不尤传》，第 8757 页；《三朝北盟会编》卷 118，上海古籍出版社本此处缺，据文渊阁《四库全书》本补。

⑥ 《鄂国金佗稡编校注》卷 4《鄂王行实编年》，第 103—104 页。

⑦ 王曾瑜：《尽忠报国——岳飞新传》附录 4“岳飞的部将和幕僚”，第 358—359 页。

吉，而投飞，纳而用之”，“以荣为右军统制”。①

绍兴三年（公元1133年），宋将李横北伐失败，李横、牛皋逃亡江北。牛皋等屡次申状，“乞听岳飞节制”②。因伪齐军南侵，武义大夫、　门宣赞舍人、随州知州李道亦弃随州南撤至江州，请求接受岳飞节制。经过赵鼎、岳飞与宋廷交涉后，宋廷下诏：“李横、翟琮、董先、李道、牛皋并听岳飞节制，以图后效。仍令横等即江州屯驻。”③ 后李横改隶张俊，翟琮亦改任江南东路兵马钤辖。④ 牛皋、董先的部下共一千余人，合并到岳家军中。⑤ 李道隶岳飞后，为选锋军统制。⑥ 应当指出，牛皋和董先原先曾一度被迫投降伪齐，⑦ 趁李横北伐的时机，立即举兵起义，故其实也是后面所说的归正人。

（三）被岳家军收编者

绍兴二年（公元1132年）讨伐曹成时，岳飞从驻茶陵县的韩京部和驻郴州的吴锡部，选拔两部的近千名精兵，充实岳家军，当然引起韩京和吴锡的不满。⑧ 但后来韩京和吴锡并未担任岳飞部属。

---

① 《三朝北盟会编》卷137，第1000页。

② 《鄂国金佗续编校注》卷29赵鼎《乞支钱粮赡给李横军兵》，第1631页。

③ 《建炎以来系年要录》卷62，绍兴三年正月乙亥；卷71，绍兴三年十二月甲午，第1册第813页，第2册第22页。《三朝北盟会编》卷155，第1126页。《鄂国金佗稡编校注》卷5《鄂王行实编年》、卷10《措置李横等军奏》《奏审李道牛皋军奏》第220、840页。《宋史》卷27《高宗纪》、卷368《牛皋传》，第507、11465页。

④ 《建炎以来系年要录》卷75，绍兴四年四月戊子，第2册第59页。

⑤ 《鄂国金佗稡编校注》卷18《措置襄汉乞兵申省状》，第954页。

⑥ 《宋史》卷465《李道传》，第13593页。

⑦ 参见《尽忠报国——岳飞新传》，第368、371—372页，相关史料不再赘引。

⑧ 《鄂国金佗稡编校注》卷9《遗事》、卷17《分拣吴锡韩京两军讫申省状》，第757、948页；《李纲全集》卷116《与吕相公第七书别幅》、卷118《与秦相公第九书别幅》《与秦相公第十一书别幅》，第1102、1129、1132页。

四、来自抗金义军

北宋末，金军侵宋后，“两河之民不从金者，皆于太行山保聚。太原义士张横者，有众二千，来往岚、宪之间。是秋，败金人于宪州，擒其守将”①。这些抗金义士，在抗金环境严酷或时机合适时，即南下投奔到岳家军等抗金队伍。

北宋靖康年间至南宋绍兴初年时，赵云为“河东忠义军将”，“尝出兵与敌战。至是敌执其父福，及母张氏，以招之，且许云平阳府路副总管。云不顾，遂杀福，囚张氏于绛州”。绍兴四年（公元 1134 年），赵云“间道奔岳飞军中。既飞遣云渡河，云因击曲垣县，复取其母。飞以为小将”。②

与赵云一起在河东路抗金者，还有梁兴与李进。“因金人攻破太原以南侵犯，不肯顺番，首先率本府及绛州管界忠义人兵，措置收复河东怀、泽州、隆德、平阳府。”③ 绍兴五年（公元 1135 年），梁兴（有的史籍上叫梁青），其军“破神山县。（金朝）平阳府判官郑（邓?）奭，以大军讨之，不敢进。居数日，都统［马五］引骑五百，与奭会，深诮之。乃并其兵，与青战。兵败，为青所杀”。“马五”即契丹人耶律马五。④ 绍兴六年（公元 1136

---

① 《建炎以来系年要录》卷 93，绍兴五年秋，第 2 册第 314 页。

② 《宋会要辑稿》仪制 10 之 33，第 2520 页；《建炎以来系年要录》卷 82，绍兴四年十一月丙寅，第 2 册第 151 页；《鄂国金佗稡编校注》卷 8《鄂王行实编年》，第 556 页；［宋］张嵲：《紫微集》卷 19 梁兴、赵云、李进封官制，影印文渊阁《四库全书》本，第 1131 册第 503 页；《宋史》卷 368《牛皋传》，第 11466 页。

③ 《紫微集》卷 19 梁兴、赵云、李进封官制，影印文渊阁《四库全书》本，第 1131 册第 503 页；《宋史》卷 365《岳飞传》、卷 368《牛皋传》，第 11385、11466 页。

④ 《建炎以来系年要录》卷 93，绍兴五年秋，第 2 册第 314 页；《中兴小纪》卷 19，第 239 页；［宋］宇文懋昭著，崔文印校证：《大金国志校证》卷 11，中华书局 2011 年版，第 95 页。“郑奭”，［宋］熊克《中兴小纪》和《大金国志校证》作“邓奭”。“马五”，原作“五马”，今依《鄂国金佗稡编校注》卷 7《鄂王行实编年》第 355—356 页改正。

年）春正月，太行山忠义保社梁兴等百余人，夺河径渡，投奔至岳飞军。[①] 时宋廷下诏，“结约招纳”，“两河忠义之人”。岳飞遣梁兴“渡河，会合河北忠义社，取河东、北州县”，配合北伐计划的实施。[②]

李宝，兴仁府乘氏人，少尚气节，乡人号称“泼李三”。京东陷落后，李宝聚众三十余人，谋杀金濮州知州南归，未能成功，脱身走濠州。知州寇宏接引，差人伴送，往行在。宋廷正忙着对金议和，不用李宝，欲送于韩世忠军中。李宝不愿。绍兴九年（公元1139年），“会岳飞来朝，宝以乡曲之故，往见飞，愿归”。岳飞遂与李宝同归鄂州。[③]

李宝在岳家军充当马军，“怏怏，时思乡中忠义之人”，李宝时常思念共同抗金的忠义军将士，准备私自渡江。此事被岳飞发觉后，遣其北上组织抗金义军。[④] 绍兴十年（公元1140年），岳家军北伐时，梁兴、李宝等部深入河北、河东和京东金朝占领区，攻袭金军，配合岳飞大军正面作战。

五、来自金、伪齐的归正者

朱熹说，“归正人”，“元是中原人，后陷于蕃而复归中原，盖自邪而归于正也”。[⑤] 即南宋时对自金或伪齐南下归顺南宋者的专

---

① 《建炎以来系年要录》卷97，绍兴六年正月癸酉；卷158，绍兴十八年闰八月庚申，第2册第353—354页，第3册第211页。《鄂国金佗稡编校注》卷7《鄂王行实编年》、卷18《梁兴夺河申省状》，第351、957页。《宋会要辑稿》兵2之59—60，第6801页。[宋] 张嵲：《紫微集》卷19梁兴、赵云、李进封官制，影印文渊阁《四库全书》本，第1131册第503页。

② 《鄂国金佗稡编校注》卷8《鄂王行实编年》，第494、501页。

③ 《三朝北盟会编》卷200，第1443页。

④ 《三朝北盟会编》卷207，第1493页；《鄂国金佗稡编校注》卷2高宗手诏、卷8《鄂王行实编年》、卷9《遗事》，第34、565、788页。

⑤ 《朱子语类》卷111《论民》，第2719页。

门称呼。[①] 从金、伪齐归正的武将与军士，“是南宋军队的重要组成部分”，“宋朝治下之民，国土失陷后归顺南宋政权之人”。[②] 如绍兴八年（公元 1138 年），刘锜对宋高宗说：“淮北兵，归正者不绝，庐州今岁度可成四五万众。”[③] 绍兴二十四年（公元 1154 年），“吏部言，欲将历承务郎以上归正官，令今后到部，不许指射淮南、京西、沿边差遣六百四十七”[④]。“归正人”，也在岳家军中占有一定比例。绍兴二十八年（公元 1158 年）正月，鄂州驻扎御前诸军都统制田师中上奏说：鄂州驻扎御前诸军“有归正官兵六百四十七人，缘不曾带到付身，蒙朝廷存恤，按所称官资支被券食、钱米。自从军后，又行立功，乞斟量补正”[⑤]。从田师中的奏言中也可以看出，归正人也为岳家军的发展壮大做出了一定贡献。

（一）向岳家军投诚者

建炎三年（公元 1129 年）十一月，岳家军“驻于广德之钟村，是时粮食罄匮”，岳飞严于军纪，将士“不敢扰民，市井鬻贩如常时。虏之签军涉其地者，皆相谓曰：‘岳爷爷军也!’争来降

---

① 参见黄宽重《略论南宋时代的归正人》，载《南宋史研究集》，台北：新文丰出版公司，1985 年版；张文：《宋朝社会救济研究》，西南大学出版社 2001 年版，第 317 页；蒋怡先：《宋金对峙时期“归正人”研究》第 1 章“宋金对峙时期‘归正人’的概括及特征”，华中师范大学 2012 年硕士学位论文，第 7 页。

② 《宋金对峙时期“归正人”研究》第 1 章“宋金对峙时期‘归正人’的概括及特征”，第 15 页。蒋怡先生在文中认为归正人回归南宋的途径有二：从伪齐或金政权叛逃而来，或以北方义军及地方武装头领的身份归附而来。笔者认为北方抗金义军坚持在金、伪齐统治区进行抗金斗争，与从伪齐或金政权叛逃而来的归正人身份性质有很大区别，不能笼统以归正人称之。抗金义军与自金、伪齐的归正人应予较严格的区分。

③ 《宋会要辑稿》兵 29 之 28，第 7306 页。

④ 《宋会要辑稿》兵 15 之 8，第 7020 页。

⑤ 《宋会要辑稿》兵 15 之 8，第 7020 页。

附，前后万余人”。[①] 南宋称“签军”，是指原北方统治区的汉人，金方则称为南人，而被金朝强行签发为兵者。[②]

绍兴六年（公元 1136 年）二月，伪齐虢州栾川县（今河南栾川）知县、修武郎李通，带领部众五百余人，向岳飞投诚。[③] 八月，伪齐武义郎、监卢氏县（今河南卢氏县）酒税杨茂，“挺身归附”岳家军。[④]

绍兴七年（公元 1137 年），宋高宗下诏，“招陷伪官吏”，“傥能怀忠体国，率众来归，当议因其官爵，更加褒宠，罪无大小，悉与宽免”。[⑤] 官居伪齐成忠郎、 门祗候的李清，“不肯顺伪，率众归正”，大约在当年三月之前，投奔到岳家军，“降诏补正。仍进二官”。[⑥] 十一月，伪齐知临汝军（治新蔡，今河南省新蔡县）崔虎，“诣湖北、京西宣抚使岳飞，降”[⑦]。

绍兴八年（公元 1138 年），伪蔡州知州刘永寿，在提辖白安时的鼓动下，“驱城中军民来归。湖北、京西宣抚使岳飞遣统制官

---

① 《鄂国金佗稡编校注》卷 4《鄂王行实编年》，第 107—108 页。《建炎以来系年要录》卷 30，建炎三年十二月，第 1 册第 458 页。《三朝北盟会编》卷 135，建炎三年十二月二十五日；卷 136，建炎四年正月七日，第 984、986 页。《宋史》卷 365《岳飞传》，第 11378 页。

② 王曾瑜：《辽金军制》，河北大学出版社 2011 年版，第 229 页。

③ 《鄂国金佗稡编校注》卷 11《李通归顺奏》，第 854—855 页；［宋］李
撰，燕永成校正：《皇宋十朝纲要校正》卷 23，绍兴六年三月戊子，中华书局 2013 年版，第 663 页。

④ 《建炎以来系年要录》卷 109，绍兴七年三月庚寅，第 2 册第 499 页。

⑤ 《鄂国金佗稡编校注》卷 1 高宗手诏，第 14 页。

⑥ 《宋会要辑稿》兵 15 之 6，第 7019 页；《建炎以来系年要录》卷 109，绍兴七年三月丙子，第 2 册第 495—496 页。

⑦ 《建炎以来系年要录》卷 117，绍兴七年十一月，第 2 册第 585 页；《三朝北盟会编》卷 182，第 1323 页；《鄂国金佗稡编校注》卷 8《鄂王行实编年》，第 565 页；《宋史》卷 28《高宗纪》、卷 365《岳飞传》，第 532—533、11390 页。

张宪等往接纳之”①。同年十一月，胡清率部投归湖北、京西路宣抚使岳飞，其所统武将名单如下：

统制官：右武大夫、成州团练使、知颍顺军、权知镇汝军马军统制官胡清。

统领官一十员：武翼郎刘遇，修武郎刘德，宗迪，从义郎、门宣赞舍人游皋，从义郎韩青，秉义郎杜彦、杨宣、杨珍，成忠郎吕荣，借补武翼大夫、门宣赞舍人李忠。

使臣一十员：修武郎王宾，保义郎薛密，承节郎王进，承信郎黄钦，进武校尉郭进、张彦、郑德，进武副尉荆成、周真，借承信郎张立。②

大致在绍兴七年到九年间（公元1137—1139年），伪齐统制王镇、统领崔庆、将官李觐，还有孟皋、华旺等，“皆全率所部”，投奔岳飞麾下。③

绍兴九年（公元1139年），前伪齐河南府尹孟邦杰亦起兵反金，处死金永安军（原宋河南府永安县，今河南省巩义市南）知军后，南下投奔岳家军。④

---

① 《宋会要辑稿》兵15之6，第7019页。《宋史》卷29《高宗纪》，第535页。《建炎以来系年要录》卷118，绍兴八年正月辛丑；卷121，绍兴八年八月戊辰，第2册第594、643页。《三朝北盟会编》卷183，第1325页。

② 《鄂国金佗稡编校注》卷18《收到胡清等申省状》，第961页。《宋会要辑稿》兵15之6—7，第7019—7020页。《建炎以来系年要录》卷117，绍兴七年十一月注；卷122，绍兴八年十月辛酉，第2册第585、653页。

③ 《鄂国金佗稡编校注》卷8《鄂王行实编年》，第565页；《建炎以来系年要录》卷117，绍兴七年十一月注，第2册第585页。

④ ［清］王昶编：《金石萃编》卷159《孟邦雄墓志铭（阜昌四年）》，《历代碑志丛书》，江苏古籍出版社影印本1985年版，第602—604页；［宋］李𡌴：《皇宋十朝纲要校正》卷22，绍兴三年正月己未，第641页；《金史》卷90《张九思传》，第2004页。

（二）被宋军俘获者

建炎三年（公元 1129 年）十二月，岳飞从建康府南下，“至广德境中，六战皆捷”，“擒女真汉儿王权等二十四人，俘诸路剃头签军首领四十八人，察其可用者，结以恩信，遣还敌中”，令其黑夜放火，岳家军“乘其乱，纵兵交击，大败之，俘杀甚众”。①

绍兴四年（公元 1134 年）岳家军第一次北伐，攻下随州，斩杀伪将王嵩，“得士卒五千人”②。

绍兴六年（公元 1136 年），湖北、京西宣抚司参议官李若虚“以所擒伪知镇汝军薛亨等赴行在，上引对，进若虚官，赐章服。仍释亨罪。命以官，付（岳）飞军中使唤”③。岳飞被害后，薛亨仍在鄂州驻扎御前诸军中任职。绍兴二十八年（公元 1158 年）“五月十一日，田师中奏：中军准备统领薛亨充统领官二十年，职事修举，实可倚仗，乞将废齐从义郎以下付身并本朝立功挨排换给真命”④。

六、来自“土贼”与“游寇”

绍兴元年（公元 1131 年），时任江西安抚大使的朱胜非说，当时“兵患有三：曰金人，曰土贼，曰游寇”，“所谓游寇者，皆江北剧贼，自去秋以来，聚于东南；所谓土贼者，二年以来，为害日大，原其实情，似有可矜。南人资产素薄，比年科率烦重，愿特降宽诏，稍蠲苛扰，按赃吏之尤重者，举行祖宗显戮之典，

---

① 《鄂国金佗稡编校注》卷 4《鄂王行实编年》，第 105 页。

② 《鄂国金佗稡编校注》卷 6《鄂王行实编年》，第 244 页。

③ 《建炎以来系年要录》卷 104，绍兴六年八月甲辰；卷 106，绍兴六年十一月庚寅，第 2 册第 430、462 页。《三朝北盟会编》卷 169、卷 207 引《岳侯传》，第 1234、1493 页。

④ 《宋会要辑稿》兵 15 之 8，第 8515 页。

以慰疲民”。[1] 因为“土贼”“游寇”本是赵宋子民，故宋廷镇压后，多收编到南宋军队中去，“时诸将之起于群盗者，朝廷尽拣其军”[2]。岳飞亦以此法扩充军队。

（一）“土贼”，即“民叛”[3]

绍兴三年（公元1133年）四月，平定“虔贼”后，岳飞“择降民之勇锐者隶诸军，余悉纵之田里”[4]。

绍兴五年（公元1135年），岳家军奉命“招捕湖寇杨么”。杨么部将黄佐慑于岳飞军威，“率其所部，诣潭城降”[5]。六月二日，杨么最骁悍部将杨钦，“受黄佐之招，率三千余人，乘船四百余艘”，主动归降岳家军。“越两日，钦尽说全琮、刘诜等降”。[6] 王缺子者，“故杨么贼中殿帅”。岳家军平定杨么时，王缺子归降，岳飞“用为水军统制”，但后来又谋叛。[7] 此后杨么叛军大部分都投降岳飞。岳飞“亲行诸寨，慰抚之。命少壮强有力者籍为军”[8]。

---

① 《建炎以来系年要录》卷42，绍兴元年二月乙酉，第1册第588页。

② 《建炎以来系年要录》卷59，绍兴二年十月壬子，第1册第785页。

③ ［宋］胡寅：《斐然集》卷17《寄张德远》，影印文渊阁《四库全书》本，第1131页第504页。

④ 《鄂国金佗稡编校注》卷5《鄂王行实编年》，第208页。

⑤ 《鄂国金佗稡编校注》卷6《鄂王行实编年》、卷11《招杨钦奏》；《鄂国金佗续编校注》卷26《杨么事迹》，第309、854、1577页；《建炎以来系年要录》卷90，绍兴五年六月甲辰，第2册第272页；《三朝北盟会编》卷168，绍兴五年六月，第1215页。

⑥ 《鄂国金佗稡编校注》卷6《鄂王行实编年》、卷11《招杨钦奏》；《鄂国金佗续编校注》卷26《杨么事迹》，第318、854、1577页；《建炎以来系年要录》卷90，绍兴五年六月甲辰，第2册第272页。

⑦ ［宋］薛季宣：《浪语集》卷33《先大夫行状》，影印文渊阁《四库全书》本，第1159册第546页。王曾瑜先生认为《鄂国金佗续编校注》卷28孙逌编《鄂王事》中的“黄缺子”，即为此人（王曾瑜：《尽忠报国——岳飞新传》，第393页）。

⑧ 《鄂国金佗稡编校注》卷6《鄂王行实编年》，第318页。

（二）游寇

建炎四年（公元 1130 年），岳飞俘获土匪郭吉（原江、淮宣抚司水军统制）的大部分部下和船只。① 宜兴县“群盗马皋、林聚等精锐数千”，岳飞“遣辩士说之，尽降其众。有号张威武者不从”，岳飞“单骑入其营，手擒出，斩之，收其军”。②

绍兴元年（公元 1131 年），岳飞讨伐李成时，杀李成军副都统领马进、孙建，“降其步军五万余众”，后又降李成兵一万五千人。③ “降张用及一丈青”，“招降张用等兵数万”，江、淮招讨使张俊“亲拣其军，精锐者留之。老弱者许自便。有投曹成者，有投岳飞者，有投韩世忠者，有自去而为民者”。④

绍兴二年（公元 1132 年）四月，曹成在岳家军的追击下，一再溃败，再无招架之功。蓬岭之战，曹成逃窜连州。岳飞派张宪、王贵与徐庆招降曹成溃匪。“于是宪自贺、连，庆自邵、道，贵自郴、桂阳招之，降者二万。”三人与岳飞在连州汇合后，岳飞“用其酋领，而给其食，降民大喜”。⑤ 曹成部将郝政，“独不从，率众走沅州，戴白巾，称为成报仇。谓之曰‘白头巾’。郝政后归于张宪”⑥。此后，又擒获曹成悍将杨再兴。杨再兴追随岳飞，直至

---

① 《鄂国金佗稡编校注》卷 5《鄂王行实编年》，第 112 页。

② 《鄂国金佗稡编校注》卷 5《鄂王行实编年》，第 112 页。

③ 《三朝北盟会编》卷 207 引《岳侯传》，第 1492 页；《鄂国金佗稡编校注》卷 5《鄂王行实编年》，第 151、156、162 页。

④ 《建炎以来系年要录》卷 46，绍兴元年八月丙寅，第 1 册第 634 页；《三朝北盟会编》卷 207 引《岳侯传》，第 1492 页；《鄂国金佗稡编校注》卷 5《鄂王行实编年》，第 151 页。

⑤ 《鄂国金佗稡编校注》卷 5《鄂王行实编年》，第 186 页；《建炎以来系年要录》53，绍兴二年闰四月丙午，第 1 册第 722 页。

⑥ 《三朝北盟会编》卷 151，第 1092 页；《鄂国金佗稡编校注》卷 5《鄂王行实编年》，第 189 页；《建炎以来系年要录》53，绍兴二年闰四月丙午，第 1 册第 722 页；《宋史》卷 368《张宪传》，第 11462 页。

郾城大战时英勇战死。①

同年七月，岳家军进入筠州，招降马友部将郝通部。“除拣放外，留精兵一万八千余人，并隶飞军”②。

七、来自其他阶级、阶层

李廷珪，北宋末“系太史局，以罪编隶相州”，为岳飞部将后，“亦武翼郎、兴国军都巡检使”。③

哮张二，密州诸城县人。“遭乱南徙”至鄂州，“亦以屠为业”。为“鄂州大吏丁某”子抱不平，杀屠户朱四“与男女并三人，自缚告官。终不及丁一词”，时岳飞率军“驻鄂。嘉其志义，移檄取隶军中。不问其罪，后以功补官”。④

综上所述，岳家军的兵员以“河北部曲”与“西北人”为基础，后来增加了南方人，如任通、泰镇抚使时所吸收的淮南兵，后来所吸收的江西兵、荆湖兵等。但岳家军的将领是以北方人为主，岳飞部属五个最骁勇善战的统制——王贵、张宪和徐庆是河北旧部，牛皋是汝州鲁山县人，⑤ 董先是西京河南府洛阳县人。⑥

岳家军中相当部分将士是怀着保卫家园的抗金目标加入到岳

---

① 《建炎以来系年要录》卷 53，绍兴二年闰四月丙申；卷 137，绍兴十年七月己酉、乙卯，第 1 册第 720 页，第 2 册第 835、837 页。《三朝北盟会编》卷 204、卷 207 引《岳侯传》，第 1470、1494 页。《鄂国金佗稡编校注》卷 5、卷 8《鄂王行实编年》。《宋史》卷 29《高宗纪》、卷 368《杨再兴传》，第 11463—11464 页。

② 《鄂国金佗稡编校注》卷 5《鄂王行实编年》，第 194 页；［宋］李䲡：《皇宋十朝纲要校正》卷 22，绍兴二年七月丙子，第 639 页。

③ 《鄂国金佗续编校注》卷 28 孙逌编《鄂王事》，第 1599 页。

④ ［宋］洪迈著，何卓点校：《夷坚志》支甲卷 8《哮张二》，中华书局 1981 年版，第 773 页。

⑤ 《三朝北盟会编》卷 136，第 993 页；《建炎以来系年要录》卷 31，建炎四年正月，第 1 册第 466 页；《宋史》卷 368《牛皋传》，第 11464 页。

⑥ 《三朝北盟会编》卷 150，第 1089 页。

家军中的。即使原先没有政治目标，被编组到岳家军后，也团聚到了“尽忠报国”、抗金杀敌、收复故土的政治目标之下。抗金义军首领梁兴，“家世农业，自金人犯河，与之百战，父母为贼杀戮”①。在岳飞第四次北伐时，抗金义军首领梁兴与赵俊、乔握坚、董荣等“过河之后，河北人心往往自乱，愿归朝廷”②，投奔岳家军。再如金朝的南人“剃头签军”③：

> 金人入寇，多驱两河人民，列之行阵，号为签军。彼以数百年祖宗涵养之恩，一旦与我为敌者，岂其本心哉！特妻、子、父、兄为其劫质，以死胁之，出于不得已而然耳。固未尝一日忘宋也。今年建康、镇江为韩世忠、岳飞所招，遁归者无虑万人，其情可见。④

岳飞坚定的抗金信念，岳家军英勇的抗金事迹，也是吸引各阶级民众投奔岳家军的重要因素之一。如绍兴十年岳飞被迫班师后，李宝“拔身从海道来归”⑤，“为韩世忠奏留之。宝截发恸哭”，愿隶属岳飞。韩世忠“以书来谂”，岳飞答曰：“是皆为国家报虏，何分彼此。”李宝不得不留在韩世忠军中。⑥

---

① 《宋会要辑稿》仪制10之20，第2014页。

② 《鄂国金佗稡编校注》卷8《鄂王行实编年》，第559页。

③ 见《鄂国金佗稡编校注》卷4《鄂王行实编年》，第106—107页诸注，“金朝前期，称原辽朝统治区汉人为‘汉儿’，原宋朝统治区汉人为‘南人’。因对汉人强行‘剃头辫发’，故签军之上有‘剃头’两字”。

④ ［宋］汪藻：《浮溪集》卷2《论侨寓州郡札子》，台北：商务印书馆，影印文渊阁《四库全书》本，1986年版，第1128册第19页。

⑤ 《宋史》卷370《李宝传》，第11499页。

⑥ 《鄂国金佗稡编校注》卷9《遗事》，第793页。

岳飞对部众、百姓或叛军讲究仁义，“军律严整”[①]，也是吸引众多将士投归或降服岳家军的重要原因。号“张莽荡”的张用，接到岳飞的劝降书，拜使者曰：“‘果吾父也，敢不降!’遂俱解甲。”[②] 杨么部将黄佐对其部下说：“吾闻岳节使号令如山，不可玩也。若与之敌，我曹万无生全理，不若速往就降。岳节使，诚人也，必善遇我。”黄佐率其所部，“诣潭城降”。[③]

正是因为以上原因，不同阶级，不同社会身份的人，不论是宋廷划拨者，还是被岳家军俘获者，或是自愿归隶者，纷纷聚拢在“尽忠报国”的大旗之下，使岳家军发展壮大。

第二节　岳家军的指挥机关[④]和编制

自从有了人类社会和战争，如何养兵、如何指挥打仗，便是每支军队面临的问题。军队作为“进行战争的主要工具”，若要发挥“为一定政治目标服务”的作用，离不开领导指挥体系的运行。行之有效的军队指挥体系在研究判断战场情况、拟定作战计划、确定作战编成、赋予部队任务、组织协同动作和各种保障等方面发挥了重要的、不可替代的作用。岳家军作为南宋的一支正规部队，自然有其系统的指挥机关，分述于下。

---

① 《鄂国金佗续编校注》卷27黄元振编《岳飞事迹》，第1586页。

② 《鄂国金佗稡编校注》卷5《鄂王行实编年》，第164页。

③ 《鄂国金佗稡编校注》卷6《鄂王行实编年》，第309页。

④ 王光宙主编：《作战指挥学》第1章“作战指挥概述”，石家庄陆军指挥学院教材，第104页载，现代军事学理论认为“作战指挥机构是根据作战指挥任务的需要，由指挥员和指挥机关为主建立起来的指挥实体”。

一、岳家军作战指挥机关的名称和演变

（一）御营使司下统制[①]

江、淮宣抚使杜充降金后，宣抚使司事实上撤销，岳家军就无所隶属。据《鄂国金佗稡编》卷19《建康捷报申省状》，岳飞上申“尚书省并枢密院”捷报，就用“御营使司下统制”的名义。揆情度理，御营使司下统制司，就是其司令部。

（二）通、泰镇抚使司

建炎末，宋金接壤的地区，被一些土匪、溃将、摄官之类所占据。宰相范宗尹主张承认此种现实，建议“稍复藩镇之法”，将淮南东、西路，京西南、北路，荆湖北路和陕西的一角，划分为若干小军区，设镇抚使，掌管两个至多个府、州、军的民政、军政和财政，作为“救弊之道”。宋廷从五月开始分批任命镇抚使，先后设二十镇，任命三十五人为镇抚使，而岳飞的任命还是较晚者。[②] 具有藩镇性质的镇抚使司军，只是宋廷“以屏王室”[③] 的无奈之举，并非成功之策。故李纲说：“淮南诸郡，多付盗贼以为镇抚使。夫建侯于经纶屯难之时，固所当为然，不因功德，而以与不可制御之盗贼，责其能布宣德泽于平居无事之时，捍患御侮于仓卒变故之际，何可得哉！”[④]

建炎四年（公元1130年），岳飞“迁武功大夫，昌州防御使，

---

① 《鄂国金佗稡编校注》卷19《建康捷报申省状》，第967页。

② 《建炎以来系年要录》卷33，建炎四年五月甲辰、甲子，第1册第491、499—500页；《宋会要辑稿》职官42之74—75，第3271—3272页；《建炎以来朝野杂记》甲集卷11《镇抚使》，第223页。黄宽重《南宋对地方武力的利用和控制：以镇抚使为例》（载《南宋地方武力——地方军与民间自卫武力的探讨》，台北，东大图书股份有限公司，2002年版）对此有详明的论述。在他的列表统计中，李允文、范福和寇宏三人似可商榷。

③ 《建炎以来朝野杂记》甲集卷11《镇抚使》，第222页。

④ 《李纲全集》卷115《与吕相公第一书》，第1091页。

通、泰州镇抚使，兼知泰州”①。他八月赴任，而十一月即被迫放弃通、泰州，撤至江南。镇抚使司当然是小军区司令部，但其下有“统制王贵管押军马”②，看来仍分若干军。

岳飞虽然丧失辖区，但到绍兴元年（公元1131年）隶属江、淮招讨使张俊，讨代李成匪军，却仍以“通、泰镇抚使”的名义，③ 其军当然仍算是镇抚使司军。

（三）神武右副军统制

绍兴元年（公元1131年）平定李成等匪军后，岳飞奉命驻守洪州，七月，宋廷下省札通知岳飞说：

> 枢密院奏：“勘会神武右副军统制颜孝恭见管军马不多，兼已拨付吕颐浩军前使唤。”
>
> 右三省、枢密院同奉圣旨，颜孝恭改差充江南东路安抚大使司统制军马，岳飞罢通、泰州镇抚使，差充神武右副军统制。今札付神武右副军统制、武功大夫岳防御，准此。④

神武右副军统制可算是“军职”⑤，但其下也应设司，作为司令部。如岳飞“甥婿”高泽民在军中任“主管文字”。⑥

---

① 《鄂国金佗稡编校注》卷5《鄂王行实编年》，第130页。

② 《鄂国金佗稡编校注》卷17《申刘光世乞兵马粮食状》，第944页。

③ 《建炎以来系年要录》卷40，建炎四年十二月乙未；卷43，绍兴元年三月庚戌，第1册第574、597页。

④ 《鄂国金佗续编校注》卷5《除神武右副军统制省札》，第1203页。

⑤ 北宋时，如厢都指挥使、军都指挥使、都虞候等是军职。南宋时，据《鄂国金佗续编校注》卷24《襄阳石刻事迹·爵秩》说，岳飞“其军职由中军统领升至神武后军都统制”，第1561页。

⑥ 《建炎以来系年要录》卷50，绍兴元年十二月丁丑，第1册679页。

（四）神武副军都统制

绍兴元年（公元1131年）十二月，“亲卫大夫、建州观察使、神武右副军统制岳飞为神武副军都统制，仍以所部屯洪州”①。这当然既是军名的升格，又是军职的升迁。

（五）荆湖东路安抚使、马、步军都总管

绍兴二年（公元1132年）因讨伐曹成匪军之需，宋廷下省札，任命岳飞“权知潭州，并权荆湖东路安抚、都总管”②。此处是简称，其全称应为荆湖东路安抚使、马、步军都总管。安抚使和都总管在北宋都是一路之帅，权位颇高，而南宋初已经降格。岳飞虽然权任，但并未取消其神武副军都统制的军职。由于荆湖东、西路不久仍旧改为南、北路，③ 故岳飞在平曹成后，写记，即自称“权湖南帅”④。

岳飞平叛成功，离开荆湖南路，返回江南西路江州。其“权湖南帅”的差遣取消，仍为神武副军都统制。绍兴三年（公元1133年），宋廷“命神武副军都统制岳飞督捕虔寇”⑤，仍是按其军职下令。

（六）制置使、神武后军统制、都统制

岳飞任制置使，其头衔前后更改数次。绍兴三年（公元1133年）九月，宋廷最初任命岳飞任江南西路沿江制置使，很快又“三省、枢密院同奉圣旨，岳飞落‘沿江’贰字，充江南西路制置

---

① 《建炎以来系年要录》卷50，绍兴元年十二月丁丑，第1册第679页。

② 《鄂国金佗续编校注》卷5《权知潭州并权荆湖东路安抚都总管省札》，第1205页。

③ 《建炎以来系年要录》卷51，绍兴二年二月己丑，第1册第697页。

④ 《鄂国金佗稡编校注》卷19《永州祁阳县大营驿题记》，第986页。

⑤ 《建炎以来系年要录》卷63，绍兴三年三月辛未，第1册第828页。

使，江州驻扎”[①]，旋即又改命“岳飞除江南西路、舒、蕲州制置使，江州置司”[②]。宋廷又为提高岳家军的地位，“奉圣旨，岳飞特改差充神武后军统制”[③]。虽然由神武副军都统制改神武后军统制，除落一个“都”字，而岳飞的军职仍是提升的。

绍兴四年（公元 1134 年），岳飞举行第一次北伐前夕，宋廷又将岳飞的制置使头衔两次改名，第一次“差岳飞兼制置荆南、鄂、岳”[④]，第二次“三省、枢密院同奉圣旨”，改为“江南西路，舒、蕲州，兼荆南、鄂、岳、黄、复州、汉阳军、德安府制置使”。[⑤] 当年第一次北伐成功后，宋廷为镇压杨么军，“除岳飞充湖北、荆、襄、潭州制置使，鄂州驻扎”[⑥]。除去原来军事辖区中的江南西路，改为管辖荆湖北路和襄阳府、荆南府和潭州。

绍兴五年（公元 1135 年），岳飞正式出兵镇压杨么军，宋高宗下诏：“岳飞除荆湖南北襄阳府路制置使、神武后军都统制，前去荆湖南、北路招捕盗贼。”[⑦] 岳飞制置使的军事辖区扩大为三路，其军职也由统制升都统制。

制置使司当然是大军区的司令部。称制置使“不常置，掌经画边鄙军旅之事”，“建炎元年，诏令安抚使、发运、监司、州军官并听制置司节制”，表明其官位在一路安抚使等长官之上。[⑧] 后宋廷的省札说：“岳飞昨充湖南、北，襄阳府路制置使日，依第二

---

① 《鄂国金佗续编校注》卷 5《改充江南西路制置使省札》，第 1206 页。
② 《鄂国金佗续编校注》卷 5《除江南西路舒蕲州制置使省札》，第 1207 页。
③ 《鄂国金佗续编校注》卷 5《改差充神武后军统制省札》，第 1208 页。
④ 《鄂国金佗续编校注》卷 5《朝省行下事件省札》，第 1209 页。
⑤ 《鄂国金佗续编校注》卷 6《差兼黄复州汉阳军德安府省札》，第 1221 页。
⑥ 《鄂国金佗续编校注》卷 6《除湖北荆襄潭州制置使省札》，第 1225 页。
⑦ 《宋会要辑稿》职官 40 之 8，第 3991 页。
⑧ 《宋史》卷 167《职官志》，第 3955 页。

等奉使条例，发运、监司并用申状。”① 与《宋史》卷 167《职官志》所载可互相印证。但制置使司作为“第二等奉使”，在大军区司令中官位仍是较低者。

建炎时，宋高宗尽管苦于金军的追逼，甚至只能航海逃遁，却从无设置大军区的设想。如前所述，建炎末范宗尹任相，也只是提议设置镇抚使司的小军区，而军事失败很快就证明，各镇抚使司军难以与金军相抗，此非“救弊之道”。提出命武将设置制置使之类大军区的是抗战派宰相朱胜非。朱胜非“自再相，首建议遣诸大帅分屯于淮南等路，各据要害，以经略淮北、荆襄”②，“实际上是纠正范宗尹的设镇抚使方案”③。朱胜非行状记载：

> 始诸将虽拥重兵，而无分定路分，故无所责成。公在朝廷，修法度，严纪律，明号令，某帅当某路，一定不复易，皆授庙算，成师以出。又命司农卿沈昭远往总军饷，士众素饱，皆贾勇以前。④

岳飞的制置使司作为司令部，当然设属官。宰相朱胜非向岳飞推荐卢宗训，任制置司参议官。岳飞鄙薄其为人，绍兴四年

---

① 《鄂国金佗续编校注》卷 7《任招讨使申明行移用公牒省札》，第 1235 页。

② 《三朝北盟会编》卷 213 引朱胜非行状，第 1533 页；《建炎以来系年要录》卷 59，绍兴二年十月，第 1027 页。

③ 王曾瑜、史泠歌：《南宋宰相吕颐浩和朱胜非的重要事迹述评》，《首都师范大学学报》（哲社版）2013 年第 3 期。

④ 《三朝北盟会编》卷 213 引朱胜非行状，第 1533 页。

(公元 1134 年)八月，又改任德安知府，后以赃盗罢官。[①] 这是史籍中岳飞的第一任参议官。同年十二月，岳飞保奏陈子卿任本制置司参议官，[②] 绍兴五年(公元 1135 年)五月，陈子卿罢官，改任主管台州崇道观之闲职，宋廷发表右承务郎李若虚取代陈子卿，任制置司参议官。[③] 除参议官外，岳飞临时“差武功大夫，本军干办官张旦借左武大夫，权唐、邓、郢州，襄阳府安抚使，兼知襄阳军府事”，“承信郎、本军准备差遣孙革借右承务郎、权签书襄阳府判官厅公事”，“承节郎、本军准备差遣周识借右承奉郎、权知郢州，右迪功郎、本军准备差遣李旦借承奉郎、权本州通判”，“右将仕郎、本军准备差遣孙翚借承奉郎、权知随州”。[④] 此处有一名神武后军干办官，即干办公事，三名神武后军准备差遣，似表明神武后军也另设属官。张旦是武阶，孙革和周识是武阶，改换文阶，故按当时制度带“右”字，而孙翚则是由文阶右将仕郎，升右承奉郎。可知岳飞的属官兼用文官和武官。大致在绍兴三年(公元 1133 年)，朱梦说“为岳飞军中干办公事”[⑤]。

(七)荆湖北、襄阳府路(后复旧名京西南路)招讨使

绍兴五年(公元 1135 年)十二月，由于岳飞“已除检校少保，理宜增重使名”，宋廷又改命他为荆湖北路、襄阳府路招讨

---

① 《建炎以来系年要录》卷 79，绍兴四年八月甲辰，第 2 册第 110—111 页；《斐然集》卷 15《再论朱胜非》，影印文渊阁《四库全书》本，第 1137 册第 483—484 页；《历代名臣奏议》卷 182 胡寅奏，第 2396 页。《建炎以来系年要录》作卢宗训为“荆南制置司参议官”，“南”字似误。

② 《建炎以来系年要录》卷 83，绍兴四年十二月丁丑，第 2 册第 157 页。

③ 《建炎以来系年要录》卷 89，绍兴五年五月戊子，第 2 册第 265 页。

④ 《鄂国金佗稡编校注》卷 10《条具荆襄相度移治及差官奏》，第 844 页。

⑤ 《三朝北盟会编》卷 159，第 1152 页。

使。岳飞的差遣升高，但辖区却少了荆湖南路，[①] 这还是宋高宗对他较为信任时，却不忘趁着平杨么的机会，赶紧削除他一个路的辖区。招讨使也是大军区的司令，南宋初年，将招讨使“定位在宣抚使之下，制置使之上，著为定制”[②]。招讨使是否已算是第一等奉使，还是仍旧“第二等奉使”，今存史料缺乏记载。同月稍晚，宋高宗又将原神武诸军改名行营护军。岳家军由神武后军更名行营后护军。但行营后护军从此直属岳飞的招讨使司等司令部，岳飞本人原有的神武后军都统制取消后，不再另命新的军职。绍兴六年（公元 1136 年）二月，因岳飞上奏，襄阳府路复旧名京西南路，则为荆湖北、京西南路招讨使司。[③]

此外，《宋史》卷 167《职官志》说，绍兴十年（公元 1140 年），“金人犯三京，以韩世忠、岳飞、张俊并兼河南、北招讨使以御之”[④]。此处的“御”字当然是不通的。岳飞等人是在宣抚使的官衔外，另加“兼河南、北诸路招讨使”[⑤]。从加衔的字面理解，当然是要收复失地，而不是为“御”敌。其实，宋高宗和秦桧为了遮掩他们此前一力对金屈辱媾和之失策，表面似已变为采取强硬政策；但宋高宗给岳飞的手诏，却作了另外一种明确的硬

① 《鄂国金佗续编校注》卷 6《除湖北襄阳招讨使省札》，第 1228 页；《宋会要辑稿》职官 42 之 64，第 4104 页；《鄂国金佗续编校注》卷 6《鄂王行实编年》，第 346 页；《建炎以来系年要录》卷 96，绍兴五年十二月己亥朔，第 2 册 340 页；《宋史》卷 28《高宗纪》第 523 页载岳飞辖区仍保留荆湖南路，系误。

② 《宋史》卷 167《职官志》，第 3965 页。

③ 《鄂国金佗稡编校注》卷 18《乞襄阳府路仍作京西路申省札子》，第 957 页；《宋会要辑稿》方域 5 之 18，第 9361 页。

④ 《宋史》卷 167《兵志》，第 3965 页。

⑤ 《鄂国金佗续编校注》卷 2《少保兼河南府路陕西河东河北路招讨使加食邑制》，第 1168 页。制词行文与标题不符，制词标题应为《少保兼河南北诸路招讨使加食邑制》。

性规定："已令张俊措置亳州，韩世忠措置宿州、淮阳军，卿可乘机进取陈、蔡，就闰六月终，一切了毕。"① 不但黄河以北，就是黄河以南的土地，包括东京开封府、西京河南府和南京应天府，都准备一概放弃，他们的军事目标是以取五州之地为极限。故发表岳飞等"兼河南、北诸路招讨使"的任命，无非是一块虚张声势的遮羞布。

（八）荆湖北、京西南路宣抚副使

岳飞任招讨使其实前后共计四个月，到绍兴六年（公元 1136 年）三月，宋廷又将他升迁为湖北、京西路宣抚副使。② 其辖区不变，只是应岳飞之奏议，将原襄阳府路更名京西南路。《宋史》卷 167《职官志》说，"宣抚副使不常置，掌贰使事"，"亦有不置使而置副，如胡世将之于川、陕，岳飞之于荆、襄，杨沂中之于淮北，皆止以副使为名。飞后以功，始落'副'字"。岳飞虽是副使，其司令部仍应称宣抚使司。

（九）荆湖北、京西南路宣抚使

绍兴七年（公元 1137 年）二月，宋高宗将岳飞由检校少保升至正二品的太尉，并将宣抚副使晋升为宣抚使。③ 太尉"同二府之列"，"崇以辅臣之礼"。④ 按照宋制，宰相所辖三省和枢密使所辖枢密院，号称二府。除宰相外，枢密使、参知政事等称执政，即"辅臣"。正如前第一章已交代，宣抚使是执政级，既然官至太尉，岳飞的差遣也相应升至执政级的宣抚使。宣抚使"不常置，

---

① 《鄂国金佗稡编校注》卷 2 高宗手诏，第 29 页。

② 《鄂国金佗续编校注》卷 2《武胜定国军节度使充湖北京西路宣抚副使置司襄阳加食邑制》，第 1163 页。

③ 《鄂国金佗续编校注》卷 2《起复太尉加食邑制》，第 1166 页。

④ 《鄂国金佗续编校注》卷 3《再辞免起复太尉仍加食邑不允诏》，第 1185 页。

掌宣布威灵、扶绥边境及统护将帅、督视军旅之事”[①]，当然应是第一等奉使。岳飞的司令部自然应称宣抚使司。

应当指出，岳飞尽管官高、权重而兵多，如前第一章所述，绍兴十年（公元1140年）时，他官居少保，高于宰相秦桧，但作为一个大战区的统帅，他不可能、也无权负责全局的战略指挥。

《孙子兵法·谋攻篇》说：“将能，而君不御者胜。”其意无非有两条：一是古代君主在深宫厚自奉养，大多不懂军事，其“御”将肯定是瞎指挥；二是古时的通信迟缓，后方的君主在千里之外，要干涉前方瞬息万变的战事，发布迟到的、不适合战场变化状况的命令，也肯定会败事。

宋太祖是宋朝各代皇帝中唯一的天才军事家。他命将出师，只在临行前作简要的指示和告诫，故王禹偁称他“所用之将专而不疑”[②]。但自宋太宗始，宋朝皇帝和宰执大臣，却往往违背古代的军事常识，实行“将从中御”[③]。

南宋绍兴十年（公元1140年）时，岳飞自鄂州或前方发往“行在”临安府的急递奏状，行程须十日以上；临安府行朝用金字牌传递诏令，一个来回，约需二十日左右。[④] 即使如此迟缓的传递速度，宋高宗和秦桧为了降金政策之需，仍要干涉大将们的军事指挥。从今存《鄂国金佗稡编》卷2宋高宗当年的手诏，还有《鄂国金佗续编》卷10和卷11的省札来看，秦桧以三省和枢密院名义下发的省札，多半是通知。真正具有权威性者，当然是宋高

---

① 《宋史》卷167《职官志》，第3957页；《建炎以来朝野杂记》甲集卷11《宣抚使》，第215页。

② 《续资治通鉴长编》卷42，至道三年十二月甲寅，第897页。

③ 《续资治通鉴长编》卷30，端拱二年正月，第668页。

④ 参见《鄂国金佗稡编校注》卷8《鄂王行实编年》第517页、第529页、第533页、第543页、第604页、第605页、第607页的考证。

宗的手诏。但宋高宗的手诏往往不是他个人作品，而由他和宰执大臣一起商量，并由他们为皇帝起草。《朱熹集》卷 95 下张浚行状记载："赐诸将诏旨，往往命公（张浚）拟进，未尝易一字。"①《建炎以来系年要录》卷 136 记载，宋高宗命刘锜"择利班师"的"御笔"，"其实宰相（秦桧）所拟也"。② 故《鄂国金佗稡编》卷 2 高宗当年的手诏大致都是秦桧拟进，宋高宗手书。

从《鄂国金佗稡编》卷 2 高宗当年的手诏文字看，固然在用兵之际，对岳飞不能不相当客气，以示体貌大将。但以自己的降金政策，约束岳飞大举进兵的意图还是十分明显。如前引手诏命令"卿可乘机进取陈、蔡，就闰六月终，一切了毕"。又如命令岳飞"重兵持守，轻兵择利"，"候到光、蔡，措置有绪，轻骑前来奏事"之类。关于十二道班师诏之说，最早见于《三朝北盟会编》卷 207 引《岳侯传》，而今存的八十六份高宗手诏中，并无十二道班师诏。但从今存手诏和省札分析，前有复郑州的回诏和省札，后有战郾城的回诏和省札，中间却无复洛阳的回诏和省札。按一般情理，克复西京洛阳当然是件大事，却反而没有回诏和省札传世，肯定是不正常的。今按金字牌和急递的来回时日推算，估计宋高宗严令岳飞"前赴行在奏事"的"累降御笔处分"，③ 应正好是在接到复洛阳捷奏的前后发出的。宋高宗和秦桧合谋所下的十二道班师诏，使岳家军艰难血战的成果化为乌有。

二、岳家军的提举一行事务

北宋后期，军中开始设置统制，后成一军的统兵官。"宣和

---

① ［宋］朱熹著，尹波、郭齐点校：《朱熹集》，四川教育出版社 1996 年版，第 4849 页。

② 《建炎以来系年要录》卷 136，绍兴十年六月乙卯条，第 2 册第 822 页。

③ 《鄂国金佗稡编校注》卷 12《赴行在札子》，第 872 页。

间，西、南用兵，大将或三四人，不相统一，故即其中拔一人为都统制以总之，兵罢则如故。”[①] 建炎初，宋高宗“始置御营司”，“以真定府路马步军副总管王渊为使司都统制，诸将韩世忠、张俊、苗傅等并为统制官，又命鄜延路马步军副总管刘光世提举使司一行事务”，在文臣御营使黄潜善和副使汪伯彦的领导下，统管御营军。[②] 提举一行事务之全称应为“提举诸军一行事务”[③]，一般删略“诸军”两字，也可称“提举事务”或“提举事务官”。[④] 其名位应低于都统制。

绍兴四年（公元1134年）第一次北伐前夕，宋高宗给岳飞手诏说：“朕尝闻卿奏，称王贵、张宪、徐庆数立战效，深可倚办。方今正赖将佐竭力奋死，助卿报国，以济事功，理宜先有以旌赏之。”特赐王贵等捻金线战袍和金束带各一。[⑤] 说明岳飞十分倚重王贵等三将。

此次北伐最后一次关键性的战役是邓州之战，但岳飞并未亲临战场，由王贵和张宪负责指挥。《鄂国金佗稡编》卷16《邓州捷奏》说：“契勘叛贼李成与金贼刘合孛堇、陕西番、伪贼兵，并聚于邓州西北，扎三十余寨。臣遣发王贵等由光化路，张宪等由横林路，前去掩杀。据统制王贵、张宪等申：‘七月十五日，离邓州三十余里，逢贼兵共数万接战，分遣王万、董先军兵，出奇突击，其贼大溃。’”此次大战的对手不仅有伪齐军，也有刘合孛堇

① 《建炎以来朝野杂记》甲集卷11《诸军都统制》，第229页。

② 《建炎以来系年要录》卷5，建炎元年五月丁酉，第1册第103页。

③ 《鄂国金佗续编校注》卷14《张宪复官指挥》，第1346页。

④ 《建炎以来系年要录》卷53，绍兴二年闰四月丙午，第1册第722页；[宋]周密撰，张茂鹏点校：《齐东野语》卷2《张魏公三战本末略·富平之战》，中华书局1983年版，第21页。

⑤ 《鄂国金佗稡编校注》卷2，第32页原将此诏系于绍兴十年，《宋会要辑稿》礼62之58，第2146页改。

所率的金军。此后，岳飞在《措置襄汉乞兵申省状》中说：“且以初者恢复之时，贼徒固守，倍费攻取。继又金贼刘合孛堇、伪齐李成合陕西、河北番、伪之兵，多至数万，并屯邓州，力拒官军。仰赖君、相之，成此薄效。”① 王贵与张宪长期之内，一直是岳飞的左膀右臂。他们在岳家军中的地位，其实与吴玠军中之吴璘和杨政相当。岳飞为侍奉老母，曾上辞职奏，建议“将本军人马，权暂令统制官王贵、张宪主管”②。反映了两人在岳家军中的地位。但当时王贵和张宪的官位只是统制，故与各军统制平列。

当时有神武后军提举一行事务官、武功大夫刘康年因伪造岳飞“画一陈乞”，受“冲替”处分。③ 但刘康年显然不是军中的重要角色。

绍兴六年（公元1136年），张宪已有“同提举一行事务”的头衔，④ 按照宋制，加一“同”字为副职，可以推断此时王贵也已任本军提举一行事务。他们兼有这两个级别略有高低的差遣，就更可名正言顺地代替岳飞主持军务，指挥岳家军诸统制作战。当年秋第二次北伐，除了牛皋左军克伪齐所设的镇汝军外，其他克商州、虢州、伊阳、长水四战都是由王贵部署的。赵鼎日记说：“岳飞至襄阳，遣将王贵直捣卢氏，据之，乃分兵西取商州，东由栾川县、西碧潭、太和镇以取伊阳也。”⑤ 最后杨再兴军复长水县，也是由王贵申报岳飞。⑥ 在此不妨作进一步的推论，此五战

① 《鄂国金佗稡编校注》卷18，第954页。

② 《鄂国金佗稡编校注》卷13《乞侍亲疾札子》，第880页。

③ 《鄂国金佗稡编校注》卷13《劾刘康年伪奏乞恩泽奏》《再乞寝罢刘康年伪乞恩泽札子》，第884、885页。

④ 《鄂国金佗续编校注》卷7《目疾令不妨本职治事省札》，第1241页。

⑤ ［宋］赵鼎：《忠正德文集》卷8《丙辰笔录》，影印文渊阁《四库全书》本，第1128册第743页。

⑥ 《鄂国金佗稡编校注》卷16《复西京长水县捷奏》，第928页。

全是对付伪齐军，而岳飞和张宪未上战场，看来是掌管后备军力，准备随时对付前来支援的金军。据赵鼎日记引韩世忠说，在岳家军第二次北伐行将结束时，“近探者自河北回，言龙虎（大王）军由李固渡过河，凡渡四昼夜，精兵三万余人，内分骑兵一万之京西，以应岳飞也”①。此路金军未与岳家军交战，却在当年冬参加伪齐军对岳家军防区的进攻，而主持前沿留守军务，抗击并反攻者仍是王贵。

岳家军班师后，张宪则随岳飞回大本营鄂州。岳飞旋即得眼疾，十分痛苦，而据参谋官薛弼等申报宋廷：“移文守寨同提举一行事务张宪管干施行。”② 说明鄂州的军务则由张宪处置。

绍兴七年（公元 1137 年），宋高宗诏“诏殿前司、行营右护军、后护军并许置都、副统制”③，但看来岳家军并没有据此设立都统制、副都统制之军职。

绍兴十年（公元 1140 年），岳家军第四次北伐时，王贵仍是本军提举一行事务，负责扫清开封以西的外围，部署攻占郑州、西京河南府等，而张宪仍是本军同提举一行事务，负责扫清开封以南的外围，部署攻占颍昌府、淮宁府等地。此次北伐中，张宪的表现显然比王贵出色。他率重兵攻淮宁府时，遭逢金军“添到东京一带差来贼马，摆布大阵”④。此为第四次北伐中岳家军第一次与金军大部队交锋而获胜。郾城战后，张宪率重兵赶往战场，在杨再兴战死后，七月十四日“天明”，他率大军猛扑临颍县，看来原是准备与金朝都元帅完颜兀术（宗弼）大军大战一场，却扑

① ［宋］赵鼎：《忠正德文集》卷 8《丙辰笔录》，影印文渊阁《四库全书》本，第 1128 册第 744 页。

② 《鄂国金佗续编校注》卷 7《目疾令不妨本职治事省札》，第 1241 页。

③ 《建炎以来系年要录》卷 111，绍兴七年五月己丑，第 2 册第 516 页。

④ 《鄂国金佗稡编校注》卷 16《陈州颍昌捷奏》，第 931 页。

了空，只是扫荡了留守的金军八千人。同日，完颜兀术（宗弼）大军转攻颍昌，战斗异常激烈。王贵却“以颍昌怯战之故，为臣（岳）云所折责。比其凯旋，先臣（岳飞）犹怒不止，欲斩之，以诸将恳请，获免”①。

关于当年王贵的官衔，《建炎以来系年要录》卷137绍兴十年七月乙卯条作“湖北、京西宣抚司都统制王贵”，系误，而应以《鄂国金佗稡编》卷16《复西京奏》《王贵颍昌捷奏》所载“提举一行事务王贵”为准。

另一勇将牛皋“战汴、许间，以功最，除捧日、天武四厢都指挥使、成德军承宣使。枢密行府以皋兼提举一行事务。宣抚司罢，改鄂州驻扎御前左军统制”②。“汴、许间”，即开封府与颍昌府之间，看来是应在颍昌大战后，岳家军自颍昌府向开封进军时，牛皋“功最”。“枢密行府以皋兼提举一行事务”，宋廷设枢密行府，时间应在绍兴十一年（公元1141年）罢岳飞兵权，撤销湖北、京西路宣抚使司时。看来牛皋任提举一行事务为时甚短。宋廷暂命王贵任鄂州驻扎御前诸军都统制，张宪为副都统制，负责指挥原岳家军，③ 而牛皋则“改鄂州驻扎御前左军统制”。

总的说来，提举一行事务在岳家军的领导指挥体系中占有相当重要的地位。

三、岳飞制置使司等幕僚

按照现代作战指挥学理论划分，岳家军的指挥类型属于中华

---

① 《鄂国金佗稡编校注》卷8《鄂王行实编年》，第658页。

② 《宋史》卷368《牛皋传》，第11465页。

③ 《建炎以来系年要录》卷140，绍兴十一年六月甲申；卷144，绍兴十二年三月丁未，第2册第879页，第3册第17页。《三朝北盟会编》卷208，绍兴十二年三月一日，第1500页。

古史中的“统帅、谋士指挥时期”[1]。“谋士”也就是幕僚，作为岳家军指挥机关的重要组成人员，是研究岳家军必须涉及的问题。

（一）幕僚编制与员额

岳飞制置使司、招讨使司和宣抚使司的属官编制和员额，仅有《鄂国金佗续编》卷6《从申踏逐辟差官属省札》所载绍兴六年二月（公元1136年）岳飞札子说：

> 今来本司事务全藉官属协力，欲乞差参谋、参议各一员，主管机宜文字一员，书写机宜文字一员，干办公事六员，准备差使八员，点检医药饭食二员。不以见任、寄居、待阙，许飞踏逐奏差，令先次供职，不得辞避。候指挥。

宋廷“依所乞”，这是当年荆湖北、京西南路招讨司的属官编制和员额，共计七等，二十人。估计此前的制置使司和此后的宣抚使司，其属官的编制和员额也大致相似。

依今存史料，在绍兴十年、十一年间（公元1140、1141年），岳飞宣抚使司可查知的属官名单如下：

参谋官：朱芾。

参议官：高颖。

主管机宜文字：胡闳休。

书写机宜文字：岳云。

---

① 《作战指挥学》第2章“作战指挥的历史与发展”，第40页将作战指挥分为三种类型，其中“统帅、谋士指挥时期”，是指从春秋战国专职谋士群体出现开始，到18—19世纪现代意义上的司令部产生结束。

干办公事：于鹏[①]、党尚友[②]、韩之美。

准备差遣：杨光凝、吴师中。[③]

承受文字官：王处仁。[④]

按准备差遣和准备差使不同，地位高于准备差使。[⑤] 如前所述，岳飞的属官，即幕僚，一直兼用文官和武官，但大致以文官为多。胡闳休原是北宋太学生，岳飞“辟闳休为主管机宜文字，以诛（杨）么功，进成忠郎，兼正将，鄂州驻扎”[⑥]。他是武将，并兼正将，是将一级统兵官。岳云当然是少年虎将，有武阶。宋时有“帅臣子弟充书写机宜文字”的专门法律条文，[⑦] 故岳飞和

---

① 《李纲全集》卷92《乞遣兵策应岳飞奏状》，第900页。《鄂国金佗稡编校注》卷14《乞免立新班札子》，第901页。《建炎以来系年要录》卷109，绍兴七年三月庚辰；卷141，绍兴十一年八月己卯，第2册第497、888页。于鹏在绍兴六年、七年已任干办公事，直到岳飞绍兴十一年罢枢密副使时仍追随他，估计绍兴十年、十一年时仍任此差遣。

② 《建炎以来系年要录》卷107，绍兴六年十二月乙未；卷141，绍兴十一年八月己卯，第2册第464、888页，党尚友在绍兴六年已任干办公事，直到岳飞绍兴十一年罢枢密副使时仍追随他，估计绍兴十年、十一年时仍任此差遣。

③ 《紫微集》卷13杨光凝、吴师中转官制，影印文渊阁《四库全书》本，第1131册第454页。

④ 《宋会要辑稿》职官2之31—32，第3005—3006页；《紫微集》卷19《王处仁为岳飞申自绍兴七年承受本司往来军期机速文字到今别无稽滞伏乞指挥依一般进奏官邢子文苏公亮体例先次补授合得出职名目依旧在院祗应奉圣旨补承节郎制》，影印文渊阁《四库全书》本，第1131册第505页。

⑤ 《忠正德文集》卷3《条具宣抚处置使司画一利便状》，影印文渊阁《四库全书》本，第1128册第666页载：“乞置参谋官一员，参议官二员，计议官四员，书写机宜文字二员，主管机宜文字四员，干办公事一十员，准备干办一十员，武臣准备差遣二十员，准备差使二十员。”《宋史》卷167《职官志》载，制置“大使置属，参谋、参议、主管机宜、书写文字各一员，干办公事三员，准备将领、差遣、差使各五员，余随时势轻重而增损焉”，第3956页。参见王曾瑜《宋朝宣抚使等的属官体制》，载王曾瑜《点滴编》，河北大学出版社2010年版。

⑥ ［明］程敏政：《新安文献志》卷77胡升《胡制机闳休传》，［明］弘治刻本。

⑦ 《宋会要辑稿》刑法1之20，第8234页。

岳云同在一军，不须回避。按照宋时的法律规定，岳云的职责便是为父亲抄写机密文件，无须战阵中冲锋陷阵。然而岳飞却安排儿子不守本职，专门在最艰险的战阵中冲杀。仅此一端，也足见岳飞人格之崇高和伟大。王处仁是“邸吏”“出职”，升武官承节郎。[①] 按现代观念，他虽是武官，却非军人，其实也属军中文职人员。

（二）网罗名士

岳飞的大部分幕僚是文官。古今中外，军队中往往需要有文职人员。“行军用师之道，必赖政事谋获之助，然后能有济也。”[②]宋朝文官和武官的界线严于前代。宋朝所谓武官，用今天的眼光看，相当大的比例不算军人，只是负责民政，却用武官衔。岳飞的幕僚较多地通过“辟差”，或称“辟”“奏辟”“辟举”“辟奏”等方式，前引省札的篇名即是《从申踏逐辟差官属省札》。由岳飞提名，而皇帝与朝廷正式任命。这与前朝臣僚自辟，朝廷不予顾问和委任的情况不同，反映了宋朝人事权集中于皇帝与朝廷。值得注意的是，宋孝宗时为岳飞赐谥的文件，《鄂国金佗续编》卷14《忠愍谥议》说：

> 礼贤至恭，一时名人皆萃于幕府；持循礼法，动合轨物，恂恂若一书生，兹又古名将所不可望者。

---

① 《紫微集》卷19《王处仁为岳飞申自绍兴七年承受本司往来军期机速文字到今别无稽滞伏乞指挥依一般进奏官邢子文苏公亮体例先次补授合得出职名目依旧在院祇应奉圣旨补承节郎制》，影印文渊阁《四库全书》本，第1131册第506页；《建炎以来系年要录》卷143，绍兴十一年十二月癸巳，第3册第4页。

② 《紫微集》卷12王良存、朱芾转官制，影印文渊阁《四库全书》本，第1131册第445页。

可见岳飞的幕下确实罗致了大批名士。众所周知，宋朝官场中长期积累了崇文抑武的传统和风习，也确实存在着文武矛盾。绍兴初，汪藻上奏指责武将说："诸将爵禄已极，家赀已盈，习成悍骄，无复斗志，一方有警，辄狐疑相视，无一人奋然为国请行者。"于是武将"有令门下士作《不当用文臣论》"，说"弃民、误国、败事者，皆文臣也"。"自此文武二途，若冰炭之不合矣。"① 在宋代崇文抑武的风习之下，"文士鄙薄武人过甚，指其僚属，无贤不肖，谓之'从军'。虽有贤如（孔）戡者，往往未必屑就。文武一道也，何至如是之区别哉"②。至有"好士人岂肯从军"③"士大夫多耻从军"④ 之说。但另一方面，武将也往往轻视文士。如韩世忠"轻薄儒士，常目之为'子曰'。主上闻之，因登对问曰：'闻卿呼文士为子曰，是否?'世忠应曰：'臣今已改。'上喜，以为其能崇儒，乃曰：'今呼为萌儿矣。'上为之一笑"⑤。韩世忠蔑视儒生，而刘光世却滥招幕僚。《可书》记载，刘光世"提数万兵控御江上，金人出没淮甸间。朝廷命移屯维扬，三诏不行"，这大致上就是建炎四年（公元1130年）宋廷命他救援楚州时。"江左豪子输金积玉，以求入幕，不可胜数，至有一阙而三四摄者"，故时人写讽刺诗说："北渡将军少，南来干办多。"⑥ 这又是刘光世军政腐败的一个侧面，而与岳飞的礼贤下士形成鲜明的

---

① 《三朝北盟会编》卷145，第1051、1054页。

② 《建炎以来系年要录》卷89，绍兴五年五月戊子，第2册第265页；林季仲：《竹轩杂著》卷3《乞遴选诸将宾佐状》，台北：商务印书馆，影印文渊阁《四库全书》本，1986年版，第1140册第332页。

③ 《挥麈录·后录》卷11，第170页。

④ 《鄂国金佗续编校注》卷27黄元振编《岳飞事迹》，第1587页。

⑤ 《鸡肋编》卷下《韩世忠轻薄儒子》，第95页。

⑥ ［宋］张知甫著，孔凡礼整理：《可书》，《全宋笔记》第4编，大象出版社2008年版，第3册第175页。此条记事使用刘光世的字，称"平叔"。

对比。

岳飞所以能招徕许多文士入幕府，无非是抗金之需要、岳飞本人的礼贤下士，以及爱国士大夫们的禀赋。

宋人认为“靖康之变，亘古所无之耻，不共戴天之仇”①，“能洗是耻，犹有余耻，能雪是冤，犹有余冤”②。但史实证明，尽管是极其悲惨的国难，极其深重的国耻，被某些史家笼统称为精英的士大夫辈却对此有两种截然不同的反应。如黄潜善、汪伯彦、秦桧之流，正因为国难和国耻如此，就愈加坚定忍辱苟安，以求在残山剩水中醉生梦死式的安乐和享受的信念。

杨愿可算是秦桧党羽中最工于柔媚的叩头虫。但令人惊讶的是，他早年并非没有慷慨激昂的议论：“谋以活国者，国常存而身随之安；谋以活身者，国常亡而身随之危。今一举而迁金陵，求活身也，非活国也。虏既灭吾国矣，陛下将活其国以自存乎？将活其身而国终于亡乎？”③ 但后来却是另外一种腔调：“数十年来，士风浇浮，议论蜂起，多饰虚名，不恤国计。沮讲和之议者，意在避出疆之行；腾用兵之说者，止欲收流俗之誉。”④ 前后判若两人，他的一百八十度的转变，也无非是“利欲熏心”四字。

但也确有一批报国心切的士大夫，他们积极投奔岳飞。岳飞幼年不可能学到高深的文化，但他以文武全才的标准律己，渴求文化知识，最喜欢延揽文人当幕僚，并向他们虚心请教。这与韩世忠的态度完全不同。岳飞虽贵为高官，对文士们特别虚心。王自中说岳飞“虚心，食客所至常满，商论古今，相究诘，切直无

① 《历代名臣奏议》卷94王师愈奏，第1296页。

② 《三朝北盟会编》卷189，第1365页。

③ 《叶适集·水心文集》卷23杨愿墓志铭，第464页。

④ 《建炎以来系年要录》卷152，绍兴十四年十一月壬申，第3册第127页。

所违忤”[①]。他曾对幕僚黄纵说：“某被主上拔擢至此，倘有纤毫非是，被儒生写在史书上，万世揩改不得。某苟有过，机密必以见告。”[②] 岳珂也说：“先王在兵间，独以垂意文艺称，字尚苏体，室有邺架，故奸臣特忌之，不与他将比。”[③]《鄂国金佗续编》卷27黄元振编《岳飞事迹》有一段与岳飞密切接触者的真实感受记录：

> 先父（黄纵）亦屏居田野，时时谈及军中旧事，尝谓公之英威，古人不能过，至于仁心爱物，虽古之名将有所不逮。若夫盛德懿行，夙夜小心，不以一物累其心，虽今之老师宿儒，勉强而力行者，公则优为之。

岳飞因幼年的教育，仅是“略知书传”[④]，他对儒家经典的熟习程度，自然不可能与“老师宿儒”辈相比。但他却是儒家倡导的优良道德的化身，反而为熟知儒家经典、“勉强而力行者”所不如。正因为岳飞具有“不与他将比”的特殊人格魅力，故一时之间，不少血性文士不顾前述士大夫圈内所谓“从军”的讥笑，毅然决然参加岳家军抗金，成为一种风潮。名士王廷珪为周姓解元“赴岳侯军”写下的两首绝句就反映了此种风潮：

> 将军欲办斩楼兰，子欲从之路匪艰。十万奇才并剑客，会看谈笑定天山。

① 《鄂国金佗续编校注》卷30《鄂州忠烈行祠记》，第1646页。

② 《鄂国金佗续编校注》卷27黄元振编《岳飞事迹》，第1589页。

③ ［宋］岳珂：《宝真斋法书赞》卷15《黄鲁直先王赐帖》，台北：商务印书馆，影印文渊阁《四库全书》本，1986年版，第813册第732页。

④ 《三朝北盟会编》卷208引《林泉野记》，第1498页。

书生投笔未封侯，拔剑聊为万里游。燕颔果能飞食肉，要令豹尾出兜鍪。[①]

岳家军之所以形成强大的战斗力，取得骄人的战绩，也与司令部幕僚们的辛勤工作是分不开的。如韩之美、杨光凝、吴师中等文士还参加了“郾城之役”等，“与［兀术］等见大阵获捷”[②]。

（三）“幕府无圆机之士”

《浪语集》卷32《袁先生传》记载：

袁先生讳溉，字道洁，汝阴人也。……其出关至夏口，岳开府飞必欲延至幕下。先生一见而出，不辞而行，语所知曰：“岳公武人而泥古，幕府无圆机之士，难乎免矣！”未几而及难。

“幕府无圆机之士”，说明岳飞的大部分幕僚确实不是为人圆滑、善于看风使舵的人，而是有骨气、有棱角，追随岳飞，立志抗金。从今存记载看来，岳飞的幕僚中固然也有如原本是赃官的王辅，还有姚岳，转而出卖岳飞，献媚秦桧，[③] 但很多幕僚也确是抗金志士。

其实，岳飞“垂意文艺”“礼贤至恭”，不但为秦桧所恶，而尤为宋高宗所忌。这是岳珂只能为之避讳，而决不能一语道破者。

---

① ［宋］王庭珪：《卢溪先生文集》卷21《送周解元赴岳侯军二绝句》，《宋集珍本丛刊》，线装书局2004年版，第34册第611页。

② 《紫微集》卷12韩之美升官制，卷13杨光凝、吴师中升官制，影印文渊阁《四库全书》本，第1131册第447、454—455页。

③ 王曾瑜：《尽忠报国——岳飞新传》附录4“岳飞的部将和幕僚”，第436—437页。

宋高宗猜疑诸大将，对身为武将，而又不安心于当“粗人”者，自然猜忌更甚。正如薛季宣在追悼岳飞诗中的评论和感叹：“说礼敦诗也不容!”① 在绍兴十一年（公元1141年）岳飞罢兵权前夕，“右文殿修撰，湖北、京西宣抚司参谋官朱芾充敷文阁待制、知镇江府，司农卿李若虚充秘阁修撰、知宣州。二人皆岳飞幕客也，自军中随飞赴行在，上将罢飞兵柄，故先出之”②。岳飞罢枢密副使前夕，其最后一任参议官，改任“司农少卿高颖罢，以言者论其卑凡也。自此诸大将之客，稍稍被罪矣”③。

1. 朱芾

岳家军最后一任参谋官朱芾，在绍兴十年（公元1140年）北伐时，宋廷特别予以升官嘉奖，制词称赞他“参机略于中权，虑无遗策”，“措置杀敌马有劳效”，④ 证明他成功地参与了岳家军中的策划。但在岳飞遇害后的罢官制词中则谴责他：“奸轨败谋，既申邦宪；佥壬附会，难逭刑章。具官某早预选抡，屡更任使。意其详练，俾参军旅之谋；庶无诡随，少副朝廷之委。而乃阿谀希宠，喑默保身，阙然裨补之劳，坐阅贯盈之恶。滋长稂莠，遂寻斧柯，致物论之沸腾，岂宠荣之冒据。其罢西清之职，仍还南国之符。服我宽恩，无忘内讼。”⑤ 从反面品味制词的微言大义，朱芾原应是宋廷派去监视岳飞的，结果朱芾不但不尽监视之责，反而“附会”和“诡随”岳飞抗金，其结果也必然是“难逭刑章”。

---

① ［宋］薛季宣：《浪语集》卷7《周将军庙观岳侯石像二首》，影印文渊阁《四库全书》本，第1159册第200页。

② 《建炎以来系年要录》卷140，绍兴十一年四月庚寅，第2册第870—871页。

③ 《建炎以来系年要录》卷141，绍兴十一年七月辛丑，第2册第882页。

④ 《紫微集》卷12王良存、朱芾转官制，影印文渊阁《四库全书》本，第1131册第445页。

⑤ ［宋］张扩：《东窗集》卷12《朱芾落敷文阁待制知徽州制》，台北：商务印书馆，影印文渊阁《四库全书》本，1986年版，第1129册第132页。

2. 李若虚

李若虚是北宋末死难的李若水之兄，他充任岳飞参议官的时间颇长。绍兴十年（公元 1140 年）北伐前，他奉命出使岳家军，传旨“兵不可轻动，且班师”，他激于大义，毅然主动承担“矫诏之罪”，在关键时刻支持了岳飞大举进击，① 故宋高宗和秦桧对他怀恨在心。在岳飞遇害后，李若虚的罢官制词为：“奸人败谋，即申邦宪，余党附会，难逭刑章。以尔凡陋，本无他能，每恣轻儇，殊乏素行。顷预军谘之列，专为利禄之图。诞谩不根，好莠自口，甘奴隶之鄙态，曾市廛之弗为。豢成狡兔之谋，卒陷鸣枭之恶。论撰之职，叨据何安，其从罢黜之科，以厌沸腾之议。服我宽典，益务省循。”② 正是李若虚一贯支持岳飞的“素行”，激起投降派极深的嫌恶。

3. 高颖

高颖原是北宋末年进士，北方陷落后，他“陷伪十年，固穷守节”。绍兴十年（公元 1140 年）岳家军第四次北伐夭折后，他方出任岳家军参议官，以“裨赞岳飞十年连结河朔之谋”。不料爱国有罪，岳飞罢官后，“以从岳飞斥”③，竟被流放岭南“编管”。李若虚和高颖都饮恨死于贬所。④

4. 朱梦说

朱梦说“字肖隐，严州人”。宋徽宗时屡献直言。“后以进士

---

① 《三朝北盟会编》卷 202，第 1456 页。

② 《东窗集》卷 14《李若虚落秘阁修撰制》，影印文渊阁《四库全书》本，第 1129 册第 151 页。

③ 《建炎以来系年要录》卷 132，绍兴九年九月戊子；卷 137，绍兴十年九月乙卯；卷 142，绍兴十一年十一月辛酉，第 2 册第 772—773、845、907 页。《鄂国金佗续编校注》卷 10《令措置河北河东京东三路忠义军马省札》、卷 11《令遣发参议官高颖措置三路忠义军马省札》，第 1278、1286 页。

④ 《宋会要辑稿》职官 70 之 25，76 之 71，第 4929、5136 页。

及第”，“累迁泰州军事推官”。“（岳）飞闻其贤，辟为干办公事”。他在北宋末就因上书言事，而被“编管池州”。[①] 他大约在绍兴三年（公元1133年）随岳飞入朝，“见当时尚禽色之乐，多无用之物，二圣播迁而未还，中原陷没而未复，万民涂炭而不安，上无良相，朝乏贤臣，乃贻书于（御史中丞辛）炳，责炳不谏。炳惶恐，袖梦说之书，上殿奏陈，上（宋高宗）不悦”，“乃谕飞罢之”。[②] 他也是一个骨鲠之士，只是宋高宗迫令他早早离开了岳飞的司令部。

特别值得注意的是《建炎以来系年要录》卷141的记事：

> 右朝议大夫、直秘阁于鹏为广南东路安抚司参议官，右奉议郎党尚友为广南西路安抚司参议官，右朝奉郎孔［戊］为江南西路安抚司参议官，［右］朝散郎孙革通判兴化军，左宣教郎张节夫通判南剑州。岳飞之罢也，鹏等十一人皆奉祠居行在。及台谏以劾疏遗飞，鹏等闻之，一夕散去。事闻，诏并添差江、湖、闽、广诸州，趣令之任。[③]

从当年四月到八月，岳飞自罢兵权到罢枢密副使，其地位岌岌可危已是一目了然的事。但这十一位前幕僚却完全置个人安危得失于度外，“遂各请宫祠，平居无事，聚于门下”[④]，他们不可能再在枢密院任职，只能“各请宫祠”，申请当宫观闲官，而仍“聚于门下”，始终不渝地追随岳飞，以示不改抗金报国的初衷，

① 《宋史》卷22《徽宗纪》，第406页。

② 《三朝北盟会编》卷159，第1152—1156页。此事王曾瑜先生在《鄂国金佗稡编校注》卷5《鄂王行实编年》第230页考证为绍兴三年。

③ 《建炎以来系年要录》，绍兴十一年八月己卯，第2269页。

④ 《建炎以来系年要录》卷141，绍兴十一年八月甲戌注，第2册第888页。

心甘情愿地与岳飞同患难，他们显然都已有承受罪罚的足够心理准备。患难见真情，患难见人格，只是在最后时刻，宋廷强令遣散他们。试想一下，他们只要稍有一点势利眼和势利心，岂不会早早远离岳飞，而另谋他就。他们居危难而不改节操的爱国正气，足以光耀史册。可惜今存史料只留下五人的姓名，另六人的姓名被湮没了。其中张节夫是相州安阳人，与岳飞同乡，岳飞著名的《谢讲和赦表》就是由他起草而传诵当时后世。[①] 秦桧制造的冤狱，又牵连了于鹏和孙革，两人被判刑流放。党尚友和张节夫虽然未卷入冤狱，也被“勒停”和“羁管”。[②] 孔戊和其他六人估计也当受到迫害。岳飞的许多幕僚虽然受尽迫害，却为后人留下了做人的合格答卷。

如果真正要说精英的话，则岳飞的相当部分幕僚也确是南宋士大夫中的精英。

5. 薛弼

岳飞的前参谋官，明哲保身的薛弼，则可说是“圆机之士”。他与秦桧、万俟卨曾有交往，未受株连。薛季宣实事求是地记载，“张（俊）谓伯父实主岳府谋议，百计倾岳，欲并中伯父。枢府简取虔卒，张以不应等格，急责其使，使即谰言虔帅占留精卒，不简，伯父因被劾罢。岳侯事起，张求伯父在虔通书尺簿，有遗岳侯书处，指为反迹。秦相徐擿其下文曰：‘此复有遗秦相书。’伯父用免”。“万俟治岳侯狱，不以一辞见累”。岳珂在《鄂国金佗稡编》卷8《鄂王行实编年》和卷21《建储辨》中对薛弼的指责甚重：

① 《三朝北盟会编》卷192，第1388页。

② 《建炎以来系年要录》卷145，绍兴十二年五月甲辰、六月乙酉，第3册第25—26、31页。

独参谋薛弼，尝有德于禹为宪湖北时，桧在永嘉日，又尝从桧游，且恭奴事，得其欢心。及在幕中，知桧恶先臣，动息辄报，得不坐。①

按弼之在先臣幕为最久，及先臣得罪，僚佐皆下吏远徙，独弼不与，偃然如故。公议皆谓弼旧居永嘉，秦桧方罢相里居，弼足恭奴事，以徼后福。及在先臣幕，知桧恶先臣，观望风旨，动息辄报，以是获免于戾。天下固知之矣。臣窃以为小人苟免以全身，见利而忘义，亦何所不用其至，初不足以污笔牍。独忘国而谋家，忘君而谋身，忘所知而谋所芘，既欺一时，以免其祸，又托为游谈聚议之说，矫玉音而实其辞，因它人之笔，以欺天下后世，使人莫窥其奥，其用心之奸，挤崖之险，盖非它人比也。②

薛弼任岳飞的参谋官和总领，是在绍兴六年（公元 1136 年）六月至八年（公元 1138 年）三月，而秦桧再次掌政，是在绍兴七年（公元 1137 年）正月任枢密使，绍兴八年（公元 1138 年）三月任右相，设法排挤赵鼎而独相，是在十月。薛弼在岳家军中为官时，秦桧先后在张浚和赵鼎之下，他吸取初次罢相的教训，处处韬光养晦，表面上尽量奉承张浚和赵鼎，他当时与岳飞的矛盾并不突出。故“动息辄报”之说，肯定言过其实。

岳珂所以对薛弼下诛心之笔，是因为张戒《默记》中记载，薛弼谈及绍兴七年（公元 1137 年）岳飞建请设皇储而受宋高宗呵斥之事。岳珂为掩饰祖父与宋高宗的矛盾，在《建储辨》中强说此事纯属薛弼捏造。邓广铭先生早已引用赵鼎《忠正德文集》卷

① 《鄂国金佗稡编校注》，第 686—687 页。

② 《鄂国金佗稡编校注》，第 1036 页。

9《辩诬笔录》，证明岳飞当年因此受宋高宗呵斥，确有其事，根本不是薛弼造谣。①

按薛弼比岳飞大十五岁，早年追随李纲抗金，其侄薛季宣称“伯父磊落，多权智，尚气节，不修小谨曲廉，人所甚难，谈笑处之沛如也”②。他确是干才，故岳飞在绍兴五年（公元 1135 年）平杨么时赏识他，向宋廷奏辟，为司令部最高幕僚。但从绍兴七年（1137 年）开始，薛弼已知身处宋高宗和岳飞的矛盾旋涡之中，他明知事已不可为，只能采取远身避害的处世方式，这与其弟薛徽言发表激昂的抗金言论不同。然而其内心深处仍是同情故帅的，故对岳飞和同僚并无落井下石的行为，与王辅、姚岳之流完全不能等同。由薛弼抚养成人的薛季宣，一力推崇岳飞，无疑受伯父的影响。绍兴十年（公元 1140 年）初，李纲正是在小朝廷弥漫着投降苟安的气氛中逝世。薛弼特别沉痛地给死者寄悼词说：

> 公之盛德，可谓如青天白日，天下尊仰之固矣。公之贵名，可谓如景星卿云，天下以先睹为快亦固矣。如其光明俊伟之才，正直敢为之气，博极古今之学，脱落伦类之志，指陈理乱之识，洞视几微之智，固非庸常之能为，然皆公平生之余事也！……此豪杰之士，所以服公之大勇；而区区薄陋者，所以愧公之大义也。然志大则难行，才大则难用，谋大则难合，功大则难成。自古在昔，以是为喟，公亦如尔，非天尔耶！③

① 《岳飞传》（增订本），第 22—225 页。

② 《浪语集》卷 33《先大夫行状》，影印文渊阁《四库全书》本，第 1159 册第 538 页。

③ 《李纲全集》附录四，第 1783 页。

这既是作为知音中肯而公正的评价，也表明了薛弼本人的心迹。

岳飞的幕僚们为岳家军每一次胜仗的谋划、后勤供应的及时保障，以及军内各部队协调配合方面，发挥了重要的作用。

四、岳家军的指挥体系和编制序列

岳家军的编制单位与诸军相同，一般设军、将、部、队四级。① 当时每队一般为五十人。但岳飞任通、泰镇抚使时，拣选本地军队，“得百人，以赐甲五十副并作院甲五十副予之，分为四队，常置左右”②，则每队为二十五人。绍兴三年（公元 1133 年）破固石洞，岳家军“前军第三队”首先冲上山巅，“作奇功”。③

平定杨么前，岳家军以“拾将”为额，④ 平定杨么后，兵力大增至十万人以上，宋廷规定岳家军“以三十将为额”⑤。这支抗金雄师的领导指挥体系和编制序列如下：制置使司、招讨使司或宣抚使司→统制（包括背嵬军、前军、右军、中军、左军、后军、游奕军、踏白军、选锋军、胜捷军、破敌军、水军十二军的同统制、副统制）→统领（同统领、副统领）→正将（副将、准备将）→部将→队将、队官→士兵。⑥

以下分别对岳家军⑦的军以下各级统兵官进行介绍。

---

① 参见王曾瑜《宋朝军制初探》（增订本）第 5 章“南宋前期至中期军制”，中华书局 2011 年版，第 170 页。

② 《鄂国金佗稡编校注》卷 5《鄂王行实编年》，第 139 页。

③ ［宋］曾敏行：《独醒杂志》卷 7，第 64 页。

④ 《鄂国金佗续编校注》卷 6《照会添置将分省札》，第 1227 页。

⑤ 《鄂国金佗稡编校注》卷 6《鄂王行实编年》，第 345 页。

⑥ 参见王曾瑜《岳家军的兵力和编制》，《岳飞和南宋前期政治与军事研究》，河南大学出版社 2005 年版。

⑦ 自绍兴十一年岳飞被害，至绍兴三十二年前，岳飞的部下大部分还在鄂州驻扎御前诸军中任职，故将岳家军领导指挥体系统计至绍兴三十二年。

（一）背嵬军

背嵬军为最精锐的亲军。岳珂说："背嵬之士，先臣之亲军也，颍昌、朱仙，皆以是军取胜。"① "背嵬之名，始于西番，飞所用，皆一当百"②，王自中说，岳飞"选能：背嵬所向，一皆当百"③。背嵬军之战士经过优先选拔，"犒赏异常，勇健无比"④，故人称"背嵬军马战无俦"⑤。"背嵬"一词源于西夏，即"始于西番"，岳飞仿效韩世忠的做法，将亲军的军号以背嵬命名。⑥

董先大约是绍兴十一年（公元1141年）"在鄂州宣抚使为背嵬军统制，岳飞死后，召先赴行在，隶步军司为统制"⑦。绍兴十二年（公元1142年），傅选为鄂州驻扎御前背嵬军同统制。⑧

绍兴十年（公元1140年），王刚为湖北、京西路宣抚司背嵬军将官。绍兴十一年，王刚、张应、李璋为鄂州驻扎御前背嵬军将官。⑨

---

① 《鄂国金佗稡编校注》卷22《淮西辨》，第1048页。

② 《鄂国金佗续编校注》卷21章颖编《鄂王传》，第1509页。

③ 《鄂国金佗续编校注》卷30王自中《郢州忠烈行祠记》，第1646页。

④ ［宋］赵彦卫：《云麓漫钞》卷7，第121页。

⑤ ［宋］袁甫：《蒙斋集》卷20《岳忠武祠》（其三），影印文渊阁《四库全书》本，第1175册第565页。

⑥ 按北宋沈括《梦溪笔谈》卷5（台北：商务印书馆，影印文渊阁《四库全书》本，1986年版，第862册）第733页载有"银装背嵬打回回"之诗句。南宋程大昌《演繁露》卷9《背嵬》（台北：商务印书馆，影印文渊阁《四库全书》本，1986年版，第852册）第145页，和《云麓漫钞》卷7第121页对"背嵬"作了不同解释。"背嵬"一词应如《鄂王传》所说，"始于西番"。参见汤开建《有关"铁鹞子"诸问题的考释》，《宋史研究论文集》，1987年年会编刊；杨倩描《从俄藏黑水城文献看宋代的"背嵬"》，《宋史研究论丛》第9辑。

⑦ 《三朝北盟会编》卷216，绍兴十九年十二月，第1557页。

⑧ 《建炎以来系年要录》卷145，绍兴十二年六月戊辰，第3册第29页。

⑨ 《鄂国金佗稡编校注》卷8《鄂王行实编年》、卷16《郾城县北并垣曲等捷奏》，第540、936页；《挥麈录·余话》卷2《王俊首岳侯状》，第244—247页。

（二）前军

建炎四年（公元1130年）十月前，傅庆任通、泰镇抚司前军统制。[①] 绍兴二年（公元1132年），张宪任神武副军前军统制。[②] 绍兴四年（公元1134年），张宪任神武后军前军统制，[③] 直至绍兴十一年（公元1141年）十二月，张宪一直为岳家军前军统制。[④] 绍兴十三年（公元1143年）六月至绍兴二十四（公元1154年）年五月，李道为鄂州驻扎御前前军统制。[⑤]

绍兴五年（公元1135年），王俊军并入岳家军，“位副张宪”，直至绍兴十一年（公元1141年）因诬告之功，“自左武大夫、果州防御使超转正任观察使”。[⑥]

（三）右军

建炎四年（公元1130年），庞荣率部投奔归附岳飞，后任右军统制。[⑦]

（四）中军

绍兴三年（公元1133年），牛皋隶岳飞后，“即辟为唐邓襄郢

---

① 《建炎以来系年要录》卷38，建炎四年十月己亥，第1册第560页。

② 《建炎以来系年要录》卷53，绍兴二年闰四月丙申，第1册第720页；《三朝北盟会编》卷151，绍兴二年五月三日，第1092页。

③ 《建炎以来系年要录》卷77，绍兴四年六月，第2册第86页。

④ 《建炎以来系年要录》卷149，绍兴十三年六月壬申，第3册第81页；《鄂国金佗稡编校注》卷16《复颍昌府奏》《陈州颍昌府捷奏》《小商桥捷奏》《临颍捷奏》，第930、937页。

⑤ 《建炎以来系年要录》卷149，绍兴十三年六月壬申；卷166，绍兴二十四年五月丁巳，第3册第81、329页。

⑥ 《鄂国金佗稡编校注》卷8《鄂王行实编年》、卷24《张宪辨》，第659、710、1065页；《建炎以来系年要录》卷143，绍兴十一年十二月癸巳注，第3册第4—5页。

⑦ 《三朝北盟会编》卷137，建炎四年四月十四日，第1000页；《鄂国金佗续编校注》卷12《照会虏军韩常等犯界省札》，第1296页；《尽忠报国——岳飞新传》附录4“岳飞的部将和幕僚”，第361页。

州安抚使，寻改神武后军中部统领”[①]。绍兴四年（公元 1134 年），神武后军“中部统领牛皋兼湖北制置司中军统制”[②]。绍兴五年（公元 1135 年），牛皋改行营后护军中军统制。绍兴十年至十一年（公元 1140—1141 年）四月，王贵任中军统制。[③]

绍兴十年（公元 1140 年），郝晸任荆湖北路、京西南路宣抚司中军副统制，至绍兴十三年（公元 1143 年）六月时，郝晸任鄂州驻扎御前中军副统制。[④] 此后，李山迁中军副统制。[⑤]

绍兴十年（公元 1140 年），苏坚为荆湖北路、京西南路宣抚司中军统领[⑥]，张应与韩清为荆湖北路、京西南路宣抚司中军将官。[⑦]

（五）左军

绍兴六年（公元 1136 年），牛皋任荆湖北路、京西南路宣抚司左军统制。[⑧] 绍兴十一年（公元 1141 年）至绍兴十七年（公元

---

① 《宋史》卷 368《牛皋传》，第 11465 页。

② 《建炎以来系年要录》卷 77，绍兴四年六月；卷 78，绍兴四年七月丁丑，第 2 册第 86、97 页。

③ 《鄂国金佗稡编校注》卷 16《郑州捷奏》《漫独化捷奏》《复西京奏》，第 932—933 页。

④ 《鄂国金佗稡编校注》卷 16《复西京奏》，第 933 页；《建炎以来系年要录》卷 149，绍兴十三年六月壬申，第 3 册第 81 页；《宋史》卷 28《高宗纪》，第 526 页。

⑤ 《鄂国金佗稡编校注》卷 16《复西京奏》，第 933 页；《建炎以来系年要录》卷 149，绍兴十三年六月壬申，第 3 册第 81 页。

⑥ 《鄂国金佗稡编校注》卷 12《李兴吴琦转官告乞付军前给降奏》，第 867 页；《三朝北盟会编》卷 204，绍兴十年七月六日，第 1470 页。

⑦ 《建炎以来系年要录》卷 137，绍兴十年七月癸卯，第 2 册第 834 页。《三朝北盟会编》卷 204，绍兴十年七月二日；卷 208 引《林泉野记》，第 1469、1498 页。《鄂国金佗稡编校注》16《复西京奏》，第 933 页。

⑧ 《宋史》卷 368《牛皋传》，第 11465 页。

1147年）三月，牛皋为鄂州驻扎御前左军统制。① 绍兴十年、十一年（公元1140、1141年），河南府兵马钤辖李兴兼湖北、京西路宣抚司“左军统制”，其实应是同统制。后引军南归，为鄂州驻扎御前左军同统制，充牛皋副职。② 绍兴十九年（公元1149年）十二月，董先为鄂州驻扎御前左军统制。③ 绍兴二十四年（公元1154年）至三十一年（公元1161年）宋金战争时，郝晸为鄂州驻扎御前左军统制。④ 绍兴三十二年（公元1162年）五月，宋廷免除郝晸襄阳知府之任，令其依旧任鄂州驻扎御前左军统制。⑤

（六）后军

绍兴元年（公元1131年），王经为通、泰镇抚使司后军统制。⑥ 绍兴二年（公元1132年），王经为神武副军后军统制。⑦ 绍兴十三年（公元1143年）六月前，李山为鄂州驻扎御前后军副统制。⑧

（七）游奕军

绍兴十年（公元1140年），姚政为荆湖北路、京西南路宣抚

---

① 《建炎以来系年要录》卷156，绍兴十七年三月丁卯，第3册第181页；《宋史》卷368《牛皋传》，第11465—11466页。

② 《鄂国金佗稡编校注》卷12《乞号令归一奏》，第870页；《宋史》卷29《高宗纪》，第546页；《建炎以来系年要录》卷140，绍兴十一年六月甲申，第2册第879页；《三朝北盟会编》卷206，绍兴十一年六月十七日，第1485页。

③ 《三朝北盟会编》卷216，绍兴十九年十二月，第1557页。

④ 《建炎以来系年要录》卷192，绍兴三十一年九月庚辰，第3册第743页；《三朝北盟会编》卷229引《中兴遗史》，卷231、卷234、卷246，第1649、1663、1684、1768页。

⑤ 《建炎以来系年要录》卷199，绍兴三十二年四月乙未，第3册第863页。

⑥ 参见《尽忠报国——岳飞新传》附录4“岳飞的部将和幕僚”及注5，第361页。

⑦ 《建炎以来系年要录》卷53，绍兴二年闰四月丙申，第1册第720页。

⑧ 《建炎以来系年要录》卷149，绍兴十三年六月壬申，第3册第81页。

使司游奕军统制。① 绍兴十一年（公元 1141 年），姚政为鄂州驻扎御前游奕军统制。② 武赳亦为游奕军统制，估计是同统制或副统制。③

（八）踏白军

绍兴四年（公元 1134 年）五月时，牛皋为“唐、邓、襄、郢安抚副使，兼统踏白军”，随后改为神武后军中部统领，兼制置司中军统制。④ 绍兴十年（公元 1140 年），董先为湖北、京西路宣抚使司踏白军统制。⑤ 绍兴五年（公元 1135 年），焦元一军并入荆、襄制置司后，一直在岳家军。绍兴三十二年（公元 1162 年），焦元为鄂州御前驻扎踏白军统制。⑥

（九）选锋军

绍兴三年（公元 1133 年），李道为神武后军选锋军统制。⑦ 绍兴四年（公元 1134 年），董先为湖北制置使司选锋军统制，但

---

① 《鄂国金佗稡编校注》卷 16《陈州颍昌府捷奏》，第 931 页。

② 《建炎以来系年要录》卷 143，绍兴十一年十二月癸巳注，第 3 册第 5 页。

③ 《建炎以来系年要录》卷 139，绍兴十一年二月辛未；卷 140，绍兴十一年五月戊申，第 2 册第 860、875 页。两条记载都说武赳时为游奕军统制，按当时姚政仍是游奕军统制，《挥麈录・馀话》卷 2 王俊诬告状中，转述姚政称“我游奕一军”，武赳疑是同统制或副统制，第 246 页。

④ 《三朝北盟会编》卷 159，绍兴四年五月五日，第 1151 页。

⑤ 《鄂国金佗稡编校注》卷 16《陈州颍昌府捷奏》《王贵颍昌捷奏》，第 931、939 页。

⑥ 《建炎以来系年要录》卷 196，绍兴三十二年正月壬午；卷 197，绍兴三十二年二月丙辰，第 3 册第 815、829 页。《三朝北盟会编》卷 204、卷 249，第 1470、1786、1788 页。《中兴小纪》卷 40，绍兴三十二年二月己未，第 488 页。《宋会要辑稿》兵 18 之 44，第 8999 页。

⑦ 《鄂国金佗稡编校注》卷 10《奏审李道牛皋军奏》，《鄂国金佗续编校注》卷 29 赵鼎《乞支钱粮赡给李横军兵》，第 840、1630—1631 页；《建炎以来系年要录》卷 71，绍兴三年十二月甲午，第 2 册第 22—23 页；《宋史》卷 465《李道传》，第 13593 页。

此记载未必可信。[1] 绍兴十年（公元 1140 年），胡清为荆湖北路、京西南路宣抚使司选锋军副统制。[2] 绍兴十三年（公元 1143 年）六月前，李道为鄂州驻扎御前选锋军统制，此后，郝晸由中军副统制权选锋军统制。[3] 绍兴十八年（公元 1148 年）闰八月前，梁兴为鄂州驻扎御前选锋军同副统制。[4] 绍兴二十六年（公元 1156 年）八月，鄂州驻扎御前选锋军统制董先，“以病乞离军，罢为江南西路马步军副总管”[5]。

（十）胜捷军

绍兴十年（公元 1140 年），赵秉渊为湖北、京西路宣抚司胜捷军统制。[6]

绍兴十三年（公元 1143 年）正月前，杨浩为鄂州驻扎御前胜捷军副将。[7]

（十一）破敌军

绍兴十九年（公元 1149 年）七月，鄂州驻扎御前破敌军统制李山离军赋闲。[8]

（十二）水军

绍兴五年（公元 1135 年），王缺子，“为故杨么贼中殿帅”，

---

① 《建炎以来系年要录》卷 77，绍兴四年六月，第 2 册第 86 页；《三朝北盟会编》卷 159，第 1151 页。

② 《鄂国金佗稡编校注》卷 16《王贵颍昌捷奏》，第 939 页。

③ 《建炎以来系年要录》卷 149，绍兴十三年六月壬申，第 3 册第 81 页。

④ 《建炎以来系年要录》卷 158，绍兴十八年闰八月庚申，第 3 册第 211 页。

⑤ 《建炎以来系年要录》卷 174，绍兴二十六年八月庚辰，第 3 册第 449 页；《三朝北盟会编》卷 155，绍兴三年十一月二十二日，第 1126 页。

⑥ 《建炎以来系年要录》卷 136，绍兴十年六月丙申，第 2 册第 831 页；《鄂国金佗稡编校注》卷 18《差赵秉渊知淮宁府申省状》，第 963 页；《三朝北盟会编》卷 204，绍兴十年闰六月二十四日，第 1468 页。

⑦ 《建炎以来系年要录》卷 148，绍兴十三年正月丁未，第 3 册 65 页。

⑧ 《建炎以来系年要录》卷 160，绍兴十九年七月甲辰，第 3 册第 232 页。

岳飞用为水军统制。[①] 绍兴三十一年（公元 1161 年），鄂州驻扎御前水军统制杨钦，“以舟师追金人至洪泽镇，败之”[②]。

（十三）其他将领

统制。如绍兴三年（公元 1133 年），徐庆为统领，后为统制。[③] 傅选、李山为江南西路，舒、蕲州制置司统制。[④] 绍兴四年（公元 1134 年），王万任统制。[⑤] 绍兴五年（公元 1135 年），李道、崔邦弼为荆、襄制置司统制。[⑥] 绍兴六年（公元 1136 年），李山[⑦]、寇成为湖北、京西路宣抚使司统制。[⑧] 绍兴十年（公元 1140 年），寇成、李山为湖北、京西路宣抚使司统制，[⑨] 孟邦杰为湖北、京西路宣抚司忠义军马统制，[⑩] 乔握坚亦为忠义统制，赵俊为卫州忠义统制。[⑪] 绍兴十二年（公元 1142 年），郭青、傅选

① 《浪语集》卷 33《先大夫行状》，影印文渊阁《四库全书》本，第 1159 册第 540 页。

② 《建炎以来系年要录》卷 195，绍兴三十一年十二月癸丑，第 3 册第 807 页；《三朝北盟会编》卷 247，第 1776 页；《朱熹集》卷 97 刘珙行状，第 4954 页；《宋史》卷 32《高宗纪》，第 607 页。

③ 《鄂国金佗稡编校注》卷 19《庐州捷报申省状》，《鄂国金佗续编校注》卷 5《收捕虔吉州盗贼王贵以下推恩省札》，第 973、1208 页。

④ 《建炎以来系年要录》卷 68，绍兴三年九月丙寅，第 2 册第 883 页。

⑤ 《中兴小纪》卷 16，第 208 页。

⑥ 《建炎以来系年要录》卷 85，绍兴五年二月癸巳，第 2 册第 193 页。

⑦ 《李纲全集》卷 85《乞差兵将讨捕虔吉盗贼及存留李山弹压奏状》，第 854、855 页。

⑧ 《鄂国金佗续编校注》卷 7《伪五大王至蔡州令审料敌情省札》，第 1243 页。

⑨ 《建炎以来系年要录》卷 137，绍兴十年七月庚申，第 2 册第 837 页；《鄂国金佗稡编校注》卷 16《临颍捷奏》，第 940 页。

⑩ 《鄂国金佗稡编校注》卷 16《复南城军捷奏》，《鄂国金佗续编校注》卷 28《吴拯编鄂王事》，第 935、1610 页；《三朝北盟会编》卷 207 引《岳侯传》、卷 208 引《林泉野记》，第 1494、1498 页。

⑪ 《鄂国金佗稡编校注》卷 12《乞乘机进兵札子》，第 867 页。

为鄂州驻扎御前诸军统制，[①] 赵云为同副统制。[②]

统领。绍兴十年（公元 1140 年），梁兴、董荣、赵云、李进、牛显、张峪为湖北、京西路宣抚司忠义军马统领。[③] 李宝、孙彦[④]、孙显[⑤]亦为湖北、京西路宣抚司统领。

将官。绍兴二年（公元 1132 年），韩顺夫为神武副军第五将正将。[⑥] 绍兴三年（公元 1133 年），杨再兴为副将。[⑦] 绍兴六年（公元 1136 年），杨再兴为湖北、京西路宣抚使司第四副将。[⑧] 绍兴六年（公元 1133 年），贾彦为湖北、京西路宣抚使司准备将。[⑨]

绍兴六年（公元 1133 年），王莹和秦祐为湖北、京西路宣抚使司将官。[⑩] 绍兴十年（公元 1140 年），杨遇为湖北、京西路宣

---

① 《建炎以来系年要录》卷 144，绍兴十二年三月丁未，第 3 册第 17 页；《三朝北盟会编》卷 208，绍兴十二年三月一日，第 1500 页。

② 《宋会要辑稿》仪制 10 之 33，第 2020 页；《建炎以来系年要录》卷 82，绍兴四年十一月丙寅，第 2 册第 151 页。

③ 《鄂国金佗稡编校注》卷 16《郾城县北并垣曲等捷奏》《河北颍昌诸捷奏》，第 936、938 页。

④ 《三朝北盟会编》卷 207 引《岳侯传》、卷 208 引《林泉野记》；《鄂国金佗稡编校注》卷 16《鹘旋郎君捷报申省状》，《鄂国金佗续编校注》卷 28 吴拯编《鄂王事》，第 976、1609 页。

⑤ 《建炎以来系年要录》卷 136，绍兴十年六月丙寅，第 2 册第 825 页；《三朝北盟会编》卷 202，绍兴十年六月二十三日，第 1456 页。

⑥ 《建炎以来系年要录》卷 53，绍兴二年闰四月丙申，第 1 册第 720 页；《三朝北盟会编》卷 151，绍兴二年五月三日，第 1092 页；《宋史》卷 368《杨再兴传》，第 11463 页。

⑦ 《建炎以来系年要录》卷 68，绍兴三年九月甲戌，第 1 册第 889 页。

⑧ 《鄂国金佗稡编校注》卷 16《复西京长水县捷奏》，第 928 页；《建炎以来系年要录》卷 104，绍兴六年八月戊申，第 2 册第 431 页。

⑨ 《李纲全集》卷 92《乞遣兵策应岳飞奏状》，第 900 页。

⑩ 《李纲全集》卷 92《乞降旨岳飞遵依圣旨差兵屯戍江州奏状》《乞遣兵策应岳飞奏状》，第 898、900 页。

抚使司忠义军马统制孟邦杰将官①，杨成为将官，刘政为准备将②，杨再兴应亦是将官③。

因限于史料，只能列出董先、傅选、傅庆、张宪、徐庆、李道、王俊、庞荣、牛皋、王贵、王万、郝晸、李山、李兴、王经、姚政、胡清、梁兴、赵秉渊、王缺子、杨钦、寇成、崔邦弼、孟邦杰、乔握坚、赵俊、郭青、赵云二十八名统制、同统制、副统制，有苏坚、董荣、李进、牛显、张峪、李宝、孙彦、孙显八名统领，正将、副将、准备将等十七人，④ 共计五十三名。绍兴六年（公元 1136 年），岳飞军“初置总领钱粮”，宋廷令“户部郎官霍蠡为之”，霍蠡到任后，申报岳家军支出费用时，说岳家军“统制、统领、将官、使臣三百五十余员”。⑤ 绍兴九年（公元 1139 年）时，宋廷统计岳家军“统制官二十二，统领五，正、副准备将二百五十二”⑥，即岳家军的各级领导指挥人员有二百七十九名，那么自建炎三年（公元 1129 年）岳飞独自成军，至绍兴三十二年（公元 1162 年）的三十四年间，岳家军（包括鄂州御前驻扎诸军）各级领导指挥体系应有相当数量的人员。以上统计的五十三名，还不到绍兴九年（公元 1139 年）二百七十九名军、将两级统兵官的百分之十九。

① 《鄂国金佗稡编校注》卷 8《鄂王行实编年》、卷 16《复南城军捷奏》《鄂国金佗续编校注》卷 28 吴拯编《鄂王事》，第 509、935、1610 页；《宋史》卷 368《牛皋传》，第 11466 页。

② 《鄂国金佗稡编校注》卷 8《鄂王行实编年》，卷 16《郑州捷奏》《漫独化捷奏》，第 509、932 页。《郑州捷奏》“遣将杨成”，可能脱漏“官”或“正”字，作“将官”或“正将”。

③ 参见《鄂国金佗稡编校注》卷 8《鄂王行实编年》，第 548 页考证。

④ 参见《鄂国金佗稡编校注》卷 11《收复唐邓信阳差官奏》，第 849 页。

⑤ 《中兴小纪》卷 20，绍兴六年九月己卯。

⑥ 《建炎以来系年要录》卷 126，绍兴九年二月己巳，第 2 册第 719 页。

虽然统计资料有限，然而从金人“撼山易，撼岳家军难”的感叹中，依然能体会到岳家军的各级指挥官所发挥的巨大作用。在岳飞的领导下，正是他们的得力谋划与指挥，最大限度地发挥了岳家军的战斗力，在战场上有效地打击敌人，夺取了一次又一次战斗的胜利。

第三章　岳家军的装备与后勤供应

现代军事学认为，“军事装备是军队配备或使用的与战争有关的所有物资器材，可以理解为除了人之外的战斗力构成因素的全体”①。按此原则，笔者考察了岳家军的兵器与其他军事装备情况，以及后勤供应。

第一节　岳家军的装备

一、岳家军的兵器

兵器，是用于直接杀伤、削弱敌方战斗力的军事装备。《武经总要》说：“工欲善其事，必先利其器。盖士卒犹工也，兵器犹器也，器利而工善，兵精而事强，势则然矣。故曰：‘兵不精利，与空手同；甲不坚密，与袒裼同；弩不及远，与短兵同；射不能中，

① 参见郭齐胜、袁益民、郅志刚《军事装备效能及其评估方法研究》，《装甲兵工程学院学报》2004 年第 1 期。现代军事学所说的军事装备包括轻武器、火炮、军事工程装备、军用舰船、军事训练设备、后勤装备等 14 类。

与无矢同；中不能入，与无镞同；斗而不勇，与无守同。’其法五不当一，然则五兵者，三军所以恃而为勇也，可不谨乎！”① 此段说明制作精良的兵器装备在战场上的重要性，也是军队取胜的重要保障。

（一）岳飞的兵器

岳飞的一生，可谓战斗的一生。无论是平定南宋内部的“游寇”和“土寇”，还是与悍勇的女真骑兵厮杀，岳飞率领岳家军所取得的一次又一次的胜利，都离不开手中所持兵器。身先士卒，驰骋在战场上奋勇杀敌的岳飞都使用哪些兵器呢？

1. 枪

清人钱彩在《说岳全传》第四回《麒麟村小英雄结义　沥泉洞老蛇怪献枪》中，说周侗携岳飞四人到沥泉山春游，岳飞听闻僧人说山后的沥泉洞中“常常喷出烟雾，人若触着他，便昏迷不醒”的怪事，便偷偷去探。

> 只见半山中果有一缕流泉，旁边一块大石上边，镌着“沥泉奇品”四个大字，却是苏东坡的笔迹。那泉上一个石洞，洞中却伸出一个斗大的蛇头，眼光四射，口中流出涎来，点点滴滴，滴在水内。岳飞想道：“这个孽畜，口内之物，有何好处？滴在水中，如何用得？待我打死他！”便放下茶碗，捧起一块大石头，觑得亲切，望那蛇头上打去。不打时犹可，这一打，不偏不歪，恰恰打在蛇头上。只听得呼的一声响，一霎时，星雾迷漫，那蛇铜铃一般的眼露出金光，张开血盆般大口，望着岳飞扑面撞来。岳飞连忙把身子一侧，让过蛇头，趁着势将蛇尾一拖。一声响亮，定睛再看时，手中拿的

① ［宋］曾公亮：《武经总要》前集卷13《器图》，第657页。

那里是蛇尾，却是一条丈八长的蘸金枪，枪杆上有“沥泉神矛”四个字。回头看那泉水已干涸了，并无一滴。

按《说岳全传》的故事，自此之后，沥泉枪陪伴岳飞奋战、厮杀。岳飞“坐下白龙马，手执沥泉枪”，便成了人们印象中的标准岳飞形象。其实，宋代当然还没有“沥泉枪”的传说，岳飞“手执沥泉枪”只是钱彩的文学虚构与艺术加工。在历史上，岳飞善用枪，确是事实。北宋徽宗宣和四年（公元 1122 年）时，岳飞曾受教于名枪手陈广，因刻苦练习，故其枪法“一县无敌”①。建炎元年（公元 1127 年），岳飞单骑刺杀金将黑风大王时，所用兵器即为“丈八铁枪”②。宋高宗亦知岳飞枪法高超，建炎四年（公元 1130 年）六月岳飞“献俘行在所”，特赐其镀金枪。③ 岳飞教育和训练军士，以枪为例，说：“战阵既交，手执得枪住，口有唾得咽，则已是勇也。”④

2. 弓弩

岳飞最擅长使用弓弩。“生而有神力”的岳飞，“未冠，能引弓三百斤，腰弩八石。尝学射于乡豪周同”，“引弓一发，破其筈，再发又中”。⑤ 同宋时武士挽弓的极限斗力记录相比，岳飞的“挽弓能力已至登峰造极的境地”⑥。他在战斗中经常使用弓箭。宣和

① 《鄂国金佗续编校注》卷 28 孙逌编《鄂王事》，第 1599 页。

② 《鄂国金佗稡编校注》卷 4《鄂王行实编年》，第 79 页。［明］唐顺之《武编》后集卷 1《绝技》（台北：商务印书馆，影印文渊阁《四库全书》本，1986 年版）第 727 册第 537 页载：“王敬荛魁杰沈勇，多力善战，所用枪矢皆以纯铁煅就。枪重三十余斤，摧锋破阵率以此胜。”

③ 《鄂国金佗稡编校注》卷 5《鄂王行实编年》，第 111 页。

④ 《鄂国金佗续编校注》卷 27 黄元振编《岳飞事迹》，第 1589 页。

⑤ 《鄂国金佗稡编校注》卷 4《鄂王行实编年》，第 58 页。

⑥ 《尽忠报国——岳飞新传》第 1 章“佃农投军”，第 3 页。

六年（公元1124年），岳飞在韩肖胄府中做佃客时，张超率数百名盗匪包围了韩府，岳飞“乘垣，引弓一发，贯吭而踣。贼众奔溃，墅赖以全”①。建炎元年（公元1127年）正月，“战于开德，以两矢殪金人执旗者二人”②。建炎二年（公元1128年）八月，岳飞从主管侍卫司步军司公事闾勍与金军大战于汜水关，“虏有骑将往来驰突”，岳飞“跃马左射，应弦而毙”。③ 建炎三年（公元1129年）正月，岳飞与王善、曹成、张用、董彦政等军在开封南薰门外交战时，“左挟弓矢，右运铁矛，帅数骑横冲之”④。绍兴元年（公元1131年）三月，岳飞率军与李成部将马进作战时，“以一矢殪其先锋之将，麾骑突前，进军望风皆曳兵，又大败”⑤。绍兴三年（公元1133年），宋高宗因岳飞平寇之功，赏赐给岳飞的器物中，即有“弓箭各一副”⑥。

3. 刀

靖康元年（公元1126年），岳飞从刘浩解东京围，在滑州南黄河冰上与金军发生遭遇战。岳飞“驰迎敌。有枭将舞刀而前”，岳飞“以刀承之，刃入寸余，复拔刀击之，斩其首”。⑦ 建炎三年（公元1129年）初，岳飞在开封城南与张用、王善等军战，“贼魁出斗”，他“驰骑独往，奋大刀劈之，自顶至腰分为两，数万众不战而溃”。⑧

---

① 《鄂国金佗稡编校注》卷4《鄂王行实编年》，第62页。
② 《鄂国金佗稡编校注》卷4《鄂王行实编年》，第71页。
③ 《鄂国金佗稡编校注》卷4《鄂王行实编年》，第85页。
④ 《鄂国金佗稡编校注》卷4《鄂王行实编年》，第87页。
⑤ 《鄂国金佗稡编校注》卷5《鄂王行实编年》，第156页。
⑥ 《鄂国金佗稡编校注》卷5《鄂王行实编年》，第227页。
⑦ 《鄂国金佗稡编校注》卷4《鄂王行实编年》，第69页。
⑧ 《鄂国金佗续编校注》卷27黄元振编《岳飞事迹》，第1589页。

4. 四刃铁简

建炎元年（公元 1127 年），岳飞与金军战于曹州时，“挥四刃铁简，直犯虏阵”[①]。宋高宗也知岳飞善于使用铁简，绍兴六年（公元 1136 年）十二月“大雪苦寒”之际，遣赐的器物中，即有“铁简一对”。[②]

由此可见，岳飞决不像《说岳全传》虚构得那样，基本上是使用单一兵器——沥泉枪，而是能在实战中使用多种兵器。他擅长的兵器，如弓弩、枪、刀、简（锏）等，都是宋代军事技术条件下的常用兵器。宋时不乏善用枪者，如靖康初大名府王明号王铁枪，[③] 南宋李全“能运铁枪，时号李铁枪”[④] 等。铁简，也是宋军常用的兵器之一，[⑤] 铁鞭“作四棱者，谓之铁简，言方棱似简，形皆鞭类”[⑥]。狄青麾下勇将张玉，军中号“张铁简”；[⑦] 北宋战死

---

① 《鄂国金佗稡编校注》卷 4《鄂王行实编年》，第 71 页。

② 《鄂国金佗稡编校注》卷 1 高宗手诏、卷 7《鄂王行实编年》，第 13、413 页。

③ 《三朝北盟会编》卷 118，据文渊阁《四库全书》本第 351 册第 131 页补。

④ 《三朝北盟会编》卷 247，第 1787 页；［宋］不著撰人：《两朝纲目备要》卷 15，嘉定十一年春正月壬午，台北：文海出版社，1967 年版，第 1004 页；［宋］宇文懋昭：《大金国志校证》卷 25，兴定二年正月，第 346 页；［宋］周密：《齐东野语》卷 9《李全》，第 157 页；《宋史》卷 476《李全传》，第 13817 页；《金史》卷 87《仆散忠义传》，第 1935 页。

⑤ 《续资治通鉴长编》卷 128，康定元年八月癸巳；卷 132，庆历元年七月丙寅，第 3033、3153 页。

⑥ ［宋］曾公亮：《武经总要》前集卷 13《器图》，第 683—684 页。

⑦ 《宋史》卷 290《张玉传》，第 9721 页。

于好水川之役的桑怿与任福，皆善用铁简。①

论及岳飞的兵器，就不能不涉及其子岳云的兵器。钱彩在《说岳全传》第四十回《杀番兵岳云保家属赠赤兔关铃结义兄》中，说岳飞长子岳云使用一对八十二斤的银锤。受此影响，如戏曲中岳云的形象就是使用双锤，《说岳全传》有八锤大闹朱仙镇，京剧中有《八大锤》的戏。甚至如王曾瑜先生批判的，署名为“白寿彝总顾问，戴逸、龚书铎主编，中国史学会编”的，并“荣获第十二届中国图书奖”，由海燕出版社出版的彩图版《中国通史》，第94—97页的岳飞事迹，“大闹朱仙镇”竟全抄《说岳全传》的虚构故事，并将“八大锤”作画。其实，岳云使用的兵器，并非钱彩小说中虚构的“银锤”。岳飞孙岳珂在所著《金佗稡编》卷9《遗事》中，说岳云“手握两铁鎚，重八十斤”②，实际上是在岳飞的影响和训练下，擅长使用双铁锥枪。宋时“鎚”和“锥”两字通用，而后世却按后来的词义，将岳珂所说的“两铁鎚”之“鎚”误解为“锤”。③ 绍兴三年（公元1133年）九月，宋高宗赏赐岳飞银缠枪时，亦赐岳云。④ 岳云使用的铁枪，后来

---

① 《续资治通鉴长编》卷105，天圣五年十月戊寅；卷131，庆历元年二月丙戌，第2451、3101页。[宋] 欧阳修撰，李逸安点校：《欧阳修全集》卷65《桑怿传》，中华书局2001年版，第971页。[宋] 司马光撰，邓广铭、张希清点校：《涑水记闻》卷12《任福》，中华书局1989年版，第227页。[宋] 曾巩撰，王瑞来校点：《隆平集校证》卷19《桑怿传》，中华书局2012年版，第566页。[宋] 王称撰，孙言诚、崔国光点校：《东都事略》（《二十五别史》）卷110《任福传》《桑怿传》，齐鲁书社2000年版，第947、949页。《宋史》卷325《任福传》《桑怿传》，第10507、10510页。

② 第805页。

③ 参见王曾瑜《岳云兵器小考》，《岳飞和南宋前期政治与军事研究》，河南大学出版社2005年版。

④ 《鄂国金佗稡编校注》卷5《鄂王行实编年》，第217页；《宋会要辑稿》礼62之56—57，第2145页。

保存在杭州的褒忠衍福寺。[1]

（二）岳家军常用兵器

岳家军的作战对象是金朝女真重甲骑兵，当时能对付女真重甲骑兵的适用兵器，不外乎是远程射击的强弓劲弩和近战短兵器。

1. 弓、弩

宋人称："军器三十有六，而弓为称首；武艺一十有八，而弓为第一。"[2] 此处的"三十有六"和"一十有八"，应是虚数。

宋代弓弩种类很多，如弩即有"卫阵无敌流星弩"、神臂弓、马蝗弩、床子弩等。[3] 熙宁元年（公元1068年）开始装备宋军的神臂弓，为弩类中最为著名者。神臂弓"以　为身，檀为弰，铁为蹬子枪头，铜为马面牙发，麻绳扎丝为弦。弓之身三尺有二寸，弦长二尺有五寸，箭木羽长数寸，射三百四十余步，入榆木半笴"[4]。神臂弓最早装备驻守西北边境的宋军，到宋哲宗时，"江、湖、淮、浙六路"也开始制造、装备神臂弓，成为宋军恃以克敌制胜的利器。[5] 绍兴四年（公元1134年），金军进攻南宋仙人关时，南宋守将杨政"卒以神臂弓射之"[6]。南宋初年，韩世忠军制成了克敌弓，"以当敌骑冲突，其发可至百步，其劲可穿重甲，最

---

① ［宋］周密：《武林旧事》卷5《湖山胜概》，中华书局2007年版，第146页；［宋］施谔撰，［清］胡敬辑：《淳祐临安志辑逸》卷3，《宋元地方志丛书续编》，台北：大化书局1990年版；［明］田汝成撰，陈志明校：《西湖游览志》，东方出版社2012年版。

② ［宋］华岳著，马君骅点校：《翠微南征录北征录合集·北征录》卷7《弓制》，黄山书社2014年版。

③ 《宋史》卷197《兵志》，第4912、4913、4922页；《文献通考》卷161《兵器》，第4825页。

④ 《宋史》卷197《兵志》，第4913页。

⑤ 《宋史》卷197《兵志》，第4917页。

⑥ 《宋史》卷367《杨政传》，第11443页。

为利器”[①]。克敌弓不失为对付女真骑兵的利器。绍兴十一年（公元1141年），南宋开始成批制造克敌弓。弓、弩威力的发挥，离不开弓箭、弩箭。为增加箭的射杀力，北宋仁宗皇祐元年（公元1049年）开始制造“大风翎弩箭”[②]，装备宋军。宋神宗熙宁七年（公元1074年），“始造箭曰狼牙，曰鸭觜，曰出尖四楞，曰一插刃凿子，凡四种推行之”[③]。

宋军不论步兵，还是骑兵，弓、弩皆是必备兵器。如北宋王超、丁罕等与李继迁作战时，“马上用弩，遇贼则万弩齐发，贼不能措手足而遁”，“或遇贼于平原广野之间，则马上用弩攒射，可以一发而尽殪”。[④] 绍兴元年（公元1131年），完颜宗弼率领金军十余万人进攻和尚原时，“吴玠命诸将选劲弓强弩，分番迭射，号‘驻矢队’，连发不绝，繁如雨注”[⑤]，抗击金军。绍兴十年（公元1140年），刘锜率军与金军作战时，就“以破敌弓射中敌将”[⑥]。岳飞“能左右射”，“及为将，亦以教士卒，由是军中皆善左右射”。[⑦] 一次，岳飞令诸统制射远箭，皆能射一百五十步，猛将傅庆更是“三筹皆及一百七十步”[⑧]。绍兴十年（公元1140年），郾城之战时，岳飞“自以四十骑驰出”，“乃突战贼阵前，左右驰射，

---

① 《宋史》卷29《高宗纪》、卷197《兵志》、卷364《韩世忠传》，第549、4923、11368页。

② 《宋史》卷197《兵志》，第4912页。

③ 《宋史》卷197《兵志》，第4915页。

④ 《宋史》卷190《兵志》，第4721页。

⑤ 《宋史》卷366《吴玠传》，第11410页。

⑥ ［宋］曾敏行：《独醒杂志》卷7，第64页。

⑦ 《鄂国金佗稡编校注》卷4《鄂王行实编年》、卷22刘光祖编《襄阳石刻事迹》，第58、1533页。

⑧ 《三朝北盟会编》卷143，第1040页。

士气增倍，无不一当百，呼声动地，一鼓败之”。[①] 岳飞深知强弓硬弩在对金作战中的重要性，因“速欲用”，曾“命宅库，除宣赐金器存留外，余物尽出货，以付军匠，造弓二千张”，[②] 以私财补助军用。

2. 枪

长枪既可用于守城战，又可用于进攻战。唐时枪已区别为不同用途。[③] 北宋时，枪被大量制造，在卫尉寺专设军器弓枪库，收藏弓、枪，以备“军国之用”[④]。天圣四年（公元 1026 年），“诏作坊造铁枪一万五千，给秦、渭、环庆、延州、镇戎军”[⑤]。景祐四年（公元 1037 年），“诏作坊制栓子枪、柧枪各五万”[⑥]。绍兴四年（公元 1134 年）仙人关之战，在金军“锐卒万余，一发乘城”的紧急关头，川、陕宣抚处置副使吴玠当机立断，令杨政率步兵“长枪、陌刀手深入刺打，隔断”[⑦]，击退金军。岳飞善用枪，故能“教荆、襄之兵，有稽枪射”，岳家军的骑兵还使用“马枪”。[⑧] 绍兴四年（公元 1134 年）五月，岳家军复襄阳之战中，李成“左列骑兵于江岸，右列步卒于平地”，岳飞令王贵“以长枪步卒，由成之右击骑兵”，配合牛皋骑兵协同击败李成军。[⑨]

---

① 《鄂国金佗稡编校注》卷 8《鄂王行实编年》，第 541 页。

② 《鄂国金佗续编校注》卷 27 黄元振编《岳飞事迹》，第 1588 页。

③ ［唐］张九龄等撰，李林甫等补，陈仲夫点校：《唐六典》，中华书局 1992 年版，卷 16《卫尉寺》载，枪“丈八尺，曰矟。马上所执，盖今之漆枪。短，骑兵用之。木枪长，步兵用之”。

④ 《宋史》卷 164《职官志》，第 3892 页。

⑤ 《文献通考》卷 161《兵考》，第 4826 页；《宋史》卷 197《兵志》，第 4911 页。

⑥ 《宋史》卷 197《兵志》，第 4911 页。

⑦ 《三朝北盟会编》卷 196 引《吴武安公功绩记》，第 1414 页。

⑧ ［宋］华岳：《翠微南征录北征录合集·北征录》卷 8《马枪制》。

⑨ 《鄂国金佗稡编校注》卷 6《鄂王行实编年》，第 246 页。

绍兴六年（公元 1136 年）十二月十九日，宋高宗说，岳飞“军中见用长枪，似未尽善。此物须是铦利劲决，即用之借助人力”，“降枪样”给岳飞，令军中依此制造长枪。① 枪对于对付女真骑兵同样有用，可见后面叙述刀斧时关于顺昌之战的记事。

3. 刀、斧

［宋］曾公亮：《武经总要》前集卷 2《制度》引唐朝兵法，唐军以五十人为一队，其配备武器包括步兵“枪一十五根，通旗在内，弩五具，弓矢十具，棒六具，陌刀五具，拍把四具，牌五具。凡骑队，队五十人，执仪如步队，器仗则枪、矟、弓箭，自备不须”②。其中提及陌刀。

唐朝陌刀是步兵所持武器，“刀长一丈，施两刃”③，“一举刀可杀数人”④。至德二年（757 年）九月，郭子仪率领各路唐军进攻长安时，遭到拥有“精骑”的安禄山将李归仁猛攻，唐军大乱。

---

① 《鄂国金佗稡编校注》卷 1 高宗手诏，第 13 页。

② ［宋］曾公亮：《武经总要》前集卷 2《日阅法》，第 56、64、68、71、72 页。《宋史》卷 191《兵志》，第 4745、4749、4750 页。“枪一十五根，通旗在内”，说明枪、旗共计一十五根，其中就包括枪旗。《宋史》卷 147《仪卫志》，第 3441 页载：“平列旗二十，在仗外分夹旗枪。”［宋］李心传：《建炎以来朝野杂记》乙集卷 4《乾道淳熙五大阅》，第 574 页载“护卫圣驾马军八百骑执枪旗、弓矢、军器分前后”；第 575 页载“马军上马，步军举旗枪”。［明］唐顺之纂辑：《武编》前集卷 5《牌》，影印文渊阁《四库全书》本，第 727 册第 407 页载，陆战“以十人为一队，每队以一人为队长，就将原熟竿子枪上缚一号旗，以便摆阵用”。可见枪旗与旗枪应为一物。

③ 《唐六典》卷 16《卫尉寺》。［后晋］刘昫：《旧唐书》卷 56《阚稜传》、卷 56 考证，中华书局点校本 1975 年版，第 2270 页。［宋］欧阳修、宋祁等：《新唐书》卷 92《阚稜传》，中华书局点校本 1975 年版，第 3801 页。［后晋］刘昫：《旧唐书》卷 172《令狐楚传》，第 4463 页载“宰相武元衡被害，宪宗出内库弓、箭、陌刀赐左右街使，俟宰相入朝以为翼从”；同见《资治通鉴》卷 245，太和九年十二月丁亥，第 7922 页。

④ ［宋］司马光：《资治通鉴》卷 202，永隆元年三月，第 6394 页。《续资治通鉴长编》卷 233，熙宁五年五月庚辰朔，第 5645 页载：“斩马刀，刃长三尺余，镡长尺余，首为大环”，“制作精巧，便于操击”。

善用陌刀的李嗣业“袒持长刀，大呼出阵前，杀数十人，阵复整。步卒二千以陌刀、长柯斧堵进”，稳住唐军阵脚。①

北宋充分借鉴李嗣业陌刀对付骑兵的经验，“步兵之中，必先择其魁健材力之卒，皆用斩马刀，别以一将统之，如唐李嗣业用陌刀法。遇铁鹞子冲突，或掠我阵脚，或践踏我步人，则用斩马刀以进，是取胜之一奇也”②。

就近战短兵器而论，麻扎刀、提刀和大斧，是岳家军对付金朝女真骑兵的常备武器，③ 非常适用于以步击骑。

完颜兀术（宗弼）曾说：除了神臂弓之外，大斧是金军畏惧的“宋用军器”④。《武经总要》载，大斧“一面刃，长柯。近有开山、静燕、日华、无敌、长柯之名，大抵其形一耳”⑤。北宋神宗元丰五年（公元 1082 年），宋军开始以“劈阵大斧”⑥ 对付西夏骑兵。金女真骑兵重甲，戴厚重的铁兜牟。南宋初的大斧是重兵器，有相当大的砍劈力度。大仪镇之战时，韩世忠“背嵬者人持一长柄巨斧，堵墙而进，上揕其胸，下捎其马足，百遇百克，人马俱毙”⑦。顺昌之战时，“官军以枪标去其兜牟，大斧断其臂，碎其首”⑧。看来女真骑兵的铁兜牟过于厚重，即使直接使用大斧砍劈，也未必致命，须先“以枪标去其兜牟”，再用大斧。柘皋之

---

① ［宋］欧阳修、宋祁：《新唐书》卷 138《李嗣业传》，第 4617 页。关于唐朝陌刀，参见李锦绣《唐朝制度史略论稿》第三部“二、陌刀与大唐帝国的军事”，中国政法大学出版社 1998 年版。

② 《宋史》卷 190《兵志》，第 4721 页。

③ 《鄂国金佗稡编校注》卷 16《龙虎等军捷奏》，第 934 页。

④ 《三朝北盟会编》卷 215 引《征蒙记》，第 1551 页。

⑤ 《武经总要》前集卷 13《器图》，第 689 页。

⑥ 《宋史》卷 197《兵志》，第 4916 页。

⑦ 《三朝北盟会编》卷 218 引韩世忠墓志铭，第 1569 页。

⑧ ［宋］章颖：《宋朝南渡十将传》卷 1《刘锜传》，《碧琳琅馆丛书》本。

战时，杨沂中“使万人操长斧，如墙而进”。①

麻扎刀②与大斧配合使用，威力更大。女真骑兵之“长技，惟在于马”，“以长斧斫其足”，麻扎刀“以截其胫”，是“制马良策”。③ 绍兴十年（公元1140年），岳家军与金军骑兵作战时，岳家军步兵“将士各持麻扎刀、提刀、大斧，与贼手拽厮劈”④。绍兴十一年（公元1141年），顺昌府与蔡州金军分兵“来取光州并固始县”，统领田邦直在金军必经的梁安滩预埋伏兵，突袭金军。“遂声鼓步军齐出荻林，更不施放，便令径入其怀，用野猪刀、大斧一发向前剿杀，号令不得斫级争财。其番贼被官兵乘势掩击入淮，向北奔走”⑤。吴泳说，后来到南宋中期，荆襄名将“毕再遇、扈再兴之徒犹能募敢死军，用麻扎刀以截其胫”⑥。这应是继承岳家军重视麻扎刀的军事传统。

宋时的提刀，今已不知形制。当时造“提刀一，费钱三千三百（文）”⑦。降伪齐与金的叛将李成“所用提刀”，“其刀重七斤，李成能左右手轮弄两刀，所向无前”，但他发动叛乱后，其刀被刘光世军缴获。⑧ 既然能“左右手轮弄两刀”，提刀似不可能是

---

① 《宋史》卷367《杨存中传》、卷368《王德传》，第11436—11437、11451页；《三朝北盟会编》卷205引《淮西从军记》，第1479页。

② 据王曾瑜先生推测，麻扎刀“大约是长柄长刃，柄用粗麻结扎，以便双手紧握用力，刀背厚重而刀刃锋利，以便主要用于劈断战马的小腿”（参见《宋朝军制初探》增订本第10章“军事装备和通信”，第365页）。

③ ［宋］吴泳：《鹤林集》卷20《边备札子》，《宋集珍本丛刊》，线装书局2004年版，第74册第469页。

④ 《鄂国金佗稡编校注》卷16《龙虎等军捷奏》，第934页。

⑤ 《鄂国金佗续编校注》卷12《令措置应援光州省札》，第1304页。

⑥ 《鹤林集》卷20《边备札子》，《宋集珍本丛刊》，第74册第469页。

⑦ 《建炎以来系年要录》卷55，绍兴二年六月丁巳，第1册第745页；《建炎以来朝野杂记》甲集卷18《御前军器所》，第434页。

⑧ 《三朝北盟会编》卷118引汪伯彦《时政记》，第866页。

长柄刀，而可能是短柄长刃。后顺昌大战时，刘锜军也夺到金韩常军“大小认旗十面并铁甲、提刀等”。金军方面有汉人降将赵荣，绰号称“赵提刀”①，自然因其善用提刀。可知麻扎刀和提刀所以适用于以步击骑，也是因有相当的重量和砍劈力度。宋宁宗开禧二年（公元 1206 年），湖北、京西宣抚司“打造提刀五千口”②，其实也应是沿用岳家军的传统兵器。

绍兴三年（公元 1133 年），知岳州范寅敷在给湖南安抚使折彦质的制杨么之策中，说：“其胜贼之具，弓矢为上，钩枪次之，手刀又次之。”③ 与弓弩适合远战相比，手刀更适合短兵相接，也是宋军很普遍的兵器。绍兴三年（公元 1133 年）九月，岳飞朝见宋高宗时，后者的赐物中，便有“手刀”一柄。④ 绍熙四年（公元 1193 年）十一月十二日，宋光宗在内教场阅兵时，“将一十三员，各腰悬手刀，带弓箭”，三百六十七名弓箭手、六百五十名枪手与二百五十名牌手“腰悬手刀”，软打草棒刀手和白旗子枪手也配有手刀。⑤

应当指出，岳家军所处的时代，早已有火药兵器问世。金军从辽人那里也学会使用火药兵器，用于攻击宋朝城市。绍兴二年（公元 1132 年），陈规守德安府，“以火炮药造下长竹竿火枪二十

---

① 《三朝北盟会编》卷 201 引《顺昌战胜破贼录》，卷 202 汪若海札子，第 1450、1455 页；《宋朝南渡十将传》卷 1《刘锜传》，《碧琳琅馆丛书》本。对照三处记载，可知赵荣绰号称“赵提刀”。

② 《宋会要辑稿》兵 20 之 6，第 9028 页。

③ 《建炎以来系年要录》卷 66，绍兴三年六月甲午，第 1 册第 856 页；《宋会要辑稿》礼 62 之 57，第 2145 页。

④ 《鄂国金佗稡编校注》卷 5《鄂王行实编年》，第 217 页。

⑤ 《宋会要辑稿》礼 9 之 25—26，第 672 页。

余条”，“皆用两人共持一条”,① “以六十人持火枪自西门出”，焚烧攻城的李横军的天桥。② 岳飞身后二十年，魏胜造炮车，“炮车在阵中，施火、石炮，亦二百步。两阵相近，则阵间发弓、弩箭，炮”③。可知火枪、火炮也用于野战。但岳家军作战，并无使用火药兵器的记录传世。当时如和尚原、仙人关、顺昌等大战，也无使用火药兵器的记录传世。

二、防护装备

岳家军的防护装备与其他宋军并无不同。

（一）铠甲

铠甲是冷兵器时代士兵“护其身”④ 的重要装备，有无铠甲防护，甚至决定战斗胜负。宋人也认识到铠甲在战争中的重要性，据吕颐浩说，宋朝“甲士自来止〔有〕前后掩心，〔而无〕副膊，有皮笠子，而无兜鍪”，“步人戴笠子，不能御箭”。他“尝观太宗皇帝于北京武库”贮存的盔甲，“并无全装”。⑤ “中国之兵，兵器不便利，衣甲不坚密，所以多败”⑥。如绍兴三年（公元 1133 年）京西招抚使李横军被金、伪齐联军击败，虽然“本群盗，虽勇而

---

① ［宋］陈规：《守城录》卷 4，台北：商务印书馆：影印文渊阁《四库全书》本，1986 年版，第 727 册第 202 页。

② 《宋史》卷 377《陈规传》，第 11643 页。

③ 《宋史》卷 368《魏胜传》，第 11461 页；《宋朝南渡十将传》卷 4《魏胜传》，《碧琳琅馆丛书》本。

④ 《续资治通鉴长编》卷 50，咸平四年十一月己卯，第 1086 页。

⑤ 《三朝北盟会编》卷 176，《历代名臣奏议》卷 90，［宋］吕颐浩：《忠穆集》卷 1《上边事备御十策》、卷 2《上边事善后十策》。《三朝北盟会编》卷 176 和《忠穆集》卷 2《上边事善后十策》，原文作“甲士自来止〔有〕前后掩心，副膊，有皮笠子，而无兜鍪”，据《历代名臣奏议》卷 90 和《忠穆集》卷 1《上边事备御十策》，作“有弇心，则无披膊”，可知在“掩心”和“副膊”之间应刊漏“而无”两字。

⑥ 《历代名臣奏议》卷 90 吕颐浩奏，第 1233 页。

无纪律”，但“无甲”也是李横军“皆败”的一个重要因素。① 即便是“湖寇”杨么军，也有“全装铁甲”② 防护。甲有骑兵与步兵之分，“胜被甲”之战马，亦有马甲防护。③

北宋初，南、北作坊即能制造“涂金脊铁甲、素甲、浑铜甲、墨漆皮甲、铁身皮副甲、锁襜兜鍪、金钱朱漆皮马具装、铁钢朱漆皮马具装”④。宋仁宗康定元年（公元1040年），江南、淮南州军开始制造纸甲，当年拨付纸甲三万，装备陕西防城弓手；⑤ 庆历元年（公元1041年），又“打造纯钢甲，旋发赴缘边”⑥。宋神宗元丰七年（公元1084年），制造将官所用皮甲。⑦ 虽然宋人强调“重铠”防护，“军旅之中，一夫被重铠，一夫被单铠，被重铠者，一铠洞则一铠存，而被单铠者，一铠洞则肌肤切矣”⑧。但是一套包括披膊、甲身、腿裙鹘尾、兜鍪等的铠甲，重达四十九斤

① 《建炎以来系年要录》卷63，绍兴三年三月己巳，第1册第828页。

② 《鄂国金佗续编校注》卷26《杨么事迹》，第1574页。

③ 《鄂国金佗续编校注》卷18章颖编《鄂王传》，第1423页；《宋史》卷148《仪卫志》，第3470页载：“甲骑具装，甲，人铠也；具装，马铠也。”

④ 《文献通考》卷161《兵器》，第4825页；《宋史》卷197《兵志》，第4912页。

⑤ 《续资治通鉴长编》卷127，康定元年四月己丑，卷132，庆历元年五月甲戌，第3004、3136页；《建炎以来系年要录》卷30，建炎三年十二月壬午，第1册第449页载建炎三年南宋乡兵与金兵战时即装备“纸甲”；《三朝北盟会编》卷135，第981页。

⑥ 《续资治通鉴长编》卷132，庆历元年五月甲戌，第3137页；《历代名臣奏议》卷325田况奏，第4214页。

⑦ 《宋史》卷197《兵志》，第4917页。

⑧ ［宋］王质：《雪山集》卷3《固本论疏》，《宋集珍本丛刊》，线装书局2004年版，第61册第552页；《历代名臣奏议》卷95王质奏，第1304页。

一十二两，[1] 而宋军中相当一部分士兵“不胜铠甲”[2]。

岳家军士兵有即“带甲人”“轻骑人”与“不带甲者”之分。[3]“带甲人”与“轻骑人”即是战士，而“不带甲者”应是指火头、辎重兵等。[4] 战士平时训练“注城、跳壕等艺”时，“皆被重铠，精熟安习，人望之以为神”，岳云亦不例外。[5] 建炎四年（公元 1130 年），岳飞在泰州整顿当地军伍，精选一百名射技精良者，每人赐甲一副。[6] 绍兴元年（公元 1131 年）与李成军战时，岳飞“被重铠，先诸军跃马以进，潜出贼军之右”[7]。绍兴三年（公元 1133 年），与“虔寇”固石洞之战时，岳飞“列马军于山下，皆重铠持满。黎明，遣死士三百，疾驰登山，贼众大乱。山下鸣鼓呼噪，贼莫测多寡，弃山而下，见山下皆为列骑所围，于是疾呼丐命，仓卒投坠而死者甚众”[8]。

---

① 《建炎以来系年要录》卷 55，绍兴二年六月丁巳，第 1 册第 745 页；《文献通考》卷 161《兵考》，第 4829 页；《宋史》卷 197《兵志》，第 4922 页。

② 《续资治通鉴长编》卷 66，景德四年七月庚辰，第 1475 页；《宋史》卷 193、卷 194《兵志》，第 4801、4829 页。

③ 《鄂国金佗稡编校注》卷 9《遗事》，第 758 页。

④ 参见《宋朝军制初探》（增订本）第 8 章第 5 节“入队、不入队和队外”，第 337 页。

⑤ 《鄂国金佗稡编校注》卷 9《遗事》，第 757 页。

⑥ 《鄂国金佗稡编校注》卷 5《鄂王行实编年》，第 139 页。

⑦ 《鄂国金佗稡编校注》卷 5《鄂王行实编年》，地 207 页。

⑧ 《鄂国金佗稡编校注》卷 5《鄂王行实编年》，第 207—208 页。

（二）旁牌

旁牌，即盾，[①] 可以“蔽矢石”[②]，骑兵与步兵所用旁牌在形制与尺寸方面不同。[③] 宋军一队步兵中，即配有“牌五具”。如宋仁宗皇祐元年（公元1049年），即出现了“拒马皮竹牌”[④]。宋神宗“元丰间，刘昌祚等趋灵州，贼众守隘，官军不能进。于是用牌子为先锋，贼下马临官军，其势甚盛，昌祚等乃以牌子踢跳闪烁，振以响环，贼马惊溃。若遇贼于山林险隘之处，先以牌子捍贼，次以劲弓强弩与神臂弓射贼先锋，则矢不虚发，而皆穿心达臆矣”[⑤]。宋光宗绍熙阅兵时，牌手即有250人，占阅兵总人数的11.84%。

（三）其他

马鞍也是军队的重要军用物资。马鞍合适与否，不仅关乎骑乘人的舒适度，更为重要的是影响骑兵战斗力的发挥。宋神宗熙宁六年（公元1073年）冬，“以骑兵据大鞍不利于野战，始制小

---

① ［宋］薛居正：《旧五代史》卷144《乐志》，中华书局点校本1976年版，第1929页。

② ［明］唐顺之：《武编》前集卷5罗拱辰《牌论》，《四库全书》本，第727册第407页载，牌有两种：“手牌，亦名燕尾牌，宜用白杨木或轻松木为之，取其轻而坚也。每面约长五尺七寸，阔一尺，上下两头比中间阔三四分，俱小尺，用手牌便于用刀”；挨牌，“亦用白杨木为之，每面约长五尺，阔一尺五寸，下头比上略小四五分，俱小尺”，挨牌便于用枪。

③ 唐人所编《二仪实录》说“步卒用八尺牛肋牌，马军用朱漆团牌”；《武经总要》前集卷6《营法》、卷13《器图》亦载，牌“以木为质，以革束而坚之。步兵牌长，可蔽身，内施枪木，倚立于地；骑牌正圆，施于马肘，左臂系之，以捍飞矢”。《续资治通鉴长编》卷51咸平五年正月甲寅条，第1111页载，北宋此时开始制造标枪、旁牌，卷343元丰七年二月癸巳，第8248页载，李宪“拟修三关堡，合用守御器具万数”中，即有“竹手牌五千面”“黑漆栾竹长牌一千面”；《宋史》卷196《兵志》，第4890页载，北宋时，宋军开始装备标牌。

④ 《宋史》卷197《兵志》，第4912、4917页。

⑤ 《宋史》卷190《兵志》，第4721页。

鞍，皮　木　，长于回旋，马射得以驰骤，且选边人习骑者分隶诸军”[①]。如此看来，岳家军骑兵的马鞍也应为“小鞍”。

据《武经总要》记载，每两万人的军队出征，即须有“幕十分，一千二百五十口，竿、梁、铁镢、锥自副。锅一分，一千二百五十口，各受五斗”，“锹、锥、斧、锯、凿各二分，都共一万二千五百事。镰四分，五千张。切草刀二刀，二千五百口，行布槽一分，一千五百五十具。大小瓢二分，都共二千五百枚，小者容八合，大者受三升。马鞍、辔革各十分，都共三万七千五百具。披毡、被马毡，都共三万七千五百事”[②]。这些军需品，岳家军自然不可缺少，而且数量不少。宋军以备“军行之用”[③] 的“兵幕、甲袋、棕衫、钲、鼓、炮炒锅、铡、行槽、锹、镢、镰、斧”等，[④] 岳家军自然不可缺少。例如兵幕即行军营帐，“兵幕一座，费钱六十九千八百”[⑤]；甲袋，即收藏盔甲的袋，其材质有真皮；[⑥] 棕衫，即用棕丝编织而成可以防雨的蓑衣。再比如钲形似钟而狭长有柄，为行军时敲击的一种乐器，以及锹、镰等军用器械与装备与其他宋军并无二致，因资料缺乏问题，不再详述。

三、军用舰船

北宋与辽、西夏的战争，使北宋的河北路、河东路、永兴军

---

① 《宋史》卷197《兵志》，第4914页。

② 《武经总要》前集《营法》，第126—127页。

③ 《宋史》卷197《兵志》，第4909页。

④ ［宋］曾巩：《元丰类稿》卷49《兵器》，《宋集珍本丛刊》，线装书局2004年版，第11册第70页；［宋］章如愚：《山堂考索》后集卷43《总论军器》，中华书局1992年版，第735页；《文献通考》卷161《兵考》，第4826页；《宋史》卷197《兵志》，第4909页。

⑤ 《建炎以来朝野杂记》甲集卷18《御前军器所》，第434页。

⑥ ［元］袁桷：《延祐四明志》卷12《杂造军器周岁额办》，《宋元方志丛刊》，中华书局1990年版，第6册第6295页。

路、秦风路成为边疆，即在今天的河北、山西、陕西、宁夏、甘肃北部构成一条西北—东南向战线。这些地区并不需要水军驻守，故北宋的水军主要分布在南方地区。[①] 金灭北宋后，南宋偏安江南，“战线向南推进，后来双方长期对峙在东起淮河西至大散关一线，虽时有进退，但基本稳定。这样，在中部地区又有了一条东西向的战线”[②]。“江、淮皆为边境”[③]，“舟师，东南长技也”[④]，南宋必然要重视水军建设。

建炎初，“李纲请于沿江、淮、河帅府置水兵二军，要郡别置水兵一军，次要郡别置中军，招善舟楫者充立。军号曰‘凌波楼船军’。其战舰则有海鳅、水哨马、双车、得胜、十棹、大飞、旗捷、防沙、平底、水飞马之名”[⑤]。建炎四年（公元1130年），枢密院提领海船张公裕在昌国县海面击败金军追兵，两浙宣抚司统制陈思恭在太湖击败金军，都发挥了水师的作战威力。故李心传说：“东南沮洳，非用武之地，故多以舟师胜。”[⑥]

当年，岳家军移屯宜兴，原江、淮宣抚司水军统制郭吉“已载百余舟，逃入（太）湖”，岳飞“即遣部将王贵、傅庆将二千人追之，大破其众，驱其人、船、辎重以还”。[⑦] 郭吉所辖应以水军

---

① 《历代名臣奏议》卷330，第4274页苏轼奏，北宋京东登州与辽朝辽东半岛隔海相望，“虏中山川，隐约可见”，因此“常屯重兵”，“教习水战，旦暮传烽，以通警急。每岁四月遣兵戍驼基岛，至八月方还，以备不虞”。

② 参见胡阿祥、彭安玉、郭黎安《兵家必争之地》第5讲“中国历史上的东西对峙、南北分裂及其攻守形势”，海南出版社2007年版，第162页。

③ 《宋史》卷187《兵志》，第4583页。

④ ［宋］佚名纂修，［清］文廷式辑：《寿昌乘》，《宋元方志丛刊》，中华书局1990年版，第8403页。

⑤ 《宋史》卷187《兵志》，第4583页。

⑥ 《建炎以来朝野杂记》甲集卷18《舟师战车》，第435页。

⑦ 《鄂国金佗稡编校注》卷5《鄂王行实编年》，第112页。

为主，俘降郭吉水军，似可推测为岳家军设水军之肇始。但数月后岳飞赴任通、泰州，其上申公文说："江阴、镇江见今全阙济渡舟船，兼飞所管官兵老小数多，若以见有舟船装载，半月不能渡绝。"① 看来岳家军当时还是没有多少舟船。

《历代名臣奏议》卷 222 赵鼎奏，江防需要水军，"沿江制置使岳飞屯驻大军列戍江上，亦以战船阙少为虑"，准备打造二百艘战船。但《宋会要辑稿》载岳飞奏："本军即目并无舟船，若遇缓急，乞于本路州县沿江，不以官私舟船，和雇、权借使用，事毕给还。"② 则当时岳飞尚无水军。

绍兴四年（公元 1134 年）九月，"兀术、刘豫称兵七十余万，聚粮入寇，谍报警急。二十一日，令备军马、舟船，于冲要控扼之地分布防托，时具谍探动息及备御次第闻奏"③。在这些"冲要控扼之地分布防托"的舟船中，岳家军可能已部署一些水军。

绍兴二年（公元 1132 年），"湖寇"杨么军缴获官军的八车船后，开始大量制造战船。"杨么打造和州载二十四车大楼船，杨钦打大德山二十二车船，夏诚打大药山船，刘衡打大钦山船，周伦打大夹山船，高癞打小德山船，刘诜打小药山船，黄佐打小钦山船，全琮打小夹山船。"④ 大车船"每只各长一百步，底阔三丈，高三丈五尺，板厚七寸"⑤。"车船者，置人于前后踏车，进退皆可"⑥，"舟以轮激水，其行如飞水上，左右前后俱置撞竿，官舟近之，辄破。又官舟浅小，而贼舟高大，贼矢石自上而下，官军

① 《鄂国金佗稡编校注》卷 17《赴镇画一申省札子》，第 942 页。
② 《宋会要辑稿》食货 50 之 14，第 5663 页。
③ 《鄂国金佗稡编校注》卷 6《鄂王行实编年》，第 275—276 页。
④ 《鄂国金佗续编校注》卷 25《杨么事迹》，第 1569 页。
⑤ 《鄂国金佗续编校注》卷 5《再据刘愿申杨么贼徒结连作过省札》，第 1214 页。
⑥ ［宋］章如愚：《山堂考索》后集卷 45《舟师》，第 749 页。

仰面攻之，见其舟，不见其人”①。“车船如陆战之阵兵，海鳅如陆战之轻兵”，每只车船“容正兵二百五十人，将佐、梢工百人”；“鳅船每只容正兵五十人，并棹夫、押队共八十二人”。② 陆游说：“钟相、杨么战舡有车船，有桨船，有海鳅头，军器有拏子，有鱼叉，有木老鸦。拏子、鱼叉以竹竿为柄，长二三丈，短兵所不能敌。”“木老鸦一名不藉木，取坚重木为之，长财三尺许，锐其两端，战船用之尤为便捷。”③ 据从杨么水寨中逃脱的王忠和袁海报告：“诸贼寨已有大、小车舡共二十九只。及创行打造大车舡一十五只。”④ 即共计大车船四十四艘。

绍兴五年（公元1135年），岳家军平定杨么后，缴获一千多艘战船，其中包括几十艘作为主力舰的大车船，“鄂渚水军之盛，遂为沿江之冠”⑤。岳飞甚至还赠送韩世忠和张俊大车船各一艘，“兵徒、战守之械毕备”⑥。绍兴十年（公元1140年），岳家军大举北伐时，其水军则顺江东下，“遣舟师至江州屯泊”⑦，甚至“分兵下守池州”，护卫大江。⑧

四、战马⑨

无论东方还是西方，“骑兵在整个中世纪一直是各国军队中的

① 《鄂国金佗续编校注》卷19章颖编《鄂王传》，第1440页；［宋］熊克：《中兴小纪》卷13，绍兴二年十二月己巳，第171页。

② 《建炎以来系年要录》卷59，绍兴二年十月己酉，卷66，绍兴三年六月甲午，第1册第785、856页。

③ ［宋］陆游：《老学庵笔记》卷1，第1—2页。

④ 《鄂国金佗续编校注》卷5《再据刘愿申杨么贼徒结连作过省札》，第1214页。

⑤ 《鄂国金佗稡编校注》卷6《鄂王行实编年》，第331页。

⑥ 《建炎以来系年要录》卷90，绍兴五年六月丁巳，第2册第278页。

⑦ 《鄂国金佗稡编校注》卷2高宗手诏，第23页。

⑧ 《历代名臣奏议》卷324叶梦得奏，第4333页。

⑨ 本小节参据王曾瑜《宋朝军制初探》（增订本）第10章第2节“骑兵的落后”，第370—379页。

主要兵种”①。“军马在宋代军事装备中居十分重要的地位”②，宋人认为“马者，兵之本”③，“国之所恃以为险者也”，“国多马则强，少马则弱”。④ 北宋禁军以步兵为主，骑兵落后，不仅有中唐以来西北产马之地丧失的历史原因，宋太宗后以防御为主的国防政策，不重视骑兵建设，也是重要原因。宋时认为“地愈西北，则马愈良”，称“西方良马”。⑤ 南宋陕西之地丧失，断绝了通向西北的买马之路，虽然增加了与西南少数民族的马匹贸易，而买马的数量和质量，却远在北宋之下。故陆游诗说：“国家一从失西陲，年年买马西南夷。瘴乡所产非权奇，边头岁入几番皮，崔嵬瘦骨带火印，离立欲不禁风吹。”⑥

李纲任荆湖、广南南路宣抚使时，经过半年精心治理，近五千士兵“器甲、旌旗、皆一新”，“但所乏者军马耳”。⑦ 这还是留守后方的军队。就前沿的军队而论，刘光世军“下官兵等，共五万二千三百一十二人，马三千一十九匹”⑧，不及十七分之一。吴玠军一说有战马九千匹，一说有战马六千一百匹，⑨ 至多也不及

① 《马克思恩格斯全集》卷 14，第 305—306 页。

② ［宋］汪圣铎：《两宋财政史》第 6 章“军费开支”，中华书局 1995 年版，第 429 页。

③ ［宋］宋祁：《景文集》卷 29《又乞养马札子》；台北：商务印书馆，影印文渊阁《四库全书》本，1986 年版，第 1088 册第 250 页；《历代名臣奏议》卷 242 宋祁奏，第 3182 页。

④ 《续治治通鉴长编》卷 374，元祐元年四月辛卯，第 9067 页。

⑤ ［宋］周去非撰，杨武泉注解：《岭外代答校注》卷 9，中华书局 1999 年版，第 208 页；《续资治通鉴长编》卷 192，嘉祐五年八月庚辰，第 4641 页。

⑥ 《陆游集·剑南诗稿》卷 5《龙眠画马》，第 147 页。

⑦ 《李纲全集》卷 120《与李泰发端明第一书》，第 1221 页。

⑧ 《鄂国金佗续编校注》卷 8《督府令收掌刘少保下官兵札》，第 1250 页。

⑨ 《中兴小纪》卷 27、卷 28，第 317、330 页。

总兵力的七分之一。刘锜“所将步兵不满二万，骑数百而已”①。绍兴十年（公元1140年），杨沂中兵力约在三万以上，② 他以五千骑兵夜袭柳子镇，战败。③ 绍兴十一年（公元1141年），张俊、杨沂中等军救濠州不及，后得到错误情报，说金军已退，张俊就命令杨沂中和王德“将神勇步骑六万人”④，其中只有“二千余骑”⑤ 去濠州城。可知骑兵约只占三十分之一。绍兴后期，吴璘军“见管入队马七千余匹，皆齿岁过大，若三五年之间，尽不堪乘骑”⑥。“镇江军中马多老病，选锋一军，毙者六百五十余匹”⑦，难以更新。故当时宋各支屯驻大兵与金军相抗，基本上只能是以步抗骑。

在南宋骑兵整体更加落后的情况下，作为进攻型将帅的岳飞，显然特别重视骑兵的建设。建炎元年（公元1127年），岳飞苦战太行山时，缴获金军数十匹战马，装备了自己的部兵，岳家军骑兵雏形应始于此。⑧

岳家军的战马也有朝廷支拨者。如绍兴二年（公元1132年）破曹成时，“所管战马，比之曹成，数目十不及一，遂逐急于广西经略司省马内借到三百匹，乘骑出战”。“其所借省马为自广西远

---

① 《三朝北盟会编》卷205引《淮西从军记》，第1479页。

② 《三朝北盟会编》卷205，第1475页；《建炎以来系年要录》卷139，绍兴十一年正月己巳，第2册第858页；《宋史》卷367《杨存中传》，第11436页。绍兴十一年，杨沂中率殿前司军三万赴前线，估计临安尚有留守部队，故总数应超过三万。

③ 《三朝北盟会编》卷204，第1471页；《建炎以来系年要录》卷137，绍兴十年八月丁亥，第2册第842—843页；《宋史》卷367《杨存中传》第11436页作“五百骑”。

④ 《宋朝南渡十将传》卷1《刘锜传》，《碧琳琅馆丛书》本。

⑤ 《三朝北盟会编》卷205引《淮西从军记》，第1481页。

⑥ 《宋会要辑稿》职官43之108，第4164页；《建炎以来系年要录》卷173，绍兴二十六年六月癸酉，第3册第432页。

⑦ 《建炎以来系年要录》卷187，绍兴三十年十二月丁卯，第3册第676页。

⑧ 《鄂国金佗稡编校注》卷4《鄂王行实编年》，第79页。

来，料食不足，例皆疲瘦。及见阵，往来驰逐，落崖倒死者一百八十匹”。[①] 这是临时借取广西买来的西南马，正如前引陆游诗所说，并非良种。绍兴四年（公元 1134 年）第一次北伐前，宋廷“令（张俊）神武右军、（杨沂中）中军各选堪披带马百匹”，转拨岳家军。[②] 可知支拨者数量颇少，不足以供军需。大约在绍兴五年、六年间，岳飞“就拨诸路钱二百余万，市马川、陕、广西，印号分隶诸军”[③]。此处的“钱二百余万”，似不大可能为二百余万贯，如算二百余万文，依南宋初的一般马价，为每匹百贯，[④] 就只能买马二十余匹。此外，据南宋中期黄榦说，原岳家军辖区的汉阳军有“孳生监”，“方其盛时，马之蕃息，可以足军中之用”。[⑤] 可能此孳生监原先就是岳飞所设。

岳家军的战马主要来自战争中的缴获。建炎四年（公元 1130 年）五月，复建康府之战，缴获金军战马三百匹。[⑥] 绍兴元年（公元 1131 年），岳家军在楼子庄一战，缴获李成军“马二千匹”[⑦]；追击至蕲州时，又“获马两千余匹”[⑧]。自李成军缴获的四千余匹战马，使岳家军骑兵规模迅速增大。绍兴四年（公元 1134 年）七月，收复邓州时，缴获金与伪齐联军很多战马；十二月，与金军庐州之战，“得马八十余匹”[⑨]。绍兴五年（公元 1135 年），

① 《鄂国金佗稡编校注》卷 17《乞广西战马申省状》，第 949 页。
② 《鄂国金佗稡编校注》卷 6《鄂王行实编年》，第 238 页。
③ 《鄂国金佗续编校注》卷 28 孙逌编《鄂王事》，第 1601 页。
④ 程民生：《宋代物价研究》，人民出版社 2008 年版，第 309—310 页。
⑤ 《历代名臣奏议》卷 242 黄榦奏，第 3190 页。
⑥ 《鄂国金佗稡编校注》卷 5《鄂王行实编年》，第 120 页。
⑦ 《鄂国金佗稡编校注》卷 5《鄂王行实编年》，第 160 页。
⑧ 《鄂国金佗稡编校注》卷 5《鄂王行实编年》，第 162 页。
⑨ 《鄂国金佗稡编校注》卷 6《鄂王行实编年》，第 252、285 页。

平定杨么时，也缴获一些战马。[①] 绍兴六年（公元 1136 年）秋，大约因夺取伪齐一个马监，竟得约一万匹战马。[②] 当年冬，岳家军在牛蹄反击伪齐追兵，“得马两千余匹”[③]，岳家军“军势大壮”[④]。绍兴十年（公元 1140 年），岳家军北伐，光是颍昌之战即缴获马三千余匹及珍贵的雪护阑马一匹。[⑤] 其他如郾城之战“夺到马二百余匹”[⑥]，夜袭中牟县金军万夫长漫独化寨，“夺到马三百五十余匹”[⑦]；梁兴等军破垣曲县，“夺到战马一百余匹”[⑧]；到济源县，又“夺到战马、驴、骡二百余头匹”[⑨]；张宪等军在临颍县东北破敌，“轻骑牵到马一百余匹”[⑩]。以上对残存史料的统计，当然很不完全。

由于不断夺取战马，岳家军的骑兵很快壮大。建炎四年（公元 1130 年），盗匪戚方攻陷广德军时，岳飞“遂拥铁骑千余长驱而往”[⑪]。据邵缉说，当时岳家军拥有“胜甲之马亦及千匹”[⑫]，还应该拥有一定数量的不“胜甲”之马。绍兴二年（公元 1132 年）讨伐曹成时，岳飞“所部才八千人，而骑兵最少，视成军十不及

---

① 《鄂国金佗稡编校注》卷 5《鄂王行实编年》，第 160 页。

② 《鄂国金佗稡编校注》卷 7《鄂王行实编年》，第 376 页。

③ 《鄂国金佗稡编校注》卷 6《鄂王行实编年》，第 408 页。

④ 《鄂国金佗稡编校注》卷 7《鄂王行实编年》，第 408 页；《三朝北盟会编》卷 207 引《岳侯传》，1493 页。《鄂国金佗续编校注》卷 28 孙逌编《鄂王事》，第 1601 页记载为“三千匹”。

⑤ 《鄂国金佗稡编校注》卷 8《鄂王行实编年》，第 550 页。

⑥ 《鄂国金佗稡编校注》卷 16《龙虎等军捷奏》，第 934 页。

⑦ 《鄂国金佗稡编校注》卷 16《漫独化捷奏》，第 933 页。

⑧ 《鄂国金佗稡编校注》卷 16《郾城县北并垣曲县等捷奏》，第 936 页。

⑨ 《鄂国金佗稡编校注》卷 16《河北颖昌诸捷奏》，第 939 页。

⑩ 《鄂国金佗稡编校注》卷 16《临颍捷奏》，第 939 页。

⑪ 《鄂国金佗稡编校注》卷 19《广德军金沙寺壁题记》，第 984 页。

⑫ 《鄂国金佗稡编校注》卷 28 引邵辑书，第 1606 页。

其一”①。

在“弓劲马肥，非我军之便”② 的作战条件下，岳家军的马军，敢于多次与金朝引以为傲的女真骑兵鏖战而得胜。建炎四年（公元 1130 年）五月，建康南门新城之战，岳家军“以骑卒三百、步卒两千人，自牛头山驰下”出战③；十一月，岳飞弃守泰州，自泰兴县柴墟镇撤退回江南时，“以精骑二百殿后，金人望之不敢逼，遂屯江阴”④。绍兴元年（公元 1131 年）三月，在屯筠城东与李成部将马进交战时，岳飞“领所择马军二百人”诱敌。⑤ 绍兴四年（公元 1134 年），岳家军与伪齐李成军襄阳之战时，岳飞令牛皋“以骑兵由成之左击步卒”⑥，与步兵合战李成军。岳家军此次北伐，“襄汉悉平。川、陕贡赋、纲马道路，至是始通行无阻焉”⑦，一定程度上改善了南宋战马缺乏的状况。

绍兴六年（公元 1136 年），岳家军撤至白塔时，李成军队欲断岳家军归路，亦是“马军迎击”，大败伪齐军。⑧ 其背嵬军、游奕军、踏白军等均有马军。⑨ 岳家军第四次北伐时，郾城和颍昌两次大战，岳家军的骑兵都是冲锋在前，驰击金军。后在临颍县东北，同提举一行事务张宪率各军与金军六千骑发生遭遇战，张

---

① 《鄂国金佗稡编校注》卷 5《鄂王行实编年》，第 185 页。

② 《鄂国金佗稡编校注》卷 2 高宗手诏，第 30 页。

③ 《鄂国金佗稡编校注》卷 5《鄂王行实编年》，第 120 页；《宋史》卷 365《岳飞传》，第 11378 页。

④ 《鄂国金佗稡编校注》卷 5《鄂王行实编年》，第 148 页。

⑤ 《鄂国金佗稡编校注》卷 5《鄂王行实编年》，第 157 页。

⑥ 《鄂国金佗稡编校注》卷 6《鄂王行实编年》，第 246 页。

⑦ 《鄂国金佗稡编校注》卷 6《鄂王行实编年》，第 257 页。

⑧ 《鄂国金佗稡编校注》卷 7《鄂王行实编年》，第 408 页。

⑨ 《鄂国金佗稡编校注》卷 8《鄂王行实编年》、卷 16《龙虎等军捷奏》《临颍捷奏》《王贵颍昌捷奏》，第 530、934、939、940 页。

宪又是“分遣统制徐庆、李山、寇成、傅选等马军一布向前，入阵与敌战斗”，并未动用步兵，就击溃金军。① 朱仙镇一役，完颜兀术（宗弼）“复聚兵，且悉京师兵十万来敌，对垒而陈”。岳飞“按兵不动，遣骁将以背嵬骑五百奋击，大破之”。② 到绍兴十一年（公元1141年），光是作为岳飞亲军的背嵬军，即有“八千余骑”③。

总的说来，岳家军中骑兵的数量、质量和比例肯定高于各军，而成为决定胜负的重要兵种，这当然是其他各支大军无可比拟的。即使在岳飞身后颇久，鄂州大军四五万人中，战马仍有“万余匹”④，其骑兵的比例高于当时的殿前司军等，也明显地高于前述南宋初的刘光世、吴玠、刘锜、张俊等军。这自然是岳飞重视骑兵建设的结果。

士气高昂的岳家军，与宋代最常见的武器装备有效结合，并将其效能最大程度地发挥，在战场上形成巨大的杀伤力与震慑力。这些武器与装备，对铸就岳家军的赫赫战功与威名发挥了不可替代的作用。

第二节　岳家军的后勤供应

关于岳家军的后勤供应，王曾瑜先生著有《岳家军的后勤供

① 《鄂国金佗稡编校注》卷16《临颍捷奏》，第940页。

② 《鄂国金佗稡编校注》卷8《鄂王行实编年》，第561页。

③ 《鄂国金佗稡编校注》卷22《淮西辨》，第1049页。

④ 《宋会要辑稿》兵25之21，第7210页。

应和营利性经营》①，本节在此基础上做较详的论述。

后勤保障在战争中占有极其重要的战略地位，军事物资供应是否及时，供给量是否充足，直接影响甚至决定战争的规模与持续时间，成为指挥员确定决心和实施部署的主要依据之一。《孙子兵法·军争篇》说："是故军无辎重则亡，无粮食则亡，无委积则亡。"② 这是中国古代兵法首次强调后勤对军事的重要性。人们常说："兵马未动，粮草先行。"③ 军费开支"在宋朝财政中占有异乎寻常的重要地位，在岁出总额中一般占半数以上，战争时期高达十分之七八，甚至更多"④。南宋初，广大地区由于战乱导致经济生活遭到严重破坏，"社会生产近乎处于停顿状态"，而国家的旧有积蓄"全部荡尽或没入金人之手"。⑤ 现钱收入来源很少，宋廷缺乏足够的钱拨付军饷；战争使大片土地荒芜，粮食种植大面积减少，加之落后的交通条件，战争环境中粮食运输异常困难，宋军的后勤供应严重滞后。"军储无蓄，国用不充"⑥，不仅使岳家军经常处于缺衣少食，甚至无衣绝食的困境，南宋其他部队也同样深受后勤供应的困扰。绍兴二年（公元 1132 年）冬，"金军犯和尚原，将士乏食自溃，吴璘拔寨弃去"⑦。绍兴三年（公元 1133 年）十月，"伪齐兵逼襄阳，李横以粮尽弃城奔荆南，知随

① 王曾瑜：《岳家军的后勤供应和营利性经营》，《岳飞和南宋前期政治与军事研究》，河南大学出版社 2005 年版，第 293—300 页。

② 《十一家注孙子校理》（增订本），第 140 页。

③ 《三国演义》第二十六回有"粮草先行，军兵在后"，但按其叙事，"吕虔曰：'粮草在先，军兵在后，何意也?'操曰：'粮草在后，多被剽掠，故令在前'"。尚不是正文援引之意。

④ 汪圣铎：《两宋财政史》第 6 章"军费开支"，第 395 页。

⑤ 《两宋财政史》第 4 章"南宋'中兴'时期的财政"，第 118 页。

⑥ ［宋］华岳：《翠微南征录北征录合集·北征录》卷 3《军国大计·和议》。

⑦ 《宋史》卷 27《高宗纪》，第 502 页。

州李道亦弃城去”[①]。军粮供给困难，也令招安的盗匪叛服无常。如绍兴元年（公元1131年）正月，湖北“贼曹成、李宏就李允文招安，允文无粮给之，成等遂复反，引众走江西”[②]。

古代战争的后勤供应，自然比现代战争简单得多。后勤供应基本上即是粮草的供给，兵器（主要是箭矢之类）、犒赏物等不占主要地位。宋人云：“国所资者，兵；兵所资者，食。”[③] 充足的粮食供应，是保证战争胜利的关键。战争时期，“粮米的主要消费者是军队，南宋军费开支的相当部分用于籴买”[④]。南宋绍兴初期，重整的作战部队大概有二十万，[⑤] 以每个士兵每日“人为粟二升有半，人金七十有七”[⑥] 的标准看，[⑦] 也是一个庞大的供应数字。

此外，军队中不时颁发激赏钱等临时性津贴，对有功者晋升官资，相应提高俸禄待遇，这对激励士气、维护战斗力固然是必需的，却也是一笔重大的军费开支。如北宋末，种师中率军救太原城，“独以麾下死战，自卯至巳，士卒发神臂弓，射退金兵，而赏赉不及，皆愤怨散去，所留者才百人。师中身被四创，力疾斗死”[⑧]。这就是犒赏不及时带来的致命后果。

据《云麓漫钞》卷1载岳飞在张大年家屏风题词说，“如或朝

---

① 《宋史》卷27《高宗纪》，第507页。

② ［宋］李𬶋：《皇宋十朝纲要校正》卷21，绍兴元年正月，第624页。

③ ［宋］佚名：《宝祐寿昌乘》，《宋元方志丛刊》，第8401页。

④ 汪圣铎：《两宋财政史》第2编第6章“军费开支”，第428页。

⑤ 程民生：《宋代军队数量考》，《宋代人口问题考察》，第99、113页。

⑥ ［宋］袁说友：《东塘集》卷11《进讲故事》，《宋集珍本丛刊》，线装书局2004年版，第64册第359页。

⑦ 关于军队人员和马匹的粮食消费额，参见王曾瑜《宋朝军制初探》（增订本），第457页。

⑧ 《宋史》卷335《种师中传》，第10745—10746页。

廷见念，赐予器甲，使之完备，颁降功赏，使人蒙恩；即当深入虏庭”，“取故地再上版籍”。又《鄂国金佗稡编》卷 17《再论虔州平盗赏申省札子》说：

> 向非赏罚明均，何以使人尽力如此。伏望朝廷特赐详酌，将今来功赏，依去年韩开府收捉福建范汝为恩例施行，庶使有以激劝兵将，缓急可以倚仗。谨具申尚书省并枢密院，伏候指挥。
>
> 小帖子：契勘飞近蒙朝廷褒擢，飞累具辞免，不蒙俞允。即非欲夸大微劳，以谋身计，盖恐朝廷将来别有使唤，庶得将士尽力。

在岳飞看来，为“激劝兵将”，就必须“赏罚明均”“颁降功赏”。功赏既包括犒赏，也包括立功者升官加俸，“庶得将士尽力”。

一、岳家军艰难的后勤供应

在南宋初的财政条件下，官府固然“科敛疲民，公私罄匮”①，而岳家军的后勤供应却又经常处于十分紧张，甚至极端艰窘的状态。

建炎三年、四年间（公元 1129—1130 年），岳家军独立成军后，首先遇到的重大困难之一，就是后勤供应。岳飞驻广德军钟村，“是时粮食罄匮”，岳飞“资粮于敌，且发家赀以助之，与士卒最下者同食。将士常有饥色”。② 后来移屯储粮丰富的宜兴，才

① 《李纲全集》卷 76《乞降度牒拨还两浙安抚大使司赡军盐钱奏状》，第 780 页。参见［宋］韩元吉《南涧甲乙稿》卷 20《秘阁修撰郑公墓志铭》，《丛书集成初编本》，中华书局 1985 年版。

② 《鄂国金佗稡编校注》卷 4《鄂王行实编年》，第 107 页。

暂时解决了危机。

建炎四年（公元 1130 年）八月，岳飞赴泰州前，上札子说，“飞所统人马见在常州宜兴县驻泊，其本县已是阙乏钱粮，无可应副。飞见择日起发，前去之任”。“切虑军兵阙食失所，欲乞于平江府、常州、江阴军等处支拨粮米三、二万石，应副即目未渡江以前食用”。[①] 宋廷令湖州“于封椿米内支拨五千硕”，“应副”岳家军“起发”，湖州知州赵子璘却称“本州未曾承准朝廷指挥，不肯应副”。[②]

岳家军面临的不仅是粮食匮乏，岳飞还在公文中说：

> 飞见带军马万余，自春并不曾支给衣赐。今来合给冬衣之时，今体访得通、泰州即目钱帛阙少，本州人兵尚无可支散，切虑因此失所。伏望详酌体念，特赐于有钱绢官司或别州军去处支给冬衣一次，贵免官兵赤露失所。[③]

因为“泰州为镇抚使分地，不从朝廷应副”，岳家军“以扶伤饥羸之卒”与金军泰州作战，“粮饷乏绝，刲敌尸以继廪”。[④] 这当然是在极端缺食之下的万不得已，但也说明《满江红》词“壮志饥餐胡虏肉”的背景和由来。

绍兴元年（公元 1131 年），岳家军驻洪州，“合勘请十月初五日至初九日钱米，除已支请外，少钱五千四百九十六贯七百五十文，米七百四十一石三斗一升五合，支遣不足，所有初九日已后

---

① 《鄂国金佗稡编校注》卷 17《赴镇画一申省札子》，第 942 页。

② 《鄂国金佗稡编校注》卷 10《乞催湖州赐米奏》，第 835 页。

③ 《鄂国金佗稡编校注》卷 17《赴镇画一申省札子》，第 943 页。

④ 《鄂国金佗稡编校注》卷 5《鄂王行实编年》、卷 25《承楚辨》，第 148、1087 页。

钱米亦无指准”，“本州公文，止称阙乏，应办不足”。①

绍兴二年（公元1132年）冬至翌年，岳家军驻江州，严重缺粮。据《建炎以来系年要录》记载：

神武副军都统制岳飞在江州，军中粮乏，江西安抚大使李回分其军之半万二千，屯于江、筠州、临江、兴国军，而命飞以余军即吉州屯驻，言于朝。②

后赵鼎上奏涉及了岳家军当时的困窘情况：

其岳飞一军，月支钱一十二万三千余贯，米一万四千五百余石，数目浩大。近蒙朝廷差拨岳飞军兵一万人，往江州驻扎，岳飞止差五千余人前去，未敢尽数起发。盖缘去年本军在彼屯泊之日，钱粮阙乏，转运司应副不继，有误指准。致本军杀马、剪发，卖鬻妻、子，博易米斛，几致生事。③

绍兴四年（公元1134年）北伐前，岳飞上奏：“刍粟皆竭，纲运未到，深恐有误事机。”于是江西转运副使曾纡“贬秩一等”④。后改命“李谟为江南西路转运副使，应副岳飞大军钱粮”⑤。此次北伐的后勤供应相当迟缓，岳家军首攻郢州时，粮食

---

① 《鄂国金佗续编校注》卷5《乞科拨钱粮照会从申省札》，第1204页。

② 《建炎以来系年要录》卷62，绍兴三年正月乙丑，第1册第812页。

③ ［宋］赵鼎：《忠正德文集》卷1《乞支降岳飞军马钱粮状》，影印文渊阁《四库全书》本，第1128册第651页；《鄂国金佗续编校注》卷29《乞支降军马钱粮状》，第1629页。

④ 《建炎以来系年要录》卷75，绍兴四年四月乙未，第2册第60页。

⑤ 《建炎以来系年要录》卷80，绍兴四年九月丁未朔，第2册第112页。

只够“可再饭”，将士们却是在断粮前破城。[1] 岳飞上奏说：“朝廷支拨粮三十三万硕，水脚钱一十七万贯，委沈昭远等催督应副。今来臣自至襄阳已及月余，止有粮五千七百余硕至军前。”[2] 岳家军以凯旋之师回驻鄂州，然而“兵将暴露日久，例皆赤露，天气向寒，衣装未备”，故岳飞不得不上申，“欲望速降指挥，令飞本军老小于一处驻扎施行”。[3] 据翌年记载，“岳飞之复襄、邓也”，曾纡和沈昭远“二人以馈饷愆期贬秩。上手诏二人：‘若应办足备飞成功，当不次除擢；如依前违慢，有误军期，邦有常刑，朕不汝赦。’二人惶恐受命。暨飞奏功，乃复其秩，又例进一官”。另有江南西路转运副使张澄“应副岳飞军储之劳，进职一等”[4]。这大致应是绍兴四年（公元 1134 年）冬岳家军援淮西时，三人有“应副岳飞军储之劳”。

绍兴六年（公元 1136 年），尽管宋高宗手诏中强调：“军须调度，不可愆时。应守、令、监司措置饷运，不扰而办者，卿可具名来上，当议褒擢。其或不虔，致误国事，亦即按劾以闻，邦有常刑，朕不敢贷。”[5] 但秋季第二次北伐，“在寨卒伍有饥饿闪走”。故翌年岳飞向宋高宗上奏说，“今臣部曲远在上流，去朝廷数千里，平时每有粮食不足之忧”。“今日唯赖陛下戒敕有司，广为储备，俾臣得一意静虑，不为兵食乱其方寸，则谋定计审”。[6] 后勤供应的困难，给岳飞造成很大压力，不得不经常“为兵食乱其用兵的方寸”。

---

① 《鄂国金佗稡编校注》卷 6《鄂王行实编年》，第 240 页。

② 《鄂国金佗稡编校注》卷 10《条具荆襄相度移治及差官奏》，第 844 页。

③ 《鄂国金佗稡编校注》卷 18《措置襄汉乞兵申省状》，第 954 页。

④ 《建炎以来系年要录》卷 84，绍兴五年正月乙丑，第 2 册第 175 页。

⑤ 《鄂国金佗稡编校注》卷 1 高宗手诏，第 9 页。

⑥ 《鄂国金佗稡编校注》卷 1 高宗手诏，第 1145 页。

绍兴九年（公元1139年），“时户部员外郎邵相在鄂州，以乏军储，为宣抚使岳飞所劾”①。看来岳飞与负责后勤的官员也经常为供应不足而发生矛盾。

二、岳家军后勤供应区和总领的设置

岳家军平时的钱粮供应，随着兵力的扩充，数字也愈来愈大。绍兴四年（公元1134年），岳家军第一次北伐前夕，据《鄂国金佗续编》卷5《朝省行下事件省札》说：

> 岳飞本军每月见支钱一十二万余贯，米一万四千余石，会计出师三月军须，合用钱三十六万余贯，米四万二千余石。②

《中兴小纪》卷20载：

> 飞一军每月费钱三十九万缗，岁计四百六十万缗余。③

庄绰《鸡肋编》卷下说：

> 绍兴八年，余在鄂州，见岳侯军月用钱五十六万缗，米七万余石，比刘（光世）军又加倍矣，而马刍秣不预焉。④

巨大的军费支出，当然已非个别府州军所能承担者。绍兴三

① 《建炎以来系年要录》卷133，绍兴九年十一月乙巳，第2册第788页；《宋会要辑稿》职官70之22，第4927页。

② 《鄂国金佗续编校注》，第1210页。

③ 《中兴小纪》，第247页。

④ 《鸡肋编》，第93页。

年（公元 1133 年）三月，宋廷“命神武副军都统制岳飞督捕虔寇，而飞言军无春衣，乃出户部帛万五千赐之。仍令吉州榷货务就赐钱三万缗，为行军费，于是飞有众二万四千余人，诏江西、广东、湖南三漕臣济其军食”①。七月，宋廷命神武副军都统制岳飞“以精卒万人留戍江州，辅臣因论分屯军马远近、轻重，吕颐浩曰：‘但恐无粮。’上曰：‘抚国家，给馈饷，自古亦须运粮，岂有无粮之理。’乃命出抚州桩管钱九万余缗、江西折帛钱易粮万斛，以饷飞军”②。说明当时岳家军的军需主要由江南西路，其次是荆湖南路和广南东路供应。赵鼎在奏中也说：“臣契勘江西比年以来，自张俊、韩世忠相继提领大兵，招捕盗贼，及目今屯驻岳飞二万三千余人，供亿浩大，竭一路财力，仅能应副。盖缘本路一十州军皆屡经兵火，百姓未尽归业，财赋所入，比旧十分才及二、三，而官用所出，比旧数几十倍。积靡以至今日，承此末流之弊，财用愈窘，民力愈困，支吾不行。”③

绍兴五年（公元 1135 年），岳飞率军镇压杨么，至荆湖南路，“支费浩瀚，遂至均科田亩钱，竭一路民力，不足充三月之用”④。《伪齐录》卷上说：“岳飞一行军马饭食，并是江南筠、袁、处、虔、吉、洪六州应副。官军中缺粮，各于民间探借了税赋。军到湖南，又于民间户下应有地土，每亩先令纳子田亩钱二百文，民甚难之。”此为伪齐指斥南宋之榜文，其中肯定有不实之处。例如处州位于两浙路，不会负担岳家军钱粮，岳家军的“饭食”亦非限于“六州应副”。

---

① 《建炎以来系年要录》卷 63，绍兴三年三月辛未，第 1 册第 828 页。

② 《建炎以来系年要录》卷 67，绍兴三年八月己丑，第 1 册第 870 页。

③ 《忠正德文集》卷 2《知洪州乞支降钱米状》，第 1128 册第 654 页。

④ ［宋］胡寅：《斐然集》卷 15《缴户部乞拘收湖南应副岳飞钱粮》。

为了较好地解决各支大军的后勤供应，南宋逐步摸索为后勤供应区建立总领的机构。绍兴六年（公元1136年）九月，“命户部员外郎霍蠡就鄂州置司，专一总领岳飞一军钱粮”[①]。这是设总领之始。《宋会要辑稿》职官41之45载：

（绍兴）七年十月十七日，诏：“薛弼、霍蠡同共总领措置五路应干财赋，仍常留一员在鄂州本司，拘催本军合得钱粮应副支用。”以中书门下省言：“霍蠡总领岳飞军钱粮，二广、荆湖、江西五路钱物浩瀚，恐有失陷留滞，合差官措置拘催。”故有是命。[②]

据此，则宋廷划拨的岳家军后勤供应区包括了江南西路，荆湖南、北路和广南东、西路，共计是五路的财赋。五路经济发展水平差别颇大，江南西路是发达地区，[③] 其次是荆湖南路，[④] 荆湖北路则由原先的次发达地区，降为“地广人稀，耕种灭裂”[⑤] 的落后地区，广南东、西路则是炎瘴之地。故对岳家军的后勤供应，尤以江南西路最大，荆湖南路次之。岳飞幕僚黄纵强调说，“我军仰给于江西”，为护卫后勤基地，他建议“宜置一军于江州，沿江往来，以为回易，可得利以益军资，又可以开拓形势，以绝其窥伺之心”。[⑥]

① 《建炎以来系年要录》卷105，绍兴六年九月戊子，第2册第441—442页。

② 《宋会要辑稿》，第4023页。

③ 详见许怀林《江西通史·南宋卷》，江西人民出版社2009年版。

④ 参见朱瑞熙、徐建华《十至十三世纪湖南经济开发的地区差异及原因》《十至十三世纪湖南地区的经济开发》，《疁城集》，华东师范大学出版社2001年版。

⑤ ［宋］彭龟年：《止堂集》卷6《乞权住湖北和籴疏》，台北：商务印书馆，影印文渊阁《四库全书》本，1986年版，第1155册第831页。

⑥ 《鄂国金佗续编校注》卷27黄元振编《岳飞事迹》，第1590页。

在霍蠡和薛弼之后，继任岳家军总领者是邵相和曾慥。绍兴九年（公元 1139 年）十一月，“右朝散大夫曾慥行尚书户部员外郎、总领应办湖北、京西路宣抚使司大军钱粮。时户部员外郎邵相在鄂州，以乏军储，为宣抚使岳飞所劾”①。

从今存片断史料看，江南西路的后勤供应记载尤多。在绍兴六年（公元 1136 年）前，光是江南西路抚州，“共起发过粮米五万三千八百硕，钱二十四万八千八百贯，往岳飞军前”②。张守《毗陵集》卷 3《措置江西善后札子》说：

> 绍兴八年九月二十七日，枢密院札子（节文）：“奉圣旨，数内江西今将绍兴九年分本路十一州军合起岁额上供军器，下项物料径赴转运司交纳，发赴岳飞军，自造军器：铁甲叶六十九万九千四百三十八片，牛角六千三百三十四只，生黄牛皮九千一百八十三张，牛筋四千一十斤一十二两，生羊皮一万八千三百九十二张三十一尺三寸五分，箭笴一十八万四千七百九十四只，翎毛五十一万二千九百八十二堵，各长四寸八分，条铁七千六百九十四斤一十三两一钱二分。”

可知除了供应钱、粮、衣料之外，岳家军的军器“物料”并非单靠江南西路供应，但就此路数额而言，也已相当可观。绍兴九年（公元 1139 年），宋廷“罢广东官卖，行客钞法，以其钱助

---

① 《建炎以来系年要录》卷 133，绍兴九年十一月乙巳，第 2 册第 788 页。参见雷家圣《聚敛谋国——南宋总领所研究》第 20—21，台北：万卷楼图书股份有限公司，2013 年版，第 169 页。

② 《宋会要辑稿》食货 40 之 21，第 6888 页；《建炎以来系年要录》卷 99，绍兴六年三月戊辰朔，第 2 册第 372 页。

鄂兵之费”[①]。这是广南东路对岳家军的后勤供应。

李纲奏中谈及，“契勘岳飞大军移屯襄阳，所有钱粮，并系本路应副，经由蕲、黄等州，自沔、鄂以趋襄汉，实以本路（江南西路）为根本，以蕲、黄等州为咽喉之地”。“诸路应副岳飞钱米，并津般至郢州交卸，势须先有重兵屯驻，及修盖仓库，安顿去处。又自汉、沔至郢州，千有余里，密迩伪境，须得军马防护，粮道乃可无虞”。[②] 在宋代的交通条件下，一千几百宋里的运输线，要保证畅通，也是相当艰难。

三、岳家军的赏赐钱物

战功等赏赐，也是岳家军军费的来源之一，其中包括兵器和钱物。建炎四年（公元 1130 年）六月，宋廷嘉奖建康战功，赏赐岳飞“铁铠五十”[③]。绍兴元年（公元 1131 年）大礼，“刘光世军支过见钱七万三千四百余贯，岳飞军支过见钱一万五千六百余贯”[④]。当时岳飞和刘光世两军“大礼”“赏给”的差距，不仅有兵力上的差距，也有两人官位的差距。

绍兴二年（公元 1132 年）正月，宋廷以岳飞“治军整肃，勇于战斗，赐衣甲一千付”[⑤]。绍兴三年（公元 1133 年）九月十三日，因平虔、吉“寇”之功，宋高宗除了赐岳飞衣、甲、武器等物外，“犒劳官兵甚厚”[⑥]；二十日，“赐银二千两，犒所部将

---

① 《宋史》卷 183《食货志》，4467 页。

② 《李纲全集》卷 88《催差军马札子》，卷 103《与右相条具事宜札子》，第 873、986 页。

③ 《鄂国金佗稡编校注》卷 5《鄂王行实编年》，第 125 页。

④ 《宋会要辑稿》礼 25 之 20，第 1215 页。

⑤ 《鄂国金佗稡编校注》卷 5《鄂王行实编年》，第 171 页。

⑥ 《鄂国金佗稡编校注》卷 5《鄂王行实编年》，第 217 页。

士”①。

绍兴四年（公元 1134 年），岳家军第一次北伐，其钱粮等准备，据《鄂国金佗续编》卷 5《朝省行下事件省札》载：

> 今来虑有添兵，及有犒设激赏，理宜宽剩支降。今于行在榷货务支银一十万两，每两二贯五百文，金五千两，每两三十贯文，二项计准钱四十万贯。吉州榷货务于今年贴纳算请等盐钱内支二十万贯已上。总计支钱六十万贯，内以二十万贯充犒设激赏。②

宋时的金银虽也有货币功能，但须折算铜钱使用，此为一例。此次北伐结束时，“岳飞一行钱粮，除米已支三十三万石外，钱已支九十七万五千贯去讫”③，因为激赏数多，仍大大超过预算。

当年九月，宋高宗举行大礼，“刘光世、韩世忠、岳飞、王　四军共一十二万一千六百余人，赏给约支见钱二十八万六百余贯”④。《宋会要辑稿》礼 62 之 59 记载：

> （绍兴四年）十一月二十一日，入内内侍省言：“枢密院得旨，差内侍官诣刘光世、韩世忠、张俊、岳飞、王　老小寨传宣抚问，安泊去处暴露及疾病死亡之家，仍赐钱付逐军。内刘光世、韩世忠、张俊各一万贯，岳飞五千贯，王　三〔千〕贯，并支拨轻赍。令逐军差属官、将官各一员，如有病

① 《鄂国金佗稡编校注》卷 5《鄂王行实编年》，第 220 页。

② 《鄂国金佗续编校注》，第 1210 页。

③ 《鄂国金佗续编校注》卷 6《照会措置防守已收复州郡省札》，第 1223 页。

④ 《宋会要辑稿》礼 25 之 20，第 1215 页。

> 患身亡阙乏，仰实时随宜周恤，开具数申枢密院。”诏刘光世、岳飞差李肖，韩世忠、张俊、王　差汪浩。①

当时岳家军的赏赐待遇还不及刘光世、韩世忠、张俊三军。绍兴五年（公元 1135 年）二月，岳飞“入觐。赐银、绢二千匹、两”②。绍兴六年（公元 1136 年）二月，岳飞朝见宋高宗，“陛辞，赐酒器金二百两”③。十二月八日，宋廷“以时雪天寒”之故，赐给韩世忠、刘光世、张俊、岳家军“柴炭钱”“各一万五千贯，仍各就本军见桩排月钱内，日前先次借拨给散”。④

绍兴十年（公元 1149 年），岳家军大举北伐，宋廷颁发犒赏的记录如下：

> 岳飞提兵已至蔡州，遣发官兵，收复颍昌府。可差内侍黄彦节前去传宣抚问，仍赐金合茶、药，及支降金带、金椀壹千两，其已支犒军银并折绢银可共添赐作伍万两。⑤
>
> 岳飞提兵至蔡州，连捷收复颍昌、淮宁府。可差内侍李世良前去传宣抚问，仍赐金合茶、药，及支降金带、金椀壹千两，银伍万两，见钱关子拾万贯。令世良一就管押前去，赴军前，委岳飞将立功官兵等第给赐。其先差黄彦节更不遣行。⑥

---

① 《宋会要辑稿》，第 2146—2147 页。

② 《鄂国金佗续编校注》卷 18 章颖编《鄂王传》，第 1431 页。

③ 《鄂国金佗续编校注》卷 19 章颖编《鄂王传》，第 1444 页。

④ 《宋会要辑稿》礼 62 之 60，第 2147 页。

⑤ 《鄂国金佗续编校注》卷 10《赐金带金椀等省札》，第 1271 页。

⑥ 《鄂国金佗续编校注》卷 10《改差内侍李世良管押御赐金带金椀等省札》，第 1271 页。

勘会岳飞遣发官兵，收复郑州，并日后所用激赏合行支降。七月八日，三省同奉圣旨，令行在榷货务限叁日，更行印造见钱关子贰拾万贯，付岳飞。内壹拾万贯激赏收复郑州得功官兵，余壹拾万贯充宣抚司非时支使。其钱仰鄂州总领司疾速桩垛，候到照验，即时支给。①

枢密院奏："勘会岳飞一军于郾城县，独与番寇全军接战，大获胜捷。"右三省、枢密院同奉圣旨，令户部支降见钱关子贰拾万贯，付岳飞等第犒赏。②

以上只有收复颍昌、淮宁、郑州和郾城大捷的犒赏记录，当然不全，例如收复西京和颍昌大捷也应有犒赏记录，今已佚失。但当时印造的见钱关子，是类似现代兑付钱币的票据，岳家军将士须凭关子取钱。"其钱仰鄂州总领司疾速桩垛，候到照验，实时支给。"上引史料也说明，宋廷的犒赏至少并非完全由临安的朝廷支付，相当部分仍由总领所支付。

四、战场缴获的军需品

在财政困难的状况下，宋廷其实也只能解决岳家军部分军事物资，相当部分还须岳家军自己解决。

抗日战争时期的著名歌曲《游击队之歌》中，有"没有吃，没有穿，自有那敌人送上前；没有枪，没有炮，敌人给我们造"之语，唱出了游击队很多军事装备来自缴获途径。在宋廷后勤供应困难的情况下，缴获，也是近九百年前岳家军获得军事装备与军用物资的重要途径。

---

① 《鄂国金佗续编校注》卷10《照会支拨收复郑州激赏钱省札》，第1272页。

② 《鄂国金佗续编校注》卷10《郾城获捷支犒士卒省札》，第1275页。

（一）兵器与军用器械

建炎四年（公元 1130 年）四月，岳家军克复建康府首战清水亭，缴获金军“马甲一百九十三副，弓、箭、刀、旗、金、鼓三千五百一十七事”[①]。至五月复建康府之战结束，缴获金军“铠、仗、旗、鼓以数万计”[②]。绍兴元年（公元 1131 年）三月，与李成筠州之战后，“择所获枪刀、衣甲、器仗之坚全者，束之，令降卒负以随军；其弊者置于筠之州帑，分隶降军。三日乃毕”[③]。在蕲州又得李成军大量器甲。[④] 绍兴二年（公元 1132 年）闰四月，与曹成匪军北藏岭之战，获“其弓、箭、刀、枪无数”[⑤]；蓬岭之战，又缴获大量其“枪、刀、金、鼓、旗帜”[⑥]。绍兴三年四月，平定彭友时，“获衣甲、器械无数”[⑦]。绍兴四年（公元 1134 年），与伪齐邓州之战，缴获大量“兵仗、甲”[⑧]；十二月庐州之战，缴获金军“旗鼓、兵仗无数”[⑨]。绍兴五年（公元 1135 年），岳家军破周伦水寨，“夺衣甲、器仗无数”[⑩]。绍兴六年（公元 1136 年），与伪齐蔡州之战时，缴获大量衣甲、器仗。[⑪] 绍兴十年（公元 1140 年），岳家军第四次北伐，缴获金军枪、刀、弓、箭、衣、

---

① 《鄂国金佗稡编校注》卷 5《鄂王行实编年》，第 118 页。
② 《鄂国金佗稡编校注》卷 5《鄂王行实编年》，第 120 页。
③ 《鄂国金佗稡编校注》卷 5《鄂王行实编年》，第 158 页。
④ 《鄂国金佗稡编校注》卷 5《鄂王行实编年》，第 162 页。
⑤ 《鄂国金佗稡编校注》卷 5《鄂王行实编年》，第 184 页。
⑥ 《鄂国金佗稡编校注》卷 5《鄂王行实编年》，第 185 页。
⑦ 《鄂国金佗稡编校注》卷 5《鄂王行实编年》，第 205 页。
⑧ 《鄂国金佗稡编校注》卷 5《鄂王行实编年》，第 252 页。
⑨ 《鄂国金佗稡编校注》卷 5《鄂王行实编年》，第 285 页。
⑩ 《鄂国金佗稡编校注》卷 6《鄂王行实编年》，卷 16《湖寇捷奏》，第 312、928 页。
⑪ 《鄂国金佗稡编校注》卷 7《鄂王行实编年》，第 408 页。

甲、鼓、旗、仪仗、马鞍等大量的武器与装备。①

（二）运输工具

建康府之战时，岳家军缴获金军“牛、驴、辎重甚众”②。绍兴五年（公元1135年），杨么部将杨钦率领部下乘坐“大小舟船八百余只，牛五百余头、马四十余匹”③，归降岳家军。其中既有战舰，也有运粮船只。绍兴十年（公元1140年），岳家军击败金将漫独化，缴获“驴、骡百头”④；南城军之战，缴获金军船只⑤；梁兴在济源县曲阳得“马、驴、骡二百余头”⑥。

（三）粮食

绍兴六年（公元1136年）八月，岳家军收复卢氏县一战，缴获伪齐军粮“十五万石”⑦。长水县一战，“夺到诸色粮二万石”⑧。

（四）金、帛

绍兴元年（公元1131年），与李成军蕲州之战，获“金帛无数”⑨。绍兴三年（公元1133年），剿灭彭友的固石洞之战后，“籍其金、帛，入备边、激赏库”⑩。

关于军马和战船的缴获，已在上一节叙述，此处不予重复。

---

① 参见《鄂国金佗稡编校注》卷16《陈州颍昌捷奏》《漫独化捷奏》《龙虎等军捷奏》《复南城军捷奏》《郾城县北并垣曲县等捷奏》《王贵颍昌捷奏》《临颍捷奏》，第931、933、934、935、936、940页。

② 《鄂国金佗稡编校注》卷5《鄂王行实编年》，第120页。

③ 《鄂国金佗稡编校注》卷11《招降杨钦奏》，第854页。

④ 《鄂国金佗稡编校注》卷16《漫独化捷奏》，第933页。

⑤ 《鄂国金佗稡编校注》卷16《复南城军捷奏》，第935页。

⑥ 《鄂国金佗稡编校注》卷20章颖编《鄂王传》，第1475页。

⑦ 《鄂国金佗稡编校注》卷7《鄂王行实编年》，第375页；《建炎以来系年要录》卷105，绍兴六年九月丙寅朔，第2册第437页。

⑧ 《鄂国金佗稡编校注》卷16《复西京长水县捷奏》，第929页。

⑨ 《鄂国金佗稡编校注》卷5《鄂王行实编年》，第162页。

⑩ 《鄂国金佗稡编校注》卷5《鄂王行实编年》，第208页。

不难看出，缴获也是岳家军重要的军需供给途径。以造甲为例，绍兴三年（公元1133年）时南宋“以七十工造全装甲一。又长齐头甲每一甲用工百四十一，短齐头甲用工七十四”①，费工费时。岳家军多次从战场上获得大量甲，能迅速补充甲的不足。

岳家军以缴获的装备武装自己、打击敌人的同时，也在一定程度上减少了南宋财政开支，部分缓解了南宋百姓的压力。

五、自造军器和屯田、回易

绍兴二年（公元1132年），吕颐浩上奏说：“维扬之变，兵械十亡八九。未几，敌分三路入寇，江、浙兵皆散而为盗。自陛下专意军政，拣汰其冗，修饬器甲，今张浚军三万，有全装甲万副，刀、枪、弓、箭皆备；韩世忠军四万，岳飞军二万三千，王　军一万三千，虽不能如浚之军，亦皆精锐；刘光世军四万，老弱颇众，然选之亦可得其半；神武中军杨沂中，后军陈思恭，皆不下万人；而御前忠锐如崔增、姚端、张守忠等军亦二万。臣上考太祖之取天下，正兵不过十万。况今有兵十六七万，何惮不为？”②从吕颐浩的奏言中，可知在当时南宋拥有的十六七万军队中，仅张俊军的三万人“有全装甲万副，刀、枪、弓、箭皆备”，其余韩世忠、岳飞等军依然处于缺乏必备军事装备的困境。

（一）自造军器

为了改善装备，当时各支大军都设置兵器作坊，自造器甲。史称刘锜军“及韩世忠、岳飞皆造军器，所乞牛皮，至十余万张，郡邑往往杀牛以应命”③。前引张守《毗陵集》奏，就反映了江南

① 《宋史》卷197《兵志》，第4922页。

② 《建炎以来系年要录》卷60，绍兴二年十一月己巳，第1册第791页；参见［宋］李心传编撰，胡坤点校《建炎以来系年要录》卷60，绍兴二年十一月己巳，中华书局2013年版，第1197—1198页；《中兴小纪》卷12，绍兴二年二月戊子，第147页。

③ 《建炎以来系年要录》卷138，绍兴十年十一月甲子，第2册第852页。

西路向岳家军提供兵器原料。宋高宗向岳飞“降枪样”，令“依此制造”，[①] 说明岳家军的作坊生产枪。岳飞“命宅库，除宣赐金器存留外，余物尽出货，以付军匠，造弓二千张”[②]，以私财补贴军用，也证明岳家军的作坊造弓。

供应军需给百姓造成了很沉重的经济负担。建炎四年（公元1130年），宣州知州李光上奏说：“今来巨师古、刘晏、岳飞大兵屯泊境上，应副钱粮，需索犒设，臣不敢辞避。窃缘官军与戚贼相持，虽已出境，缘建平、溧水县、广德军诸处并无官吏、人民，臣不免出界应副。臣见差官三员在广德界上，及岳飞军前专切运粮，委是费力。”[③] 这是岳飞讨戚方时的情形。

南宋初期，宋廷为支付军队每月的军俸设月桩钱的财政收支名目，“皆系军兵计日指准，不可稍有欠阙”。江南西路首府洪州“通计一月实合管认发钱一万八千八百余贯。本州将诸县里外极力收簇，不过得钱九千余贯，其八千九百余贯未有可以那拨去处”，其月桩钱一部分即须发送“岳太尉军前”。[④] 李纲说，江南西路“诸州所入财赋有限，并系转运司括责扣拨，令认定月桩应副岳飞等大军支遣除外，别无赢余窠名钱物”。“月桩钱最为难办，本州应副岳飞月六千余缗”，本州即是指洪州。[⑤] 绍兴七年（公元1137年），霍蠡上奏说：“窃见方今军事所须而病民最甚者，莫如月桩钱。所谓月桩钱者，不问州郡有无，皆有定额，所桩窠名，曾不

① 《鄂国金佗稡编校注》卷1高宗手诏，第13页。

② 《鄂国金佗续编校注》卷27黄元振编《岳飞事迹》，第1588页。

③ ［宋］李光：《庄简集》卷10《乞令漕臣应副岳飞钱粮等状》，台北：商务印书馆，影印文渊阁《四库全书》本，1986年版，第1128册第538页。

④ ［明］解缙：《永乐大典》卷6524《毗陵集·乞蠲减月桩札子》。

⑤ 《李纲全集》卷87《措置招军画一奏状》、卷104《与李尚书措置画一札子》，第865、992页。

能给其额之什二、三，自余则一切出于州县之吏临时措画。铢铢而积，仅能充数，一月未毕，而后月之期已迫矣。”他建议将“江西、湖南合认发岳飞军月桩钱”作一详细统计和调查，“上之朝廷，召诸路漕臣禀决可否，而罢行之”。[①] 荆湖南路供应岳家军的月桩钱也极为艰窘。绍兴五年（公元1135年），当地“备兼五大：大兵、大火、大旱、大饥、大雪”，“冰凝不解，深厚及尺”，潭州“州城内外，饥冻僵仆，不可胜数”，但宋廷仍“催趣应副岳飞月桩钱九万贯，并拨上供米十万石往鄂州，又拨四等折钱馀米应副岳飞”。[②]

（二）屯田

岳飞严格约束军队不得扰民，但岳家军之军需又严重扰民，这本身就是一个很大的矛盾。后勤供应的严峻情势，也迫使岳飞考虑，“所部军兵唯仰官给钱粮，养赡过日，方免失所”[③] 的情况，至少应有所改变。《鄂国金佗稡编》卷9《遗事》记载了岳飞为此所做的努力：

> 平居忧国，知无不为，诸大将率以兵为乐，坐縻廪庾，漫不加恤。先臣独常有忧色，每调军食，必蹙頞，谓将士曰：“东南民力耗弊极矣！国家恃民以立国，使尔曹徒耗之，大功未成，何以报国？”及京西、湖北之地始平，即募民营田。凡流逋失业及归正百姓，给以耕牛、粮种，辍大军之储万石，贷其口食，俾安集田里，一意耕耨。分委官吏，责成

---

① 《宋会要辑稿》食货64之79，第7774页。

② 《建炎以来系年要录》卷98，绍兴六年二月庚戌，第2册第366页；《叶适集·水心文集》卷22《故知广州敷文阁待制薛公墓志铭》，第426页。

③ 《鄂国金佗续编校注》卷5《乞科拨钱粮照会从申省札》，第1204页。

大功。又为屯田之法，使戎伍攻战之暇，俱尽力南亩，无一人游间者。其疆理沟洫之制，皆有条绪，然失其传，不可复考。行之二三年，流民尽归，田野日辟，委积充溢，每岁馈运之数，顿省其半。①

此段记事介绍了岳飞筹划军粮供应与兴办屯田和营田的概况，但也承认屯田“疆理沟洫之制”已“失其传”。宋代“用兵以耕，名曰屯田；募民以耕，名曰营田”②，而事实上屯田和营田很难严格区分。屯田和营田是宋代租佃制下的两种官田经营。当时营田收成之后，按照惯例，除留足来年种子外，或是官府收租四成，或是实行对分租。有时为鼓励垦荒，初期只收租一二宋斗，甚至五宋升。③

绍兴四年（公元 1134 年），收复襄汉地区后，岳飞上奏提议兴办营田之事。他说：“襄阳、随、郢地皆膏腴，民力不支，若行营田之法，其利为厚。即今将已七月，未能耕垦，来春即可措画。陛下欲驻大兵于鄂州，则襄阳、随、郢量留军马，又于安、复、汉阳亦量驻兵。兵势相援，漕运相继，荆门、荆南声援亦已相接，江、淮、荆湖皆可奠安。六州之屯，宜且以正兵六万，为固守之计。就拨江西、湖南粮斛，朝廷支降券钱，为一年支遣。候营田就绪，军储既成，则朝廷无馈饷之忧，进攻退守，皆兼利也。惟是葺治之初，未免艰难，必仰朝廷微有以资之。基本既立，后之利源无有穷已。又此地秋夏则江水涨隔，外可御寇，内足以运粮；

① 《鄂国金佗稡编校注》，第 746 页。

② ［宋］刘才邵：《檆溪居士集》卷 10《南省策问》，台北：商务印书馆，影印文渊阁《四库全书》本，1986 年版，第 1130 册第 554 页。

③ 参见《宋会要辑稿》食货 63 之 83—126，第 7655—7678 页。

至冬后春初，江水浅涩，吾资粮已备，可以坐待矣。”①

绍兴六年（公元 1136 年），宋廷命“江西制置大使李纲，湖南制置大使吕颐浩并兼本路营田大使。翌日，诏淮西宣抚使刘光世，淮东宣抚使韩世忠，江东宣抚使张俊，湖北襄阳府路招讨使岳飞，川、陕宣抚副使吴玠亦如之”②。岳飞兼本军区营田使，翌年升营田大使。③ 最终，岳家军“营田稻谷十八万余石”，以谷折米，相当于前引《鸡肋编》卷下所说月用“米七万余石”的约两倍。但另一记载说，湖北路“绍兴初，营田岁获二十四万斛”④，此数字尚不包括京西路。

（三）回易

自隋唐以来，“官府往往从事回易，回易作为赢利性的经营，含意比较广泛，但在更多的场合下是指贸易。宋朝不仅官府从事回易，军队也从事回易等赢利性经营，用以补贴军费”⑤。面对庞大的军费开支，财政拮据的南宋朝廷力不从心，宋军的各种赢利性活动便更加活跃。⑥

① 《鄂国金佗稡编校注》卷 6《鄂王行实编年》、卷 10《画守襄阳等郡札子》、卷 11《荆襄宽恤画一奏》，第 250—251、842—843、852—853 页。

② 《建炎以来系年要录》卷 98，绍兴六年二月庚子，第 2 册第 362 页。

③ 《鄂国金佗续编校注》卷 2《起复太尉加食邑制》、卷 6《兼营田使省札》，第 1165—1166、1228 页；《宋会要辑稿》食货 63 之 102，第 6037 页；《建炎以来系年要录》卷 98，绍兴六年二月庚子，第 1609 页。

④ ［宋］刘克庄著，王蓉贵、向以鲜、刁忠民点校：《后村先生大全集》卷 156《墓志铭·林经略》，四川大学出版社 2008 年版，第 4003 页。

⑤ 王曾瑜：《宋朝军制初探》（增订本）第 11 章“后勤和军费”，中华书局 2011 年版，第 473 页。

⑥ 王云裳《论宋代军队的赢利性经营》（《辽宁大学学报》（哲学社会科学版）2003 年第 5 期）一文中，认为宋代军队的赢利性经营问题是中国历史上最典型、最严重的时期之一。他认为军队的回易及其他赢利性活动，腐蚀了官兵的思想，导致军队的腐败，大大削弱了宋军的战斗力。

看到回易利润可观，岳家军充分借鉴官府与其他部队的成功经验，开辟利源，弥补军费的不足。建炎四年（公元1130年）八月，岳飞赴任泰州前，上札子说："本军头口，老小、正兵七万余人口，飞差人前去体探得通、泰二州即目并无粮斛，况粮斛猝急难以擘画。飞体国，不敢过有陈乞支给钱粮，欲乞借支两浙、淮南路盐钞一百万贯，逐旋还纳盐事司，准充盐本。"① 绍兴十一年（公元1141年），荆湖北路转运判官汪叔詹"以书白左仆射秦桧，言岳飞顷于鄂、渚置酒库，日售数百缗，襄阳置通货场，利复不赀"②。"岳飞军中利源，鄂州并公使、激赏、备边、回易十四库，岁收息钱一百十六万五千余缗，鄂州关引、典库、房钱、营田杂收钱，襄阳府酒库、房钱、博易场共收钱四十一万五千余缗"③。岳家军"月用钱五十六万缗"④，以上回易收入将近岳家军平时三个月的钱币支出。

日本学者斯波义信先生在研究宋代江南经济时，认为岳家军的驻地鄂州"已占据实质性的地域组织中心的地位"，"辐辏鄂州的交通、流通功能"，基本上满足了"以屯驻鄂州的大军为中心"的鄂州地区百万左右人口的消费、补给。⑤ 鄂州城市规模的扩大、发展，⑥ 较发达的水路交通，也为岳家军回易活动的开展，提供了必要的支撑条件。

---

① 《鄂国金佗稡编校注》卷17《赴镇画一申省札子》，第943页。

② 《建炎以来系年要录》卷141，绍兴十一年九月癸卯，第2册第890页；《中兴小纪》卷29，绍兴十一年八月，第351页。

③ 《建炎以来系年要录》卷144，绍兴十二年三月庚戌，第3册第18页。

④ 《鸡肋编》卷下，第93页。

⑤ ［日］斯波义信著，方健、何忠礼译：《宋代江南经济史》，江苏人民出版社2000年版。

⑥ 鼓元吉：《宋代鄂州城市布局初探》，（韩国）《中国史研究》第40辑，2006年2月。

李启是“岳飞军中回易官，有心计，能干旋财赋，惟著布衣草履，雨中自执盖步行，佐飞军用甚多”①。袁说友说：“如韩世忠、岳飞、刘锜之所部，金、帛赉及徒伍，米、粟厌足于与卒中，虽变更而后来所得，犹擅酒酤之利，回易之息，皆岁以万计。利入若此，则士之艺且精者，诸将且有以赏之也；士之贫且悴者，诸将且有以赒之也。”②

不可否认，军队的赢利性经营当然有很大的副作用。韩世忠“自提兵以来，有回易利息及收簇趱积军须见在钱一百万贯”，“军中耕种并桩管米九十万石”，另有镇江府、扬州、楚州、真州、高邮县、江口镇、瓜洲镇等地“正赐公使、回易、激赏等，酒库一十五”，在他罢兵柄时，都“进纳”宋廷。③ 刘光世全军五万二千余人，竟“以八千人为回易”，“尝语人，以陶朱公自比”。④ 竟将自己比喻为春秋时的富商陶朱公范蠡。差拨大量军士从事回易，势必以损伤军队的战斗力为代价。但岳家军的赢利性经营，显然并未以损伤军队的战斗力为代价。

六、其他供应途径

岳飞经常以私财补贴军需，已如前第二章所述。

建炎四年（公元1130年），宜兴县令钱谌在邀请岳家军前去驻扎的书信中说：“邑之粮糗，可给万军十岁。”岳飞“得书，遂赴宜兴”⑤。这是地方官主动邀请并提供军需，为的是保一方

---

① 《三朝北盟会编》卷191，绍兴九年正月壬午朔，第1375页。

② ［宋］袁说友：《东塘集》卷11《进讲故事》，《宋集珍本丛刊》，第64册第359页。

③ 《建炎以来系年要录》卷140，绍兴十一年五月戊申，第2册第874页。

④ 《建炎以来系年要录》卷110，绍兴七年四月壬子，第2册第504页。

⑤ 《鄂国金佗稡编校注》卷5《鄂王行实编年》，《鄂国金佗续编校注》卷30钱谌《宜兴县生祠叙》，第112、1650页。

平安。

绍兴十年（公元1140年），岳家军第四次北伐时，得到了两河百姓的热烈拥护和大力支持。“两河忠义百万”，得知岳家军将渡河，“奔命如恐不及，各赍兵仗、粮食，团结以徯”。“父老百姓争挽车牵牛，载糗粮，以馈义军。顶盆焚香，迎拜而候者，充满道路”。[①] 此种北方人民热烈地慰劳岳家军的场面，又是由抗金战争的正义性所决定的。

岳家军的一些军事行动受限制，除了当时的政策因素外，后勤供应困难当是重要因素。但另一方面，克服困难，力争有较成功、较及时的后勤供应，又是岳家军克敌制胜的重要因素。

① 《鄂国金佗稡编校注》卷8《鄂王行实编年》，第566页。

第四章　岳家军的军政、军纪与战绩

军政、军纪和军风当然是密切联系的。在人类几千年的文明社会，即阶级社会中，军队作为国家机器的重要组成部分，具有明显的阶级性。

军人参加战争，在大多数情况下，个人的目标无非就是掳掠财宝和妇女。即使在中国历代皇朝初兴之际，如唐太宗征高丽，攻白岩城，准备受降，李世勣说："士卒所以争冒矢石，不顾其死者，贪虏获耳；今城垂拔，奈何更受其降，孤战士之心。"唐太宗说："然纵兵杀人，而虏其妻孥，朕所不忍。将军麾下有功者，朕以库物赏之，庶因将军赎此一城。"① 作为中国古代最英明的皇帝，也只能以"库物"赏赐，"赎此一城"，以维持古代儒家所提倡的"仁义之师"的外表。

宋太祖命王全斌、王仁赡、崔彦进等统军平后蜀，"违戾约束，侵侮宪章，专杀降兵，擅开公帑，豪夺妇女，广纳货财，敛万民之怨嗟，致群盗之充斥"，"衔冤之诉，日拥国门，称其隐没金银、犀玉、钱帛十六万七百余贯，又擅开丰德库，致失钱二十八万一千余贯"。尽管"百官定议，全斌等罪当大辟"，宋太祖还

① ［宋］司马光：《资治通鉴》卷 198，贞观十九年六月，第 6222 页。

是援用中国古代常见的皇权大于王法，只是贬降而已。①

金军“犯中原，有掳掠，无战斗。计其从军之费，及回日，所获数倍”②。侵宋战争最初伤亡甚少，而丰厚掳获的刺激，则维系着金军的士气。《三朝北盟会编》卷99《北记》说：“凡番官平居惟着上领褐衫，无上下之辨，富者着褐色毛衫，以羊裘、狼皮等为帽。传闻（完颜）粘罕、二太子（完颜斡离不）初入中国时，止着褐布衫，既拔京城，其下无不衣锦绣。”对当时发达地区的征服，使落后而贫困的女真人，也包括其贵族，无不笑逐颜开。至于金军纵暴对中原造成的浩劫，在前第一章第二节已有交代，不再赘述。故岳飞在绍兴四年（公元1134年）奏中说：“金贼累年之间，贪婪横逆，无所不至，今所爱惟金帛、子女，志已骄堕。”③

至于清军入关后的“扬州十日”“嘉定十日”等残酷暴行，更不待论。晚至20世纪，尚有日本侵略军极其残忍的奸淫杀掠、中国军阀和国民党军的贪腐抢劫等。数千年间，军队对民间的掳掠、纵暴之类一直是社会公害。

经济是基础，是第一性的。军队掳掠的历史条件正是军队物质条件的贫乏。纵观人类史，大致到了20世纪下半叶，随着人类社会物质条件和文明程度的进步，军队对民间的掳掠、纵暴之类的社会公害才大致得以消亡，退出了历史舞台。但另一方面，军队内部的各种贪腐弊政则至今并未消亡，有时甚至有恶性的发作，并且由于物质条件的提高，军队贪腐的水平甚至相应地大为提高。这也是由军队的阶级性所决定的。

① 《宋史》卷255《王全斌传》，第8923页。

② 《建炎以来系年要录》卷43，绍兴元年春，第786页。

③ 《鄂国金佗粹编校注》卷10《画守襄阳等郡札子》，第842页。

第一节 岳家军的军政、军纪

《朱子语类》卷 132 说："建炎间，勤王之师，所过州县，如入无人之境，恣行擒掠，公私苦之。"① 当时军队的掳掠和纵暴，确实如同家常便饭。

一、刘光世、张俊、韩世忠等军军纪

（一）刘光世、张俊军纪败坏

刘光世"握兵数万，无复纪律，沈酣酒色，不恤国事，语以恢复，意气怫然"②。朱熹也说他"贪财好色，无与为比，军政极是弛坏"③。军队的回易虽然兴隆，而"士卒一月之粮，或阙其半，里巷私语皆曰：'健儿不如乞儿。'各怀去心，悉有窜志"④。

张俊本人"营第宅房廊，作酒肆名太平楼，般运花石，皆役军兵"。另"择卒之少壮长大者，自臀而下，文刺至足，谓之花腿"。故军中流传一首打油诗说："张家寨里没来由，使他花腿抬石头。二圣犹自救不得，行在盖起太平楼。"⑤ 其军"号曰自在军也，平居无事，未尝阅习，甚至于白昼杀人，而夺其财"⑥。建炎时，张俊"自明（州）引军至温（州），道路鸡犬为之一空。居民

① ［宋］黎靖德编，王星贤点校：《朱子语类》，中华书局 1986 年，第 3167 页。

② 《朱熹集》卷 95 下张浚行状，第 4850 页。

③ 《朱子语类》卷 131，第 3141 页。

④ 《三朝北盟会编》卷 154，第 1112 页。

⑤ ［宋］庄绰：《鸡肋编》卷下，第 92 页。

⑥ 《三朝北盟会编》卷 180，第 1303 页；《建炎以来系年要录》卷 114，绍兴七年九月辛未，第 2 册第 550 页。

闻来，逃奔山谷，数百里间寂无人烟”[①]。自北方归宋的士人说，绍兴十年（公元1140年），“金人复取河南之后，张七郡王（张俊排行第七）军至南京各属县，往往虏掠良人妻妾，夺取财物，其酷无异金贼，百姓之心皆失所望”[②]。

以上片断的记录，说明尽管国难当头、国耻深重，而刘光世、张俊军还是沿袭北宋军队的遗风，并无丝毫改变。关键在于两个主将并不想做丝毫改变。两人带兵的基本方针实际上是拥兵自重、养敌玩寇、怯争避战，不管嘴上如何说，其实决不求歼击金军，恢复故土，只求其军保存实力，以为捞取荣华富贵之资本。最终，则是“任数避事”的张俊，[③] 因迎合宋高宗的降金乞和政策，赢得诸将博取荣华富贵的头筹。刘光世早几年致仕，自不待论，而即使按彼此的资历、官位等，韩世忠本来也应在他之上。

（二）韩世忠军军纪

韩世忠的情况有所不同。他早年并不注意军纪，在黄天荡战前，其军“逗遛秀州，放军肆略，浙西为之骚然”[④]。后来重视军

① 《三朝北盟会编》卷136，第991页；《建炎以来系年要录》卷31，建炎四年正月辛未，第1册第465页。

② 《三朝北盟会编》卷230，第1654页。此处涉及张俊的行第，《鸡肋编》卷下：“时人呼诸将，皆以第行加于官称，刘三、张七、韩五、王三十，皆神武五军大将。王三十者名王　.”刘三即刘光世，韩五即韩世忠，张七即张俊，故人称“张七郡王”。《中兴小纪》卷24引张戒《默记》，文渊阁《四库全书》本也作张七，而《建炎以来系年要录》卷120，绍兴八年六月乙亥同一记载则称张十，乃传抄之误。张七，而《要录兴八年六月乙亥同一记载则称张十。

③ 《叶适集·水心别集》卷12《四屯驻大兵》，第783页。

④ 《三朝北盟会编》卷136，第991页；《建炎以来系年要录》卷31，建炎四年正月辛未，第605页。

纪，“御军严而有恩，纪律修明”①。宋高宗曾因韩世忠“移屯淮甸，军行整肃，秋毫无犯”，而“降诏奖谕”。②

至于当时的政界风气和情况，正如前述岳飞幕僚朱梦说所概括的，皇帝带头“尚禽色之乐，多无用之物，二圣播迁而未还，中原陷没而未复，万民涂炭而不安，上无良相，朝乏贤臣”③。

二、岳飞“治军有法”④

岳飞为了抗金事业的需要，力求建设一支有强大战斗力的军队。有强大战斗力的军队，绝不可能没有好的军政、军纪和军风。绍兴四年（公元1134年），宋高宗接到岳家军第一次北伐“剿杀金贼刘合孛堇、伪齐李成贼马”，克邓州的捷报，说：“朕素闻岳飞行军极有纪律，未知能破敌如此。”签书枢密院事胡松年说：“惟其有纪律，所以能破贼。若号令不明，士卒不整，方自治不暇，缓急安能成功?”⑤ 胡松年的话，就说破了军政、军纪、军风和战斗力之间的必然联系。

（一）全力整肃军纪

南宋初年的政界和军界大环境相当糟糕，岳家军后勤供应也十分的菲薄，甚至于无衣断炊。即使时至今日，让今人设身处地推想，岳飞要建设一支强大的岳家军，确是困难重重。赞誉岳家军的军政、军纪和军风的史料固然传世很多，但此处也有必要引

---

① 《三朝北盟会编》卷218；[宋] 孙觌：《鸿庆居士集》卷36韩世忠墓志铭，台北：商务印书馆，影印文渊阁《四库全书》本，1986年版。墓志铭说他“藜羹糗饭与众均之，以故士乐为用”。《宋史》卷364《韩世忠传》说他“与士卒同甘苦”，似有夸大的成分，因为韩世忠的私生活还是放纵的。

② 《建炎以来系年要录》卷88，绍兴五年四月庚申，第2册第252页。

③ 《三朝北盟会编》卷159，第1152页。

④ 《建炎以来系年要录》卷88，绍兴五年四月庚申，第2册第252页。

⑤ 《宋会要辑稿》兵14之25，第8893页。

用另一些不同的记载。《三朝北盟会编》卷135记载建炎三年（公元1129年）马家渡之战失败后的情况：

初建康军溃于蒋山也，统制刘经、扈成、岳飞皆入茅山。经屯上观，成屯中观，飞屯下观，皆纵兵掳掠为资。①

《三朝北盟会编》卷136记载：

时右军统制岳飞与刘经屯于广德军钟村，飞令军中不得骚扰乡村，约束虽严，然不可禁止。飞患之，有将司李寅者献计曰："若移军宜兴，三面临湖，惟有一陆路极狭，使一小将守之，不可犯矣。"飞大喜，遂移军宜兴。②

这当然是移军宜兴的一方面的情况和理由，而非全部。《三朝北盟会编》卷151记载绍兴二年（公元1132年）莫邪关之战：

官军既入关，贼兵散乱。第五将韩顺夫解鞍卸甲，以所掳妇人佐酒恣饮。贼党杨再兴率众直犯顺夫之营，官军退却，顺夫为再兴斫折一臂而死。③

韩顺夫"以所掳妇人佐酒恣饮"，当然为岳飞军纪所不容。《鸡肋编》卷中也有记载说：

---

① 《三朝北盟会编》，第984页。
② 《三朝北盟会编》，第986页。
③ 《三朝北盟会编》，第1092页。

> 时军卒多虏掠妇女，人有三四，每随军而行，谓之老小。方韩、刘自建康、镇江更戍。既而，刘移屯池州，韩复分军江宁，王 往湖南，岳飞自江外来行在，即至九江，郭仲荀赴明州，老小之行，已数十万人也。①

按宋时实行募兵制，军人移屯，家属随行是常事。如岳飞任通、泰镇抚使时，“见带军马万余”，而“本军头口，老小、正兵七万余人口”。② 岳家军个别将士掳掠妇女，如前述韩顺夫那样，当然是不可避免的。但大规模掳掠妇女，则不可信。不能将军中“老小”都说成是被掳妇女。可知庄绰此段记载未必可信。

上引记载表明，在恶浊的社会、政治和军事氛围中，岳飞虽然用极大的努力治军，却不能保证岳家军弊绝风清，军中贪污舞弊的事件还是时有发生。岳飞“尝命其将支犒：带甲人五缗，轻骑人三缗，不带甲者二缗。将裁其数，匿金归己”，岳飞得知后，便“杖而杀之”。③ 绍兴六年（公元1136年）岳飞统兵第二次北伐时，“在寨卒伍有饥饿闪走”④，后经总领霍蠡查明，“吏或侵渔，军多冗滥，致馈饷不继于道”⑤。又如后来出面诬告张宪和岳

---

① 《鸡肋编》，第69页。

② 《鄂国金佗稡编校注》卷17《赴镇画一申省札子》，第943页。

③ 《鄂国金佗稡编校注》卷9《遗事》，第758页。《三朝北盟会编》卷155，第1125页载，此将即是任士安，“飞决之一百，士安以病疮卒”。按任士安拨属岳飞为时甚短，后李纲将他调往江南西路，故《三朝北盟会编》所载并不可信。

④ 《鄂国金佗续编校注》卷1，第1145页。

⑤ ［宋］李弥逊：《筠溪集》卷4《霍蠡总领荆〔襄〕财用转一官》，台北：商务印书馆，影印文渊阁《四库全书》本，1986年版，第1130册第628页；《建炎以来系年要录》卷113，绍兴七年八月丙申，第2册第533页。《三朝北盟会编》第1125页载，此将即是任士安，“飞决之一百，士安以病疮卒”。按任士安拨属岳飞为时甚短，后李纲将他调往江南西路，故《三朝北盟会编》所载并不可信。

飞的前军副统制王俊，“位副张宪，屡以奸贪为宪所裁”[①]。总的来说，岳家军中的贪污腐败行为往往能得到及时制裁，而没有任其发展和泛滥。

（二）严肃军政

岳飞治军，既包括整治军外的掳掠之类，也包括整治军内的各种腐败问题。他本人以身作则，但这还不够，正如中国古代谚语所说：“慈不掌兵。”[②] 治军也必须仁严兼济，没有刀斧棍棒，就不可能维持岳家军的军政、军纪和军风。故当时人说：“岳飞之治兵，严肃而尚威。”[③]《李纲全集》卷72《奏知段恩招诱本司军兵逃走奏状》中摘引岳飞绍兴二年（公元1132年）的一件公文说：

> 契勘飞近恭奉圣旨指挥，收捕曹成贼马，屡获大捷，分遣军马，自广西追赶至广东连州并湖南界，往回数千里。今节次据本军诸将申到，有逃走官兵四百七十八人下项。契勘使臣、效用、军兵见此暑月，披带衣甲，艰辛劳苦，怯战，辄敢弃甲；或将带衣甲、鞍马逃走，改易姓名，别投他军。伏望朝廷重立赏格，遍行下神武诸军，并诸路帅臣，及逐头项统兵官，根缉收捉，差人押赴飞军前，对众依军法号令。所贵带甲忠勇将士，不敢仿效逃窜。[④]

宋廷便“令枢密院给降敕榜，令检会诸军，逃走使臣依例立

① 《鄂国金佗稡编校注》卷8《鄂王行实编年》，第659页。

② ［明］杨慎：《丹铅余录》卷5，台北：商务印书馆，影印文渊阁《四库全书》本，1986年版，第855册第26页。

③ 《鄂国金佗续编校注》卷30范澄之《南剑州布衣上皇帝书》，第1641页。

④ 《李纲全集》，第750页。

赏钱三百贯，效用、军兵赏钱一百贯”，“疾速施行”。宋时的逃亡法是重要军法，逃亡者重则处死，轻则流配。① 上引记载正是岳飞“对众”“号令”，严格执行逃亡法的实例。

岳家军部众原来大都是“四方亡命、乐纵、嗜杀之徒”②，岳飞在尽可能善待部众的同时，还须用铁的手段对这些人进行管理，使他们“奉令承教，无敢违戾”，以维护军队的纪律和声誉。岳飞“平生用兵，纪律甚严”③，严格实行“有功者重赏，有过者峻罚”④ 的原则。对王贵、杨贵等将领的处罚，都是他治军处处突出“严”字的表现。⑤ 他特别重视军队不得骚扰百姓，以严格的军法约束其官兵。“有践民稼，伤农功，市物售直不如民欲之类，其死不贷。卒有取民麻一缕，以束刍者，诘其所自得，立斩之。”⑥ “取人一钱者，必斩。”⑦ 绍兴三年（公元 1133 年），岳飞率军平定彭友等军，“提兵征赣之固石洞，军行之地，秋毫无扰，至今父老语其名，辄感泣焉”⑧。每到一地，岳飞“必自从十数骑周遭巡历，惟恐有一不如纪律者”⑨。

在极端严格的管束下，经过成年累月的军纪实践，岳家军方能逐渐提炼和概括出两句著名的口号：“冻杀不拆屋，饿杀不打

---

① 参见游彪《宋代士兵逃亡法考述》，《宋史研究论文集》，1996 年中国宋史研究会年会编刊。

② 《鄂国金佗稡编校注》卷 9《遗事》，第 758 页。

③ 《鄂国金佗续编校注》卷 14《武穆覆议》，第 1343 页。

④ 《鄂国金佗续编校注》卷 14《武穆覆议》，第 1343 页。

⑤ 张其凡：《岳飞的治军之道（岳飞军事思想探讨摘录）》，《岳飞研究论文集汇编》，第 298—299 页。

⑥ 《鄂国金佗稡编校注》卷 9《遗事》，第 758 页。

⑦ 《鄂国金佗续编校注》卷 27 黄元振编《岳飞事迹》，第 1588 页。

⑧ ［宋］曾敏行：《独醒杂志》卷 7，第 64 页。

⑨ ［宋］曾敏行：《独醒杂志》卷 7，第 64 页。

虏。”[①] 这绝不是虚假宣传，而是岳家军在忍饥受冻的艰难处境下，仍大致维持军纪的真实写照。掳掠成性和成癖的军队，如张俊、刘光世等军，又如何能提炼和概括出这种口号？故《鄂国金佗稡编》卷 9《遗事》说：“民见他将兵，遁亡灭影，闻为岳家军过，则相帅共观，举手加额，感慕至泣。”其实，百姓躲避军队，自古而然，即使在 20 世纪三四十年代，大陆的老百姓也是发现国民党军就逃避不迭。当时的百姓能够对岳家军“相帅共观，举手加额，感慕至泣”，确是极其不易而稀罕的事。

关于岳飞治军严整的记录，王曾瑜先生在《鄂国金佗稡编校注》第 783—786 页已引证不少，兹不赘引。南宋后期，吕午写诗称颂说：岳家军“纪律森严孰与邻”[②]，乃是客观而真实的总结。

天长日久，岳家军养成了一种雷厉风行的军风，令下如山倒，能够进行殊死战，且看如下的历史记录：

> 御众得其死力，杨再兴殁于虏，焚其尸，得矢镞二升，盖不偾不止也。
>
> 在合肥日，遣骑驰奏，至扬子江，风暴禁渡，典者力止之，骑曰：“宁为水溺死，不敢违相公令！”自整小舟绝江，望者以为神。[③]
>
> 猝遇敌，不为摇动，敌以为“撼山易，撼岳家军难”[④]。
>
> 颍昌之战，人为血人，马为血马，无一人肯回顾者，复中原有日矣。[⑤]

---

① 《鄂国金佗稡编校注》卷 9《遗事》，第 759 页。

② ［明］程敏政编：《新安文献志》卷 54《和岳王庙壁上韵》，［明］弘治刻本。

③ 《鄂国金佗稡编校注》卷 9《遗事》，第 786 页。

④ 《鄂国金佗续编校注》卷 30 王自中《郢州忠烈行祠记》，第 1646 页。

⑤ 《鄂国金佗续编校注》卷 27 黄元振编《岳飞事迹》，第 1588 页。

应当承认，岳飞成功地建设一支具有整肃的军政，严明的军纪，军令如山、雷厉风行的端正军风，因而坚不可摧的抗金雄师，是极其不易的，也是世界古代社会的罕见特例。[①] 岳飞的治军策略，当然称得上是中国军事史上的一大贡献。

第二节　岳家军的战绩

军队作为为一定政治目标服务的武装组织，是进行战争的主要工具，故春秋时的军事家孙武说："兵者，国之大事。"[②] 宋人亦云："兵者，国之命也。兵强，则国强；兵弱，则国弱；兵存，则国存；兵亡，则国亡。"[③] 对于军队来说，"兵强"即军队拥有强大的战斗力，才能赢取每一场战斗或者战争的胜利，才能"国强"。战斗力亦称作战能力，是"是武装力量遂行作战任务的能力"[④]。总的说来，冷兵器时代的战争，"受技术条件的限制较大，整体作战能力主要靠'人为'协约形成，靠'粗犷'方式释

① 本节参考王曾瑜《岳飞的正己和治军》，《岳飞和南宋前期政治与军事研究》，河南大学出版社2005年版。

② 《十一家注孙子校理》（增订本）卷上《计篇》，第1页。

③ 《三朝北盟会编》卷179，第1292页。

④ 付东、方程、王振雷：《作战能力与作战效能评估方法研究》，《军事运筹与系统工程》第20卷第4期，2006年12月，第35页。

放”[1]。战斗力是“军队赖以生存、履行职责、完成任务的先决条件”[2]。军队战斗力由军事人员、武器装备以及人、武器与战场的结合三方面基本要素构成，[3] 其中人是战斗力的第一资源。尤其是在古代战争中，“人的多少是决定战斗力大小的唯一因素”[4]。正是因为对金、伪齐与“内寇”的强大作战能力，岳家军才能从南宋初年的数支军队中脱颖而出，威名赫赫，成为南宋部队中最著名的雄师。

一、对岳家军战绩的不同评价

岳飞身后有长达二十年的不白之冤，由于秦桧及其养子秦熺篡改历史，湮没岳家军的战绩，后来又出现了若干歧异的记载，造成今人对岳家军战绩的不同估计。但也不限于此，也另有一些更复杂的因素。

例如目前的时势，造成一些人逆反的心态：人们说好，就偏说不好；人们说坏，就偏说好。《读者报·旧闻周刊》2013 年 7 月 25 日载《岳飞：那些意外的历史》，据载是“综合摘自《百家讲坛》海东青/文、《学习博览》冯八飞/文、《民间故事选刊》李开周/文、《时代青年》朱仙/文、《大话花边历史》龚令民/著，中国长安出版社/出版”而成。此文“并非战神”的部分，当然说不上是严肃认真的研究，但本书也不得不在后面的论述中，分别讨

---

① 任德才：《“三种作战能力”说长道短》，《解放军报》2011 年 8 月 18 日，第 10 版“军事论坛”。

② 南京政治学院理论研究室：《把提高战斗力作为根本出发点和落脚点——五论坚持在国防和军队建设中贯彻落实科学发展观》，《解放军报》2005 年 12 月 22 日。

③ 赵万须：《也谈战争胜负的决定因素》，《中国军事科学》第 16 卷，2003 年 2 月，第 134—140 页。

④ 蔡志强、卢厚清、张永利、陈赛锋：《多维约束下的军队战斗力增长模型》，《运筹与管理》第 14 卷第 3 期，2005 年 4 月，第 107 页。

论。至于此文有不少缺少历史知识的说法，如岳云“手持两只大铁锤”等，这在前面已涉及。有的也不须在此逐条讨论。以下先将马端临在《文献通考》卷154的一段话全面援引：

> 张、韩、刘、岳之徒，以辅佐中兴，论功行赏，视前代卫、霍、裴、郭，曾无少异。然究其勋庸，亦多是削平内寇，抚定东南耳。一遇女真，非败则遁，纵有小胜，不能补过，而卒不免用屈已讲和之下策，以成晏安江左之计。及其末也，夏贵之于汉口，贾似道之于鲁港，皆以数十万之众，不战自溃。于是卖降效用者，非民也，皆宋之将也。

这本是马端临作为一个南宋遗民发的牢骚，所说未必皆合史实。但作者据此就得出结论说：“可见岳飞等人面对金国军队时打败仗多过胜仗，并没有传说中那么神出鬼没。”一笔骂倒以为快。说“岳飞显赫的战功就此一役（按：指郾城之战），其余则全是演绎了”，这种说法当然不合史实，是完全错误的。至于所谓“卒不免用屈已讲和之下策，以成晏安江左之计”，难道不归之于宋高宗和秦桧之流的降金政策，倒要归罪于岳飞打仗不争气？这留待后面再论。

（一）关于《金史》中金军战败岳飞的记载

《岳飞：那些意外的历史》作者说：“《金史》中记载了岳飞四次败仗，而岳飞打胜仗的则只有郾城一战。”就只能说是信口之词。仅就岳家军第四次北伐而论。《皇宋中兴两朝圣政》卷27引何俌《中兴龟鉴》：“且飞之将略，亦尝闻其大略乎？……而又倡率三军，指示方略，自李宝曹州之战，以至张宪临颍之战，凡十五战，每战必捷。［虏酋］相告，谓‘撼山易，撼岳飞兵难’。”《宋史全文续资治通鉴》卷21所载同。《建炎以来系年要录》卷

143 所附《中兴龟鉴》文字略异，作“凡五十战”，当为刊误。按《鄂国金佗稡编》卷 16、卷 19 所载诸捷奏和捷报，共计十七战，其中《鹘旋郎君捷报申省状》《陈州颍昌捷奏》《郾城县北并垣曲县等捷奏》和《河北颍昌诸捷奏》所报各为两战，其他如蔡州之战、牛皋京西之战、黄河之战、孙显破排蛮（裴满）千夫长之战、孟邦杰复永安军之战、杨再兴小商桥之战、牛皋“战汴、许间”①、朱仙镇之战等，都未有奏报传世，“凡十五战”肯定不止，而“凡五十战”也肯定太多。

的确，且不论这位对历史缺乏认真了解的作者，即使是专治金史者，也时或只据扬胜讳败的《金史》记录，而没有下考证功夫。须知《金史》的战争记录扬胜讳败，前人早已指出。

其实，针对《金史》中金军战败岳飞的记载，王曾瑜先生在《鄂国金佗稡编校注》中早已有了考证。看来即使是治史者也并没有足够注意。今摘引于下。

1. 马家渡之战

《鄂国金佗稡编校注》第 103 页注建炎三年（公元 1129 年）冬马家渡之战，引《金史》卷 81《王伯龙传》：

> 军渡采石，击败岳飞、刘立、路尚等兵，获刍粮数百万计。

按马家渡之战，宋军确实战败，岳飞时为右军统制，看来确是与金万夫长王伯龙对阵。但当时宋军的战败，只因王　卖阵。岳飞最终还是整军而退钟山（蒋山）。翌年邵缉的荐书说：“去冬江上之战，将士蜂屯，（岳）飞独争先奋击。迨官军不胜，它将皆

① 《宋史》卷《牛皋传》，第 11465 页。

鸟奔鼠窜，飞独置寨蒋山，孤军转战，且行且击，斩首以千百计者，不知其几。”① 但一定要说王伯龙战败岳飞，也算勉强可以成立。

2. 鄢陵之战

《鄂国金佗稡编校注》第 487 页引《金史》卷 82《仆散浑坦传》：

> 天眷二年，与宋岳飞相拒。浑坦领六十骑，深入觇伺，至鄢陵，败宋护粮饷军七百余人，多所俘获。

王曾瑜先生认为：“按天眷二年即绍兴九年（公元 1139 年），此条记载反映金朝割让河南地区后，仍出兵袭扰。”但当时宋廷不准岳家军自鄂州北上，接管河南边防，而另派少量兵力接管河南边防，② 甚至岳飞“请以轻骑”洒扫北宋皇陵，也被宋高宗所制止。③ 当年宋金也未发生战争。故此条记载说当年“与宋岳飞相拒”，则肯定失实。仆散浑坦袭击“宋护粮饷军七百余人”，肯定不是岳家军。

3. 东平与邳州之战

《鄂国金佗稡编校注》第 490 页引《金史》卷 84《昂传》：

> 天眷元年，授镇国上将军，除东平尹。明年夏，宋将岳飞以兵十万，号称百万，来攻东平。东平有兵五千，仓卒出御之。时桑柘方茂，昂使多张旗帜于林间，以为疑兵，自以

① 《鄂国金佗续编校注》卷 28 孙逌编《鄂王事》，第 1604 页。

② 参见王曾瑜《荒淫无道宋高宗》，河北人民出版社 2007 年版，第 208 页。

③ 《鄂国金佗稡编校注》卷 7《鄂王行实编年》，第 482 页。

精兵阵于前。飞不敢动，相持数日而退。昂勒兵袭之，至清口，飞众泛舟逆水而去。时霖雨昼夜不止，昂乃附水屯营。夜将半，忽促众北行，诸将谏曰："军士远涉泥淖，饥惫未食，恐难遽行。"昂怒不应，鸣鼓督之，下令曰："鼓声绝而敢后者斩!"遂弃营去，几二十里而止。是夜，宋人来劫营，无所得而去。诸将入贺，且问其故，昂曰："沿流而下者，走也。溯流而上者，诱我必追也。今大雨泥淖，彼舟行安，我陆行劳。士卒饥乏，弓矢败弱，我军居其下流，势不便利，其袭我必矣。"众皆称善。

岳飞以兵十万围邳州甚急，城中兵才千余，守将惧，遣人求救。昂曰："为我语守将，我尝至下邳，城中西南隅有堑深丈余，可速实之。"守将如其教，填之。岳飞果自此穴地以入，知有备，遂止。昂举兵以为声援，飞乃退。

王曾瑜先生对此段记载辩证说："岳飞未率主力攻京东路，此地乃是韩世忠军战区。天眷二年，即绍兴九年（公元1139年）时，宋金并无战事。《金史》《昂传》所述，当为京东一两支用岳家军旗号之人民抗金武装，且人数不多。十万大军，'泛舟逆水而去'，须得千艘以上船只，不会如此灵便。"

4. 绍兴十年战事

《鄂国金佗稡编校注》第510页引《金史》卷68《阿鲁补传》:

宗弼复河南，阿鲁补先济河，抚定诸都，再为归德尹、河南路都统。宋兵来取河南地，宗弼召阿鲁补与许州韩常、颍州大臭、陈州赤盏晖，皆会于汴，阿鲁补以敌在近，独不赴。而宋将岳飞、刘光世等果乘间袭取许、颍、陈三州，旁郡皆响应。其兵犯归德者，阿鲁补连击败之，复取亳、宿等州，河南平，阿鲁补功最。

此条记载说绍兴十年（公元1140年）战事，其中有的错误王曾瑜先生已作考辨，在此从略。完颜阿鲁补守归德府，即宋南京应天府。“其兵犯归德者，阿鲁补连击败之，复取亳、宿等州”。依岳家军东至陈州，即淮宁府，淮宁府与南京应天府地界不相接，其中有开封府和亳州阻隔。按宋高宗手诏划分诸大将作战区：“已令张俊措置亳州，韩世忠措置宿州、淮阳军，卿（岳飞）可乘机进取陈、蔡。”① 事实上，张俊军取“已降之宿、亳”②，“金人复取河南之后，张七郡王（张俊排行第七）军至南京各属县”③，其实并不想进攻南京应天府，而只是侦察和掳掠。可知完颜阿鲁补作战的对象是张俊军，而非岳家军。

5.《宗秀传》记载之误

《鄂国金佗稡编校注》第593页引《金史》卷66《宗秀传》：

宗弼复取河南，宗秀与海陵俱赴军前任使。宋将岳飞军于亳、宿之间，宗秀率步骑三千扼其冲要，遂与诸军逆击败之。

王曾瑜先生对此段记载辩证说：“宿州与亳州乃张俊军防区，岳飞并未在这两州驻军，《宗秀传》所载系误。”

《金史》记载所以出现上述错误，大致上可推测为金人确是将

① 《鄂国金佗稡编校注》卷2高宗手诏，第29页。

② ［宋］张嵲：《紫微集》卷25《为张俊乞赏缴奏状》，影印文渊阁《四库全书》本，第1131册第562页。

③ 《三朝北盟会编》卷230，第1654页。

岳家军作为主要的敌手，凡是取得些胜利，就往往不问是哪支宋军，而都说是打败了岳家军。但《金史》也有说真话者，如此书卷98《完颜纲传》载，金朝在招诱吴曦叛变的诏书中说："且卿自视翼赞之功孰与岳飞？飞之威名战功，暴于南北。"如依上引《金史》记载，岳飞对金作战，专吃败仗，又何以会有"威名战功，暴于南北"之说？至于另有《金史》卷77《宗弼传》的记载，留待后面论析。

（二）徐规先生对岳家军战绩的评述

徐规先生比较强调刘锜的军功，而对岳家军的战绩评价不高。他在《应该实事求是地评价岳飞的抗金战功》一文中说，"顺昌之战，关系最大，它奠定了宋金南北对峙的局面"。其根据是援引了朱熹和叶适对顺昌和柘皋两战的评论，说宋朝定中兴十三次战功，未列入郾城之战等。[①] 朱、叶两人的评论，宋朝定中兴十三次战功留待后面再行分析。他另著《刘锜的风范品格及其在古代军事史上的地位》。他在《朱仙镇之役与岳飞班师考》中认为，岳家军应有朱仙镇一役，六月"顺昌战败后"，"岳家军乘虚而入，进抵朱仙镇是有可能的"。但七月"颍昌一战"，岳家军"已遭受金兵的猛烈反击，折将损兵，几陷失败"，[②] 就不会有朱仙镇之战。

王曾瑜先生也肯定刘锜指挥的顺昌之战，但对刘锜的军事成就估计与徐先生有相当差别。他提出："自宋金开战以来，宋军主要有和尚原、仙人关、顺昌、郾城和颍昌五次大捷，都大败完颜兀术亲率的金军主力。"[③] 漆侠先生对此说表示赞同，他说："岳

① 徐规：《仰素集》，杭州大学出版社1999年版，第594—595页。

② 《仰素集》，第463、470页。

③ 王曾瑜：《岳飞和南宋前期政治与军事研究》，河南大学出版社2005年版，第141页。

飞绍兴十年（公元 1140 年）的北伐，作者充分肯定了岳家军郾城之战和颍昌之战，指出这两个战役与吴玠、吴璘的和尚原、仙人关之战、刘锜的顺昌之战，是宋军抗金斗争的五次大捷，这一评论是恰当的。”① 王曾瑜先生针对前引徐规先生之说提出驳论，特别在《岳飞第四次北伐》（四）“关于岳飞军事情势不利的记载”中写道：“综上所述，前引的记载不能提供准确可靠的证据，用以说明岳家军在敌人猛烈反击下，折将损兵，几陷失败，以至不班师就得丧师。”②

当然，在学术研究中，人们对某个问题提出不同看法是完全正常的。但徐规先生的逻辑，正是如前所述，岳飞打仗不争气，就导致了所谓“卒不免用屈已讲和之下策，以成晏安江左之计”。徐规先生的论点是唯有顺昌之战才“奠定了宋金南北对峙的局面”，而决不认为须有什么恢复故土的问题和可能。

徐规先生在《〈南宋史稿〉序言》中就进一步发挥此论，“对提出妥协的人必须作具体分析”，所谓“提出妥协的人”就是人们常用的投降派。“那种以为绍兴前期南宋有力量收复中原的看法，这是对宋、金的国情缺乏了解的缘故”。绍兴和议“在客观上有其一定的积极作用”云云，并认为自己“这一观点和看法是完全正确的”。③

王曾瑜先生特别给徐规先生写信，此信已公开发表在《丝毫编》第 320—325 页。他在信中说：“学术争鸣，贵乎各抒己见。你们完全应当表述己见，但将己见称之为‘完全正确的’，只怕不

---

① 漆侠：《宋辽金史研究的“大有”年》，《漆侠全集》第 12 卷，河北大学出版社 2008 年版，第 214 页。

② 《岳飞和南宋前期政治与军事研究》，第 144 页。

③ 徐规：《仰素集》，杭州大学出版社 1999 年版，第 1062—1063 页。

同意你们的意见，亦未必就是完全错误的。”他另外也撰写了《绍兴和议与士人气节》《关于秦桧归宋的讨论》等文，亦载于《丝毫编》。有兴趣的读者，可以对徐规先生的《〈南宋史稿〉序言》和王曾瑜先生的《致徐规先生的学术通信》等文进行阅读、比较和品评。

其实，徐规先生对岳家军战斗力和战绩估计的立论，虽言之有据，似可说是建立在秦桧父子篡改历史、湮没岳飞的抗金事迹与岳家军战绩的基础之上，而并未予以认真的考证和查核。事实上，即使到南宋中期，朱熹和叶适对岳家军的战绩就并不清楚。《朱子语类》卷136说：

绍兴初，岳军已向汴都，秦相从中制之。①

他只是模模糊糊知道岳飞已进兵旧都，却说不出如何打仗，有多少战役。但《朱子语类》卷132对顺昌之战介绍不少，并评论说：

刘锜顺昌之捷，亦只是投之死地而后生。……虏人大败，方有怯中国之意，遂从和议，前此皆未肯真个要和。此是庚申年六月，可惜此机不遂进！②

叶适说：

于是我始能胜于大仪，又胜于李家湾，又胜于顺昌、柘

① 《朱子语类》，第3245页。
② 《朱子语类》，第3166—3167页。

皋，而虏始与我定和矣。①

兀术再出，大败于顺昌、柘皋，始稍惧我，而盟约遂定。②

按绍兴六年（公元1136年）张俊指挥李家湾之战，至多只是败伪齐刘猊军的一战，应是张俊虚报战功。③ 这说明叶适对南宋初的战争过程并无深入的了解和调查。他们不提岳飞第四次北伐，也并不足怪，其故正在于对岳家军的战绩已不了解。可见在朱熹和叶适的心目中，根本就无岳飞大举北伐，进行郾城、颍昌等战的位置。至于宋孝宗乾道二年（公元1166年），定所谓“中兴以来十三处战功”④，多数是不足道的小胜，却不列岳家军的郾城和颍昌两次大捷，也同样表明岳家军战功之被抹杀。即使到淳熙时为岳飞定谥，官方文件就承认：“因博询公平生之所以著威望，系安危，与夫立功之实，其非常可喜之大略，虽所习闻，而国史秘内，无所考质。”⑤ 可知岳家军的战绩被湮没到何等地步，直到《鄂国金佗稡编》问世后，部分历史真相方得以大白。

但被抹杀不等于就不存在，今存的残缺史料仍可以查考部分历史的真相。洪皓的《鄱阳集》拾遗《使金上母书》中反映绍兴十年（公元1140年）金朝的动向：

及顺昌之败，岳帅之来，此间震恐。

① 《叶适集·水心文集》卷1《上宁宗皇帝札子》（开禧二年），第6页。

② 《叶适集·水心别集》卷15《终论四》，第824页。

③ 关于此战的分析，参见本书第203页。

④ 《宋会要辑稿》兵19之17—18，第9010页；《建炎以来朝野杂记》甲集卷19《十三处战功》，第449页。

⑤ 《鄂国金佗续编校注》卷14《武穆覆议》，第1343页。

被拘的洪皓相当了解金朝内情，他对顺昌之战与岳家军的第四次北伐就是相提并论的。据《鄂国金佗稡编》问世前的宋孝宗为岳飞赐谥文件，同样是洪皓的反映说：

初，忠宣洪公在虏，尝遣蜡书至，太上以赐其家，言虏中所大畏服者，张浚与公而已。他日忠宣还，因奏事，论至公死，不觉为恸。①

文臣张浚虽算是个抗战派，却成事不足，败事有余，不知怎么，金人中居然有其虚名，可能是将吴玠指挥的两次大捷算在他的账上了，因为他当时确是吴玠的顶头上司。但在武将中，金人"所大畏服者"只有岳飞，如果岳家军战绩不行，为何就不说是徐规先生特别赞赏和褒表的刘锜呢？又如陈亮打算编集《中兴遗传》："其二曰大将，若种师道、岳飞、韩世忠、吴玠、〔吴璘〕。"② 陈亮所开列者，也没有徐规先生特别赞赏和褒表的刘锜。

另一金朝统治下的汉人作品，《呻吟语》引《燕人麈》说：

兀术尤骄横，所向无敌。自韩世忠败之黄天荡，吴璘败之和尚原，岳少保败之颍昌，锐气渐消。

韩世忠黄天荡之战虽然最终失败，但完颜兀术一时颇为狼狈，

① 《鄂国金佗续编校注》卷14《忠愍谥议》，第1338页。

② ［宋］陈亮著，邓广铭校点：《陈亮集》（增订本）卷22《中兴遗传序》，中华书局点校本1987年版，第243页。据《金华丛书》本陈亮《龙川文集》卷13《中兴遗传序》补"吴璘"。

险些回不到江北。和尚原之战的主将是吴玠，吴璘是其副手，此处所指，其实应是和尚原与仙人关两战。至于“岳少保败之颍昌”，也可理解为第四次北伐的诸多战役，而非颍昌一次。可知尽管如朱熹、叶适等宋人的心目中甚至根本没有颍昌等战的地位。但了解金朝内情者反而不是如此看的，《燕人麈》反而根本不提顺昌和柘皋之战。

不考虑秦桧及其养子秦熺篡改历史的因素，单提朱熹、叶适等人之说，宋孝宗时定十三次战功等是否存在片面性呢？似应是一目了然的事。

仅言及此，尚嫌笼统，以下须对金军的战术，以及宋金绍兴十年（公元 1140 年）、十一年（公元 1141 年）的重大战役，做进一步的具体论析。

二、金军的战术优缺点和宋军对策等概述

（一）金军战术特点

关于金军的战术优点和缺点，王曾瑜先生在《金朝军制》第九章第一节“女真骑兵的特点”中有详细的论述。为了在后面评估岳家军的战斗力和战绩，此处需援引若干重要的史料，先对此作些分析。

1. 金军骑兵优势

《琬琰集删存》卷 1《吴武顺王璘安民保蜀定功同德之碑》载：

> 尝自著《兵法》二篇，上篇《兵要》，下篇《阵图》。大略以谓虏有四长，我有四短，当反我之短，制彼之长。虏之四长曰骑兵，曰坚忍，曰甲重，曰弓矢。

“甲重”，《宋史》卷 366《吴璘传》作“重甲”。《三朝北盟会

编》卷 195 吴玠墓铭说：

后胡世将为川、陕宣抚使，公弟吴璘适在军中，一日，从容问公所以战，则曰："璘与先兄束发从军，屡战西戎，不过一进却之间，胜负决矣。至金人则胜不追，败不乱，整军在后，更进迭却，坚忍持久，令酷而下必死，每战非累日不决，盖自昔用兵所未尝见。胜之之道，非屡与之角者，莫能尽知，然其要在用所长，去所短而已。盖金人之弓矢，不若中国之劲利；而中国之士卒，不若金人之坚忍。尽吾长技，洞中重甲数百步外，则彼固不能及我。据其形便，更出锐卒，与之为无穷，以沮其坚忍之势，则我固有以制彼。至于决机两阵之间，变化如神，默运乎心术之微，则璘有不能言者。"

《云麓漫钞》卷 4 记载：

绍兴初，尝获北方探事人，云："虏用兵多用锐阵，一阵退，复一阵来，每一阵重如一阵。重兵既多，即作圆阵以旋敌人；若敌人复作圆阵外向，即下马步战，待其败走，上马追之。自用兵以来如此。"

《三朝北盟会编》卷 244《金虏图经》说：

虏人用兵专尚骑，间有步者，乃签差汉儿，悉非真虏人。取胜全不责于步，惟运薪水，掘壕堑，张虚势，搬粮草而已。骑不以多寡，约五十骑为一队，相去百步而行。居常以两骑自随，战骑则闲牵之，待敌而后用。又有一贴军，曰阿里喜，如遇正军病，即以贴军代行。……其临大敌也，必以步军当先，精骑两翼之，或进或退，见可而前，弓矢亦不妄发。虏流有言曰："不能打一百余个回合，何以谓马军！"盖骑善乎往来冲突而已。遇败亦不散，去则逐队徐徐而退。弓力止七斗，箭极长，刀剑亦不取其快利。甲止半身，护膝微存，马甲亦甚轻。

《历代名臣奏议》卷 90 吕颐浩奏：

虏人遇中国之兵，往往以铁骑张两翼，前来围掩。

由此可见，在金朝初年，尽管是多民族的军队，也"签差汉儿"作步兵，但金军的精锐和主力，则是女真骑兵。按吴玠和吴璘的作战经验谈，悍勇的女真骑兵确非辽和西夏的骑兵可比。首先是重甲，厚重的铁兜牟，"止露两目，所以枪箭不能入。契丹昔用棍棒击其头项面，多有坠马"①。如前所述，甚至宋军使用大斧，也未必在砍劈头部时致其死命。其次，特别突出者，是女真骑兵体力强，能持久作战。过去宋军与西夏军作战，两军一次交锋，即一个回合战斗，即可分胜负。但女真骑兵完全不同，"善乎往来冲突"。若交锋一个回合失败后，即利用战骑的机动性退出战斗，重整队形，连续冲锋，就是所谓"更进迭却"。女真骑兵甚至能坚持"打一百余个回合"。相形之下，宋军的体力就不能支持。再次，女真骑兵的惯用战术，是"以铁骑张两翼，前来围掩"，而不是正面冲击。宋人的行阵术语，称左、右翼骑兵为"拐子马"。

① 《三朝北盟会编》卷 30，第 231—232 页。

“拐子马，虏之长技”①。最后，“金人野战，长于用骑”，“金人攻城，长于用炮”。② 故能进行猛烈的攻城战而深入中原。

2. 金军骑兵作战季节性强

经过战争摸索，宋人逐渐了解女真骑兵的弱点。首先女真骑兵作战有很强的季节性，往往只能是盛暑休兵，而在秋冬弓劲马肥之际用兵。吕颐浩说：

> 虏人风俗，每于逐年四月，尽括官私战马，逐水草牧放，号曰入淀（淀乃不耕之地、美草之处，其地虚旷宜马）。入淀之后，禁人乘骑。八月末，各令取马出淀，饲以粟豆，准备战斗。又虏人所长者，在弧矢之利，而暑月弓力怯弱，射不能及远。③

故宋高宗手诏中也多次提到，“恐至高秋马肥，不测豕突”，“若稍后时，弓劲马肥，非我军之便”。④ 不仅是马与弓，来自东北的女真人耐寒而不耐热，夏季不便作战，特别是女真将领一般必须去北方避暑。如宋绍兴四年（公元 1134 年），即金天会十二年夏，“金左副元帅宗维（宗翰）⑤、右监军希尹自云中之白水泊，右副元帅宗辅自燕山之望国崖，左监军昌自祁州之麻田大岭避

① 《叶适集·水心别集》卷 16《后总》，第 847 页。关于“拐子马”，首先由邓广铭先生考证，见《岳飞传》（增订本），第 414—431 页。

② 《历代名臣奏议》卷 334 章谊奏，第 4328 页。

③ 《三朝北盟会编》卷 176 吕颐浩奏，第 1274 页。

④ 《鄂国金佗稡编校注》卷 2 高宗手诏，第 30、31 页。

⑤ 按《建炎以来系年要录》将完颜粘罕的汉名“宗翰”误作“宗维”，完颜斡离不的汉名“宗望”误作“宗杰”，应以《金史》所载为准。

暑”[1]。

3. 金军擅长用弓箭

金军的主要武器是弓箭，但因金朝的经济技术水平所限，“金人之弓矢”，不如宋军之“劲利”，而其“刀剑亦不取其快利”，故“长于弓矢远射，却短于白刃近战”。[2] 前面谈岳家军装备时，已介绍了金军近战时，其不快利的刀剑难敌宋军的麻扎刀、大斧等。

（二）宋军对策

北宋末年，腐败的宋军简直对新兴的金军不知所措，野战必败，只能进行消极的守城战。如偌大的开封城，一旦金军登城，宋军也就立即逃败。

1. 宗泽以战车抵挡女真骑兵

建炎初，金军遭遇第一个真正的对手，正是宗泽的东京留守司军。《鹤林集》卷 20《边备札子》说：“中国所以制马之具，亦岂无策。如宗泽军以战车当其冲。”从今存史料看，宗泽对付金军，就绝不是消极的守城战，而是以城市争夺战和野战为主要作战形式。这与北宋末只能进行消极的守城战相比是个转折性的进步。

宗泽确是重视战车抑制女真骑兵奔冲的功能。他上奏说：

> 臣又制造决胜战车一千二百辆，每辆用五十有五人，一卒使车，八人推车，二人扶轮，六人执牌辅车，二十人执长枪，随牌辅车，十有八人执神臂弓弩，随枪射远，小使臣两员专干办阅习车事，每十乘差大使臣一员总领，为一队。〔见

① 《建炎以来系年要录》卷 77，绍兴四年夏，第 2 册第 86 页；［宋］宗泽：《宗忠简公集》卷 7《遗事》，影印文渊阁《四库全书》本，第 1125 册第 86 页。

② 王曾瑜：《尽忠报国——岳飞新传》第 2 章“尽忠报国”，第 13 页。

今四壁统制官日逐教阅坐作进退、左右回旋曲折之阵，委可以应用］①

以上是宗泽东京留守司军的基本编制单位，以55人为一车，配置兵器有神臂弓、长枪、盾牌等，依战车1200辆，则合计66000人。建炎元年（公元1127年）冬，金军进犯，“诸将请断河梁，严兵自固，泽笑曰：‘去岁城破，正坐此尔，尚可袭其轨乎！’命统制官刘衍趋滑州，刘达趋郑州，各率车二百乘，战士二万人，且戒衍毋得轻动，极力保护河梁，以俟大军北渡。金人闻之，夜断河梁而遁”②。依200车，则为11000人，说两支军队各“战士二万人”，可知也不完全依上述编制。宗泽的军事指挥当然相当灵活，并不死板地依上述一车的编制单位。如“遣统领官王宣领五千骑”援滑州，③ 就不使用战车。

从今存史料看，在建炎元年（公元1127年）冬至次年春的激战中，宗泽根本没有在开封消极守城，只是在开封城外围与金军交锋，以城市争夺战和野战为主要作战形式。最善战的金朝左副元帅完颜粘罕，最后也只能以败退告终。得到此次教训后，金军“自是不复犯东京矣”④，最终只是在杜充主动放弃开封后，开封方在粮尽援绝下陷落。

宗泽的指挥，与北宋末只能进行消极的守城战相比是个转折性的进步。但宗泽之后，宋军一般不使用战车。《宋史》卷197《兵志》说：“渡江后，东南地多沮洳险隘，不以车为主。宗泽、

---

① 《三朝北盟会编》卷113，第804页；《历代名臣奏议》卷85，第1170页。

② 《建炎以来系年要录》卷11，建炎元年十二月己卯，第1册第202页。

③ 《宗忠简公集》卷7《遗事》，影印文渊阁《四库全书》本，第1125册第85页。

④ ［宋］王柏：《鲁斋集》卷14《宗忠简公传》，台北：商务印书馆，影印文渊阁《四库全书》本，1986年版，第1186册第214—215页。

李纲有战车法，王大智献车式，皆不复用，而属意甲胄、弧矢之利矣。”①

2. 吴玠的防御战

建炎时，最突出的当然是李彦仙死守陕州和赵立死守楚州，两次战争只因势孤力单而败，但两员勇将的指挥，也绝不是消极的守城战。建炎四年（公元1130年）的富平之战，规模颇大，则是张浚错误决策下的野战。②

关于绍兴元年（公元1131年）的和尚原大捷和绍兴四年（公元1134年）的仙人关大捷，王曾瑜先生的《和尚原和仙人关之战述评》③做了详细论析，在此不必赘述。在两次山地战中，女真骑兵纵横驰骋、两翼侧击的战术根本没有施展的余地。尽管如此，金军在兵力上占优势，其攻势还是非常猛烈，在“令酷而下必死”的情势下，金兵的作战也相当顽强，可以说是前仆后继。“其战披重铠，登山攻险，每一人前，辄二人拥其后，前者死，后被其甲以进，又死，则又代之如初，其为必取计盖如此！”④王曾瑜先生在文中总结了吴玠的四条军事对策：一是“设置要塞，实行纵深防御”。二是“宋军强劲的弓弩发挥了很大威力”。三是针对金军作战的坚忍持久，施行“番休迭战”的战术，“使不得休暇，以沮其坚忍之势”。四是“实行劫营夜战和白刃近战”。⑤

前引吴璘的话：“至于决机两阵之间，变化如神，默运乎心术

---

① 《宋史》卷197《兵志》，第4922页。

② 参见王曾瑜《宋金富平之战》，《岳飞和南宋前期政治与军事研究》，河南大学出版社2005年版。

③ 参见王曾瑜《岳飞和南宋前期政治与军事研究》。

④ 《三朝北盟会编》卷158刘子羽墓志，第1148页。

⑤ 王曾瑜：《和尚原和仙人关之战述评》，《岳飞和南宋前期政治与军事研究》，第382—383页。

之微，则璘有不能言者。”和尚原之战打三天，仙人关之战打五天。吴玠指挥所部最初是进行防御战，但到金军攻势虽告衰竭却仍不肯退兵时，吴玠就能把握战争的火候，及时转入反攻击溃战。尽管当宋军反攻时，金军的抵抗仍然相当顽强，却还是抵挡不住宋军的猛烈反击，大败而归。这确实显示了吴玠军事指挥的高明，“在南宋初的抗金名将中，吴玠的军事成就仅次于岳飞，而在他人之上”①。但他还是防御型的将帅。

3. 岳家军擅长攻城战与野战

岳飞作为南宋唯一进攻型的将帅，岳家军的主要作战形式必然是攻城战和野战。但岳家军已不采用原东京留守司军施行的车战，由于岳家军有强大骑兵，与其他各军不同者，不仅是步骑协同，以步击骑，或单独以骑兵出击，以骑克骑。

4. 韩世忠战术

关于韩世忠，王曾瑜先生认为：“韩世忠反对乞和，力主抗金，是很值得称道的。但如仅从指挥才能和军功而论，显然不如岳飞、吴玠等人。他一生最有名的战役，一为黄天荡之战，乃是有积极意义的败仗，二为大仪镇之战，原是伏击数百金骑的小胜，后却被撰神道碑的赵雄吹嘘为‘中兴武功第一’，而《宋史》卷364《韩世忠传》也因袭此说。韩世忠几次北伐，也取得一些小胜，却屯兵于淮阳军城下，屡攻不克，甚至攻入城内，又被金军逐出。他罢兵权前的最后一战，是绍兴十一年（公元1141年）在淮西濠州城下的败退。”② 可以补充者，是在黄天荡之战以前，韩

---

① 王曾瑜：《和尚原和仙人关之战述评》，《岳飞和南宋前期政治与军事研究》，第384页。

② 王曾瑜：《和尚原和仙人关之战述评》，《岳飞和南宋前期政治与军事研究》，第384页。

世忠军对金作战，就只有溃败的记录了。王曾瑜先生另撰有《韩世忠大仪镇之战述评》①，专门就此战实为杀敌数百的小捷作了考辨。

5. 张俊

至于张俊，目前似无人出面肯定他。徐规先生强调的所谓“中兴以来十三处战功”，其明州之战就列为首战。按原始记录，不过是金军的“小衄”，“明州之战的原始记录见《忠正德文集》卷7《建炎笔录》，《浮溪集》卷1《奏论诸将无功状》（此奏又见《三朝北盟会编》卷136），《挥麈后录》卷9，《挥麈三录》卷1引李正民日记（见《三朝北盟会编》卷134）。尽管张俊虚报战功，说杀敌近千人，而所得女真人的‘带环首领’，即耳戴金银环的首级仅有两级。此后，明州之战又被吹嘘为杀敌几千以至几万的大捷，见《海陵集》卷23《张循王神道碑》，《三朝北盟会编》卷219引《林泉野记》，《建炎以来系年要录》卷30建炎三年十二月癸卯，《宋史》卷369《张俊传》，《宋朝南渡十将传》卷6《张俊传》”②。此战结束后，据《三朝北盟会编》卷136记载：

> 张俊虽已败金人于高桥，然心犹惧，遂与李质及刘洪道俱弃城而去。州人随之争门而出，洪道已渡浮桥，使人断其桥路，故州人不及渡；而金人已入城，追至西门外，州人多溺死。金人乘势屠明州，存者无几。明州之人是以怨张俊得小胜而弃城，遂致大祸。③

---

① 王曾瑜：《点滴编》，河北大学出版社2010年版。

② 《尽忠报国——岳飞新传》第四章“建康风云”，第59页注4。

③ 《三朝北盟会编》，第986页。

以下再回归本章的主旨。岳飞的第一次北伐，克复襄汉六郡，破金与伪齐联军，是南宋第一次收复大片国土，即原京西南路的全部失地，另加京西北路信阳军。第二次北伐因史料缺佚，仅存“荡平汝、颍，既而连破商、虢，又取伊阳、长水，捷音五至”的概略记载，① 即五战皆捷。两次北伐都是大规模的进攻战役。因关于岳家军的战斗力和战绩的争论，主要集中在刘锜的将略和军功是否高于岳飞，以下必须就绍兴十年（公元1140年）和十一年（公元1141年）的主要战役做进一步的论析。其中柘皋和濠州之战也涉及了张俊和韩世忠。

三、顺昌大捷述评

关于顺昌大捷，王云裳先生著有《刘锜评传》，此书中对顺昌之战有了相当详细的论述，② 本节着重作一些分析。

（一）顺昌大捷的背景和过程

1. 顺昌大捷背景

宋金于绍兴八年（公元1138年）岁末订立和议，金朝于翌年将原伪齐占地划归南宋。照理说，原先的各支宋军理应往北推进，接管河南地区防务。但宋高宗说：“不可移东南之财力，虚内以事外也。”③ 当时河南地区惨遭兵祸，要供应大军钱粮，也确有困难，而各支大军分别派遣少量兵力进驻，则是完全合情合理的。但是，宋高宗和秦桧的真正意图，无非是坚持降金政策，决不允许岳飞等派兵，哪怕只是少量兵力进驻，以免惹事。结果是岳家军等在原地驻守，而新复地区却处于不设防的状态。

---

① 《鄂国金佗续编校注》卷30陈公辅《论已破汝颍商虢伊阳长水乞豫防虏叛会合之计奏札》，第1654页。

② 王云裳：《刘锜评传》，巴蜀书社2001年版，第53—67页。

③ 《建炎以来系年要录》卷125，绍兴九年正月己亥；卷126，绍兴九年二月癸丑，第2册第711、714页。

宋绍兴九年（公元1139年），即金天眷二年，金朝发生政变。主战的完颜兀术（宗弼）等杀掉主和的完颜挞懒（昌）等，对宋政策陡变。宋使王伦得到准确情报，向宋廷密奏，主张令岳家军等四支大军驻守三京和长安等，以备不测。随着王伦等被扣押，形势已逐渐发展到剑拔弩张的地步。宋高宗和秦桧虽然接到此密奏，仍旧不愿令岳家军等开往前沿。他们的对策，就是任命刘锜为东京副留守，率领一支以八字军为基干的队伍，前往开封驻守。但刘锜军的移屯同当时其他军队一样，必须扶老携幼，拖带家属。其启程和行动相当迟缓。刘锜于绍兴十年（公元1140年）二月任命，却于四月启程，并规定他将“诸军家属皆留顺昌就粮，惟精兵分戍陈、汴”①。

宋高宗和秦桧既然降金政治主导一切，从军事常理看，自然会做出荒唐的决策。不让岳飞从距离开封最近的鄂州发兵，宁愿舍近求远，命刘锜带兵前往，又是一例。在他们看来，刘锜官位低，能够听话。

在此先品评一下金朝将帅的才能。完颜粘罕（宗翰）当然是金军将帅最具才略的一人，“性特严酷残忍，沉鸷多谋，遇战时，号令其下，骑者骑，步者步，回顾者斩，所以每战必胜也”②。但他在金朝内部政争中失败，死于绍兴七年（公元1137年），或说被缢死。统兵的“二太子”完颜斡离不（宗望）和“三太子”完颜讹里朵（宗辅）也已死亡。此外，按金朝方面的评价，则是完颜挞懒（昌）“有谋而怯战”，完颜兀术（宗弼）“乏谋而粗勇”。③

---

① 《建炎以来系年要录》卷134，绍兴十年二月辛亥；卷135；绍兴十年四月辛酉，第2册第797、805页。

② ［宋］宇文懋昭：《大金国志校证》卷27《粘罕传》，第379页。

③ ［宋］吕颐浩：《吕颐浩集》卷5《论边防机事状》。

“乏谋而粗勇”，确是对完颜兀术（宗弼）准确的评价，他十分悍勇，敢打敢拼，敢于屡败屡战，但谋略不足。平心而论，金朝将帅中与宋军作战最多者，吃败仗最多者，都是完颜兀术（宗弼），这在本书后面论述的战役中都能反映出。

宋人有诗说：“粘罕中间陷两京，当时兀术尚无名。如今索斗无时了，不使山川见太平。”① 完颜兀术（宗弼）政变成功后，出任金朝第三任都元帅，确是显示了他的军事风格。第一，金朝都元帅“恒居守而不出”②，第一任完颜斜也（杲）和第二任完颜粘罕（宗翰）都遵守此制。任命完颜粘罕（宗翰）为都元帅的初衷，正是利用此制，明升暗降，剥夺其兵权。完颜兀术在绍兴四年（公元1134年）春惨败于仙人关，当年冬又败于淮南，但后一次是其同母兄完颜讹里朵（宗辅）为主将，他是副将。时隔六年，绍兴十年（公元1140年）五月又一次用兵，他立即打破旧制，以都元帅的身份亲自披挂上阵，指挥作战。第二，他打破金朝用兵常规，将夏季避暑时节改为用兵时节。大约因为他考虑到如依常规延挨到秋冬出兵，宋军肯定会在河南设防而难攻，不如夏天用兵，打对方一个措手不及。他迅速出兵，很快就占领南宋不设防的河南之地，这是他的成功，却也因此被胜利冲昏了头脑，狂傲而轻敌。

2. 顺昌大捷过程

绍兴十年（公元1140年）五月十三日，金军占领开封城。③十五日，“济州防御使、东京副留守刘锜至顺昌府。锜自临安率所

---

① 《永乐大典》卷10877庞谦孺《白苹集·闻虏人败于柘皋作口号十首》。

② 《金史》卷44《兵志》，第1002页。

③ 《建炎以来系年要录》卷135，绍兴十年五月丙戌及注，第2册第809页；《永乐大典》卷3586《毗陵集·乞屯兵江州札子》。

部，以舟九百艘绝江溯淮，至是才抵颍上”①。十七日，得到金军入东京的报告，十八日，又得“虏骑已入陈州”的报告。② 形势的迅速变化，已使刘锜军处于进退失据的险境。前往开封，则不可能与金军大部队相抗；如果撤退，则步兵行动既慢，又受家属拖累，必将被金朝骑兵所追赶而围歼。刘锜军的唯一出路只能是守住顺昌城，抗击而待援。

刘锜和顺昌知府陈规迅速做出决策，在顺昌城部署防御。准备死守。这当然是完全正确的。顺昌之战从五月二十五日与金军游骑初战，五月共三十天，到六月十二日金军撤兵，断续进行了18 天。③ 18 天内不是天天打仗，可分日叙述战事如下：

五月二十五日，金朝游骑涉颍河，遇刘锜伏兵，擒千夫长阿赫杀和阿鲁。可知是与金朝猛安一级编制单位的前锋交战。“探报韩将军、翟将军两头领在白沙、龙涡一带下寨，寨去城北约三十里”④。刘锜派千余将士夜袭。

二十六日早晨，双方再战，“遂杀伤千百人”⑤。

---

① 《建炎以来系年要录》卷 135，绍兴十年五月丁亥，第 2 册第 810 页。关于刘锜行程，《建炎以来系年要录》同卷作四月十八日壬戌“入辞”，此条作“按锜以三月二十日戊戌离临安，自临安至颍上，三千二百里，凡行四十一日”。《三朝北盟会编》卷 201 引《顺昌战胜破贼录》，第 1447 页作“三月十八日陛辞”，“越五日而后起行”。互相矛盾。参见王云裳《刘锜评传》，第 60 页考证。

② 《三朝北盟会编》卷 201 引《顺昌战胜破贼录》，第 1447 页。

③ ［宋］章颖：《宋朝南渡十将传》卷 1《刘锜传》误算为“凡二十有五日”，《碧琳琅馆从书》本。

④ 《三朝北盟会编》卷 201 引《顺昌战胜破贼录》，第 1448 页。

⑤ 《三朝北盟会编》卷 201 引《顺昌战胜破贼录》，第 1448 页。

二十九日，金朝龙虎大王完颜突合速[①]与三路都统完颜阿鲁补[②]率军增援，与韩常、翟将军会合，约“三万余骑”[③]，攻顺昌城，双方打到三十日，刘锜军连胜。

六月一日，龙虎大王等无计可施，只能遣银牌天使急驰开封，向完颜兀术求援。

二日，金军停止攻击，刘锜派兵夜袭李村金营。次日，夜袭将士回城。

七日，完颜兀术统十多万大军到顺昌。

九日，双方大战。

十日，大雨，刘锜派兵乘夜劫营。

十一日，金军在颍水“作筏系桥甚急，至晚不辍抽摘人马过河”。

十二日，金军“尚立炮架，置推牌，斤斧不绝，虚立旗帜，以疑城上”。因颍水暴涨，冲溺人马，“遂复系桥，连夜以济”。[④]顺昌之战结束。

为了便于论析，在此先将《宋会要辑稿》兵 14 之 27—28 的刘锜捷奏抄录于下，因为此份报告有其准确性：

> （绍兴十年六月）十八日，刘锜言：“顺昌府累与金贼大

---

① 宋方记载一般只称“龙虎大王”，其姓名据《鄂国金佗稡编校注》卷 8《鄂王行实编年》，第 530—531 页考证。

② 宋方记载一般只称“三路都统”，其姓名王云裳《刘锜评传》第 54 页作“三路都统葛王褒”。今据《鄂国金佗稡编校注》卷 8《鄂王行实编年》，第 509—510 页考证，认为“三路都统”不是金朝葛王，即后来的金世宗，而是完颜阿鲁补。关于金世宗最初的汉名，宋方记载竟有“褎”“褒”和“裒”三字，王曾瑜先生认为，应以“裒”字为准（参见王曾瑜《辽、宋、金三史校读札记》“八、金世宗汉名小考”，《点滴编》，河北大学出版社 2010 年版，第 640—642 页）。

③ 《三朝北盟会编》卷 201 引《顺昌战胜破贼录》，第 1448 页。

④ 《三朝北盟会编》卷 201 引《顺昌战胜破贼录》，第 1451 页。

兵接战。其酋首三路〔都统〕、韩将军、龙虎大王等皆缘败衄，往东京告急。至今月九日，四太子亲率大兵、诸头项贼马，并力攻围府城。于当日激励将士，戮力血战，杀死约五千余人。及捉到活人供通，伤中者一万余人，往往身体黄肿，皆用骡马驮负北去。马中伤死者三千余匹。知贼每不利，遂领兵于城西南相近一里以来，扎立硬寨，谋为攻打、坐困官军之计。锜激励将士，密为夜袭，使不得安。于十二日子时以来，贼遂拔寨，望西北遁。已分遣军马追袭。”诏赐刘锜奖谕，疾速开具立功人等第闻奏。①

此奏主要是报告战役最后阶段的情况。刘锜军第一阶段是与金朝韩常和翟将军所部交锋。韩常是辽东汉儿，是员猛将，曾在战斗中营救过完颜兀术（宗弼），并因此瞎了一只眼。② “翟将军”已不知其名。第二阶段，则是与龙虎大王完颜突合速、三路都统完颜阿鲁补和韩常、翟将军的大军接战。第三阶段则是与完颜兀术（宗弼）大军激战，而规模最大、最激烈的，具有决定性的，当然是六月九日的大战。

刘锜“所将步兵不满二万，骑数百而已”③，“领兵不满二万，当其围城时，城上备御及防护老小、营寨，遇敌则又把路捉巷，至于子城、仓库等处，皆分兵守之，其实出战之士不过五千人，当十万余众”。其骑兵似有若无，只能是以步克骑，特别是以少击众。这是宋朝的第三次大捷。刘锜军以当年在太行山血战闻名的八字军为基干，首创了在平原地区大破金军的记录。金军“自言

① 《宋会要辑稿》，第 7066 页。

② 参见王曾瑜《岳飞和南宋前期政治与军事研究》，第 367—368 页。

③ 《三朝北盟会编》卷 205 引《淮西从军记》，第 1479 页。

入中原十五年，尝一败于吴玠，以失地利而败；今败于刘锜，真以战而败”①，“十五年间，无如此战”②。

（二）刘锜军制胜，金军失败因素分析

1. 刘锜军置之死地而后生

朱熹说：“刘锜顺昌之捷，亦只是投之死地而后生……兼携持老幼，虏骑已迫，必为所追，其势终归于死。若两下皆死，不若固守，庶几可生。”③ 他又说：“刘信叔是时以孤军在顺昌，兀术来伐，诸将皆欲走，信叔曰：‘不可，我若走，则虏人必前拒我，袭在后，必无遗类。若幸而得至江，则诸将尽扼江上，责我以擅弃归之罪，亦必尽杀我，决无可生之理。不若坚守此城，与虏人决胜负，庶几死中可以求生也。’”④ 宋高宗也说：“顺昌之胜，所谓置之死地然后生。”⑤《朱子语类》卷131、《三朝北盟会编》卷201引《顺昌战胜破贼录》记载：“方金贼在城下，得递到御笔，刘某择利班师。太尉（刘锜）以方御敌，未敢轻为进止。”李心传《建炎以来系年要录》卷136绍兴十年（公元1140年）六月乙卯条改写为“秦桧奏，俾锜择利班师”。其理由是“递到御笔”，“其实宰相所拟也”。当然不仅是此份御笔，今存于《鄂国金佗稡编》卷2、卷3，自绍兴八年（公元1138年）冬以后的高宗手诏，大致都是由秦桧起草，宋高宗修改和誊录，实为两人之共谋，而以御笔手诏之权威，向诸将帅发令。

在刘锜军与金朝龙虎大王军相持时，后来有一段间歇，《顺昌战胜破贼录》记载如下：

---

① 《三朝北盟会编》卷202，第1455页。

② 《三朝北盟会编》卷201引《顺昌战胜破贼录》，第1452页。

③ 《朱子语类》卷132，第3166页。

④ 《朱子语类》卷131，第3142页。

⑤ 《建炎以来系年要录》卷139，绍兴十一年二月丁丑，第2册第861页。

伏兵擒到女真，具道杀伤甚多，且乏粮食。有建议者愿乘此屡捷之势，顺流乘舟，全军而归。太尉乃会诸统兵官于西门上，酌酒而誓曰："今日机会，天造地设，况已屡挫贼锋，军声稍振，虽贼与官兵多寡不侔，然业已至此，可前进，不可退却。贼营去城三十里，而四太子又领重兵来援。万一诸军遽舍顺昌，不惟前功尽废，一军老小当此仓卒扰扰，岂敢尽保无虞。贼众追袭，首尾相失，将至狼狈，大有不可言者。驯致侵扰两淮，惊动江、浙，则吾辈平生报国之心，死为误国之鬼，虽万死何以谢天下！愿诸公坚忠孝心，誓与此城同亡，此言不食，天实临之！"于是诸统兵官皆愿奋不顾身，罔有退志，齐以警戒之令，晓谕将士，人人咸欲效命，欣然待敌。初六日，太尉遂以东门、北门外所泊舟船，悉沉河底，示以死战，不为东归计。

只能拼死血战，而不能乘胜退兵，否则，"贼众追袭，首尾相失，将至狼狈，大有不可言者"。这是刘锜的正确军事决策，并将原来所带的舟船，"悉沉河底"，类似于秦末项羽的破釜沉舟。《宋史》卷377《陈规传》也同样记载说：

诸将或谓今已累捷，宜乘势全师而归。规曰："朝廷养兵十五年，正欲为缓急用，况屡挫其锋，军声稍振。规已分一死，进亦死，退亦死，不如进为忠也。"锜叱诸将曰："府公文人，犹誓死守，况汝曹耶！兼金营近三十里，兀术来援，我军一动，金人追及，老幼先乱，必至狼狈，不独废前功，致两淮侵扰，江、浙震惊。平生报君，反成误国，不如背城一战，死中求生可也。”①

2. 积极的守城战，巧妙运用各种战术和破敌手段

顺昌城壁卑薄，故骄狂的完颜兀术（宗弼）说：“顺昌城壁如此，可以靴尖踢倒。”②

如前所述，“金人攻城，长于用炮”。从北宋末到南宋，许多城市都实行消极的守城战，只在城上守卫，以图阻止金军登城。但金军用人力抛石机抛射石块和火药包，即当时人称为石炮和火炮，甚至可以迅速破城。

刘锜的方略是依托顺昌城壁，以攻为守，主要出城进行野战和夜战，而绝不只是在城上待敌，这就免蹈以往许多城市被攻破的覆辙。

在积极的守城战略指导下，卑薄的顺昌城壁却在此战中发挥了极大的不可替代的作用。有了顺昌城，出战的将士就有了安全的休憩和饮食之所。宋方又“傅城筑羊马垣，穴垣为门”③。《三朝北盟会编》卷201引《顺昌战胜破贼录》则说是“顺昌古城，且素无备，迨兹贼已来，陈守（规）始令居民筑牛马墙”。则又有了两道防御墙，形成纵深，尽可能不让金军逼近顺昌城墙。

宋时的军队有相当比例的所谓不入队人，即火头、辎重兵之类，“在军队中所占的比例，一般约有十分之二三”④。但如前所述，不足二万人的刘锜军，则可出战者约有一万四千到一万六千人。但实际上刘锜军是轮流出战，最多也只派五千人出战。如果

---

① 《宋史》，第11644页。

② 《三朝北盟会编》卷201引《顺昌战胜破贼录》，第1449页。

③ 《宋史》卷366《刘锜传》，第11401页。

④ 王曾瑜：《宋朝军制初探》（增订本）第8章第5节“入队、不入队和队外”，第338页。

在平原开阔地，步兵战斗再勇敢，也无法抵抗至少数万敌骑的包围和蹂践。问题在于背靠城墙，十多万金军就展不开兵力，也无法施用两翼拐子马迂回包抄和侧击的战术。《朱子语类》卷132有如下两段叙述：

遂各授兵，出西门战。少顷，又唤一队上，授之，出南门。如此数队，分诸门迭出迭入，虏遂大败。缘虏人众多，其立无缝，仅能操戈，更转动不得。而我兵执斧，直入人丛，掀其马甲，以断其足。一骑才倒，即压数骑，杀死甚众。况当众正热，甲盾如火，流汗喘息烦闷。而吾军迭出，饱锐清凉，而伤困者即扶归就药调护。遂以至寡敌至众，虏人大败。

张栋（字彦辅）谓刘信叔亲与他言，顺昌之战时，金人十上万人，围了城，城中兵甚不多。刘使人下书，约战日，虏人笑。是日早，虏骑迫城下而阵，连山铁阵，甚密不动。刘先以铁甲一联，晒庭中，一边以肉饭犒师。时使人摸铁甲，未大热，又且候。候甲热甚，遂开城门，以所犒一队持斧出，令只掀起虏骑，斫断马脚，人马都全装，一骑倒，又粘倒数骑。虏人全无下手处。此队归，以五苓大顺散与服之，令歇。又以所犒第二队出如前，杀甚多。虏觉得势败，遂遁走。后人问晒甲之事如何，曰："甲热，则虏久在日中，皆热闷矣，此则在凉处歇，方出。时当暑月也。"①

以上记载表明，尽管金军人数多，但在顺昌城前狭窄的地域，骑兵反而无以施展其纵横驰突之长技，刘锜军夜袭金营，也是成功的。六月二日晚，"虏寨城东，地名李村，去城二十里。以精锐

---

① 《朱子语类》卷136，第3240页也有类似记载。

五百人，夜出劫之。乡导者引官军，直至中军，以枪彻去毡帐。有一披甲者疾呼曰：‘留得我，即太平！’竟为官军所杀。是夜阴晦欲雨时，电光所烛，但见秃头辫发者，悉皆歼之。其杀伤比之前日两战为最”①。夜袭杀敌，竟比前两天白日交战还多。六月十日，“大雨倾注”，“雨复大作，官军劫之，昼夜不得休息”。②

刘锜还设计投毒，原来顺昌城中原有伪齐“刘豫蓄毒药数屋”③，正好被利用。他“遣人毒颍上流及草中，戒军士，虽渴死，毋得饮于河者；饮，夷其族”。“敌人马饥渴，食水草者辄病”。④

另有一说，刘锜“戒甲士，人带一竹筒，其中实以煮豆。入阵，则割弃竹筒，狼籍其豆于下。虏马饥，闻豆香，低头食之，又多为竹筒所滚，脚下不得地，以故士马俱毙”⑤。

3. 充分利用暑热，以逸克劳

前面说过，女真人耐寒不耐热，夏季本是休兵时节。完颜兀术（宗弼）破除用兵常规，在占河南之地方面固然得了便宜，然而在顺昌之战时，却是天时大为不利，大吃暑热的苦头。关于刘锜军利用暑热，以逸待劳，以逸击劳，以逸克劳，除了前引《朱子语类》的记载外，《宋史》卷377《陈规传》也记载说：

> 时方剧暑，规谓锜，毋多出军，第更队易器，以逸制劳，

---

① 《三朝北盟会编》卷201引《顺昌战胜破贼录》，第1449页。

② 《三朝北盟会编》卷201引《顺昌战胜破贼录》，第1450页。

③ 《宋史》卷366《刘锜传》，第11403页；《宋朝南渡十将传》卷1《刘锜传》，《碧琳琅馆丛书》本。关于刘锜投毒，另见《山房集》卷8《杂记》，影印文渊阁《四库全书》本，第1169册第115页。

④ 《宋史》卷366《刘锜传》，第11403页。

⑤ 《朱子语类》卷136，第3240页。

蔑不胜矣。每清晨，辄坚壁不出，伺金兵暴烈日中，至未、申，气力疲，则城中兵争奋，斩获无算，兀术宵遁。①

如前所述，女真兵的特点，就是具有坚忍性，能连续作战。刘锜就使用轮番出战、夜袭等手段，使苦于炎热的金军困惫不堪。“时天大暑，敌远来疲敝，锜士气闲暇，敌昼夜不解甲，锜军皆番休更食羊马垣下。”② 由于劫营成功，“由此虏警，昼夜不敢下马，唯于马上寝食”③。完颜兀术（宗弼）大军“贼营中嘷呼喧哗，自夜达旦。时有金人傍城，属耳以听，城中肃然，鸡犬无闻，以是自可见胜负之兆。四太子帐前，以甲兵环卫，持烛照坐。贼徒皆分番假寝马上，深惧官军夜击之”④。

又如就兵器而论，时值暑月，女真骑兵弓不劲，马不肥，已如前述。就作战记录看，金军当然也密集使用弓箭，但战效不大。《三朝北盟会编》卷 205 引《淮西从军记》所述，柘皋之战时，“（刘）锜既胜，以所将步人甲重，不能奔驰，下令军中不得虏掠”。当时宋军也效法金军，披挂重甲。龙虎大王等军攻城时，“金人纵矢，皆自垣端轶着于城，或止中垣上。锜用破敌弓翼以神臂强弩，自城上或垣门射敌，无不中。敌稍却，复以步兵邀击，溺河死者不可胜计”⑤。九日大战，“官军归城，直欲夺取钓桥，望城放箭，箭落如雨，至有用响箭与窄柳箭者，城上悉以破敌弓及神臂弓临下射之，人马自退”⑥。“兀术大怒，亲拥三千余骑，

① 《宋史》，第 11644—11645 页。

② 《宋史》卷 366《刘锜传》，第 11403 页。

③ 《三朝北盟会编》卷 202 引汪若海札子，第 1454 页。

④ 《三朝北盟会编》卷 201 引《顺昌战胜破贼录》，第 1450 页。

⑤ 《宋史》卷 366《刘锜传》，第 11401 页。

⑥ 《三朝北盟会编》卷 201 引《顺昌战胜破贼录》，第 1450 页。

直扣东门，射城上人，着城上炮架皆满，又被城上军以劲弓射走。”① 宋军的神臂弓等自然比金军的弓箭射程远、威力大。

至于短兵接战，更是金军弱项。刘锜“多遣轻锐之卒，以大刀斫马足，每折马一足，则和人皆仆，又有相蹂践者。大率一马仆，则从旁而毙不下十数人”②。“官军以枪标去其兜牟，大斧断其臂，碎其首”③。刘锜军“直撞入虏军中，手相扯捽，刀斧相斫，至有提去其兜牟而刺之者。军士有中刀洞心，而犹刺虏不已者，有偶失地利，与虏相抱于城濠而死者”④，战况惨烈。

按刘锜的自述：“吾料顺昌城坚，吾士锐，仓有数月粮，且刘豫蓄毒药数屋，它物称是。吾以逸待劳，天时人事，吾皆得之。”⑤ “以逸待劳，天时人事”，确是制胜的重要因素。

4. 金军指挥失误

《孙子兵法·形篇》说：“败兵先战而后求胜。”《孙子兵法·火攻篇》说：“将不可以愠而致战。”完颜兀术（宗弼）的军事指挥错误，正好被古兵法所预言。

刘锜“呼帐下曹成二人”，教他们佯装落马，被金军所擒，对金军放风说，刘锜不过是“太平边帅子弟，喜声伎奉养，朝廷以两国通和，使来守东京，图逸乐尔”。得到此份假情报，“兀述喜曰：‘可蹴此城尔！’令诸军不用负鹅车、砲具以行”。⑥ “金人攻城，长于用炮”，居然不带鹅车、炮具等攻城器械，正是完颜兀术（宗弼）轻敌的失算。当然，刘锜采用出城野战的战术，又在城前

---

① 《三朝北盟会编》卷202引汪若海札子，第1455页。

② 《朱子语类》卷136，第3240页。

③ 《宋朝南渡十将传》卷1《刘锜传》，《碧琳琅馆丛书》本，第11页。

④ 《三朝北盟会编》卷202引汪若海札子，第1455页。

⑤ 《宋朝南渡十将传》卷1《刘锜传》，《碧琳琅馆丛书》本，第13页。

⑥ 《宋朝南渡十将传》卷1《刘锜传》，《碧琳琅馆丛书》本，第9页。

筑羊马垣，也不容金军近城架设炮具。

完颜兀术（宗弼）最终被迫退兵后，“怒诸军之败，挞韩将军九十柳条，翟将军八十柳条，其余或一百，或二百，哭声彻天。韩将军颇出怨言曰：‘我只为你于和尚原坏了’”①。《中兴小纪》卷28注引《顺昌破敌记》则说：“韩常有怨言，曰：‘我一只眼，只为尔于和尚原坏了。’”自己指挥打仗不成功，却迁怒于部属，反映了他的暴戾秉性，当然绝不是良将之修养和风度。

尽管金军前有两次败仗，完颜兀术（宗弼）初到顺昌城下，仍然狂傲而轻敌，他“下令曰：‘顺昌城壁如此，可以靴尖踢倒。来日府衙会食，所得妇女、玉帛，悉听自留，男子一岁以上皆杀之。’且折箭为誓，以激其众”②，“折一箭曰初九日早饭于府衙会食，折二箭曰敢过车轮之下者皆杀，折三箭曰妇人、财帛尽以赏军”③。未战之前，似乎已胜利在望，只等“来日府衙会食”，分配“妇女、玉帛”而已。但实际上，完颜兀术（宗弼）其实根本没有知彼知己，没有好的军事对策，最后则是无计可施，一筹莫展。楼钥在《楼钥集》卷95王伦神道碑说：“兀术之犯顺昌也，逆风暴雨，戎垒深泞，大为刘公锜所破。兀术轻骑宵遁，行一舍间，知不雨，始稽颡三叹曰：‘小人不信王端明（伦）说，南朝国富兵强，徒亏和好，咫尺不雨，是天不容南牧，而小人违天也。’乃折箭誓，不复敢轻举。”

金军并非单一的女真骑兵，而是多民族的军队。④ 不能将史书上所说参加顺昌之战的十多万金军都视为清一色的女真骑兵，

① 《三朝北盟会编》卷202汪若海札子，第1455页。

② 《三朝北盟会编》卷201引《顺昌战胜破贼录》，第1449页。

③ 《三朝北盟会编》卷202引汪若海札子，第1454页。

④ 参见王曾瑜《辽金军制·金朝军制》第6章第1节“金军多民族成分的扩大”，河北大学出版社2011年版，第227—232页。

也肯定有汉人的步兵之类。金初汉人其实分两个民族等级：一是原辽朝统治区的汉人，称“汉儿”；二是原宋朝统治区的汉人，称“南人”。① 不论是汉儿或南人，都是被金朝强行签军而上阵，并且往往充当步兵，其战斗力和斗志无疑远不如女真兵。“有河北签军告官军曰：‘我辈元是左护军，本无斗志，所可杀者，止是两拐子马。’故官军力为破之。皆四太子平日所倚仗者，十损七八。”②“左护军”就是原刘光世所统的行营左护军，由郦琼裹胁，叛降伪齐，转而降金者。金军中有汉人战斗力弱，更没有斗志。至于女真骑兵也如前所述，疲困于暑月作战等各种因素，战斗力大为减弱。

5. 岳家军的进援

顺昌城受金军围攻时，宋高宗当然心急如焚，害怕刘锜军被金军吃掉，他向诸大将连发手诏，督促出兵进援。给岳飞的手诏，今存有《鄂国金佗稡编》卷2的六份，③ 给张俊和韩世忠的手诏就不知多少份。《紫微集》卷25《为张俊乞赏缴奏状》说：

> 今年夏敌人攻顺昌之时，陛下屡降宸翰，使俊援刘锜。俊但奏起发，初无引道之意。朝廷于是遣雷仲、王德援顺昌，俊苛留不遣。逮敌人既退，然后徐徐渡江，全军而出，仅能取已降之宿、亳，又不能经理。④

《三朝北盟会编》卷201引《顺昌战胜破贼录》也说：“十四

① 张中政：《汉儿、签军与金朝民族等级》，《社会科学辑刊》1983年第3期；刘浦江：《金朝的民族政策与民族歧视》，《辽金史论》，辽宁大学出版社1999年版。

② 《三朝北盟会编》卷201引《顺昌战胜破贼录》，第1450页。

③ 《鄂国金佗稡编校注》卷2高宗手诏，第24—28页。

④ 《紫微集》，影印文渊阁《四库全书》本，第1131册第562页。

日，金人既退之后，王德方且以文移来，问贼势动息。至二十三日卯时，以数千骑至城下，太尉（刘锜）邀入具饭，饭已，到卧憩于子城楼上。至申时，即出门，乃遣人致意曰：‘不果，奉别，今且复回。’又报数日传闻，德申枢密院，某已解顺昌围矣。”

至于岳家军的进援情况，《顺昌战胜破贼录》等并无只字交代。今仅存《鄂国金佗稡编》卷19《鹘旋郎君捷报申省状》载：

本司统领官李宝、孙彦申：“探得金贼四太子前军四个千户，将领马军大队四千余骑，前来宛亭县界荆堽下寨。宝等于五月二十四日晚，部领人船前去，一更以来，劫杀金贼大寨。杀死并拥掩入黄河，不知数目，杀死千户三人并鹘旋郎君。夺到白旗一面，上写都元帅越国王前军四千户字，夺到马一千匹。六月二日，有番贼金牌郎君会起东京以北番贼大队前来。宝等统率人兵，向前掩杀，贼兵败走，望南逃遁。追杀二十余里，杀死、拥掩入黄河，不知其数，夺到器甲不少，委是大获胜捷。”①

时“李宝之众八千”②，他进行的两战与顺昌之战同时，当然在实际上是支援了刘锜军。关于岳飞发兵，今存有《鄂国金佗稡编》卷2两份高宗手诏说：

已降指挥，委卿遣发军马，往光、蔡以来，策应刘锜，以分贼势。

览卿奏，已差发张宪、姚政军马至顺昌、光、蔡，深中

① 《鄂国金佗稡编校注》，第976页。

② 《鄂国金佗稡编校注》卷8《鄂王行实编年》，第565页。

机会。①

可知岳飞派遣同提举一行事务张宪和游奕军统制姚政统军前往进援，但岳飞原奏今已佚失，现在不知张宪的出兵日期和行程。王云裳先生说："高宗在不到一个月的时间里连向岳飞发出九道御札，后来张俊迫害岳飞，也'每言飞赴援迟'。客观地说岳飞此次入援顺昌行动是迟缓了些。"② 此处有两个小误：一是共发六道御札，即手诏，而不是九道；二是张俊对岳飞的诬陷，是指翌年援淮西时，与此次援顺昌无关。③ 但说"岳飞此次入援顺昌行动是迟缓了些"，未能及时赶到顺昌战场，当然是事实。

但另据《宋史》卷 29《高宗纪》载："（绍兴十年六月）是月，金人围庆阳府，权守臣宋万年固守，金人不能下。岳飞领兵援刘锜，与金人战于蔡州，败之，复蔡州。"

《皇宋十朝纲要》卷 23 也记载："（绍兴十年六月戊辰）金人率兵围庆阳府，权知府宋万年固守，虏不能下。岳飞领兵援刘锜，与金人战于蔡州，败之，遂复蔡州。"戊辰为六月二十五日。《皇宋十朝纲要》与《宋史·高宗纪》同为六月最末之记事，文字近似，估计《皇宋十朝纲要》在此条记事之上，脱"是月"两字。可见岳家军克蔡州，还是无以判定日期。

可以多少有些参照作用的，是《三朝北盟会编》卷 202 载："（绍兴十年六月）二十三日丙寅，岳飞军统领孙显大破金人排蛮千户于陈、蔡州界。"又《建炎以来系年要录》卷 136 载："（绍兴十年六月丙寅）湖北、京西宣抚司统领官孙显及金人战于陈、蔡

① 《鄂国金佗稡编校注》，第 26 页。

② 王云裳：《刘锜评传》，巴蜀书社 2001 年版，第 56 页。

③ 参见《鄂国金佗稡编校注》卷 8《鄂王行实编年》，第 615—616 页注文。

间，败之。”孙显捷奏今亦已佚失。据陈述先生《金史拾补五种》① 第 83 页，排蛮为姓，即女真姓裴满之歧译。上引记载证明，克蔡州不可能晚于六月二十三日孙显战“陈、蔡州界”。

在此不妨再对照前引《宋会要辑稿》兵 14 之 27—28 的刘锜捷奏，九日大战后，“知贼每不利，遂领兵于城西南相近一里以来，扎立硬寨，谋为攻打、坐困官军之计”。尽管大战杀伤甚众，但完颜兀术（宗弼）仍无意退兵。最后促使他在“十二日子时以来”，即从十一日深夜约十一时到明天一时，“至晚不辍抽摘人马过（颍）河，然不复发擂，只击锣数声而已”。② 完颜兀术（宗弼）从无意退兵到下决心退兵，原因和理由应是多方面的，包括九日大战不利，“初十日大雨倾注”③，“平地水深尺余”④，使金军苦雨，刘锜派兵夜袭等，但得到岳家军进援的消息，害怕两面夹攻，也应是退兵的重要原因之一。只因后来岳飞被害，岳家军进援顺昌的详情和作用就被湮没了。

（三）关于顺昌大捷的错误和夸大的记载

顺昌之战是大捷，固然不成问题。但我们也应注意，事后也有虚夸战功的不实记载，在此辨明如下。

关于顺昌大捷的史料，就原始性而言，当然是《宋会要辑稿》兵 14 之 27—28 的刘锜捷奏，《三朝北盟会编》卷 201 引《顺昌战胜破贼录》和卷 202 汪若海札子，还有前引《朱子语类》若干记述，较晚者有《建炎以来系年要录》卷 135、卷 136，《宋朝南渡十将传》卷 1《刘锜传》和《宋史》卷 366《刘锜传》。《宋史》卷

---

① 陈述：《金史拾补五种》，科学出版社 1960 年版。

② 《三朝北盟会编》卷 201 引《顺昌战胜破贼录》，第 1451 页。

③ 《三朝北盟会编》卷 201 引《顺昌战胜破贼录》，第 1450 页。

④ 《宋史》卷 366《刘锜传》，第 11403 页。

366《刘锜传》大致应照抄南宋《中兴四朝国史·刘锜传》。对照后来记载的增补之处，显然有错误和夸大的方面。今列举于下。

1. 关于金军“三人为伍”等记载

《三朝北盟会编》卷201《顺昌战胜破贼录》说：

> 四太子披白袍，〔乘〕甲马，往来指呼，以渠自将牙兵三千策应，皆重铠全装，虏号“铁浮图”，又号“扢叉千户”。其精锐特甚，自用兵以来，所向无前，至是亦为官军杀伤。……方其接战时，郦琼、孔彦舟、赵提刀等皆单骑列于阵外，有河北签军告官军曰：“我辈元是左护军，本无斗志，所可杀者，止是两拐子马。”故官军力为破之，皆四太子平日所倚仗者，十损七八。①

《三朝北盟会编》卷202引汪若海札子所载，是另一种场合和情况：

> 其所将攻城士卒，号“铁浮屠”，又曰“铁塔兵”，被两重铁兜牟，周匝皆缀长檐，其下乃有毡枕。三人为伍，以皮索相连，后用拒马子；人进一步，移马子一步，示不反顾。以铁骑为左、右翼，号“拐子马”，皆是女真充之。自用兵以来，所不能攻之城，即勾集此军。……兀术大怒，亲拥三千余骑，直扣东门，射城上人，〔矢〕着城上炮架皆满，又被城上军以劲弓射走。

---

① 《三朝北盟会编》，第1450页。

按女真语之“扢叉千户”，即是汉语的“牙兵”。[1]《顺昌战胜破贼录》只提及“两拐子马”，这是宋朝行阵术语，汪若海札子则明确说即为“左、右翼”骑兵，所异者，则为铁浮图。依杨汝翼之说，即完颜兀术（宗弼）之“牙兵”，汪若海则说为另一种“三人为伍，以皮索相连”之“攻城”兵，应非骑兵，或是骑兵步战。铁浮图应为形容女真兵披戴重甲，犹如铁塔一般，故又称“铁塔兵”。至于战斗中用于什么部位，应是另一回事，可充正兵，亦可充两翼奇兵，即所谓“两拐子马”，又可充完颜兀术（宗弼）牙兵。由此可知，杨汝翼和汪若海之记述未必互相矛盾。

但《宋朝南渡十将传》卷1《刘锜传》却说：

> 方大战时，兀术被白袍，乘甲马，以所将牙兵三千人出入阵间，往来督战。虏兵皆重铠，号“铁浮图”，又曰“扢叉千户”，戴铁兜牟，周匝缀长檐，其下有毡枕。三人为伍，贯以皮索，后以拒马拥之；人进一步，拒马亦进，进不可却。官军以枪标去其兜牟，大斧断其臂，碎其首。虏人又以铁骑为左、右翼，号“拐子马”，皆以女真为之，号“长胜军”，攻坚或战酣，然后用之。自用兵以来，所向无前，至是亦为我师所杀。……有河北佥军告官军曰：“我辈元是左护军，本无斗志，所可杀者，两翼拐子马尔。”故我师力击之，兀述平日恃以为强者，什损七八。[2]

章颖《刘锜传》兼采杨汝翼和汪若海有关铁浮图之记述，却又弄巧成拙。在其笔下，三千铁浮图“牙兵”既随完颜兀术（宗

① 参见《鄂国金佗稡编校注》卷8《鄂王行实编年》，第565—566页。

② 《宋朝南渡十将传》，《碧琳琅馆丛书》本，第10页。

弼）“往来督战”，而作为“牙兵”同义语之“扢叉千户”，又“三人为伍，贯以皮索”，动转不灵，自相抵牾。《建炎以来系年要录》卷136绍兴十年六月壬子记述顺昌战役之谬误亦同。①

2. 关于颍河上的浮桥

《三朝北盟会编》卷201引《顺昌战胜破贼录》明确记载：

> 俄报四太子入太和县，辎重前驱已与龙虎诸军营寨相接，连夜颍河系桥，渡军马。初七日，四太子至，亦与诸军首连接下寨。②

浮桥当然是金军所建。然而《宋史》卷366《刘锜传》却说：

> 兀术至城下，责诸将丧师，众皆曰：“南朝用兵，非昔之比，元帅临城自见。”锜遣耿训以书约战，兀木怒曰：“刘锜何敢与我战，以吾力破尔城，直用靴尖趯倒耳！”训曰：“太尉非但请与太子战，且谓太子必不敢济河，愿献浮桥五所，济而大战。”兀术曰：“诺。”乃下令明日府治会食。迟明，锜果为五浮桥于颍河上，敌由之以济。③

《宋朝南渡十将传》卷1《刘锜传》也不载此说。按完颜兀术（宗弼）大军既到顺昌城下，就已渡过颍河，刘锜方面怎么可能再派人出城，为金军搭五座浮桥。可知分明是后人荒诞不经的讹传。

① 以上关于金军“三人为伍”等考证，蒙王曾瑜先生允许，取自《鄂国金佗稡编校注》卷8《鄂王行实编年》，第535—537页。

② 《三朝北盟会编》，第1449页。

③ 《宋史》，第11403页。

3. 关于刘锜追杀金军万数的记载

和尚原与仙人关之战都是在后一阶段及时转入反攻击溃战，而顺昌之战并不是当阵击溃战，九日大战，各自收兵后，依前引《宋会要辑稿》兵14之27—28的刘锜捷奏，“知贼每不利，遂领兵于城西南相近一里以来，扎立硬寨，谋为攻打、坐困官军之计。锜激励将士，密为夜袭，使不得安。于十二日子时以来，贼遂拔寨，望西北遁”。依刘锜军的实力，要他同吴玠指挥的前两战一样，部署反攻，则是不适当的苛求，能打到如此地步，已是极其不易了。

但《宋朝南渡十将传》卷1《刘锜传》说：“虏兵竭营北去，锜遣兵追之，死者万数。”《宋史》卷366《刘锜传》也说：“兀术拔营北去，锜遣兵追之，死者万数。”然而《三朝北盟会编》卷201引《顺昌战胜破贼录》却说金军“然犹潜匿山林间，以伺追袭，至十三日、十四日悉出境上，复会于陈州”。《三朝北盟会编》卷202引汪若海札子也说：“刘又夜使人劫之，上下不敢宁处，十二日，乃尽走。”如果追击竟杀敌万余人，还比九日大战多一倍，两份原始记载岂能无片言只字叙述？顺昌城北有颍河，金军进退，都须越过颍河，最后是搭浮桥撤兵。前引《宋会要辑稿》兵14之27—28的刘锜捷奏，确是提到“已分遣军马追袭”，但其步兵显然无力跨越颍河，深入远追。况且金军也“潜匿山林间，以伺追袭”，故所谓追杀“万数”，肯定是不实之词。

金军一方面是狼狈而退，“营中炮架、推牌、云梯、拒马木、败甲、破车堆积如山，弓、刀、枪、槊亦委之而去”[①]；另一方面却也是整军而退，正如前引吴璘的评价说，金军能够做到“败不乱，整军在后”。此次完颜兀术（宗弼）也在撤退时还部署军队

① 《三朝北盟会编》卷201引《顺昌战胜破贼录》，第1451页。

"潜匿山林间，以伺追袭"，这也反映他沿袭金军的传统，用兵仍有高明之处。故追杀"万数"的虚夸不实之词，也应当明辨。

四、岳家军第四次北伐主要战役论析

岳家军第一、二、三次北伐，破李成和曹成匪军，瓦解杨么军等诸战，人们没有提出什么歧见，故本章从略。感兴趣者，可参看邓广铭先生《岳飞传》（增订本）、王曾瑜先生《岳飞和南宋前期政治与军事研究》等论著。

关于岳家军第四次北伐诸次战役，因相关史料的湮没和残缺，记载显然比顺昌大捷简单得多。不妨设想一下，刘锜有幕僚辈为他撰写《顺昌战胜破贼录》和《淮西从军记》。岳飞礼贤下士，难道就无幕僚为北伐战事作笔录，可惜在冤狱和"秦火"之余，什么也没有留下。尽管传世史料简单，但仍拟在邓广铭、王曾瑜等先生研究的基础上，尽可能作一些论析。

岳家军出师是在六月，并且是违背宋高宗不准北伐的命令下，毅然进兵，而岳珂所撰《鄂王行实编年》，则是讳避了岳飞违令北伐的情节。① 此外，另有一个重要的细节，"孙显破裴满千夫长为六月二十三日，张宪攻颍昌府为闰六月十九日、二十日，近一月之内，不见岳家军行动之记载，当有某种原因，而今存史料有所疏略，失于交代"②。兵贵神速，岳家军既然已经违诏北伐，并且正好乘顺昌之胜后的有利时机，同时又是女真骑兵怯战的暑月，却居然在近一个月内没有军事行动，是否是后勤供应方面的原因，还是其他原因，也不得而知。但实际上却给了金军一个多月的休整，补充兵力，以至重整旗鼓之机。

---

① 详见《鄂国金佗稡编校注》卷8《鄂王行实编年》，第497—499页。

② 《鄂国金佗稡编校注》卷8《鄂王行实编年》，第516页。

（一）岳家军大举进击

岳家军大举进击是从闰六月十九日开始的，已经是残夏，距离秋季不远了。完颜兀术（宗弼）退兵顺昌府后，他本人与龙虎大王完颜突合速退回开封府，命韩常守颍昌府，翟将军守淮宁府，三路都统完颜阿鲁补守应天府。① 看来他企图以颍昌、淮宁、应天三个府作开封府的前卫，而开封府作这三个府的后盾，负隅顽抗。从闰六月十九日到七月一日，岳家军攻占了颍昌府、淮宁府、郑州、西京河南府等广大地域，打掉了金军颍昌府和淮宁府两个前卫据点。岳家军的正面事实上是两路出兵，同提举一行事务张宪负责开封以南，而提举一行事务王贵负责开封以西。

1. 颍昌府与淮宁府之战

首先看《鄂国金佗稡编》卷16《复颍昌府奏》的记载：

> 据前军统制、同提举一行事务张宪申："统率军马，前去措置贼马，除于闰六月十九日离颍昌四十里，与番贼见阵获捷外，宪复统率军马，追袭贼帅韩常，其贼大败，于当月二十日收复颍昌府了当。"②

特别值得注意者，是张宪率军克淮宁府，即陈州之战。《鄂国金佗稡编》卷16《陈州颍昌捷奏》同时记载两战：

> 一、据前军统制张宪申："将带诸统制、将官前去措置陈州。闰六月二十四日午时，离陈州十五里，逢贼马军三千余骑见阵掩杀，其众望城奔走。遂分诸头项并进，离城数里，

① 参见《鄂国金佗稡编校注》卷8《鄂王行实编年》，第509—511页注1。

② 《鄂国金佗稡编校注》，第930页。

有番贼翟将军等，并添到东京一带差来贼马，摆布大阵。宪遂鼓率将士，分头入阵掩击，其贼败走，已收复陈州了当。除杀死外，生擒到番贼王太保等，并夺到鞍马等，委获胜捷。”

一、据踏白军统制董先、游奕军统制姚政等申：“统率军马，在颍昌府驻扎。闰六月二十五日辰时，有番贼取长葛县路前来。先即时同姚政等统率军马，出城迎敌。到城北七里店，逢镇国大王并韩将军、邪也孛堇贼马六千余骑，摆布成阵。先与姚政等分头项径入贼阵，战斗及一时辰，其贼败走，追杀三十余里。除杀死外，擒到人并夺到鞍马等，委获胜捷。”①

从以上两份捷报分析，张宪统诸军打败守城的韩常军，克复颍昌府后，就留董先和姚政率踏白军和游奕军留守，自己又率诸军前往淮宁府。针对岳家军的进攻，开封的完颜兀术（宗弼）也发兵应战。金军分两路。一是由镇国大王会同败将韩常，还有邪也孛堇，“邪也”是女真名，“孛堇”亦作“孛极烈”“勃极烈”等，汉语可意译为官长、官人、部长等。② 镇国大王不知其姓名，他当然是重要将领，地位肯定在韩常之上，从前引顺昌之战的史料看，他未参加此战，显然是战后增援者。他们所部有六千余骑，很快被董先和姚政两军击败。二是前往淮宁府，增援翟将军。我们特别应当注意到张宪捷报中“摆布大阵”四字，在今存克复其他城市中的捷报中，都无“摆布大阵”四字，无疑是金军的重兵，

① 《鄂国金佗稡编校注》，第930—931页。

② 《三朝北盟会编》卷3，第18页；《金史》卷44《兵志》、卷55《百官志》，第992、1215页。

肯定远不止镇国大王等所率的六千余骑。故张宪所率岳家军的重兵是与强敌大战而获胜，这当然是岳家军第四次北伐中第一次双方大部队的会战。二十四日和二十五日两战，表明开封金军派遣相当大兵力的增援和反扑，被岳家军粉碎。

2. 郑州之战

在董先和姚政两军击败金军的同日，提举一行事务王贵派遣杨成统兵收复郑州，《鄂国金佗稡编》卷16《郑州捷奏》说：

> 据中军统制王贵申："先次遣将杨成等统率军马，前去措置郑州。今据杨成等申：于闰六月二十五日到郑州南，逢番贼头领漫独化等部领贼马五千余人见阵。成等遂鼓率将士，与贼见阵，掩杀贼马败走，收郑州，抚定了当，委获胜捷。"①

按《三朝北盟会编》卷207《岳侯传》，《建炎以来系年要录》卷136绍兴十年闰六月丁酉和《宋史》卷29《高宗纪》载，由郝晸等克郑州，系误，② 当然应以此捷奏为准。金军万夫长漫独化逃离郑州后，就屯驻开封府中牟县。为了巩固克郑州的战果，岳家军又对此支金军再一次发动袭击。《鄂国金佗稡编》卷16《漫独化捷奏》记载：

> 据本司中军统制王贵申："据准备将刘政等申：将带人兵，于闰六月二十九日夜，劫破中牟县金贼万户漫独化贼寨。杀死贼兵不知数目，夺到马三百五十余匹，驴、骡一百余头，

① 《鄂国金佗稡编校注》，第932页。

② 参见《鄂国金佗稡编校注》卷8《鄂王行实编年》，第519页注8考证。

衣物、器甲等不计数目，即未知万户漫独化存亡。委获胜捷，申乞照会。”①

这是一次成功的夜袭。克郑州的军事意义在于切断驻开封的完颜兀术（宗弼）与屯西京河南府李成的直接联系。紧接着，王贵又部署克复西京的军事行动。

3. 西京之战

《鄂国金佗稡编》卷16《复西京奏》说：

据本司中军统制、提举一行事务王贵申：“寻差中军副统制郝晸等统押军马，前去措置收复西京去后。今据郝晸等申：‘进发至离西京六十里下寨。于七月初一日，有金贼马军数千骑前来，即时差将官张应、韩清将带马军，于贼来路把截。其贼前来迎敌官军，张应等即时掩杀，贼马败走。晸进发军马，当日酉时直凑西京城下。其金贼为已败衄，当夜弃城逃遁。于初二日早，收复西京了当，已抚存官吏、居民，各安职业。委获胜捷。’”

以上三次战役的特点，是提举一行事务王贵都未亲自上阵，只是委派部将完成战斗任务。“遣将杨成”，可能脱漏“官”或“正”字，作“将官”或“正将”。王贵本人未亲临，显然是估计金军的守备兵力。金军的编制单位往往不满员，万夫长漫独化部下未必满万人，而守洛阳城的兵力为“有番人七千余人、马五千余匹，食粮军三千余人，知府系叛贼、伪奉国上将军、安武军节

① 《鄂国金佗稡编校注》，第932—933页。

度使李成，并差番人同知”①。

（二）王贵一路进军路线

在此不妨推测一下王贵一路的进兵路线。上引记载表明，在闰六月二十五日之前，王贵尚未到颍昌府屯驻。其进兵路线可能是由汝州经河南府登封县（今登丰市），而进入郑州地界。前后有两件相关的事。

第一，据《三朝北盟会编》卷202记载：

> （绍兴十年六月）十三日丙辰，岳飞统制牛皋败金人于京西。②

《建炎以来系年要录》卷136和《宋史》卷29《高宗纪》也有同样记载，日期相同。按京西路的地域太广，从六月“岳家军之北伐方向看，西之虢州由武赳负责，③ 东之顺昌府、光州、蔡州一带由张宪、姚政等负责，牛皋之出兵方向似应往故乡汝州一带”④。

第二，金军此次南侵，占洛阳城时，宋河南府兵马钤辖李兴抗击，“额被重伤，昏仆于地。夜半复苏，省记旧路，复走外邑聚

① 《鄂国金佗稡编校注》卷12《李兴吴琦转官告乞付军前给降奏》，第866页。

② 《三朝北盟会编》，第1456页。

③ 《鄂国金佗稡编校注》卷12《乞号令归一奏》：“兼虢州亦元属陕西，欲望圣慈特降睿旨，将虢州依旧拨隶川、陕宣抚司，其知虢州武赳并元带去军马，却乞发还本司，应副使唤。”可知武赳进驻虢州。

④ 《鄂国金佗稡编校注》卷8《鄂王行实编年》，第514页。

兵”[1]。后“收复伊阳等八县”[2]，“又复汝州”[3]。“李兴之众二千”[4]，他与岳家军会合后，岳飞命他“差兼本司左军统制”[5]，又事先派中军统领苏坚“权河南府事”[6]。在收复洛阳城后，李兴与苏坚共守洛阳城，故史称苏坚“有干城牧众之功”[7]。

此外，京西还有另一支“统制忠义军马”[8]的孟邦杰军。孟邦杰本是伪齐西京留守孟邦雄之弟。绍兴三年初，孟邦雄被宋军所杀，孟邦杰曾接替其兄，任河南府尹，同翟琮等军作战。[9]金“天眷初”，即宋绍兴八年（公元1138年），孟邦杰杀金朝永安知军，归宋。[10]他在岳家军此次北伐中，攻占北宋皇陵所在，也是他故乡的永安军。[11]按，永安军原是宋朝西京河南府属县，伪齐与金朝一度改名永安军。七月四日至七日，其部将杨遇又攻占黄

---

① 《三朝北盟会编》卷200，第1442页；《建炎以来系年要录》卷135，绍兴十年五月己丑，第2册第811页。

② 《三朝北盟会编》卷204，第1470页。

③ 《建炎以来系年要录》卷137，绍兴十年七月癸卯，第2册第834页。

④ 《鄂国金佗稡编校注》卷8《鄂王行实编年》，第565页。

⑤ 《鄂国金佗稡编校注》卷12《乞号令归一奏》，第870页。

⑥ 《鄂国金佗稡编校注》卷12《李兴吴琦转官告乞付军前给降奏》，第867页。

⑦ 《鄂国金佗稡编校注》卷9《遗事》，第789页。

⑧ 《鄂国金佗稡编校注》卷16《复南城军捷奏》，第935页。

⑨ ［宋］李𬶍撰，燕永成校正：《皇宋十朝纲要校正》卷22，绍兴三年二月己亥，第642页；［清］王昶编：《金石萃编》卷159《孟邦雄墓志》。

⑩ 《金史》卷90《张九思传》，第2004页。

⑪ 《鄂国金佗续编校注》卷28吴拯编《鄂王事》，1610页；《三朝北盟会编》卷208引《林泉野记》，第1498页。

河边的南城军。① 南城军非宋原有的地名，应是伪齐和金所设。②

因此，就可从以上两事推测王贵进兵郑州的路线。到七月二日重占洛阳城为止，因岳家军举行猛烈进攻，其间也有李兴和孟邦杰军的配合，很快收复了宋朝京西的广大地域。

（三）岳家军攻势停顿

到七月二日收复洛阳城为止，岳家军的正面大举进攻大致停顿。在郾城之战前一天，孟邦杰部将杨遇在七日攻占南城军，可说是扫荡黄河南岸的残敌。在京西广大地域，主要就剩下了旧京开封了，而必须与完颜兀术（宗弼）所率金军主力决战。

1. 岳家军兵力分散

从另一方面看，岳家军孤军深入和兵力分散的情况也相当突出了。岳飞出师时，宋廷曾命岳家军的前参议官李若虚奔赴军前，制止北伐。如前所述，岳飞说服李若虚，李若虚主动承担“矫诏之罪”，支持岳飞大举进击，③ 李若虚回临安，“谓敌人不日授首矣，而所忧者，他将不相为援”④。这实际上正是反映了岳飞对军事形势的基本估计。

当时韩世忠军负责的东部战场，文臣胡世将督吴璘、杨政和

① 《鄂国金佗稡编校注》卷16《复南城军捷奏》，第935页。

② ［清］爱新觉罗·弘历的《御批历代通鉴辑览》卷86为南城军作注说：“宋置，在河南府巩县西南。”按巩县西南不在黄河边，显然有误。邓广铭先生在《岳飞传》（增订本）第307页认为南城军“即为永安军的别称”。王曾瑜先生在《尽忠报国——岳飞新传》第14章第7节“北方抗金义军胜利出击”，第272页说南城军“治孟津，今河南偃师市北”。笔者为此询问，王曾瑜先生回答，此乃是依方位大致判断，因为据《金史》卷25《地理志》第592页载，金朝后在河南府新设孟津县，孟津县在黄河边，又与宋原永安县相近，可能就是南城军的改名。永安县金朝后改名芝田县。孟邦杰攻占故乡永安军后，可发兵就近攻占此地。

③ 《三朝北盟会编》卷202，第1456页。

④ 《建炎以来系年要录》卷144，绍兴十二年正月戊申，第3册第10页。

郭浩三将负责西部战场，中部战场有岳飞、张俊和刘锜三军。《紫微集》卷 25《为张俊乞赏缴奏状》说：

> 今年夏敌人攻顺昌之时，陛下屡降宸翰，使俊援刘锜。俊但奏起发，初无引道之意。朝廷于是遣雷仲、王德援顺昌，俊苛留不遣。逮敌人既退，然后徐徐渡江，全军而出，仅能取已降之宿、亳，又不能经理。复不俟命而擅退师，使岳飞军孤，敌人复振，此俊之罪也。①

《紫微集》同卷《为王德田师中除正任承宣使缴奏状》也说：

> 前者王德从大军至宿、亳之日，正岳飞与敌人鏖兵于京西之时也。成师以出，仅能收复两郡，乃擅退军，遂使岳飞军孤，敌势猖獗。议者莫不归咎，至今国言未已。②

张嵲的两份奏议是在岳飞班师后所上。张俊仗没怎么打，请赏却完全是漫天讨价：第一，要求部将王德和田师中升任仅次于节度使的正任承宣使。第二，全军八万人中，居然有四万多人立“功”，要求论“功”行赏。依火头、辎重兵等占全军四分之一计，③ 可推知他上报的“有功之士”，竟占战士之三分之二。张嵲身为中书舍人，拒绝写制词，而上奏劾责。当然，说张俊“擅退师”也是冤枉，因为宋高宗给岳飞的手诏说得很清楚：“已令张俊

① 《紫微集》，影印文渊阁《四库全书》本，第 1131 册第 562 页。

② 《紫微集》，影印文渊阁《四库全书》本，第 1131 册第 566 页。

③ 参见王曾瑜《宋朝军制初探》（增订本）第 8 章第 5 节“入队和不入队、队外”，第 336—341 页。

措置亳州，韩世忠措置宿州、淮阳军，卿可乘机进取陈、蔡，就闰六月终，一切了毕。”① 这是张嵲所不了解的内情。

据《三朝北盟会编》卷201《顺昌战胜破贼录》所载，刘锜军分前、右、中、左、后、游奕、选锋七军。他在“贼退十日后又被旨，先发老小往镇江府驻扎。遂津遣老小、辎重并被伤将士，船载而行，以左军统制杜杞、右军统制焦文通两军防护东下”。左、右两军走后，就剩下了一万几千人。依宋廷的命令，刘锜应将顺昌府的防务移交给岳家军，而返回镇江府。故此军也无配合岳家军进击的军事行动，只是在顺昌府待命。《鄂国金佗稡编》卷12《乞刘锜依旧屯顺昌奏》载：

> 准枢密院札子奏：“勘会已降指挥，顺昌府分拨兵将，严为守备，今来顺昌府见阙守臣。右三省、枢密院同奉圣旨，令岳飞依已降指挥，辟差顺昌府守臣，日下具名闻奏。”札送臣疾速施行。
>
> 臣除已恭依前项圣旨指挥施行外，臣契勘近准枢密院札子节文：“奉圣旨，顺昌府旧属京西，合拨属本路。并要岳飞分拨兵将，严为守备。刘锜候岳飞差到兵马，将所部起发，前去镇江府，听候指挥使唤。”本司契勘所管军马，已分布调发前去陕、虢、西京、陈、蔡、颍昌、汝、郑州一带，并已有差往河东、河北措置事宜。已两次申奏，乞将刘锜一军且令于顺昌府屯驻，庶几缓急可以照应去讫。②

此奏全面介绍了岳家军因为占地甚广而兵力分散的军事态势。

① 《鄂国金佗稡编校注》卷2高宗手诏，第29页。

② 《鄂国金佗稡编校注》，第869页。

宋廷命令岳飞接管顺昌府的防务，而岳飞则“乞将刘锜一军且令于顺昌府屯驻，庶几缓急可以照应”。此奏既然提及“西京”，而岳家军于七月初复西京，故可以判断应写于七月。①

2. 在苟安的政治方针下，宋廷低劣而荒唐的战略指挥

宋廷对前沿军事进行战略指挥，主要是采用皇帝手诏的方式，这其实是宋高宗和秦桧合作的产品，一般由宰相起草，皇帝抄录和修改。② 在金军撕毁盟约，南侵河南之地的形势下，宋高宗和秦桧为了遮掩对金屈辱媾和之失策，表面上公开下诏声讨和悬赏金朝都元帅完颜兀术，又任命韩世忠、张俊和岳飞兼河南、北诸路招讨使，似乎一改往昔的降金政策，要收复一切失地。实际上，正如前引宋高宗给岳飞的手诏中所明确规定，不但黄河以北，就是黄河以南的土地，包括东京开封府、西京河南府和南京应天府，都准备一概放弃。其军事目标只以占取亳州、宿州、淮阳军、陈州（淮宁府）和蔡州五州之地为极限，聊以遮羞。

岳飞在七月五日上奏，今见《鄂国金佗稡编》卷12《乞乘机进兵札子》，以下全文摘录《鄂国金佗续编》卷10《收复赵州获捷照会杨沂中除淮北宣抚刘锜除宣抚判官》，因为其中所载岳飞奏，正是《乞乘机进兵札子》：

> 岳飞奏：“臣今得卫州忠义统制赵俊差人赍到申状，自闰六月二十七日起离本州，于今月初四日到臣军前报臣，比遣兵过河，会合忠义统制乔握坚等，已收复赵州了当。又遣本

① 《鄂国金佗稡编校注》卷12《乞刘锜依旧屯顺昌奏》，第869页注1。

② ［宋］朱熹《朱文公文集》卷95张浚行状记载：“赐诸将诏旨，往往命公（张浚）拟进，未尝易一字。”四部丛刊本。《建炎以来系年要录》卷136绍兴十年六月乙卯，第2册第822页记载，宋高宗命刘锜“择利班师”的“御笔”，“其实宰相（秦桧）所拟也”。

司统制梁兴、董荣两头项过河，河北州县往往自乱，民心皆愿归朝廷，乞遣发大兵，前来措置。臣见措置外，臣契勘金贼近累败衄，其虏酋四太子等皆令老小过河。唯是贼众尚徘徊于京城南壁一带，近却发八千人过河北。此正是陛下中兴之时，乃金贼灭亡之日，若不乘势殄灭，恐贻后患。伏望速降指挥，令诸路之兵火急并进，庶几早见成功。取进止。”

右勘会已降指挥，杨沂中除淮北宣抚副使，于今月二十五日起发，刘锜除淮北宣抚判官。三省、枢密院同奉圣旨，札与岳飞照会。……绍兴十年七月十六日。①

另据《鄂国金佗稡编》卷2高宗手诏说：“览卿七月五日及八日两奏。”七月五日一奏即《乞乘机进兵札子》，岳飞四日得赵俊“申状”，五日发此奏，宋廷于七月十六日回复，行程十一日。但此份省札抵达前沿岳飞司令部，应为七月二十六日左右，时岳飞已班师。因为宋高宗所发十二道班师诏尚在此前。据《鄂国金佗续编》卷10《令疾速赴行在奏事省札》：

岳飞札子奏：“臣于七月二十七日取顺昌府，由淮南路，恭依累降御笔处分，前赴行在奏事。”

右三省、枢密院同奉圣旨，令岳飞疾速前来，赴行在奏事。今札送湖北、京西路宣抚使，兼河南、北诸路招讨使岳少保疾速施行。

绍兴十年八月八日。②

① 《鄂国金佗续编校注》，第1273—1274页。

② 《鄂国金佗续编校注》，第1276页。

省札所引岳飞奏，即《鄂国金佗稡编》卷12《赴行在札子》，其中最重要的话，就是“恭依累降御笔处分，前赴行在奏事”。可知岳飞接到此份省札时，正好是“以亲兵二千，自顺昌渡淮，赴行在”① 之际。

在此不论宋高宗朝令夕改，在临安用金字牌传递诏令，一个来回，需二十日左右的情况下，还要“将从中御”，单就岳飞《乞乘机进兵札子》和宋廷回札作些分析。岳飞的上奏，主要有两个要点：一是报告抗金战争的大好形势，并说到金军有撤退到黄河以北的迹象；二是“伏望速降指挥，令诸路之兵火急并进，庶几早见成功”。

岳家军有十万兵员，但此次北伐，水军当然不能上前线，是在后方留守，甚至还接管了直到江南西路江州和江南东路池州的江防，② 拱卫荆湖北路、江南西路以至江南东路。他又派遣梁兴和董荣两军越过黄河，在河东与河北袭扰金军。另外还有各地的守备兵力，估计他能用于与金军对决的机动兵力，就只剩下几万人，但岳家军所面对的金军达十余万人。故岳飞不打算本军单独与开封的金军主力会战，而是力争各路宋军前来，以便取得更大和更好的战效。

然而宋廷的回札却耐人寻味，只是通知岳飞，“杨沂中除淮北宣抚副使，于今月二十五日起发，刘锜除淮北宣抚判官”。分明有

---

① 《建炎以来系年要录》卷137，绍兴十年七月壬午，第2册第837页。

② 《鄂国金佗稡编校注》卷2高宗手诏载，命岳飞“遣舟师至江州屯泊”。[宋]叶梦得：《石林奏议》卷11《奏措画防江八事状》，续修四库全书编委会编：《续修四库全书》本，上海古籍出版社2003年版，第474册第451页载，“近者又闻岳飞分兵下守池州”。

张俊一支大军，八万人马，[1] 发省札时，宋廷应已得知张俊在闰六月末已撤退的消息。为什么不动用张俊的大军再上前沿，却宁愿舍近求远，派杨沂中率殿前司军从临安出发，并且在发省札后九天才发兵。杨沂中的兵力约三万人，还不及张俊军之半。宋高宗和秦桧发此省札，葫芦里到底卖什么药，真是天晓得。但估计还是不出同岳飞“虚与委蛇”四字，故省札中只是说委任杨沂中和刘锜新命，根本就没有说命令杨沂中和刘锜到前沿，与岳飞配合作战。

再有一个重要问题，当然就是指挥权的问题。宋高宗在手诏中也承认，岳飞“素志殄虏，常苦诸军难合”[2]。要解决此问题既难，也不难。按正常的设想，只需宋高宗下令，教岳飞统一指挥各军即可。然而问题正是难在非不能也，是不为也。出于宋朝猜忌武将的传统，更在于自绍兴七年（公元 1137 年）后，宋高宗对岳飞有愈来愈大的猜忌，降金与抗金政策的矛盾，他自称“朕惟兵家之事，势合则雄”[3]，却是决不能使岳飞统一指挥各军进击。宋高宗的方针，就是宁愿使诸大将各自统军，各自为政，牺牲军事效能，也不能使岳飞统一指挥。按宋朝的惯例，即使暂时指挥，就可使用“节制”一词。但省札就根本不提什么“节制”之权全无将另外两军之节制权委任岳飞之意。正好与金军由都元帅完颜兀术（宗弼）一人说了算形成此劣彼优的鲜明对照。在苟安政治方针的左右下，宋廷低劣而荒唐的战略指挥，表明其根本没有调动各支兵力增援岳飞，赢得全胜的意图。

---

① 《鄂国金佗稡编校注》卷 8《鄂王行实编年》，第 605 页；《三朝北盟会编》卷 219 引《林泉野记》，第 1577 页；《中兴小纪》卷 29，第 344 页。

② 《鄂国金佗稡编校注》卷 3 高宗手诏，第 44 页。

③ 《鄂国金佗稡编校注》卷 1 高宗手诏，第 15 页。

（四）从郾城到颍昌大捷的进一步论析

由于史料的缺乏，现在已无以了解岳家军在七月八日郾城战前的调动和部署。岳家军从西、南两面与开封府金军对峙的地点依次是郑州、颍昌府和淮宁府。当时颍昌府的兵力是加强了，由王贵亲驻，这在后来颍昌大战时可知当地的兵力部署，已非只是原来留守的董先踏白军和姚政游奕军。颍昌府城之南是临颍县，再南是郾城县，此两地也毗邻开封府。岳飞亲驻郾城的兵力，除了背嵬亲军外，还有部分游奕军。这部分游奕军是一直随着岳飞，还是在郾城战前，临时由颍昌府移屯者，并不清楚。郾城县再往东是淮宁府西华县，再往东是淮宁府城。都是与开封府界相接。

问题是张宪所统几个军的兵力如何部署。"估计张宪自复淮宁府后，即驻守该府，至七月十日后，率军增援郾城。"[①] 因为淮宁府城也同样直面开封的金军。《三朝北盟会编》卷 204 和《建炎以来系年要录》卷 136 绍兴十年闰六月丙申记载，张宪克复淮宁后，岳飞"以胜捷军统制赵秉渊知府事"，系误。最初应是"知淮宁府刘永寿并史贵"守城，诚如王曾瑜先生考证，"赵秉渊任知府乃七月二十三日后事"。[②] 《三朝北盟会编》卷 207 引《岳侯传》和《建炎以来系年要录》卷 136 绍兴十年闰六月丙申还记载，张宪复淮宁府时，"岳飞遣统制官牛皋、徐庆等与宪会"。看来岳家军最骁勇的五员将领的部署，是王贵率部分中军，董先率踏白军在颍昌府，而张宪的前军、牛皋的左军和徐庆所统的一个军可能驻淮宁府。此后的记载表明，随张宪的统制还有寇成、傅选和李山。[③]

---

① 《鄂国金佗稡编校注》卷 8《鄂王行实编年》，第 591—592 页注文。

② 《鄂国金佗稡编校注》卷 8《鄂王行实编年》、卷 18《论刘永寿等弃淮宁府申省状》《差赵秉渊知淮宁府申省状》，第 518、591、962—963 页。

③ 《鄂国金佗稡编校注》卷 16《临颍捷奏》，第 940 页。

寇成应是统一个军。但傅选后来任鄂州驻扎御前背嵬军同统制[①]，李山后来任鄂州驻扎御前后军副统制[②]，他们当时应是副统制，就未必统一个军。

1. 郾城大捷

完颜兀术（宗弼）在郾城战前，“皆令老小过河”，也是预作撤退准备，但“发八千人过河北”，则似属佯动，用以迷惑岳家军，掩蔽其反扑的意向。完颜兀术（宗弼）应是根据情报，得知岳家军在郾城的兵力少，又是岳飞司令部所在，故选择此地，作为用兵突击的方向，并且是在暑热过后，即闰六月后之七月，秋高气爽、弓劲马肥之际，应当承认，这是一着高明的军棋。今先将《鄂国金佗稡编》卷16《龙虎等军捷奏》摘录于下：

> 今月初八日，探得有番贼酋首四太子、龙虎、盖天大王、韩将军亲领马军一万五千余骑，例各鲜明衣甲，取径路，离郾城县北二十余里。寻遣发背嵬、游奕马军，自申时后，与贼战斗。将士各持麻扎刀、提刀、大斧，与贼手拽厮劈。鏖战数十合，杀死贼兵满野，不计其数。至天色昏黑，方始贼兵退，那夺到马二百余匹，委获大捷。[③]

龙虎大王完颜突合速和韩常在此前屡次参战。但“盖天大王赛里，名完颜宗贤”[④]。据宋叶梦得上奏说：“见主兵侵我者，不过十三人。兀术等八人则在京师，以窥淮、浙；撒哩褐（完颜撒

① 《建炎以来系年要录》卷145，绍兴十二年六月戊辰，第3册第29页。

② 《建炎以来系年要录》卷149，绍兴十三年六月壬辰，第3册第81页。

③ 《鄂国金佗稡编校注》，第934页。

④ ［宋］確庵、耐庵编，崔文印笺证：《靖康稗史笺证·呻吟语》，中华书局2010年版，第226页。

离喝，汉名杲）等三人则在关中，以扰陇、蜀；伪盖天大王等二人则在濬、滑，以主签军。"① 可知他原来担任后方留守，此次参战，说明金军在顺昌败后，得到了增援。以下再引《鄂国金佗稡编》卷2两份宋高宗手诏：

览卿七月五日及八日两奏，闻虏并兵东京，及贼酋率众侵犯，已获胜捷。卿以忠义之气，独当强敌，志在殄灭贼众，朕心深所倾属。②

这是宋高宗看了《乞乘机进兵札子》和郾城捷奏后的回复。第二份手诏说：

览卿奏，八日之战，虏以精骑冲坚，自谓奇计。卿遣背嵬、游奕迎破贼锋，戕其酋领，实为隽功。然大敌在近，卿以一军，独与决战，忠义所奋，神明助之，再三嘉叹，不忘于怀。③

现存《龙虎等军捷奏》是战事结束，立即上报，叙事简略，因"天色昏黑"，战果也来不及统计，故岳飞后来无疑又有补充捷奏。这份捷奏虽已佚失，但在宋高宗第二份手诏中仍有所反映，其中有"虏以精骑冲坚"的情况，还开列所杀"酋领"的姓名。这是《龙虎等军捷奏》所没有的，现在已不知在郾城之战中所杀

① ［宋］叶梦得：《石林奏议》卷12《奏乞立赏格募人擒捕兀术等用事首领十三人札子》，《续修四库全书》本，第474册第463页。

② 《鄂国金佗稡编校注》，第34—35页。

③ 《鄂国金佗稡编校注》，第35页。

金军“酋领”是谁。但宋高宗看了第二份捷奏后，对郾城之战的评价显然比前一手诏高，由“已获胜捷”提高到“实为隽功。然大敌在近，卿以一军，独与决战，忠义所奋，神明助之”。

岳珂在《鄂国金佗稡编》卷8《鄂王行实编年》对上引捷奏有所补充者，一是“先臣遣臣云领背嵬、游奕马军，直贯虏阵，谓之曰：‘必胜而后返，如不用命，吾先斩汝矣!’”这反映郾城之战的一个特点是相当大规模的骑兵会战。在岳家军次年援淮西时，背嵬军即有“八千余骑”[①]。这是在第四次北伐俘获大量马匹之后。绍兴十年（公元1140年）时，骑兵可能还少一些，但背嵬和部分游奕军的骑兵，只怕也须有六七千骑。以骑击骑，这是其他各支宋军决然做不到的。二是“杨再兴以单骑入其军，擒兀术不获，手杀数百人而还”。这与《三朝北盟会编》卷204和《建炎以来系年要录》卷137绍兴十年七月己酉的记事相似，兹不重复。三是在此战最终阶段，“初，兀术有劲军，皆重铠，贯以韦索，凡三人为联，号‘拐子马’，又号‘铁浮图’，堵墙而进，官军不能当，所至屡胜。是战也，以万五千骑来。诸将惧，先臣笑曰：‘易尔!’乃命步人以麻扎刀入阵，勿仰视，第斫马足。拐子马既相联合，一马偾，二马皆不能行，坐而待毙，官军奋击，僵尸如丘。兀术大恸曰：‘自海上起兵，皆以此胜，今已矣!’拐子马由是遂废”。此段记事肯定有不少错讹。邓广铭先生首先作了考辨[②]，王曾瑜先生也作了考辨[③]。金军常以左右两翼骑兵，即“拐子马”进行迂回侧击的战术肯定没有“由是遂废”。但他引《晋书》卷107《石季龙载记》：“（慕容）恪乃以铁锁连马，简善射鲜卑勇而

① 《鄂国金佗稡编校注》卷22《淮西辨》，第1049页。

② 见邓广铭《岳飞传》（增订本），人民出版社1983年版，第425—431页。

③ 《鄂国金佗稡编校注》卷8《鄂王行实编年》，第535—540页。

无刚者五千，方阵而前。”并说：“晋朝记载证明，金军偶而采用‘三人为联’‘贯以韦索’战术，非绝无可能，而必为岳珂杜撰。然使用此动转不灵之战术，应为正面冲击，而不应为两翼拐子马之迂回侧击。前引宋高宗御札：‘览卿奏，八日之战，虏以精骑冲坚，自谓奇计。’似可作‘三人为联’‘贯以韦索’战术理解。如金军仅使用两翼拐子马交锋，乃是惯伎，而非‘奇计’。”① 当然，这也只是姑且一说而已，不须作定论。

《龙虎等军捷奏》说双方“鏖战数十合”，就是指女真骑兵进行数十次“更进迭却”的战斗。岳飞巧妙地指挥部属，“或角其前，或掎其侧，用能使敌人之强，不得逞志于我”②，则表明金军在此战中也同样采用两翼拐子马之迂回侧击战术。至于“将士各持麻扎刀、提刀、大斧，与贼手拽厮劈”，则应是描述以步击骑的场面。这场恶战大约从下午两三点钟打到七八点钟，金军才最后败退。

前引《读者报·旧闻周刊》2013 年 7 月 25 日载《岳飞：那些意外的历史》说：“这个被后世夸大其词的‘郾城大捷’的真实情况是，岳飞用两万人马打败了完颜兀术的 1.5 万人马，在当时并不能算是一场很大的战役。岳飞显赫的战功只此一役，其余就全是演绎了。”这是信口开河的不实之词。

此战的金方兵力，按前引《龙虎等军捷奏》是“马军一万五千余骑”。但据《金佗续编》卷 10《郾城获捷支犒士卒省札》说：

---

① 《鄂国金佗稡编校注》卷 8《鄂王行实编年》，第 540 页。

② 《紫微集》卷 12《梁吉等为与乌珠（兀术）接战获捷各转一官制》，影印文渊阁《四库全书》本，第 1131 册第 443 页。

岳飞一军于郾城县，独与番寇全军接战，大获胜捷。[1]

又宋高宗看到补充捷奏，并且发下一份奖谕诏，据《鄂国金佗续编》卷4《郾城斩贼将阿李朵孛堇大获胜捷赐诏奖谕仍降关子钱犒赏战士》说：

自羯胡入寇，今十五年，我师临阵，何啻百战。曾未闻远以孤军，当兹巨孽，抗犬羊并集之众，于平原旷野之中，如今日之用命者也。[2]

这当然是宋廷当时对郾城之战所做的绝高评价。完颜兀术（宗弼）的大军有十多万，光一万五千骑兵不应称为“全军”，当然也说不上是“抗犬羊并集之众”。可推知这一万五千骑兵乃是其前锋和精华，在战斗过程中，十多万人马陆续开到战场，并在岳飞的补充捷奏中有所交代。当然，如前所述，十多万金军并不是清一色的女真骑兵，也肯定包括战斗力不强的汉人签军之类。

此战的岳家军兵力，根本没有所谓“两万人马”的胡编数字。岳家军共十万兵力，至少分成十二军，但在郾城仅有背嵬军，再加游奕军的一部分。游奕军的另一部分随统制姚政守颍昌。这一个半军，估计大约不过一万几千兵力，除去守城军和火头军、辎重兵等非出战人员外，参战兵力就更少。可见郾城之战是在女真骑兵占尽天时地利的条件下，而“远以孤军，当兹巨孽，抗犬羊并集之众，于平原旷野之中”，以少击众的硬仗和恶战。

① 《鄂国金佗续编校注》，第1275页。

② 《鄂国金佗续编校注》，第1195页。

（二）第二次郾城战役

关于七月十日郾城再战，《鄂国金佗稡编》卷16《郾城县北并垣曲县等捷奏》说得相当清楚：

> 今月初十日申时，据巡绰马报覆，有番贼马军一千余骑，径来侵犯郾城县北五里店，在后尘头不绝，不知数目。臣躬亲提领军马，出城迎敌。遣差背嵬将官王刚等，将带背嵬使臣五十余人骑，前去探贼。据王刚等称，于五里店见贼摆一字阵，内见一名甲上着紫袍，认是头领。遂一齐入贼军，并手斫下上件头领，其余贼众一发退走。今于斫下尸首上并马鬃上，取到红漆牌子二个，上题写"阿李朵孛堇"。追赶贼马二十余里。①

岳珂在《鄂国金佗稡编》卷8《鄂王行实编年》补充说："先臣时出踏战地，望见黄尘蔽天，众欲少却，先臣曰：'不可，汝等封侯取赏之机，正在此举，岂可后时！'自以四十骑驰出，都训练霍坚者扣马谏曰：'相公为国重臣，安危所系，奈何轻敌！'先臣鞭坚手，麾之曰：'非尔所知！'乃突战贼阵前，左右驰射，士气增倍，无不一当百，呼声动地，一鼓败之。"王曾瑜先生认为："《行实编年》岳飞'突战贼阵前，左右驰射'等记事，非十日战况。如属'访于遣卒'之回忆，应为八日战况。"② 与诸史书不同者，是《皇宋十朝纲要》卷23的记载：

> （绍兴十年七月）飞驻兵郾城县，丙午，金人来攻，飞

---

① 《鄂国金佗稡编校注》，第936页。

② 《鄂国金佗稡编校注》卷8《鄂王行实编年》，第541页。

出，与战，破之。

己酉，兀术、龙虎大王复举兵来攻，战于县北二十余里，又败之。……辛亥，金人再犯郾城，诸军战少却，岳飞遣其子云率兵进战，破之。

此书又增五日丙午一战，十日之战况亦异。但十日战况只能以岳飞的捷奏为准。从后来的史实判断，完颜兀术（宗弼）在八日郾城之战后，确是没有勇气来郾城与岳飞再次决战，其所派遣的“番贼马军一千余骑”，乃是一支佯动的部队，用以掩蔽他率大军占据临颍县。战斗经过，也只是王刚率五十余骑，采取“擒贼先擒王”的斩首行动，杀阿李朵孛堇，赶跑了千余金军骑兵。

3. 小商桥之战和张宪军重占临颍

《鄂国金佗稡编》卷 8《鄂王行实编年》记载：“兀术又率其众并力复来，顿兵十二万于临颍县。十三日，杨再兴以三百骑至小商桥，与贼遇。再兴骤与之战，杀虏二千余人，并万户撒八孛堇、千户、百人长、毛毛可百余人，再兴死之。张宪继至，破其溃兵八千，兀术夜遁。”又《鄂国金佗稡编》卷 9《遗事》说：“御众得其死力，杨再兴殁于虏，焚其尸，得矢镞二升，盖不偾不止也。”可知杨再兴等战死，确是非常壮烈的。

关于完颜兀术（宗弼）以十二万人占领临颍县，《三朝北盟会编》卷 207《岳侯传》也有同样记载。尽管《紫微集》卷 19 有追赠杨再兴、王兰、高林、罗彦、姚侑和李德的两份制词，但没有具体的战斗情节。但《三朝北盟会编》卷 204 和《建炎以来系年要录》卷 137 绍兴十年七月乙卯两处记载，将杨再兴战死系于十四日颍昌大战，显然不确，《宋史》卷 29《高宗纪》所载与《鄂王行实编年》时间和地点相同：“（绍兴十年七月）甲寅（十三日），岳飞遣统制杨再兴、王兰等击金人于小商桥，皆战死。”

王曾瑜先生考证说："杨再兴之实职，《建炎以来系年要录》说为'将官'，即正将、副将、准备将之类，《建炎以来系年要录》同卷己酉条载郾城之战，又称'统制官'，《宋史·高宗纪》亦同。《鄂国金佗稡编》卷2高宗宸翰六十九岳珂说明词则称'小校杨再兴'。杨再兴于绍兴六年（公元1136年）北伐时为副将，此时估计至多升正将。如为统率一军之统制，不会仅率三百骑往小商桥巡绰。"①

小商桥位于临颍县城南，正好介于临颍县城与郾城县城之间，明《嘉靖许州志》卷1说，临颍县"南至郾城县：界在小商桥二十五里"。同书卷2记载方位相同。看来杨再兴等率三百骑是到小商桥一带武装侦察，猝然与金军大队人马相遇，而发生激战和死战。

按《鄂国金佗续编》卷21《鄂王传》末章颖说："时政记书事数年之后，纪载岂无阙遗。绍兴诸将之功，夏官赏功之籍，犹可考也。"他举出一件具体的档案资料，即兵部"赏功之籍"。这说明章颖也并非单纯抄录《鄂王行实编年》，而本人也参考了兵部"赏功之籍"，证明"飞之功，当时史官所书，用桧风旨，削而小之者有矣"。② 上引《鄂王行实编年》"杀虏二千余人，并万户撒八孛堇、千户、百人长、毛毛可百余人"的记事可能就是抄自上述兵部的档案，故非常具体。《三朝北盟会编》卷204只是说："杨再兴、王兰以五百骑直入虏阵，杀数千人。"就不如《鄂王行实编年》的数字具体。在史家看来，"百人长、毛毛可"本是同义词，何须分为两词。但据《宋会要辑稿》兵14之34，三京等路招抚使刘光世也有同样的奏报，"捉到活人五十六人，内一名系千

① 《鄂国金佗稡编校注》卷8《鄂王行实编年》，第548页。
② 《鄂国金佗续编校注》，第1518页。

户，五人系毛毛可，一人系百人长”。故上引《鄂王行实编年》的“百人长、毛毛可”，倒反而证实其抄自原始记载的真实性。

如果说完颜兀术（宗弼）七月八日突击郾城，是一个高着，而占领临颍县则是一着臭棋。大军远离后方大本营开封，固然可将颍昌和郾城的两支岳家军暂时隔断，不是正好可招致两支岳家军的夹攻，而且也可乘虚直捣开封城。但杨再兴等三百骑的英勇战死，却使金军支付了很大的死伤代价，也使完颜兀术（宗弼）清醒了。他显然意识到不能再在临颍坐待岳家军的猛击，他所寻求的解脱之方，就是留下八千兵力，然后率大军转攻颍昌。

十三日，张宪应已从淮宁府一带赶到郾城，他奉命率领背嵬军、游奕军、前军，还有其他一些军组成的雄厚兵力，进兵临颍县，当然是寻求与完颜兀术（宗弼）大军决战。据《鄂国金佗稡编》卷16《小商桥捷奏》记载：

> 本司前军统制、同提举一行事务张宪申：“今月十三日，统率背嵬、游奕并诸军人马，起发前来小商桥北一带，至临颍县，措置掩杀金贼。于今月十四日天明，据绰路马报，临颍县南逢金贼，绰路马遂追赶过县三十余里，杀死贼兵不知数目，其贼望颍昌府、尉氏县路前去。委获胜捷。”①

可知金军的留守兵力甚至只与张宪军的“绰路马”交锋，即已溃败，而“望颍昌府、尉氏县路前去”。但张宪军赶到临颍县，只是扑了个空。

4. 颍昌大捷

完颜兀术（宗弼）最初并不打算攻王贵以较大兵力戍守的颍

① 《鄂国金佗稡编校注》，第937页。

昌。直到小商桥血战之后，才决定率大军转攻颍昌。这表明他其实是一种赌徒的心理，侥幸一试，而无胜算。据《鄂国金佗稡编》卷16《王贵颍昌捷奏》说：

> 今月十四日辰时以来，有番贼四太子、镇国大王，并昭武大将军韩常及番贼万户四人，亲领番兵马军三万余骑，直抵颍昌府西门外摆列。贵遂令踏白军统制董先、选锋军副统制胡清守城。贵亲统中军、游奕军人马，并机宜岳云将带到背嵬军出城迎战。自辰时至午时，血战数十合，当阵杀死万户一人，千户五人。贼兵横尸满野，约五千余人，重伤番贼不知数目。其夺到战马、金、鼓、旗、枪、器甲等不计其数，见行根刷，续具数目供申次。委是大获胜捷。①

据此，王贵当“续具”捷奏上报，而这份补充捷奏也已佚失。《鄂国金佗稡编》卷8《鄂王行实编年》关于此战的记事如下：

> 郾城方再捷，先臣谓臣云曰：“贼犯郾城，屡失利，必回锋以攻颍昌，汝宜速以背嵬援王贵。”既而兀术果以兵十万、骑三万来。于是，贵将游奕，云将背嵬，战于城西。虏阵自舞阳桥以南，横亘十余里，金鼓振天，城堞为摇。臣云令诸军勿牵马执俘，视梆而发，以骑兵八百，挺前决战，步军张左右翼继进。自辰至午，战方酣，董先、胡清继之。虏大败，死者五千余人，杀其统军、上将军夏金吾（失其名），并千户五人，擒渤海、汉儿〔都提点、千户〕王松寿，女真、汉儿都提点、千户张来孙，千户阿黎不，左班祗候承制田瓘以下

① 《鄂国金佗稡编校注》，第939—940页。

七十八人，小番二千余人，获马三千余匹及雪护阑马一匹，金印七枚以献。兀术狼狈遁去，副统军粘汗孛堇重创，舆至京师而死。①

据《鄂王行实编年》载，此战的金军兵力，除“三万余骑”外，尚有“兵十万”。这与前郾城之战的《龙虎等军捷奏》相似，《王贵颍昌捷奏》大致是说了金军前锋的兵力。金军全军应有十多万人。《王贵颍昌捷奏》没有记载龙虎大王完颜突合速、盖天大王完颜宗贤，并不意味着两人就未到战场，大约是率后续部队晚到。宋方虽有中军、游奕军、背嵬军与踏白军、选锋军五军，然而除董先的踏白军外，背嵬军、游奕军的一部分尚在郾城和临颍，选锋军的一部分当随统制李道在外地，中军的一部分也随统领苏坚屯驻洛阳等地，都不是全军。可知首先出城迎战的中军、游奕军和背嵬军三个军，兵力也不过一万几千人。战斗打了整整一个上午，在此战中，王贵曾“以颍昌怯战之故，为臣（岳）云所折责。比其凯旋，先臣（岳飞）犹怒不止，欲斩之，以诸将恳请，获免”②。可知战斗之激烈，甚至连宿将王贵也不免一度怯战。岳云斥责王贵，他出入敌阵，“大战无虑十数合，出入虏阵，甲裳为赤，体被百余创”③。“颍昌之战，功先诸将”④。最终则是董先和胡清率踏白、选锋两军适时出城，于是完颜兀术（宗弼）所率的金军大部队大败。可见颍昌之战同郾城之战一样，也是以少击众的硬仗和恶战。

---

① 《鄂国金佗稡编校注》，第549—550页。

② 《鄂国金佗稡编校注》卷8《鄂王行实编年》，第658页。

③ 《鄂国金佗稡编校注》卷9《诸子遗事》，第805页。

④ 《鄂国金佗稡编校注》卷9《遗事》，第795页。

前引《读者报·旧闻周刊》2013年7月25日载《岳飞：那些意外的历史》说："颍昌大战，岳飞部将王贵在《王贵颍昌捷奏》中说杀敌'五百余人'，岳珂则杜撰为'杀敌五千'，'杀其统军、上将军夏金吾'里的这个'夏金吾'也是岳珂杜撰出来的，历史上就根本没这个人。"

其实，古书有错字，这本来是个常识，错字当然可以校改。王曾瑜先生在《鄂国金佗稡编校注》卷16《王贵颍昌捷奏》第940页注1中已出校勘记：

> "千"，原作"百"，一次激烈鏖战，不可能只杀敌五百，据《金佗稡编》卷八和《金佗续编》卷二〇改。

《鄂国金佗稡编校注》卷8《鄂王行实编年》第550页注1也说：

> 《鄂国金佗稡编》卷一六《王贵颍昌捷奏》原作"五百余人"，一次激烈之鏖战，不可能仅杀敌五百人，完颜兀术十多万人即可全军溃败，"狼狈遁去"，应以"五千余人"为准，"百"字应系刊误。

按颍昌大战之激烈，甚至连远处于后方的黄纵，也得知杀得"人为血人，马为血马，无一人肯回顾者，复中原有日矣"①。如果杀敌仅五百，如何能使完颜兀术（宗弼）溃败？这只怕只是一个简单的军事数学常识问题。

《鄂王行实编年》对《王贵颍昌捷奏》另一段重要补充，是

① 《鄂国金佗续编校注》卷27黄元振编《岳飞事迹》，第1588页。

“杀其统军、上将军夏金吾（失其名），并千户五人，擒渤海、汉儿〔都提点、千户〕王松寿，女真、汉儿都提点、千户张来孙，千户阿黎不，左班祇候承制田瓘以下七十八人，小番二千余人，获马三千余匹及雪护阑马一匹，金印七枚以献。兀术狼狈遁去，副统军粘汗孛堇重创，舆至京师而死”。正如王曾瑜先生所说：“据捷奏，王贵当‘续具’捷奏上报，然另一补充捷奏今已佚失。《鄂王行实编年》叙述战绩，甚为具体，当另有所据，估计应来源于另一补充捷奏。”①

其实，所谓夏金吾无此人之说，早有人提出此论，王曾瑜先生也早有回复，“据《鄂国金佗稡编》《宋会要辑稿》等书可知，宋朝捷奏往往不用金军将领的全部官衔和真名实姓，而只用简单的习惯称呼。完颜讹里朵只叫‘三太子’，完颜兀术只叫‘四太子’。龙虎大王鼎鼎大名，在宋人记载中屡见不鲜，却无真名实姓。《金史》中也不载谁叫龙虎大王，只是依据宋金记载绍兴十一年（公元 1141 年）的监军官衔参对，可大致推断即是完颜突合速。其他如‘翟将军’和‘镇国大王’，虽见于岳飞捷奏和其他记载，而在《金史》中也找不到是何人。可见《金史》中没有夏金吾，并不能作为否定此人存在的依据。岳珂说‘统军、上将军夏金吾（失其名）’，老老实实承认不知其名，恰好证明是符合当时捷奏的惯例。据《金史》卷 55 和卷 57《百官志》，‘统军’是正三品统军使的实职，‘上将军’‘金吾’是正三品金吾卫上将军的虚衔，实职和虚衔的官品完全一致，这当然不能说是偶然的巧合”②。韩常官为正四品“昭武大将军”，与夏姓统军使、金吾卫

① 《鄂国金佗稡编校注》卷 8《鄂王行实编年》，第 551 页注 6。

② 王曾瑜：《关于“兀术遗桧书”及其有关问题》，《岳飞和南宋前期政治与军事研究》，河南大学出版社 2005 年版，第 240 页。

上将军之间，还隔着从三品。[①]

《鄂国金佗稡编》卷8《鄂王行实编年》在另一处说："韩常又以颍昌之败，失夏金吾，金吾，兀术子婿也，畏罪不敢还，屯于长葛。"也有学者据此提出"否定夏金吾存在的另一条重要理由，是当时女真习俗，本族人不准与他族通婚，对于贵族的限制尤严。女真人中并无夏姓者，即使别族真有一个夏金吾，也不可能成为兀术的子婿"。王曾瑜先生也回复说："就我所知，金朝似从未有此习俗或禁令。完颜亮生母大氏是渤海人。据《靖康稗史笺证》，大量宋俘女子都成了女真人的侍妾。民族偏见最深的金世宗还下诏，安排契丹人'与女直人杂居，男婚女聘，渐化成俗。'"[②] 金朝同元朝一样，民族也分等级，第一等女真人，第二等渤海人，第三等契丹人和奚人，第四等汉儿，即原辽统治区的汉人，第五等南人，即原宋统治区的汉人。女真、契丹和奚人无夏姓，渤海人"其王旧以大为姓，右姓曰高、张、杨、窦、乌、李"[③]，但小姓中有夏姓。[④] 看来，夏姓的金吾卫上将军以渤海人或汉儿的可能性为大。当时汉儿在金朝政权中也占有一定地位，如独眼的韩常，便是完颜兀术的重要助手。[⑤] 统军使和金吾卫上

---

① 《金史》卷55《百官志》，第1221—1222页；《三朝北盟会编》卷245引《揽辔录》，第1761页。

② 《金史》卷88《唐括安礼传》，第1964页。

③ ［宋］洪皓：《松漠纪闻》，《全宋笔记》第3编第7册，大象出版社2008年版，第119页。

④ ［元］脱脱等：《辽史》卷17《圣宗纪》载有"渤海太保夏行美"，卷87《夏行美传》，中华书局1974年版，第204、1336页。

⑤ 《关于"兀术遗桧书"及其有关问题》，《岳飞和南宋前期政治与军事研究》，第241页。

将军的实职和虚衔的官品完全一致，正是金朝天眷的新官制。①可知岳珂之说显然不是凭空捏造。

当然，关于颍昌之战，也有歧异的记载，赵甡之《中兴遗史》，此书虽已佚亡，《三朝北盟会编》卷204保存了其记事：

（绍兴十年七月）十四日乙卯，岳飞统制王贵、姚政败兀术于颍昌府。杨再兴、王兰、高林殁于阵。杨再兴、王兰以五百骑直入虏阵，杀数千人，再兴与兰皆阵殁，高林亦战死，闻者惜之。获再兴之尸，焚之，得箭头二升。天大雨，溪涧皆满溢，虏骑不得进，官军乃得还。②

《建炎以来系年要录》卷137载：

湖北、京西宣抚司都统制王贵、统制官姚政及金人战于颍昌府，败之。初，岳飞以重兵驻颍昌，欲为久驻之计。会张俊自亳州南归，金人谍知飞孤军无援，于是并兵以御飞。飞不能支吾，告急于淮北宣抚判官刘锜。锜遣统制官雷仲出兵牵制，抵太康县。是役也，飞将官杨再兴、王兰、高林皆战死。获再兴之尸，焚之，得箭镞二升。会天大雨，溪涧皆溢，虏骑不得前，官军乃还。（此以赵甡之《中兴遗史》《岳侯传》《淮西从军记》参修）③

① 参见王曾瑜《金熙宗“颁行官制”考辨》，《点滴编》，河北大学出版社2010年版。

② 《三朝北盟会编》，第1470页。

③ 《建炎以来系年要录》卷137，绍兴十年七月乙卯，第2册第837页。

据王曾瑜先生论析："《建炎以来系年要录》以秦熺《高宗日历》为底本，再参据其他记述。李心传在注中说明取材来源，无非因《高宗日历》无从查考。① 他取材于《三朝北盟会编》卷207《岳侯传》的，是'以重兵驻颍昌，欲为久驻之计'一句，而弃其杨再兴战死临颍之说；取《淮西从军记》岳飞'不能支'，求援刘锜，刘锜出兵太康的记事，又删去岳家军'几败'，刘锜出兵后，'金人乃退，飞军得还'之说；取《中兴遗史》杨再兴战死颍昌之说，又删去'五百骑''杀数千人'的记事。依李心传的估计，颍昌之战其实不算胜仗，但又写上'败之'两字。今存颍昌捷奏表明，此战并无'天大雨，溪涧皆满溢，虏骑不得进，官军乃得还'的狼狈景象，而是'自辰时至午时，血战数十合'，'贼兵横尸满野'，'大获胜捷'。杨再兴战死地点也显然不在颍昌。"② 李心传其实是参据若干不确的记载，却未见到晚出的《鄂国金佗稡编》卷16《王贵颍昌捷奏》，这才是可信的原始文件。③ 前引《呻吟语》引《燕人麈》说，"兀术尤骄横，所向无敌"。"岳少保败之颍

① ［元］佚名：《宋史全文续资治通鉴》卷20，［宋］佚名：《皇宋中兴两朝圣政》，台北：文海出版社1967年版，卷26绍兴十年七月乙卯载，"湖北、京西宣抚司都统制王贵、统制官姚政及金兵战于颍川（昌）府，败之"。除"兵"字外，文字与《建炎以来系年要录》第一句同，可能即是《高宗日历》的原文。从颍昌捷奏看，王贵并未任都统制，他作为岳飞第一副手的头衔是"提举一行事务"。

② 王曾瑜：《岳飞第四次北伐》，《岳飞和南宋前期政治与军事研究》，第142—143页。

③ 李心传后来也见看到岳珂此份著述，他在《建炎以来朝野杂记》乙集卷1《壬午内禅志》第501页说："十年五月，金人畔盟。京西、湖北宣抚使岳飞密奏：'今日欲图恢复，必先正国本，以安人心。然后陛下不常厥居，以示不忘复仇之意。'先是，飞入对，得诣资善堂，见建国公英明俊伟，退语家人，遂上此奏。"（张戒《默记》以飞请建储，为绍兴七年事，而飞孙监镇江府大军库珂作飞《行实》，系之此年，且辨《默记》之误甚悉。今移附此，更须详考也）他在此又修改《建炎以来系年要录》卷109将岳飞请建储系于绍兴七年之前说。但李心传显然未参考岳珂此书而修改《建炎以来系年要录》关于颍昌之战及其他有关岳飞记事之错讹。

昌，锐气渐消”，也同样是大捷之明证。

（五）刘锜援岳家军记载辨析

《三朝北盟会编》卷205引《淮西从军记》说：

> 飞方至陈州，而俊已定宿、亳，遂还寿春，引兵南渡而归。金人探知，于是并力出兵以御飞。飞兵不能支，几败，告急于锜。锜为出兵牵制，抵太康，金人乃退，飞军得还。①

另有《宋朝南渡十将传》卷1《刘锜传》说：

> 自闰六月至七月，世忠取海州，俊取亳州、宿州，飞取蔡州、陈州，京东、西响应。岳飞军屯颍昌，别军屯郾城，兵断不得合。遣骁将杨再兴击贼，不利，再兴战殁。飞以急告锜，或言：“当言于朝，而后发兵。”锜曰：“皆王事也，待报则无及矣。”遂往助之，即遣别将雷仲、柳倪直趋太康县。诸将曰：“贼在沙河，而诣太康，非路也。”锜曰：“第如言，我军至太康，彼必退矣。”其夜，军至太康，虏果解去。②

这两条记载都有明显错误，如闰六月至七月，岳家军仅取蔡州、陈州，而取蔡州应为六月，岳飞亲“屯颍昌”之类。但更重要的，还是因虚夸刘锜战绩而失实。杨再兴战死的次日，岳家军并未得到刘锜一兵一卒的支援，在临颍和颍昌同时获胜，完颜兀术（宗弼）大军败退回开封。依岳飞使者南下和刘锜大约几千步兵北上的日程估计，雷仲和柳倪抵太康，未遇一个金兵，恰好是

① 《三朝北盟会编》，第1479页。

② 《宋朝南渡十将传》，《碧琳琅馆丛书》本，第13页。

享受了岳家军的胜果。以上两书都不载刘锜偏师与金军交战。但晚出的《皇宋十朝纲要》卷23记载："（七月）庚申，刘锜遣统制雷仲掩袭金人千户乐也孛堇于太康县圉镇，连败之。"只是与一金军千夫长交锋，且于十四日乙卯颍昌之战后五天，即十九日庚申，显然未对岳家军自郾城至颍昌的战局起何作用。

《淮西从军记》和章颖《刘锜传》记载刘锜发兵援岳飞的事，当然是旨在表彰刘锜的抗金积极性和高超的将略。但从普通的军事常识看，如果刘锜真有很高的抗金积极性，真有高超的将略，应是乘岳家军与金军在郾城至颍昌一带相持之际，迅即发兵，直捣守备空虚的开封，这才是真正的上策。可惜刘锜不能为此，这也无疑受到宋朝消极和保守的军事传统的影响，正好说明其抗金积极性并不太高，而将略也并不高超。以上的议论总不能算是对刘锜的苛责吧。

自七月八日到十四日，自郾城之战到颍昌之战，当然使岳家军经历了严峻考验，也证明了其战斗力。这两次关键性的大捷，使完颜兀术（宗弼）的大举反扑完全失败。绍兴四年（公元1134年）第一次北伐，岳家军只是与金刘合孛堇的偏师交锋，绍兴六年（公元1136年）冬，伪齐军进攻岳家军防区，也只是勾结金军的偏师同来，两次战事都未与金军主力交锋。金军"撼山易，撼岳家军难"之说，应是绍兴十年（公元1140年）北伐，尤其是郾城和颍昌两次大战的经验之谈，他们至此才真正感受和领教了岳家军的战斗力，而发此感叹。在此可以对顺昌与郾城、颍昌两战做出比较。一是都在利于女真骑兵驰突的平原作战，二则都是以少击众。这是其共同点。其不同点：一是刘锜军以逸待劳，以逸克劳；岳家军却不占天时之利，只能在女真骑兵弓劲马肥之际，与敌决战。二是刘锜军是以步击骑，岳家军则是步骑协同，既以骑制骑，也以步击骑。三是顺昌打了十八天，六月九日大战，只是大量杀伤金军，并未击溃金军，而是金军最终被迫撤退；七月八日郾城和七月十四日颍昌两战，都只打了半天，经历数十回合血战，岳家军就一举击溃强敌。由此可见，郾城和颍昌两战确是体现了岳家军比刘锜军更强的战斗力，只怕是没有疑义的。

五、朱仙镇之战补充论证

关于朱仙镇之战，今据王曾瑜先生《岳飞第四次北伐》（五）“朱仙镇之战考辨”[①]，并加上《嘉靖尉氏县志》的新证，再作补充论证。《鄂国金佗稡编》卷8《鄂王行实编年》记载：

> 先臣独以其军进至朱仙镇，距京师才四十五里。兀术复聚兵，且悉京师兵十万来敌，对垒而陈。先臣按兵不动，遣骁将以背嵬骑五百奋击，大破之。兀术奔还京师。[②]

在《鄂王行实编年》问世前，今存史料都没有记载朱仙镇之战，今存史料关于朱仙镇之战，大致都是照抄或依据《鄂王行实编年》的记事。人们否定朱仙镇一战的理由是一无捷奏传世，二无其他史书过硬的旁证。但人们也须考虑宋高宗和秦桧大兴文字狱、篡改历史造成的严重后果。

岳珂《鄂王行实编年》的原稿，是岳霖委托国子博士顾杞所撰，编写时还“考于闻见，访于遗卒”，在岳霖临终前，传授于岳珂。[③] 此外，岳珂也参考另一史书《野史》。[④] 现在顾杞原稿和

---

① 参见王曾瑜《岳飞和南宋前期政治与军事研究》，第143—146页。

② 《鄂国金佗稡编校注》，第561页。

③ 《鄂国金佗稡编校注》卷9，第827页。

④ 《鄂国金佗稡编校注》卷21《建储辨》、卷22《淮西辨》、卷23《山阳辨》、卷24《张宪辨》，第1034、1043、1056、1076页，其中摘录的《野史传》，即《野史》的《岳飞传》。

《野史》既已失传，我们就不能断言，在《鄂王行实编年》问世前，这两部书必定没有朱仙镇之战的记载。据《鄂国金佗续编》卷14岳霖、岳震、岳霭、岳甫上《赐谥谢表》说："鼓行将入于京都。"似可表明，在顾杞原稿中已有朱仙镇之战的记录。

《鄂王行实编年》记载朱仙镇之战确有含糊和离奇之处，例如连"骁将"的姓名也不交代。然而如赵鼎日记：岳飞"遣偏将收复商州"[①]。仅凭此语，也不知"偏将"是何人。估计《鄂王行实编年》载朱仙镇一战，即是"考于闻见，访于遗卒"，因年深月久，战况已不可能详细。

今存绍兴十年（公元1140年）岳飞最后一份捷奏，是《鄂国金佗稡编》卷16《临颍捷奏》，今摘录于下：

> 前军统制、同提举一行事务张宪申："今月十八日，到临颍县东北，逢金贼马军约五千骑。[②] 分遣统制徐庆、李山、寇成、傅选等马军一布向前，入阵与贼战斗，其贼败走，追赶十五余里。杀死贼兵横尸满野，夺到器甲等无数，轻骑牵到马一百余匹，委是大获胜捷。"[③]

此次战斗发生在临颍东北，可以理解为进兵开封城的遭遇战。又据《宋史》卷368《牛皋传》：

> 金人渝盟，飞命皋出师，战汴、许间，以功最，除捧日、

① ［宋］赵鼎：《忠正德文集》卷8《丙辰笔录》，影印文渊阁《四库全书》本，第1128册第741页。

② "五千骑"，《鄂国金佗稡编校注》卷8《鄂王行实编年》和《鄂国金佗续编校注》卷20章颖编《鄂王传》作"六千"，"五"和"六"当有一字刊误。

③ 《鄂国金佗稡编校注》，第940页。

天武四厢都指挥使、成德军承宣使。[1]

“汴、许间”，就是开封和颍昌之间，也应理解为自颍昌向开封挺进时，牛皋的左军战功最大。因为据《鄂国金佗稡编》卷16《王贵颍昌捷奏》，直到七月十四日为止，牛皋左军尚未到颍昌参加大战。《朱子语类》卷136说：“绍兴初，岳军已向汴都，秦相从中制之。”看来在七月十四日后，岳家军大概是从临颍和颍昌两地，分别向汴都进军。

再引王曾瑜先生提示的新证。《嘉靖尉氏县志》卷2《游寓》注记载：

> 尉氏去朱仙镇四十五里，岳飞自夏入秋，虽分布诸将，经略河南、北，而岳寨则在尉氏也。南有南营，北有北营，东有小寨，西有大营，此实其制胜之地。迨今岳寨保、南营保、北营保名入册籍，与尉氏县名同为不朽矣。

同书卷1《保分》有此三地名。据《鄂国金佗稡编》卷16《小商桥捷奏》，七月十四日张宪统各军重新夺据临颍县时，“杀死贼兵不知数目，其贼望颍昌府、尉氏县路前去”，可知岳家军攻占开封府尉氏县，应在七月十四日颍昌大捷之后，岳家军在距离朱仙镇四十五里的尉氏县扎营，下一个进攻目标正是朱仙镇。按金军的惯例，守一个城市，并不是在城中驻兵，而往往是在城内或

① 《宋史》，第11465页。

城外另外扎寨，[①] 估计完颜兀术（宗弼）在颍昌败后驻兵朱仙镇，也是同样情况。

可知并非如南宋有的记载和若干现代史家的估计，岳家军只是驻兵郾城县，原地不动。更不是按徐规先生的估计，“颍昌一战”，岳家军“已遭受金兵的猛烈反击，折将损兵，几陷失败”[②]，根本不可能在颍昌之战后再有朱仙镇之战了。

关于金军撤出开封城，《鄂国金佗稡编》卷8《鄂王行实编年》记载：

> 兀术疑京城之民应先臣，夜弃而出，北遁百里。……方兀术夜弃京师，将遂渡河，有太学生叩马谏曰……[③]

又《金史》卷77《宗弼传》说：

> 遂命元帅府复河南疆土，诏中外。宗弼由黎阳趋汴，右监军撒离喝出河中，趋陕西。宋岳飞、韩世忠分据河南州郡要害，复出兵涉河东，驻岚、石、保德之境，以相牵制。宗弼遣孔彦舟下汴、郑两州。[④]

完颜兀术（宗弼）是在绍兴十年（公元1140年）五月出兵，

---

① 如据郑刚中：《西征道里记》，《全宋笔记》第3编第7册，大象出版社2008年版，第101页所载，绍兴九年时，郑刚中到开封，得知“琼林苑，虏人尝以为营，至今围以小小城”，在开封城西金明池以南著名的琼林苑筑小城。又如岳家军收复建康城时，金人也另筑新城，见《鄂国金佗稡编校注》卷5《鄂王行实编年》，第121页注8。

② 见徐规《仰素集》，第594—595页。

③ 《鄂国金佗稡编校注》，第568、583页。

④ 按《金史》卷79《孔彦舟传》，第1784页不写下汴州之事。

即占据开封。此传说“宋岳飞、韩世忠分据河南州郡要害，复出兵涉河东，驻岚、石、保德之境，以相牵制”，其实就是指岳飞北伐，但岳家军并未“出兵涉河东，驻岚、石、保德之境”。这是将当时活跃在河东的一支王宗植抗金军说成是岳家军。王宗植军曾“取石州等十一郡”，但似与岳飞没有联系，而是受川、陕宣抚司领导。① 如前所述，因为岳家军是主要劲敌，所以《金史》中往往将其他宋军的行动，都算到岳飞和岳家军身上。至于“孔彦舟下汴”，既在岳飞出兵后，当为撤出开封后卷土重来，与《行实编年》之说可以互为印证。

正如王曾瑜先生所说：“人们往往忽略金军被迫撤出开封城的问题，故我又在后来的文章中几次强调。这两件事应是岳家军北伐胜利形势最重要的标志，并且是紧密关联的。唯有岳家军朱仙镇之胜，已进逼开封城，方得有金军之撤。”②

六、柘皋和濠州之战论析

绍兴十一年（公元1141年）春，宋金淮西战争，宋军先胜后败，金军先败后胜，双方损折都相当大，不应单谈柘皋或濠州之战，必须联系在一起论析，两战应当作为当年春宋金淮西战争的两个阶段，方较为妥当。评论此次淮西之战，更重要的是其政治意义。战后，宋高宗立即罢免三大将兵柄，实现了宋朝历史上第二次杯酒释兵权，并将韩世忠和岳飞先后虚位和罢官，而命张俊独掌枢密行府。张俊作为一个庸将，居然升为中兴四将之首，并助秦桧制造冤案，宋高宗放手与金屈辱求和，此类事件，都与淮

---

① 《宋史》卷448《王忠植传》，第13217页；《紫微集》卷18追赠王忠植制词，影印文渊阁《四库全书》本，第1131册第491页。

② 王曾瑜：《关于岳飞第四次北伐战绩的通信》，《丝毫编》，河北大学出版社2009年版，第202页。

西之战直接相关。关于此战，王曾瑜先生在《岳飞援淮西》（二）“绍兴十一年援淮西”[①] 中作了论述，但偏重于岳飞援淮西的问题，本小节在此基础上，拟作进一步的论析。

（一）柘皋之战

绍兴十年（公元1140年）的宋金战争，由于宋高宗和秦桧执行降金政策，迫令岳飞班师，致使金军在战争的最后阶段得了便宜，重占河南之地。绍兴十一年（公元1141年）春，完颜兀术（宗弼）又兴兵突入淮西。由于前一年战事中的损兵折将，此次入侵的金军不足十万。据刘锜得到两名主动投降的金“汉儿军”的情报：“若诸头项军马并到，共有万户一十三人，实有九万来军马，内马军八万，步军一万来。”[②] 宋朝在淮西的兵力则有淮西宣抚使张俊所部八万人[③]，淮北宣抚副使杨沂中所部三万人[④]，淮北宣抚判官刘锜所部二万人。[⑤] 其总兵力超过其他战区。但宋高宗此时仍急需岳家军，命岳飞援淮西。

关于柘皋之战，各史籍都有记述，比较最完整的是《建炎以来系年要录》卷139绍兴十一年二月丁亥（十八日）条：

> 淮北宣抚副使杨沂中、判官刘锜、淮西宣抚司都统制王德、统制官田师中、张子盖及金人战于柘皋镇，败之。前一日，锜行至柘皋，与金人遇，夹河而军。初，金人之退兵也，

---

① 王曾瑜：《岳飞和南宋前期政治与军事研究》，第162—173页。

② 《鄂国金佗续编校注》卷11《照会四太子勾诸处军马攻打楚州省札》，第1293页。

③ 《鄂国金佗稡编校注》卷8《鄂王行实编年》，第605页；《三朝北盟会编》卷219引《林泉野记》，第1577页；《中兴小纪》卷29，第344页。

④ 《三朝北盟会编》卷205，第1475页；《建炎以来系年要录》卷139，绍兴十一年正月己巳，第2册第858页；《宋史》卷367《杨存中传》，第11436页。

⑤ 《三朝北盟会编》卷205引《淮西从军记》，第1479页；《建炎以来系年要录》卷139，绍兴十一年正月乙未，第2册第863页。

日行甚缓。至尉子桥，天下雨，次石梁河，河流湍暴。虏断桥以自固，列营柘皋。柘皋地平，金人以为骑兵之利，且见骑军少，意甚易之。河通巢湖，阔二丈余，锜命军士曳薪叠桥，须臾而成。遣甲军数队过桥，皆卧枪而坐。会沂中、德、师中、子盖之军俱至。翌日，敌将邢王与镇国大（上）将军韩常等以铁骑十余万，分为两隅，夹道而陈。（赵甡之《遗史》、熊克《小历》皆称兀术以铁骑十余万夹道而陈。案三宣抚所申，止称邢王、韩将军、五太子大兵，及自庐州前来兀术军马。盖兀术自庐州济师，非其亲出也。甡之、克小误）沂中自上流涉浅径进，官军不利，统制官辅逵中目，骑兵有稍却者。德曰："贼右隅皆劲骑，吾将先破之。"乃与师中麾兵渡桥，薄其右隅。虏阵动，有一酋被甲跃马，指画阵队。德引弓一发，酋应弦坠马。德乘势大呼驰击，诸军皆鼓噪。金人以拐子马两翼而进，德率众鏖战。沂中曰："虏便习在弓矢，当有以屈其技。"乃令万兵各持长斧，堵而前，奋锐击之。金人大败，退屯紫金山。德等尾击之，捕虏数百人，马驮数百。而锜以步兵甲重，不能奔驰，下令无所取，故无俘获焉。是役也，将官拱卫大夫、武胜军承宣使姚端已下死敌者〔九百三〕人，而虏之死者甚众。锜谓德曰："昔闻公威略如神，今果见之，请以兄礼事公。"①

《宋会要辑稿》兵 14 之 34 载此战捷奏，当然是一份原始记载：

（绍兴十一年二月）二十三日，张俊、杨沂中言："今月

① 《建炎以来系年要录》，第 2 册第 862 页。

十八日，杨沂中、王德、田师中等追赶贼马至柘皋，又逢五太子生兵及自庐州前来兀术贼马，见阵。自巳时战斗至未时，凡经十余阵，其贼败走。杀死贼兵，横尸二十余里。追袭至二更以来，赶杀出庐州，收复庐州。"①

按柘皋战后，二十日己丑，"官军复庐州"②。此捷奏乃是简述三天的战事。捷奏中显然有意排斥同时参战的刘锜，却也同时承认，拥兵自重、畏敌怯战的张俊，虽为主将，而未亲临战场，这其实倒是成全了此战，因为他属下的都统制王德尚是骁勇敢战之将。后来的史籍，除前引《建炎以来系年要录》卷139之外，如《三朝北盟会编》卷205引《淮西从军记》，《宋史》卷368《王德传》、卷369《张俊传》，《宋朝南渡十将传》卷6《张俊传》等都明确记载张俊未参加此战。然而《三朝北盟会编》卷205、卷219引《林泉野记》，《海陵集》卷23《张循王神道碑》等，都载张俊亲自参战，则属篡改历史，美化庸将张俊。其中《三朝北盟会编》卷205的记事可能抄自赵甡之《中兴遗史》。

按上引李心传的考证，金朝都元帅完颜兀术（宗弼）也同样未亲临战场。关于完颜兀术（宗弼）的动向和行踪，《建炎以来系年要录》卷139说：

官军复庐州。金人之犯淮也，资政殿大学士、江东安抚制置大使、知建康府叶梦得团结沿江军民数万，分据江津，遣其子书写安抚司机宜文字模将千人守马家渡。及是宗弼、

① 《宋会要辑稿》，第8898页。

② 《建炎以来系年要录》卷139，绍兴十一年二月己丑，第2册第862—863页。

郦琼以轻兵来犯，不得渡而还。①

柘皋镇属无为军巢县，② 完颜兀术（宗弼）率军东向，径至无为军以东的和州，企图再次进犯十三年前渡江的建康府马家渡，遭受失败。但《宋史》卷29《高宗纪》则说：

丁亥，杨沂中、刘锜等大败兀术军于柘皋。己丑，兀术亲率兵逆战于店步，③ 沂中等又败之，乘胜逐北，遂复庐州。

其简单记事是将“兀术军”与“兀术亲率兵”予以区分。叶梦得《石林居士建康集》卷4《书为山亭石上》记载当年春战事，所载更为原始：

丁亥，又败之于柘皋。己丑，遂败兀术于店步，复合淝。

在同一天，完颜兀术（宗弼）不可能既犯马家渡，又战店步。盖《建炎以来系年要录》的记事应是追述往事，故无“是日”两字。

关于此次金军犯淮西的将领，据《鄂国金佗续编》卷11《照会四太子勾诸处军马攻打楚州省札》所载，在此次军事行动中，

① 《建炎以来系年要录》卷139，绍兴十一年二月己丑，第2册第862—863页。

② ［宋］王存纂，王文楚、魏如嵩标点：《元丰九域志》卷5，中华书局1984年版，第207页。

③ 据《建炎以来系年要录》卷197，绍兴三十二年二月庚子，第3册第824页载：“濡须、巢湖之水上接店步（系庐州界）。”［清］爱新觉罗·弘历：《御批历代通鉴辑览》卷86载：“店步（即店埠镇，在庐州府合肥县东）”，台北：商务印书馆，影印文渊阁《四库全书》本，1986年版。

完颜兀术的主要助手是“监军与邢王”。“监军龙虎大王”即是元帅左监军完颜突合速。邢王即是完颜兀术之弟完颜阿鲁补（宗敏），人称“五太子”，前引记载称“五太子生兵”[①]，应是指此人。其下的将领则有“韩将军”韩常、“三路都统”完颜阿鲁补、“镇国总管”等。前引记载称“镇国大将军韩常”，“大”应为“上”之误，与绍兴十年的官衔相比，韩常升为从三品的镇国上将军。[②]

但据前引记载，参加柘皋之战的仅有“邢王与镇国大（上）将军韩常等”，身为元帅左监军的完颜突合速亦未参加此战。按前引淮西金军总数为九万估计，无疑只是部分军队参战。叶梦得《石林居士建康集》卷4《书为山亭石上》说：“兀术以众二十万入寇。”此应为他得前方张俊等人张大敌势之虚报。除前引《建炎以来系年要录》卷139说金人“铁骑十余万”外，如《三朝北盟会编》卷205也称此战“金人铁骑十余万”，《宋史》卷366《刘锜传》、卷368《王德传》，《宋朝南渡十将传》卷1《刘锜传》，《江苏金石志》卷11《少保王公神道碑》等记载相同，显然都是夸张金军人数。估计参战的金军只是几万人。

然而此战的宋军有杨沂中和刘锜两军五万人，另加王德所率张俊的部分兵力，估计有十万人上下，在兵力对比上占有优势。

两军相搏“自巳时战斗至未时，凡经十余阵”，大约从上午

① 《金史》卷69《宗敏传》，第1608页。《三朝北盟会编》卷18引诸种记载，金太祖“第八子曰邢王”，“七曰窝里混（人呼作五太子，号自在郎君），八曰阿鲁保（邢王）”，然而据《大金国志校证·金国世系之图》载，“曹王窝里混，改名宗敏”。《宋会要辑稿》兵14之34记载柘皋之战，有“五太子生兵”之语，《金史》中并无完颜窝里混的记载，估计完颜阿鲁补（宗敏）即是“五太子”。

② 《金史》卷55《百官志》，第1221—1222页；《三朝北盟会编》卷245《揽辔录》，第1761页。

九、十时到下午二、三时，前后总计十多个回合，金军终于溃败。此战在平地，“柘皋地平，金人以为骑兵之利”，但兵力上没有优势。无论是王德所率的部分张俊军，或是杨沂中军，其骑兵显然不敌金朝骑兵，“有稍却者”。但宋方至少有相当部分是重甲步兵，不畏金军的弓箭，“万兵各持长斧，堵而前，奋锐击之”。最终还是步兵发挥白刃近战的优势，以步克骑。金军方面不仅兵力少，其战斗力和坚忍性也显然比绍兴十年（公元1140年）时下降。故不像郾城和颍昌之战，要激战数十合才分胜负。此战“凡经十余阵”，而战斗时间反而比前两战长些，反映金军“更进迭却”“往来冲突”的频率下降，十余回合即分胜负。但以步兵为主的宋军难以追击骑兵，故“尾击之，捕虏数百人，马驮数百”。

从前引捷奏看来，张俊和杨沂中自然是穿连裆裤，力图排斥刘锜的战功，但《三朝北盟会编》卷205引《淮西从军记》说：“十八日，与金人战，诸军杂比横骛而进，内骑兵有稍却者。锜令麾下斧手堵墙而前，奋锐击之，金人大败，退归庐州。”① 似乎是唯有刘锜军出战，方是转败为胜，也显然是虚夸战绩。所以前引李心传的《建炎以来系年要录》卷139并不取此说，只是取《淮西从军记》中的一段记事：“（刘锜）以步兵甲重，不能奔驰，下令无所取，故无俘获焉。”但文字加以精简。《三朝北盟会编》卷212、卷219引《林泉野记》等又说：“沂中轻进，败绩，王德援之，以骑军横冲其兵，大破之。”《建炎以来系年要录》卷139亦不全取此说。《宋朝南渡十将传》卷6《张俊传》则强调此战王“德之功居多”。如前所述，王德所率的部分张俊军骑兵不可能以骑克骑，宋军主要还是以步兵取胜。总的说来，此战还是三军联合取胜。

① 《三朝北盟会编》，第1479页。

此战宋方“死敌者九百三人”①，金方“死者以万计”②。战后，“〔虏〕横尸十余里，臭不堪行”③。虽然是一次重大胜利，却并未使淮西金军一败涂地，一蹶不振。关于柘皋之战，宋人记载中往往与顺昌之战并列，其实是有为皇帝宠用的张俊吹嘘的成分。

（二）濠州之战

关于收复庐州后的军情，《三朝北盟会编》卷205引《淮西从军记》说：

> 是时，朝廷虽命三宣抚合军，不相节制，然而三军进退，主盟于俊，而存中又俊之腹心也。锜以顺昌之功，骤至节钺，朝廷委任，过诸大将，而朝野士民之誉又翕然，故诸将皆切齿嫉之。至是俊、存中虽外为合同，其实军旅利害，二人同心，锜皆不得预闻，又不得专进止。……至三月初，有被掳人民自淮上窜归者，皆言金人渡淮，去已远，而濠（州）路又通。初五日，俊因会饮，谓锜曰：“公步人，久战，可自此先回，径取采石，归太平。吾与杨太尉至濠州，耀兵淮上，安抚濠梁之民。而吾军取宣化，以归金陵，杨太尉渡瓜州，以归临安。”……是夜，二军调发，迟明，军马尽起，独俊留兵数百未行。六日早，存中移俊帐会食讫，二帅俱行。去数

① 《建炎以来系年要录》卷139，绍兴十一年二月丁亥；卷141，绍兴十一年七月甲辰，第2册第863、884页。《宋史》卷367《杨存中传》，第11437页。《建炎以来系年要录》卷139，据广雅书局本，其记载同书卷141与《宋史·杨存中传》相合，而文渊阁《四库全书》本作“死敌者百九十人”，系笔误。

② 《三朝北盟会编》卷212、卷219引《林泉野记》，第1529、1577页；《宋史》卷367《杨存中传》，第11437页；《江苏金石志》卷11《少保王公神道碑》，《石刻史料新编》，台北：新文丰出版公司，1982年版，第13册第9713页。

③ 《中兴小纪》卷29，绍兴十一年三月庚子朔；《皇朝中兴纪事本末》卷55。

里，探者复报金人攻围濠州甚急。俊茫然失色，复遣一使臣驰邀锜。锜遽命军中亦负十日粮，继二军而行。①

这是张俊决定班师到发兵援濠州的全过程。《建炎以来系年要录》卷139绍兴十一年（公元1141年）三月甲辰、乙巳的记事大致照抄。踌躇满志的张俊，因得到“金人渡淮，去已远”的错误情报，命刘锜“先回”，还打算与杨沂中“耀兵淮上”，独吞战功。《淮西从军记》所未记载的，是张俊也对尚未赶到战场的岳家军下逐客令。待接到金军攻濠州的急报，又不得不命刘锜也回师，共同救援濠州。

完颜兀术（宗弼）并不甘心柘皋之败，他“用郦琼计”②，在三月四日癸卯开始围攻濠州，“癸卯，北军自延陵浮梁渡淮。甲辰，以铁骑数万人列于东门之外，连冈被岭，相属不断，旌旗蔽野，嚣埃翳天”。八日丁未，濠州城被攻破，金军“益兵击东南隅，焚其楼，顺风火烈，倏忽而尽，北军遂乘势登城”。“金人纵火于城中，大肆剽掠，凡贵贱老幼，悉驱掳出城外。由是数万之众莫不离散者。官府、廨宅、观寺与居民庐舍，片瓦不留，皆被焚爇”。③

扬胜讳败的《金史》对柘皋之战无片言只语，而对濠州之战倒有记述。《金史》卷79《孔彦舟传》载，“及攻濠州，以彦舟为先锋，顺流薄城，擒其水军统制邵青。遂克濠州”。“破濠州时，诸军凡系获皆杀之，彦舟号令毋辄杀，免者数千人”。金军破城后的残酷杀戮，《金史》与宋方记载可互相印证。同书卷81《王伯

① 《三朝北盟会编》，第1480页。
② 《鄂国金佗稡编校注》卷3高宗手诏，第46页。
③ 《三朝北盟会编》卷205，第1476—1477页。

龙传》说："皇统元年，以本部从宗弼南伐，攻破濠州而还。"①同书卷91《移剌成传》说："及再伐宋，攻濠州，每战辄先登，多所摧破。"②

三月九日，张俊、杨沂中和刘锜三军到达黄连埠，"去濠州六十里"③，得到濠州城被破的消息。但另一说为"至黄莲埠"，而"顿兵不进，濠州失守"。④《三朝北盟会编》卷205引《淮西从军记》记载三将的商议说：

> 俊乃召存中（杨沂中）、锜谋之，锜谓存中曰："两府何以处？"存中曰："厮杀耳！相公与太尉在后，某当居前，有进无退。"锜曰："有制之兵，无能之将可御；有利害之兵，有能之将不可御也。今我军虽锐，未为有制，且军士被甲荷粮而移，今已数日。本援濠州，濠州已失，进无所据，人怀归心，胜气已索然，又粮食将尽，散处迥野，此危道也。金人虽诡计莫测，今不若据险下寨，堑地栽木，使根本不可动，然后出兵袭之。若其引去，徐为后图。此全师保胜之道，愿相公图之。"诸将皆曰："善！"于是鼎足以为营，仍约逐军选募精锐，旦日入濠州。⑤

《建炎以来系年要录》卷139绍兴十一年三月戊申（九日）记事大致照抄。《淮西从军记》此段记载，当然是旨在表彰刘锜的谋略。其实，刘锜此语在根本上已缺少决战决胜的勇气。"使根本不

① 《金史》，第1822页。

② 《金史》，第2016页。

③ 《三朝北盟会编》卷205引《淮西从军记》，第1480页。

④ 《宋朝南渡十将传》卷1《刘锜传》，《碧琳琅馆丛书》本，第15页。

⑤ 《三朝北盟会编》，第1480页。

可动”，当然没错，至于如何寻机歼敌，则并无谋略可言。《宋朝南渡十将传》卷1《刘锜传》所载与此不同，只是说：“濠州失守，锜谓俊曰：‘我军乏食，不如退师就粮。’俊不从。”如真是建议“退师就粮”，则更为消极。①

张俊又很快得到情报，“俊遣斥堠数辈还，俱言濠州无金人”，“乃再遣数百往探，皆无所见”。这又使张俊振奋，他又希图去此空城耀武扬威一番，以掩饰赴援不及的窘态。“俊乃遣将官王某谓锜曰：‘已不须太尉又去。’锜乃不行”。②《宋朝南渡十将传》卷1《刘锜传》和《宋史》卷366《刘锜传》的记载不同：“锜曰：‘贼得一州而遽退，必有谋也，宜严备之。’俊不从。”张俊又决定由杨沂中和王德“领二千余骑而往，以两军所选精锐策应之”③，其总数为“神勇步骑六万人，直趋濠州”④。

关于宋军在濠州遇伏，《建炎以来系年要录》卷139绍兴十一年三月戊申（九日）记事大致照抄《三朝北盟会编》卷205引《淮西从军记》，其实应是十日的事。其他记载较略，今抄录《淮西从军记》于下：

> 四更起黄连，（十日）午时，骑兵先至濠州城西岭上，列阵未定。而金人伏甲骑万余于城〔两〕边，须臾，烟举于城上，伏骑分两翼而出。存中谓王曰：“如何?”王知其势不可，

① 《宋朝南渡十将传》卷1《刘锜传》，《碧琳琅馆丛书》本，第15页。有学者认为宋军情报出了致命错误，应援极为仓促，像刘锜军，就只带十天的粮食，因此，刘锜的建议是相当现实的，如果没军粮而冒进，后果不堪设想。

② 《三朝北盟会编》卷205引《淮西从军记》，第1480—1481页。

③ 《三朝北盟会编》卷205引《淮西从军记》，第1481页；《建炎以来系年要录》卷139，绍兴十一年三月戊申，第2册第866页。

④ 《宋朝南渡十将传》卷1《刘锜传》，《碧琳琅馆丛书》本，第16页；《宋史》卷366《刘锜传》，第11405页。

乃曰："某统制官也，安敢预事！太尉为宣抚，利害当处之。"杨遽乃以策麾其军，曰："那回！"诸军闻之，以为令其走尔，散乱南奔，无复纪律。其步人见马军走，谓其已败，皆散。金人追及，步人多不得脱，杀伤甚众，遗弃器甲，相属于道。黄连三军闻之，皆拔寨而起。存中长驱，十二日渡江。俊十四日渡江。锜乃按部伍，整旌旗，最后徐行，金人亦不复追而回。①

《建炎以来系年要录》卷139只抄到"步人多不得脱，杀伤甚众"为止，以下三军撤退，包括"锜乃按部伍，整旌旗，最后徐行"，多不予抄录。事实上，三支宋军都是退遁，只是《淮西从军记》总须为刘锜说点好话。

南宋各军之间，显然互相不通消息。其实，当时韩世忠和岳飞两军都在赶往战场的路上，相距不远。

宋高宗在给岳飞的手诏中，多次说韩世忠"出兵濠上""已与贼对垒""已至濠上"② 之类，看来不是事实，可能是以此虚言，催督岳飞急速进兵的缘故。韩世忠出兵晚于岳飞，按他本人奏，"将带军马，水路并进，已取三月初三日起发"，"初六日早，已次招信县界"，③ 方得到濠州急报。他的军队在三月十日己酉，即是杨沂中和王德战败的当天，"至濠州"，而于十二日辛亥战败退兵。④

① 《三朝北盟会编》卷205，第1481页。

② 《鄂国金佗稡编校注》卷3高宗手诏，第41、43、44页。

③ 《鄂国金佗续编校注》卷12《照会韩世忠前去寿春府措置番贼省札》，《韩世忠与四太子兵会战令诸帅同共措置省札》，第1298—1299页。

④ 《三朝北盟会编》卷205，第1478页；《建炎以来系年要录》卷139，绍兴十一年三月己酉、辛亥，第2册第867页。

关于此战，赵雄所撰的神道碑故作曲笔，说“兀术中克敌弓以走，其众大溃”[①]，李心传在《建炎以来系年要录》卷139绍兴十一年三月己酉条注中考证，认为“碑之所云，皆非其实”。《宋会要辑稿》兵14之34—35也载有韩世忠在三月七日和十二日的两份捷报，前一捷奏是小胜，后一捷奏说：

今月十二日早，兀术亲领军马、步军前来冲撞官军。世忠遣发舟船水陆转战，自早及申，杀退射死兀术所领万户、千户以下及当阵落马身亡，几二万余众。[②]

按此捷奏，应是大捷，看来却是虚报。大多数记载还是承认此战失利，除《三朝北盟会编》卷205，《建炎以来系年要录》卷139绍兴十一年三月辛亥条外，《宋史》卷29《高宗纪》、卷364《韩世忠传》，《宋朝南渡十将传》卷5《韩世忠传》等也都承认失败。据陈造《江湖长翁文集》卷27《上赵丞相札子》说：

绍兴十一年，韩侯复濠州，战舰溯流而上，兵与民不乏。俄虏骑至，夹淮攻之，矢石雨下。赖沿流而退，少迟，则虏人车运木枝，欲槎淮流，已山积于道矣。又少东而左岸无虏，乃遂得解而去。

另有记载说，韩世忠当时“以数百骑往定远县，虚惊而回，

① 《三朝北盟会编》卷217，第1695页。

② 《宋会要辑稿》，第8898页。

至瓦梁，尽毁灭民居以为浮桥”[1]。看来韩世忠的部分军队从濠州定远县经滁州，逃到真州六合县的瓦梁。

王曾瑜先生在《岳飞援淮西》（二）“绍兴十一年援淮西”中，对岳家军此次援淮西已有详细考辨，以下只作简单介绍。岳飞迟至二月九日戊寅，方接到宋高宗的第一份出兵江州之诏，当时他正患感冒，却立即决定在十一日庚辰发兵，按宋高宗在二月“十九日二更”所发的手诏说：“得卿九日奏，已择定十一日起发，往蕲、黄、舒州界。闻卿见苦寒嗽，乃能勉为朕行，国尔忘身，谁如卿者！”[2] 岳家军未赶到战场，“途中得（张）俊咨目，甚言前途粮乏，不可行师”[3]。岳飞只能退兵舒州，等待朝命。按宋高宗在三月“十日二更”的手诏说，“得卿奏，知卿属官自张俊处归报，虏已渡淮，卿只在舒州听候朝廷指挥。此以见卿小心恭慎，不敢专辄进退，深为得体，朕所嘉叹。据报，兀术用郦琼计，复来窥伺濠州”。“卿可星夜提精兵，裹粮起发，前来庐州就粮，直趋寿春，与韩世忠等夹击，可望擒杀兀术，以定大功”。[4] 依金字牌的传递速度，如果岳飞接到三月十日的宋高宗手诏，再从舒州发兵，就须在大约十天以后。事实上岳飞在十日以前，因得到濠州的急报，就已统兵前往增援。

岳珂说，“先臣自舒州疾驰，以十二日辛亥至定远县”。“虏方据濠自雄，闻先臣至，又遁，夜逾淮，不能军”。[5] 岳飞到达濠州城以南的定远县，正好是韩世忠战败的当天。《宋史》卷 29《高

① 《三朝北盟会编》卷 236，第 1695 页；《建炎以来系年要录》卷 193，绍兴三十一年十月戊午，第 3 册第 763 页。

② 《鄂国金佗稡编校注》卷 3 高宗手诏，第 44 页。

③ 《鄂国金佗稡编校注》卷 8《鄂王行实编年》，卷 22《淮西辨》，第 640、1049 页。

④ 《鄂国金佗稡编校注》卷 3 高宗手诏，第 46—47 页。

⑤ 《鄂国金佗稡编校注》卷 3 高宗手诏、卷 8《鄂王行实编年》，第 47、605 页。

宗纪》三月癸卯，“金人围濠州，岳飞发舒州”，“辛亥，岳飞次定远县，闻金兵退，还屯舒州”。其记事与岳珂之说相同。

岳飞得知张俊和韩世忠两军的败报，心中郁结已久的愤懑之情终于无可隐忍地爆发了。据《建炎以来朝野杂记》乙集卷12《岳少保诬证断案》载：

> 岳飞为因探报得金人侵犯淮南，前后一十五次，乃受亲札指挥，令策应措置战事，而坐观胜负，逗遛不进。及因董先、张宪问张俊军马如何？怎生地言之。道：都败了回去也。便乃指斥乘舆。向张宪、董先道：“张家、韩家，你只将一万人，已蹉踏了。”①

在上引岳飞后来的冤狱案中，没有说明他“指斥乘舆”，即骂皇帝的具体内容，是为了顾全和维护宋高宗的体面。幸好在《鄂国金佗稡编》卷24《张宪辨》中还保存了稍详的记述：

> 踏两军之诬，以威胁董先而成之；比并建节之诬，以狱逼张宪而成之。环诸将而会议，而昌言曰：“国家了不得也，官家又不修德！”此岂广坐之言哉！既又谓先臣指张宪而曰：“似张家人，张太尉尔将一万人去　踏了。”指董先而曰：“似韩家人，董太尉不消得一万人去　踏了。”呜呼！蕴异谋者固如此乎？此狂者、醉者之不为也，而谓先臣为之乎？万俟卨之奏亦自知其无以欺人矣，故曰：“张宪理会得岳飞所说，只是欺负逐军人马不中用。”②

① 《建炎以来朝野杂记》，第701页。

② 《鄂国金佗稡编校注》，第1075页。

参对以上两份记载，可知岳飞得知韩世忠和张俊两军“都败了回去”，才对部将“指斥乘舆”说：“国家了不得也，官家又不修德!”至于“蹉踏”“张家、韩家人马”，抱怨两军“不中用”，其实都是出于他满腔的爱国义愤和忧国情怀。假设张俊、杨沂中、刘锜、韩世忠等军能稍为坚持一下，牵制住金军，等岳家军赶到，战况肯定会起变化。

（三）张俊的军事生涯与战绩论析

淮西之战，宋军先胜后败，就胜的方面而言，主将张俊并未上战场指挥立功；就败的方面而言，张俊却负有不可推卸的责任。但《宋史》卷369《张俊传》载，“南渡后，俊握兵最早，屡立战功，与韩世忠、刘锜、岳飞并为名将，世称张、韩、刘、岳”。宋高宗“于诸将之中眷俊特厚”。[①] 考察张俊的战绩，可以发现，后来被称为中兴四将之首的张俊，决非如《宋史》中所说“屡立战功”，而是一贯养敌玩寇，避免打大仗、硬仗和恶仗。叶适论南宋初诸大将说：“其玩寇养尊，无若刘光世；其任数避事，无若张俊。”[②]

最初，东南大将号称“刘、韩、张、辛”[③]，辛姓的统兵官有辛企宗、辛兴宗、辛永宗、辛道宗等人，后岳飞取代了辛企宗的地位。姑就资历而论，张俊官位居于刘光世和韩世忠之后，故排名在后，今将他们重要官衔的授予时间（截止于绍兴十一年（公元1141年））列表如下：

---

① 《宋史》，第11475、11476页。

② 《叶适集·水心别集》卷12《四屯驻大兵》，第783页。

③ 《三朝北盟会编》卷152，第1101页为“刘、韩、张、岳”；《建炎以来系年要录》卷27，建炎三年闰八月庚寅，第1册第413页。

时间	刘光世	韩世忠	张俊	史料出处
建炎元年	从二品奉国军节度使			《要录》卷8建炎元年八月庚申
建炎二年	检校少保、检校少傅			《要录》卷13建炎二年二月壬午，卷18建炎二年十二月己巳
建炎三年	检校太保、正二品太尉	从二品武胜军节度使，升检校少保，武胜、昭庆军两镇节度使	从二品镇西军节度使	《要录》卷21建炎三年三月癸未，卷22建炎三年四月甲寅，卷25建炎三年七月癸未
建炎四年	从一品开府仪同三司	检校少师	检校少保，宁武、昭庆军两镇节度使	《要录》卷35建炎四年七月丁未，卷36建炎四年八月丁丑
绍兴元年			正二品太尉	《要录》卷48绍兴元年十月戊寅
绍兴二年	宁武、宁国军两镇节度使	正二品太尉		《要录》卷55绍兴二年六月庚子
绍兴三年		从一品开府仪同三司		《要录》卷63绍兴三年三月辛巳
绍兴五年	正一品少保	正一品少保	从一品开府仪同三司	《要录》卷84绍兴五年正月壬戌、癸亥

续表

时间	刘光世	韩世忠	张俊	史料出处
绍兴六年	保静、宁武、宁国军三镇节度使	横海、武宁、安化军三镇节度使	正一品少保，镇洮、崇信、奉宁军三镇节度使	《要录》卷 100 绍兴六年四月甲子，卷 101 绍兴六年五月庚寅，卷 107 绍兴六年十二月丙午
绍兴七年	少师			《宋史》卷 28《高宗纪》
绍兴九年	雍国公	少师	少傅	《要录》卷 125 绍兴九年正月庚寅
绍兴十年		太保、英国公	少师、济国公	《要录》卷 136 绍兴十年六月甲辰朔

刘光世于绍兴七年（公元 1137 年）罢兵权，由上表可知，张俊的官位一直在韩世忠之下。

再就战绩而言，《三朝北盟会编》卷 219 引《林泉野记》载，建炎四年（公元 1130 年）明州之战，浙东制置使张俊以优势兵力迎战仅有四千骑的金兵。“令统制刘宝先战，不胜，俊用兵横冲之，而杨沂中、田师中军战，又不胜。宝兵再进，与之苦战，而李质率诸班直以舟师来助，刘洪道又率其兵射其旁”，仅是“虏小却”。得知金兵增援，张俊等急忙撤离明州，“引兵趋入台州”，致使明州城惨遭金军屠戮。① 当年秋，金军围攻楚州，知楚州赵立

① 《三朝北盟会编》卷 136、219 引《林泉野记》，第 986、1575—1576 页；《建炎以来系年要录》卷 31，建炎四年正月乙巳、庚戌，第 1 册第 458、460 页；《宋史》卷 26《高宗纪》、卷 369《张俊传》，第 475、11472 页；《金史》卷 77《宗弼传》，第 1753 页。

率守军艰难守城，签书枢密院事赵鼎要求张俊发兵，张俊立即拒绝："虏之兵不可当也。赵立孤垒，危在旦夕。若以兵委之，譬徒手搏虎，并亡无益。"两人争议再三，最后赵鼎上奏宋高宗："若俊惮行，臣愿与之偕往。"张俊仍拒不从命①，拒绝救援。

绍兴元年（公元1131年），宋廷令张俊讨伐李成。张俊到达洪州时，"李成将马进来挑战，俊坚壁不出"②。此后仰仗岳飞、杨沂中、陈思恭等诸军，消灭李成的主力，又逼降张用。

绍兴四年（公元1134年）冬，金、伪齐联军大举进攻淮南，浙西、江东宣抚使张俊"怯敌不肯行"，却慷慨激昂地向宰相赵鼎表示："避将何之，惟向前进一步，庶可脱。当聚天下兵守平江，俟贼退，徐为之计。"③ 宰相赵鼎催督张俊出兵，然而张俊率军达到平江府，便"辞以坠马伤臂"④。后张俊勉强带兵到达常州，便不再前进，和韩世忠、刘光世两军与金、伪齐联军隔江相持。⑤直到金军被迫撤退，张俊军又渡江。

《宋史》卷369《张俊传》记载，绍兴六年（公元1136年），伪齐分三路进攻淮西时，"（张）俊率大军鼓行而前，至李家湾遇（刘）猊大兵，与战，杀获略尽，降者万余人，猊仅以身免"⑥。《宋史》卷369《张俊传》载："俊率大军鼓行而前，至李家湾，遇猊大兵，与战，杀获略尽，降者万余人，猊仅以身免。"《张宗颜传》："与猊遇于李家湾，大破之，横尸满野，猊仅以身遁。"

---

① 《建炎以来系年要录》卷36，建炎四年八月己丑，第1册第534页，《鄂国金佗稡编校注》卷5《鄂王行实编年》，第133页。

② 《三朝北盟会编》卷219引《林泉野记》，第1576页。

③ 《三朝北盟会编》卷164，第1187页；《建炎以来系年要录》卷80，绍兴四年九月乙丑，第2册第121页；《宋史》卷369《张俊传》，第11473页。

④ 《鄂国金佗稡编校注》卷8《鄂王行实编年》，第638页。

⑤ 《建炎以来系年要录》卷82，绍兴四年十一月戊午，第2册第148页。

⑥ 《宋史》第11474页。

《三朝北盟会编》卷 212 引《林泉野记》亦载此战。按绍兴六年（公元 1136 年）十月，主要是杨沂中军破刘猊兵于藕塘，刘猊大败而逃。周麟之《海陵集》卷 23《张循王神道碑》笼统说张俊命杨沂中击刘猊，而《宋朝南渡十将传》卷 6《张俊传》则误刊为“孝家湾”。《建炎以来系年要录》反而只字不载李家湾之战，应有所据，疑张俊虚报战功。《三朝北盟会编》卷 170 亦载此战。①

当时，伪齐签发乡兵二十万，号称七十万，还令部分乡兵着金兵服装，虚张声势，恫吓南宋。这种情况下，宋廷得到的情报是“皆言处处有虏”②。《朱文公文集》卷 95 张浚行状与《诚斋集》卷 115《张魏公传》皆载，驻守淮西的张俊与刘光世“皆张大贼势，争请益兵”。当年十月，主要是杨沂中军破伪齐军于藕塘，刘猊因此大败而逃。各书记述李家湾之战的文字，几乎是照抄杨沂中军的藕塘之战的某些记录，而张俊本人又未参加藕塘之战。《建炎以来系年要录》只载杨沂中军的藕塘之战，反而只字不载张俊上报的李家湾之战，应有所据。来源于南宋《中兴四朝国史》的《宋史》卷 28《高宗纪》也同样只载藕塘之战：“刘猊犯定远县，（杨）沂中进战，大败之于藕塘，猊挺身遁。”③ 表明南宋官史最终也否认有所谓李家湾之战。按伪齐签发乡兵，根本缺乏战斗力，刘猊一败涂地，决无重整旗鼓，与张俊军再战的可能。看来其实是张俊虚报战功而已。

绍兴七年（公元 1137 年）淮西之变后，张俊吓得丧魂落魄，“擅弃盱眙而归”④。

---

① 《三朝北盟会编》卷 170，第 1229 页。《三朝北盟会编》卷 219 引《林泉野记》亦称张俊在李家湾大破伪齐军。

② 《三朝北盟会编》卷 169，第 1224 页。

③ 《宋史》卷 28《高宗纪》，第 527 页。

④ 《建炎以来系年要录》卷 119，绍兴八年四月丙寅，第 2 册第 610 页。

绍兴十年（公元1140年），《三朝北盟会编》卷219引《林泉野记》载，绍兴十年刘锜顺昌之战时，宋廷令张俊救援刘锜，“张俊竟不出，兀术已退，俊乃行”。《紫微集》卷25《为张俊乞赏缴奏》记载更详：

今年夏敌人攻顺昌之时，陛下屡降宸翰，使俊援刘锜。俊但奏起发，初无引道之意。朝廷于是遣雷仲、王德援顺昌，俊苛留不遣。逮敌人既退，然后徐徐渡江，全军而出，仅能取已降之宿、亳，又不能经理。复不俟命而擅退师，使岳飞军孤，敌人复振，此俊之罪也。

张俊擅长避敌避战，更擅长邀功领赏。救援顺昌没有什么真正的行动，却要求将部将王德和田师中升任仅次于节度使的正任承宣使，全军八万人中，居然有四万多人立“功”，要求宋廷论“功”行赏。张嵲时为中书舍人，鄙视张俊之为，拒绝写制词，还上奏劾责张俊等人。《紫微集》卷25《为王德田师中除正任承宣使缴奏状》载：

前者王德从大军至宿、亳之日，正岳飞与敌人鏖兵于京西之时也。成师以出，仅能收复两郡，乃擅退军，遂使岳飞军孤，敌势猖獗。议者莫不归咎，至今国言未已。

《三朝北盟会编》卷219引《林泉野记》称赞张俊“先计后战，故未尝败焉”①。的确，避敌畏战、远离战场，怎么可能“败焉”？以此看来，绍兴十一年二月的淮西之战，“敌断石梁以拒俊，

① 《三朝北盟会编》卷219《林泉野记》，第1576页。

俊疾作，力疾引众涉流登岸，追击之”[①] 的记载，并不能令人信服。王曾瑜先生认为“张俊虚报战功，此后的史籍又夸大战绩，并不足信”之说，是有道理的。

至于绍兴十一年（公元 1141 年）罢三大将兵权后，张俊“专一任责”，独掌枢密行府。[②] 为降金行动顺利实施，对原韩世忠军进行肢解，按金朝的要求，将其驻地由江北楚州南撤至镇江府，放弃淮北的海州重地，对绍兴十一年秋金军大举入侵淮南，完全采取不抵抗政策。“岳飞冤狱”，张俊私设公堂，拷打张宪，一力促成，“独助桧成其事”[③]，并且举荐田师中接管原岳家军。这又是他生平最重要的罪恶勾当。

（四）绍兴十一年淮西之战的重大政治影响

对于此次先胜后败的战果，如前所述，岳飞固然是极度愤懑，而张俊本也感到难以向宋高宗交代。他回朝时，其实是怀着忐忑不安之心，只能伙同杨沂中，反诬“岳飞不赴援，而（刘）锜战不力”[④]，以推卸罪责。韩世忠、张俊和岳飞在此次淮西之战后，立即被召到宋廷，他们事先都未曾料想到的，是宋高宗和秦桧从根本上并不在乎此战的胜负，却乘势安排下另一局棋。

特别是自绍兴七年（公元 1137 年）后，宋高宗的梦想，就是对金屈辱求和，并且罢诸大将兵权，而宁愿苟安于半壁残山剩水。但直到绍兴十年（公元 1140 年）岁末，却仍感觉没有机遇。岳飞当然绝不是官迷。他于绍兴十年（公元 1140 年）北伐夭折后，即上奏请辞，但宋高宗对他的回诏却耐人寻味：“未有息戈之期，而

---

① 《宋史》卷 369《张俊传》，第 11475 页。

② 《鄂国金佗续编校注》卷 12《令前去按阅专一任责省札》，第 1308 页。

③ 《宋史》卷 369《张俊传》，第 11476 页。

④ 《宋史》卷 366《刘锜传》，第 11406 页；《建炎以来系年要录》卷 141，绍兴十一年七月甲寅，第 3 册第 885—886 页。

有告老之请。虽卿所志，固尝在于山林；而臣事君，可遽忘于王室？所请宜不允。”① 尽管猜忌已甚，只因“未有息戈之期”，他绝不敢顺水推舟，削夺岳飞兵权。

淮西之战前，岳飞仍被认为是宋高宗战时最急需的将帅，他手诏中用尽诸如“卿忠智冠世”“朕素以社稷之计，倚重于卿”“朕度破敌成功，非卿不可”② 之类言词，都反映了他此种心态。然而柘皋之战，宋军在没有岳家军参战的情况下取胜，又使宋高宗认为没有岳飞，亦可苟安，方才吃下了一颗苟安的定心丸。不仅如此，绍兴十年秋，金朝都元帅完颜兀术曾正式给南宋宰相秦桧写信说：“尔朝夕以和请，而岳飞方为河北图，且杀吾婿，不可以不报。必杀岳飞，而后和可成也。”③ 另据《王次翁叙纪》透露，只是在此次淮西战后，“上始有诛飞意”④。他们又是“以柘皋之捷”为由，召三大将“赴行在，论功行赏”，而罢其兵权。⑤由此可见，正是由于此战，宋高宗和秦桧方得以完全确定了罢大将兵权、降金与杀害岳飞的决策，往后只是一步一步而又非常急迫地付诸实施而已。

此战的军事意义虽然不大，但其政治影响却不容低估。从淮西之战后到宋金正式和议，为时半年有余，卑怯的宋高宗敢于在双方交战状态下，采取一系列步骤自毁长城，说明他对和议的成功，自己能在半壁江山稳居帝座，确有十足的把握。

---

① 《鄂国金佗续编校注》卷4《颖昌捷后俄诏班师上章力请解兵柄致仕不允诏》，第1196页。

② 《鄂国金佗稡编校注》卷3高宗手诏，第37、39、40、41、42、45、48页。

③ 《鄂国金佗稡编校注》卷8《鄂王行实编年》、卷20《吁天辨诬通叙》，第722—723、1025页。

④ 《鄂国金佗稡编校注》卷22《淮西辨》，第1043页。

⑤ 《建炎以来系年要录》卷140，绍兴十一年四月辛卯，第2册第871页。

纵观绍兴十一年（公元1141年）春的淮西战争，在柘皋之战前后，本来是宋军掌握主动权。但张俊只是本着养敌玩寇，又要排挤他军、独吞战功的心态，几次依据错误情报作判断，希图见好就收，结果反而走向被动。柘皋之战时，金军方面不仅兵力少，其战斗力和坚忍性也显然比绍兴十年（公元1140年）时下降。故从战役规模、战斗的险恶程度和作战效果方面看来，柘皋之战自然算不得最重要的战役，不能与和尚原、仙人关、顺昌、郾城、临颍等战相较。王曾瑜先生因此未将其列入南宋最重要的五次战役。

张俊作为南宋降金和杀害岳飞的“有功之臣”，自然最得宋高宗欢心。一个根本无心于效命疆场的庸将，将其军队视若私产，绝不敢打冒风险的大仗、受损失的硬仗，唯知拥兵自重，养敌玩寇。然而他并未参战的柘皋之战，却又成为其最重要的政治资本，有的史书上居然谎称他亲自指挥此战。他最终在南宋官史中名列所谓中兴四将之首，当然是极其荒谬的。人们不能不感喟，在中国古代专制主义中央集权的等级授职制下，欲求客观而公正的历史记录和评价，不亦难乎！

七、刘锜的将略和战绩评价

因为徐规先生特别推崇刘锜，尊刘贬岳，所以在此须作进一步的论述。

（一）刘锜的将略

《宋史》卷365《岳飞传》大致上照抄南宋《中兴四朝国史·岳飞传》，而《中兴四朝国史·岳飞传》大致照抄章颖《岳飞传》，[①] 但文字压缩，可说是个简本。但对照《宋朝南渡十将传》

① 参见王曾瑜《从南宋官私史书中的岳飞传到〈宋史·岳飞传〉》，《岳飞和南宋前期政治与军事研究》，河南大学出版社2005年版，第357—360页。

卷1《刘锜传》和《宋史》卷366《刘锜传》就不难发现，两传记事颇有异同，后者并未大致照抄前者，而是另有所本。

章颖撰《宋南渡四将传》是在宋宁宗开禧北伐时，其目的在表中也说得清楚："臣尝忝史官，获观旧载，悉纪当时之实，以尘乙夜之观。伏乞断自宸衷，付诸东观，然后可传于百世，庶几耸动于四方。张大国家之威，发舒华夏之气。事虽已往，可为鉴于将来；谋或有遗，几成功于今日。"

章颖《宋南渡四将传·岳飞传》虽然大致照抄岳珂的《鄂王行实编年》，但也有所修改和取舍，如前所述，并且也以"夏官赏功之籍"，即残存的兵部档案核对。章颖将《刘锜传》列为四将传之首，确是表明他对刘锜的评价高于岳飞。但这并不客观和公正，看来他所参据的资料有片面性，可能也包括刘锜后人的提供。如前面的论析，他对刘锜事迹的叙述，有夸大战绩、扬胜讳败的成分，又与自己的《岳飞传》叙事有互相抵牾之处，特别反映在前引刘锜援岳家军的记载，不适当地夸大其将略和战绩。通过前面的论析，可知刘锜在顺昌大捷后，无论是支援岳家军，或是绍兴十一年（公元1141年）淮西战争中，他所表现的军事才能和战绩至少并不突出，也可说是不如人意的。

至于绍兴三十一年（公元1161年）的战争，刘锜的声誉更是一落千丈。他自绍兴和议后，长期闲废，直至南宋与金第二次战争前，才重新起用，一时成了朝野最为倚重的柱石，故委以两淮主战场统帅之重任。据《宋朝南渡十将传》卷1《刘锜传》记载："方亮之南也，枚举本朝将，问其下孰敢当之者，皆随姓名而答如响，至锜，则莫有应者，乃曰：'朕自当之！'"[1] 可知刘锜也确有顺昌大捷之威，从而先声夺人。

---

① 《宋朝南渡十将传》，《碧琳琅馆丛书》本，第19页。

《中兴遗史》载，“军事将兴，朝廷无将，得一时之誉者，唯刘锜而已”，“凡百奏陈，无不允从，恩宠甚盛。锜亦以天下之重自任，谓可办者”。出兵之际，“建大将军旗鼓而行，军容整肃，旗帜鲜明”，“观者悚然惴恐”。病中的刘锜乘肩舆上前线，“谓诸将佐曰：‘此举皆令汝辈建节（当节度使），取重阳日到京师。’犒设州官于江皋送之，锜举袖揖之曰：‘不暇茶汤，且欲速行，诸公有坟墓在西北者，宜备行计，具拜扫之礼’”。① 六十四岁老将的豪言壮语，气概非凡。然而大将吴璘却说：“信叔（刘锜字）有雅量，无英概，天下雷同誉之，恐不能当逆亮，璘窃忧之。”②

从刘锜的豪言壮语来看，他对宋军素质的退化、淮南战场金强宋弱的形势，显然没有清醒的估计，更没有好的对策。刘锜还信用侄子刘汜，而刘汜是个只会纸上谈兵的赵括式的人物。刘锜在淮南战场的指挥，一为分兵，二为硬抗。负责淮西战场的王权闻风丧胆，不战而遁。刘锜在淮东不断发兵硬抗，接连败退，最后因王权退遁，刘锜也只得“逡巡引避”③，“托疾退师”④，退保江南的镇江府，其主力又大败于隔江对岸的瓜洲。李如篪《东园丛说》卷下《以少败众》说，“刘锜狃顺昌八千人之胜，不复以重兵压境，而乃分布其兵于诸郡”。“辛巳两淮失守，刘锜之罪也”。但《宋朝南渡十将传》卷1《刘锜传》对刘锜最后的失败显然没有做公正而客观的论述。

最终，采石之战的英雄虞允文向刘锜问病，《宋史》卷366

① 《三朝北盟会编》卷230、卷231，第1656、1661页。

② 《宋史》卷366《吴璘传》，第11420页；《建炎以来系年要录》卷192，绍兴三十一年九月甲戌，第3册第741页。

③ 《历代名臣奏议》卷233虞允文奏，第3074页。

④ ［宋］楼钥撰，顾大朋点校：《楼钥集》卷97《观文殿学士钱公行状》，浙江古籍出版社2010年版，第1683页。

《刘锜传》尚且记载："锜执允文手，曰：'疾何必问。朝廷养兵三十年，一技不施，而大功乃出一儒生，我辈愧死矣！'"① 然而《宋朝南渡十将传》卷1《刘锜传》却无此记载。

对章颖的《宋南渡四将传》的排序提出异论的，有曹彦约《昌谷集》卷17《中兴四将赞》：

> 臣之妻父、国子祭酒萧子敏为臣言，刘锜顺昌之捷不在杀金平、和尚原下。晚岁守荆州，闻其名者争先睹之。锜褒衣博带，自言老当退矣，圣眷念其前功，尚令分阃。其挟有勋劳之意，形见颜面，识者知其志气有限，不可以复用。其后握兵京口，往来江、淮间，轻进易退，卒致瓜〔洲〕之衄，失其本心，非疾病而后乱也。按李显忠、魏胜二传，其人忠勇善战，亦皆万人敌。显忠杀宿州之降，已不足以厌服人心，所部诸将，仅有曹高麦一二辈，颇致其力。及张计通等拥众而归，遂拱手无策，与之俱遁。则于知人御众之道，犹有歉也。胜以捐躯效死，可谓义士，朝命未通，孤立于东海，援兵不至，送死于淮阴。贤则贤矣，临事而不惧，好谋而不成，犹非中道。若夫智略足以料敌，鉴裁足以用人，纪律严而下不忍怨，粮运竭而众不忍叛，身死八十年，闻风者犹且悦之，其惟岳飞乎！古之所谓大将，不过于此。然而南北分合，应有定时，忠邪〔生〕死，应有定数，岂权臣一日所能自为之，哀哉！②

① 《宋史》，第11407页。

② ［宋］曹彦约：《昌谷集》，台北：商务印书馆，影印文渊阁《四库全书》本，1986年版，第1167册第208页。

岂止是不适当地抬高刘锜，章颖撰《宋南渡四将传》也表明其见识。李显忠就个人武技而论，固然猛勇敢战，也因此有名望，但另一方面则是个贪将，论他对金战绩，可说一直不佳，特别是对符离之败负有不可推诿的罪责，并不能一概归之邵宏渊的卖阵。[①] 他占领宿州州治符离县城后，“置酒高会，官妓人予白金一两，士卒人予钱三百，军士大怒”，“人无斗志”。[②] 然而《宋朝南渡十将传》卷3《李显忠传》却隐讳李显忠的劣迹。纵观李显忠的事迹，其实不值得专为他立传。至于魏胜，固然英勇战殁，值得为他立传，但应与三十年前守陕州和楚州的李彦仙与赵立平列，只写《魏胜传》，而不专门为李彦仙与赵立立传，也同样并不妥当。

（二）刘锜的战绩

正如王曾瑜先生的评论：“刘锜原来的地位和声望并不高，顺昌之役，使他一战成名。宋高宗评论说：‘顺昌之胜，所谓置之死地然后生，未为善战也。锜之所长，在于循分守节，危疑之交，能自立不变，此为可取。’[③] 我们不必因人废言，宋高宗所说是有道理的。顺昌之战是防御性的战役，纵观刘锜的军事生涯，也只有此战打得出色。往后绍兴十一年（公元1141年）柘皋之胜和濠州之败，已大不如前。二十年后，金海陵王大举南侵，刘锜败于

① 参见王曾瑜《南宋对金第二次战争的重要战役述评》五“符离之战”，《点滴编》，河北大学出版社2010年版。

② ［宋］朱熹：《晦庵别集》卷1《魏元履》，台北：商务印书馆，文渊阁《四库全书》本，1986年版，第1146册，第549页；《建炎以来朝野杂记》甲集卷20《癸未甲申和战本末》，第465页；［宋］周密：《齐东野语》卷2《张魏公三战本末略·符离之师》，第31页。

③ 《建炎以来系年要录》卷139，绍兴十一年二月丁丑，第2册第861页；《后村先生大全集》卷83《玉牒初草》，第2186页。

淮东，军事声誉更是一落千丈。”①

或者有人说，既然将柘皋和濠州之战合称绍兴十一年（公元1141年）春宋金淮西之战，岂不可将郾城和颍昌合称岳飞第四次北伐战役。这当然是可以的。然而此次战役合计约有二十余战，其战绩自然是在和尚原、仙人原、顺昌大捷之上。

总之，南宋初年，具备光复故地的决心和能力的、真正说得上是进攻型的统帅，唯有岳飞一人。他批判宋高宗“仅令自守以待敌，不敢远攻而求胜”②，其实也是宋朝保守和消极的军事传统。南宋初，还没有其他将领像岳飞第一次、第二次、第四次北伐那样，组织、指挥和实施大规模的进攻战役。岳家军的战斗力和战绩是金朝方面公认的。金方刘裪称“江南忠臣善用兵者，止有岳飞”③。甚至岳飞身后二十年，金朝方面尚有“岳飞不死，大金灭矣”之说。④ 六十年后，金朝在招诱吴曦叛变的诏书中也承认“飞之威名战功，暴于南北”⑤。足见岳家军当年的战绩和威名，似无可疑。

---

① 王曾瑜：《尽忠报国——岳飞新传》附录一“岳飞的历史评价”，第331页。

② 《鄂国金佗稡编校注》卷12《乞本军进讨刘豫札子》，第859页。

③ ［元］陶宗仪：《说郛三种》卷18叶寘《坦斋笔衡》，上海古籍出版社1988年影印本，第324页。

④ ［宋］薛季宣：《浪语集》卷22《与汪参政明远论岳侯恩数》，影印文渊阁《四库全书》本，第1159册第328页。

⑤ 《金史》98《完颜纲传》，第2178—2179页。

第五章　后岳家军——鄂州驻扎御前诸军的腐败和退化

患有恐金症的宋高宗，从根本上并未真正考虑过收复故土与振兴祖宗基业，他所用心的是如何更安全地享乐。绍兴十一年（公元1141年），屈辱苟安的宋高宗对偏安长淮以南有了足够的把握，不再担心“兵老气衰”[①] 的金朝卷土重来，故不惜自毁长城，罢免岳飞、韩世忠等三大将的兵权，并杀害岳飞，以此向金朝表示乞和的决心。

岳飞被解除兵权后，岳家军不再称行营后护军，改称为鄂州驻扎御前诸军。[②] 宋廷最初任命岳飞亲将王贵为鄂州驻扎御前诸军都统制。岳飞遇害后，王贵自知处境危困，遂引咎辞职。绍兴十二年（公元1142年）三月，张俊力荐亲信部将田师中“代掌岳飞军”[③]。此后的鄂州驻扎御前诸军，在南宋腐败军政之下，逐渐退化，虽然还是长江中游的主力，却“无异诸路厢、禁军矣”[④]，不复有岳家军当年的辉煌。开禧北伐的失败，证明了包括鄂州大

---

① 《宋史》卷399《宋汝为传》，第12134页。

② 《鄂国金佗续编校注》卷12《改所管制将领副军兵充御前省札》，第1305页。

③ 《建炎以来系年要录》卷144，绍兴十二年三月丁未，第3册第17页。

④ 《鄂国金佗续编校注》卷14《武穆谥议》，第1341页；《历代名臣奏议》卷96李椿奏，第1322页。

军在内的各支屯驻大军的不中用，南宋大量创设各种名目的新军。新军升格为主力军的同时，鄂州大军等屯驻大军的兵力却被逐渐减削，成为正规军中比例很小的一部分，直至宋亡。①

第一节　从绍兴到开禧的腐败和退化

一、鄂州大军军政腐败

田师中原为张俊部属统制。田师中之妻，“乃俊之子妇也。俊子亡，遂以其妇再适师中。师中极谄佞，呼俊为阿爹，不啻如亲父子。故每战必有奇功，而天下之人皆不信其果战也”②。史称秦桧“任将帅，必选〔驽〕才”③，其实，这也是宋高宗的方针，在他看来，唯有如田师中那样的驽将，不会有野心，才能使他放心。

南宋初期，宦官虽然没有汉、唐、明时势焰熏天，也不如北宋晚期炽盛，但仍颇有权势。故武将结托宦官，以谋久擅军权之事，也屡见不鲜。如大将杨存中“久握兵柄，尤以裒敛交结得幸，士卒嗟怨”④。田师中不愧为与杨存中并称张俊的“小男”“大男”⑤，更是擅长此道，“专务结托内侍，以为内助，故能久其权”⑥。这个驽将把张俊军中的一整套腐败军风全部移植到鄂州军

---

① 参见王曾瑜《宋朝军制初探》第7章《南宋中期至后期的军制演变》，第227—245页。

② 《三朝北盟会编》卷206，第1483页。

③ 《建炎以来系年要录》卷169，绍兴二十五年十月丙申，第3册第373页。

④ 《朱熹集》卷96陈俊卿行状，第4906页。

⑤ 《建炎以来系年要录》卷147，绍兴十二年十一月癸巳，第3册第57页。

⑥ 《三朝北盟会编》卷208引《林泉野记》，第1500页。

中，却因“结托内侍”，居然掌管鄂州驻扎御前诸军二十年，而上司、枢密使张俊的罢官，也对他的前程毫无影响。

岳飞在世时，岳家军兵力为诸军之冠，达到十万以上。[①] 田师中到任后，奉命对军队进行缩编，鄂州驻扎御前诸军减至七万人以下，军力江河日下。[②] 仅以军马配备为例，也可看出鄂州驻扎御前诸军的缩减程度。绍兴二十七年（公元 1157 年），宋廷下诏：“川马不赴行在，分隶江上诸军。镇江、建康、荆、鄂军各七百五十，江、池军各五百，殿前司二千五百，马司、步司各千，川马良者二百进御。”[③] 绍兴末年，南宋又在大江中游另设荆南府和江州两支御前诸军，虽然兵力不如鄂州御前诸军，已呈分兵之势。

鄂州驻扎御前诸军主将田师中志在“聚敛以肥家”[④] 的贪腐行为，松弛战备和军训的掌兵方针，当然严重影响了部队的士气和战斗力。绍兴末，“汪澈以御史中丞宣谕荆、襄，诸将与合军陈牒”，要求为故帅岳飞平反。“诸军哭声如雷，皆呼曰：‘为我岳公争气，效一死！’”[⑤] 宋孝宗也称赞当时鄂州驻扎御前诸军“师行不扰，动有纪律，道路之人归功于（岳）飞”[⑥]。以上记载固然反

---

① 王曾瑜：《岳飞和南宋前期政治与军事研究》第 1 编“岳家军的兵力和编制”，第 253—259 页。

② 《建炎以来系年要录》卷 158，绍兴十八年闰八月乙酉，第 3 册第 213 页。

③ 《宋史》卷 198《兵志》，第 4956 页。

④ 《朱熹集》卷 96 陈俊卿行状，第 4906 页。

⑤ 《鄂国金佗稡编校注》卷 9《昭雪庙谥》，第 812 页。

⑥ 《鄂国金佗稡编校注》卷 9《昭雪庙谥》、《鄂国金佗续编校注》卷 14《赐谥指挥》《忠愍谥议》，第 817、1334、1336 页；[宋] 周必大：《庐陵周益国文忠公集》卷 95 岳飞追复原官以礼改葬旨，《宋集珍本丛刊》，线装书局 2004 年版，第 52 册第 62 页；[宋] 徐自明编，王瑞来校补：《宋宰辅编年录校补》卷 16，绍兴十一年八月甲戌，第 1064 页。

映了岳飞即使在身后二十年，仍对鄂州驻扎御前诸军有相当深的影响，但在南宋对金第二次战争中，京湖战场上的鄂州驻扎御前诸军，虽有少部分将士努力作战，但战果不大。正如王质所说："完颜亮尽萃其徒于濒江，吴拱（鄂州都统制）、李道（荆南府都统制）、成闵（主管侍卫马军司公事，兼湖北、京西制置使，为战区主将）合十万之师，端坐淮汉，曾不能少掣其后。而成闵仓皇奔归赴救，徒耗死者大半。宿州之长驱，德顺之深入，荆襄空屯数万之旅，饱食竟日，终不能出汴、洛之举，以分宿州、德顺之势，故［揭喜］（徒单合喜）得专志以蹙德顺，［纥石烈（志宁）得］并力以退宿州。"① 故薛季宣感叹"鄂军不足用"，说：

> 夫夏口之兵，岳侯所用以奋击于匈奴者，犹是人也，何不伸于今日？②

宋孝宗隆兴元年（公元1163年），虞允文上奏说：荆、鄂两军"甲军凡四万二千人，而轻兵、辎重、火头凡二万六千四百七十九人"③，共计六万八千四百七十九人。因为平日缺乏训练，"荆、鄂两军，诸将多以其兵不能战于平原为忧"④。岳飞在世时，在他的严格训练下，岳家军擅长使用弓弩，而此时，弓弩却不再是鄂州大军的强项。虞允文说，"荆、鄂两军"，"惟是从来习学弓弩，大段灭裂。盖自去年十月后，不住督责，至今来拍试，升起斗力者已五千余人，其七斗、八斗弓力既不能以及远，又不足以

---

① ［宋］王质：《雪山集》卷1《上皇帝书》，《宋集珍本丛刊》，线装书局2004年版，第61册第542页。以《历代名臣奏议》卷234王质奏，第3086页参校。

② 《浪语集》卷20《论屯戍》，影印文渊阁《四库全书》本，第1159册第326页。

③ 《历代名臣奏议》卷336虞允文奏，第4349页。

④ 《历代名臣奏议》卷349虞允文奏，第4528页。

破甲。又次等枪手，占数颇多，臣亦已选摘，并令改习劲弩，共得六千人。合旧管强弩手，并臣所募神劲弩手，可及万五千人，而强弓手不与焉。假以旬岁，长兵之利，何战不克。盖虏之所长者铁骑，官军之所不敌；中国之所长者劲弩，虏兵之所甚畏也。识者惜此两军积年不留意于此”。[①] 从王质与虞允文之语，不难看出田师中执掌鄂州大军后，军队战备松弛与战斗力之退化。

二、兵力缩减，军事素质退化

乾道二年（公元 1166 年），宋廷规定“鄂州都统司四万九千人”，后鄂州屯驻大兵“又增至五万二千人”。[②] 乾道九年（公元 1173 年），南宋将荆南府和鄂州两支屯驻大军合并为一，“以吴挺充都统制”[③]。乾道末年时，宋廷统计各都统司兵力为：“建康五万，池州一万二千，镇江四万七千，江州一万，楚州武锋军一万一千，鄂州四万九千，荆南二万，兴元一万七千，金州一万一千。其后分屯列戍，增损靡常。”[④] 当时的鄂州兵力，仍然位列各都统司第二，但战斗力并不强。例如淳熙二年（公元 1175 年），鄂州都统司派遣统制解彦详“收捕茶寇”[⑤]。李椿上奏说，“解彦详等所将之兵，战殁者不过百十人，而窜逸者不下数百，臣得江西提刑辛弃疾书云：‘彦详所带二千人。今但有九百余人。’臣计其阵殁及疾病寄留之外，余皆窜逸，不啻数百”。“此兵乃王琪选差之人，则其他军兵皆可知矣”。[⑥] 敷文阁待制周必大上奏说：

---

① 《历代名臣奏议》卷 224 虞允文奏，第 2946 页。

② 《建炎以来朝野杂记》甲集卷 18《乾道内外大军数》，第 405 页。

③ 《宋史》卷 34《孝宗纪》，第 656 页。

④ ［宋］刘时举：《续宋编年资治通鉴》卷 8，乾道二年春正月，元刊本；《宋史》卷 187《兵志》，第 4583 页。

⑤ 《宋会要辑稿》兵 13 之 1，第 8851 页。

⑥ 《历代名臣奏议》卷 96 李椿奏，第 1322 页。

（茶寇）四百辈无纪律之夫，非有坚甲利兵也，又非有奇谋秘画也，不过陆梁山谷间转剽求生耳。自湖北入湖南，自湖南入江西，今又睥睨二广，经涉累月，出入数路。使帅守、监司、路分将官稍有方略，用其所部之卒，自可殄灭，顾乃上烦朝廷，远调江、鄂之师，益以赣、吉将兵，又会合诸邑土军、弓手几至万人，犹未有胜之之策。但闻总管失律，帅臣拱手，提点刑狱连易三人，其他将、副、巡、尉，奔北夷伤之不暇，小寇尚尔，倘临大敌，则将若何？①

淳熙四年（公元1177年），宋廷规定：“荆、鄂一军，而正帅任鄂，副帅在襄。”② 淳熙十五年（公元1188年）时，宋孝宗御笔：“鄂州兵帐，淳熙七年内指挥，以四万六千人为额，即今见管三万七千人，比原额少九千人。”③ 宋光宗时，王炎在给葛邲的书中说：“鄂、渚戍卒，凡五六万，其副在襄阳，戍卒才二万人，江陵介于襄、鄂之间，戍卒不满万人。”④ 可知此时鄂州大军的兵力也有大幅度下降。

除兵力减削外，即使在力图强兵的宋孝宗时，鄂州大军素质的退化也十分明显。故李椿上奏强调说：

昔年岳飞一军，纪律最严，隐然如长城，今乃无异诸路

① ［宋］周必大：《庐陵周益国文忠公集》卷137《论任官理财训兵三事》（淳熙二年八月一日），《宋集珍本丛刊》，第52册第415页；《历代名臣奏议》卷223周必大奏，第2934页。

② 《建炎以来朝野杂记》乙集卷15《十都统制》，第734页。

③ 《庐陵周益国文忠公集》卷151《改服细布文武金带赵善悉差除鄂州兵帐御笔（六月十六日）》，《宋集珍本丛刊》，第52册第516页。

④ ［宋］王炎：《双溪文集》卷11《上葛密院》，《宋集珍本丛刊》，线装书局2004年版，第63册第164页。

厢、禁军矣。①

张栻到江陵府，目睹当地屯驻的御前诸军军情，也给朱熹写信说：

荆、鄂大军屯营在此者，亦万五千余人。非复岳侯向日规摹，近日曾唤来射，亦全不成次第。兵将辈见帅司治军，似颇有愧色。前此其军扰郡中百姓，不可言。②

鄂州大军战斗力迅速退化，离不开主将之无为。武学生华岳就曾上书痛陈各支大军主将的庸碌无为：

爽、奕、汝翼，诸李之贪懦无谋，倪、僎、倬、杲，诸郭之膏粱无用，诸吴之恃宠专僭，诸彭之庸孱不肖，皇甫斌、魏友谅、毛致通、秦世辅之彫瘵军心，疮痍士气，以至陈孝庆、夏兴祖、商荣、田俊迈之徒，皆以一卒之才，各得把麾专制。平日剜膏刻血，包苴侂胄，以致通显，饥寒之士，咸愿食其肉而不可得。万一陛下付以大事，彼之首领自不可保，奚暇为陛下计哉？③

华岳认为南宋“将帅庸愚，军民怨怼，马政不讲，骑士不熟，豪杰不出，英雄不收，馈粮不丰，形便不固，山寨不修，保垒不

① 《历代名臣奏议》卷96李椿奏，第1322页。

② ［宋］张栻撰，邓洪波校点：《张栻集》卷24《答朱元晦》（其十），岳麓书社2010年版。

③ 《历代名臣奏议》卷185华岳奏，第2430页；《宋史》卷455《华岳传》，第13376页。

设，吾虽带甲百万，运粮千里，而师出无功，不战自败”[①]。因此在开禧北伐前，他强烈反对对金用兵。叶适也认为在时机不成熟的情况下北伐是“至险至危”[②] 之举。但是宋廷并未采纳叶适等有识之士的建议。

开禧二年（公元1206年），南宋在军政严重腐败、“边备弛废”[③] 的情况下，贸然发动北伐中原的战争。同年五月，宋廷以四川宣抚副使吴曦兼陕西、河东路招抚使，镇江都统制郭倪兼山东、京东路招抚使，鄂州都统制赵淳兼京西北路招抚使，江陵副都统皇甫斌兼京西北路招抚副使，分三路用兵伐金。在金军的反击下，宋军败绩连连。江州都统王大节“引兵攻蔡州不克，军大溃”；皇甫斌“引兵攻唐州，败绩”；兴元都统秦世辅出师至城固县，“军大乱”。[④]

此时的鄂州驻扎御前诸军，兵力虽然增至五万人，[⑤] 但战斗力并不强。在中部战区，金军连胜，占地不少，都统制赵淳所率鄂州驻扎御前诸军的表现，尚比东、西战区以及皇甫斌所率江陵府御前诸军好，能够力守襄阳府，[⑥] 却也不能挽回整体的败局。正如袁甫所说：

---

① ［宋］华岳：《翠微南征录北征录合集·南征录》卷1《开禧元年四月二十七日上皇帝书》；《历代名臣奏议》卷185华岳奏，第2430页；《宋史》卷455《华岳传》，第13377页。

② 《叶适集·水心文集》卷1《上宁宗皇帝札子》（开禧二年），第6页；《历代名臣奏议》卷97叶适奏，第1326页；《宋史》卷434《叶适传》，第12892页。

③ 《宋史》卷437《魏了翁传》，第12965页。

④ 《宋史》卷38《宁宗纪》，第740、741页；［宋］不著撰人，汝企和点校：《续编两朝纲目备要》，开禧二年五月丙戌，中华书局1995年版。

⑤ ［宋］魏了翁：《重校鹤山先生大全文集》卷69《显谟阁直学士提举西京嵩山崇福宫许公（奕）神道碑》，《宋集珍本丛刊》，线装书局2004年版，第76册第362页。

⑥ ［宋］赵万年：《襄阳守城录》，《全宋笔记》第6编第9册，大象出版社2013年版。

开禧丙寅之事，弃甲曳兵而走者，皆平日厚廪于县官者也。其间稍以立功自见，及控扼关隘之人，大抵皆义勇、民兵、万弩手、雄淮、敢死诸军耳。①

南宋对金用兵结果，正如华岳北伐前所说，“师出无功，不战自败”。此次“北伐”失败，对南宋后期政局的影响深远：“百年教养之兵，一日而溃；百年葺治之器，一日而散；百年公私之盖藏，一日而空；百年中原之人心，一日而失。”②

开禧北伐败绩，证明了各屯驻大军和三衙军的不中用。随着开禧北伐的失败，南宋的军制也发生了变化。

第二节　嘉定后逐渐降为非主力军

一、南宋大量创设新军

嘉定和议后，因迫于金国南犯的巨大压力，南宋疯狂地扩充军队，兵力基本上保持了六七十万的规模，宋军进入了“浮肿时

---

① ［宋］袁甫：《蒙斋集》卷2《入对札子》，台北：商务印书馆，影印文渊阁《四库全书》本，1986年版，第1175册第350页；《历代名臣奏议》卷98袁甫奏，第1338页。

② ［宋］程珌：《程端明公洺水集》卷1《丙子论对札子》，《宋集珍本丛刊》，北京：线装书局，2004年版，第71册第18页；［明］程敏政：《新安文献志》卷94下吕午《宋端明殿学士宣奉大夫致仕新安郡开国侯食邑一千五百户赠特进程公（珌）行状》，［明］弘治刻本。

期”。[1] 此时军队虚籍现象严重，军中没有战斗力的老弱病残者多。黄榦在与当时湖北、京西宣抚使宇文绍节书中说：

> 今日之患，莫甚于诸将之为欺。荆、襄去朝廷远，故其欺特甚。武昌十万之兵，付之庸将，有虚籍，有老弱，其间可用仅及三分之二。败衄之余，尽聚之襄阳，不过二三万人，鄂州、荆南全无大军，顷见薛抚以战舰无兵，尽刷其癃老者千余人，皆皓首执帜，立于舟上，州人相视，以为儿戏。向者所创鄂州一军，岂专欲守襄阳哉！[2]
>
> 去夏唐州一败之后，不复敢言进取，虏已知吾军之弱矣。去冬德安、襄阳之围，其初犹有救援之兵，然而每战辄败，自后数月，绝无一骑敢向之者，虏又有以知吾之弱矣。然犹有魏友谅一军万伍千余人，退襄阳二百里，以守荆门，虽不能退襄阳之围，尚足以为荆门之蔽。二月十有四日，虏骑数千未至荆门数十里，友谅策马先遁，诸军从之。虏遂悍然据荆门，以瞰荆南。[3]

宋宁宗嘉定十一年（公元 1218 年）时，有官员上奏说：“今军政所先，莫如汰卒。”[4] 故宋宁宗嘉定后，南宋在大量创设新军，部署在大江以北的同时，原来各屯驻大军渐次减削兵力。

---

① 程民生：《宋代军队数量考》，《宋代人口问题考察》，河南人民出版社 2013 年版，第 116 页。

② ［宋］黄榦：《勉斋先生黄文肃公文集》卷 18《与宇文宣抚言荆襄事体》，《宋集珍本丛刊》，线装书局 2004 年版，第 67 册第 702 页。

③ 《勉斋先生黄文肃公文集》卷 18《与宇文宣抚言荆襄事体》，《宋集珍本丛刊》，第 67 册第 702—703 页。

④ 《宋史》卷 194《兵志》，第 4839 页。

（一）鄂州战略地位下降

自从岳飞镇守鄂州以后，大江中游的军事重镇，一直以鄂州为主，而襄阳府和江陵府为次。嘉定十年（公元 1217 年），宋金再战，时统兵文臣赵方任京湖制置使、兼知襄阳府，[①] 主持中部战场，靠近前沿的襄阳府遂取代鄂州，成为第一军事重镇，而所驻京西、湖北路安抚制置大使司军遂升格为中部战场的主力。嘉定十二年（公元 1219 年）三月，京湖制置使赵方统制扈再兴等引兵三万余人，分道出攻唐、邓州，鄂州都统制刘世荣“会兵攻唐州”[②]。嘉定十三年（公元 1220 年），京湖制置司统制扈再兴进攻邓州，鄂州都统制许国进攻唐州，不克而还，尾随而来的金军遂进攻樊城。[③] 可知当时的鄂州御前诸军已降居配角的位置。宋理宗端平元年（公元 1234 年），宋蒙战争爆发。端平二年（公元 1235 年），赵方之子、文臣赵范任京西、湖北路安抚制置大使、兼知襄阳府，负责中部战场；而鄂州驻扎御前诸军的驻地已前移至江北的德安府，鄂州、江陵府都统制王旻兼权发遣德安府，[④] 同样降居次要地位。

宋理宗初年，魏了翁说：“荆、鄂旧军二万余人，粗若可用，

① 《宋史》卷 40《宁宗纪》、卷 403《赵方传》，第 767、12204—12206 页。

② ［宋］刘时举：《续宋编年资治通鉴》卷 15，嘉定十二年二月壬寅，影印文渊阁《四库全书》本，第 328 册第 1031 页；［宋］佚名：《续编两朝纲目备要》卷 16，嘉定十二年三月甲午；［宋］宇文懋昭撰，崔文印校证：《大金国志校证》卷 25 兴定三年三月，第 348 页；《宋史》卷 40《宁宗纪》，第 772 页；《宋史全文》卷 30，嘉定十二年三月乙亥，第 2411 页。

③ 《续宋编年资治通鉴》卷 15，嘉定十三年春正月，《四库全书》第 328 册第 1023 页。

④ ［宋］洪咨夔：《平斋文集》卷 16 所载赐银合腊药敕书，《宋集珍本丛刊》，线装书局 2004 年版，第 75 册第 130 页。据《宋史》卷 412《孟珙传》、卷 417《赵范传》，第 12374、12509 页所载两人官衔参对，时间当为端平二年冬。

然仅存者六七千人，虽有外五军，亦不满数千。”① 宋理宗嘉熙二年（公元 1238 年），知枢密院事兼参知政事李鸣复上奏：

> 今天下兵数，视祖宗时，何啻数倍。厢、禁军散在郡国，殿、步司拱卫京都，御前军分屯要害，皆官军也；蜀有忠勇，襄、汉有保捷，两淮有义士，皆民兵也。禁军本以备征战，今供杂役矣；御前军专以充调遣，今多占破矣。散在郡国者，动干纪律，而每怀不逞之志；号为御前者，屡增券廪，而且有无厌之心。竭天下之力以养兵，而流弊至此。②
>
> 自三关失险，内郡摧残，一时军将荡无纲纪，寇来则散而为盗，以扰害百姓，寇去则聚而为兵，以仰食县官，其为数至十有三万，而蜀之兵不如昔。自襄阳不守，荆、郢继失，连岁帅阃急欲堤防，创军籍以招无业之民，挪饷项以赡无额之兵，其为数至二十余万，而荆、鄂之兵不如昔。③

襄阳府一度毁于兵火而失守，与此同时，鄂州和江陵府的军事地位也发生变化和对移。名将孟珙曾授任鄂州诸军都统制，鄂州、江陵府诸军都统制，但直至临终前，“珙以身镇江陵，而兄璟帅武昌”，淳祐六年（公元 1246 年），他“终于江陵府治”④，“自襄失守，中间荆与鄂分置两阃，至孟珙而合，由是事权尽握于荆，

① ［宋］魏了翁：《重校鹤山先生大全文集》卷 19《被召除礼部尚书内引奏事第四札》，《宋集珍本丛刊》，第 76 册第 772 页。

② 《历代名臣奏议》卷 339 李鸣复奏，第 4391 页。

③ 《历代名臣奏议》卷 339 李鸣复奏，第 4390 页。

④ ［宋］刘克庄：《后村先生大全集》卷 143《孟少保神道碑》，第 3697 页；《宋史》卷 412《孟珙传》，第 12375、12376、12379—12380 页；黄宽重：《孟珙年谱》，《南宋史研究集》，台北：新文丰出版股份有限公司，1975 年版，第 62—64、82 页。

而鄂为轻矣。十数年来，制阃多委参机分司于鄂，以总军事”[①]。淳祐七年（公元1247年）七月，宋理宗“诏荆、鄂都统司听京、湖制、帅司节制”[②]，更明确规定了荆、鄂都统司与京、湖制置司、安抚司之间的上下级节制关系。

（二）鄂州大军不复为大江中游主力

淳祐十一年（公元1251年），李曾伯“经理襄樊”时，“选摘南北之锐以往”，其中“鄂州忠义、虎翼军三千人，则钤辖管仲才等将之”，却无鄂州都统司军。[③] 说明即使是鄂州，也在御前诸军之外另设新军，反而成为“南北之锐”之一。自宋军收复后，襄阳府又跃居为大江中游的首要军事重镇，而元军攻占襄樊，便成了灭南宋的突破口。

淳祐十二年（公元1252年）二月，京湖安抚制置使李曾伯上札子说：

> 四大屯军马，自开禧、嘉定以来，军政日坏。各路有制阃，各州有节制，往往侵夺诸戎司权柄，创招军分，理填阙额。以此，各处之新军日添，戎司之旧军日减，积而至于今日，沿江诸戎司遂致倒坏，盖不独鄂州都统司一处也。今准密札所坐鄂司，旧额四万六千一百二十人，比今来见管五千三百六十二人。[④]

① ［宋］李曾伯：《可斋杂稿》卷19《奏以鄂州分司并归节制》，《宋集珍本丛刊》，线装书局2004年版，第84册第361页。

② ［元］佚名：《宋史全文》卷34，淳祐七年七月丙辰，第2598页。

③ ［宋］李曾伯：《可斋杂稿》卷18《出师经理襄樊奏》，《宋集珍本丛刊》，第84册第289页。

④ ［宋］李曾伯：《可斋杂稿》卷20《申密院照戎司兵额》，《宋集珍本丛刊》，第84册第347、375页。

兵力减至“五千三百六十二人”的鄂州都统司，自然不再是大江中游主力。但直到南宋晚期，仍保持了鄂州都统司军的编制。开庆元年（公元1259年）和景定元年（公元1260年），忽必烈率蒙古军置前沿襄阳府于不顾，大胆深入，渡大江，径攻鄂州。“鄂州都统张胜权州事，城危在顷刻”，“未几，高达、〔印应飞〕[①] 引兵来，（贾）似道驻汉阳军，为声援，而鄂州固守不下”。[②] 当时鄂州知州兼沿江制置副使[③]，沿江制置副使属下另有军队，而鄂州都统制军仅为当地驻军之一。鄂州城小而坚，其南有著名的南草市，其实已成主要城区。[④] 张胜“焚烧城外民居，岿然一垒，外援至，悉力防守，遂克完城”[⑤]。后方回说：“鄂之围，赖印应飞、张胜坚守于前，吕文德赴援于后。”[⑥] 张胜是鄂州之战的立功将领之一。此后张胜“死于汉阳战阵，赠官五转，官其子焕进武

① 《宋史》卷44《理宗纪》，第873页载开庆元年正月载：“印应飞依旧职知鄂州、兼湖北转运使。”看来印应飞虽有任命，到此方赴任。[元] 刘一清：《钱塘遗事》卷4《北兵渡江》，影印文渊阁《四库全书》本，1986年版，第408册第985页亦称“高〔达〕、印应飞守鄂”。

② [元] 佚名撰，王瑞来笺证：《宋季三朝政要笺证》卷3，开庆元年十月，第254页；《钱塘遗事》卷4《阴许岁币》，影印文渊阁《四库全书》本，第408册第985页；[波斯] 拉施特主编，余大钧、周建奇译：《史集》第二卷第第二部分“记忽必烈即位以前的事”，商务印书馆2014年版，第298—300页。

③ 据《宋史》卷40《宁宗纪》嘉定十四年六月：“初置沿江制置副使司于鄂州。”卷44《理宗纪》开庆元年十月：“史岩之沿江制置副使，移司寿昌军，应援鄂州。”按寿昌军本鄂州武昌县。卷88《地理志》载，鄂州“嘉定十一年，置沿江制置副使”，“景定元年，改荆湖制置使”，第777、867、2193页。《宋会要辑稿》职官40之19嘉定十四年七月十六日的记事，第3166页，亦是载制置司之初设属官。可知《宋史·地理志》所载有误。

④ 杨果：《宋代两湖平原地理研究》，湖北人民出版社2001年版，第239—242页。

⑤ [元] 刘一清：《钱塘遗事》卷4《阴许岁币》，影印文渊阁《四库全书》本，第408册第985页。

⑥ [明] 程敏政：《新安文献志》卷6方回《论贾似道十罪可斩书》，[明] 弘治刻本。

校尉”①。

宋度宗时至宋亡，汪政②、唐永坚③、程鹏飞④等都出任鄂州都统制。当时都统制的官位和军事地位不高，而他们所率的兵力也肯定不多，皆非嘉定前可比。

第三节 对鄂州驻扎御前诸军退化的分析

本书在第一章第一节《北宋晚期军政严重腐败和宋军溃散》中，已经论及贪腐是阶级社会的痼疾，一切剥削和统治阶级的通病。军队的阶级性，是军政腐败的总根源。中国历朝军队的各种积弊，无非源于其阶级性。在中国古代专制主义中央集权的等级授职制下，军队的贪腐是政治贪腐的重要组成部分，军政腐败遂成中国古代历朝军队的通病。北宋王朝灭亡的一个重要原因就是军政腐败。南宋王朝的建立者宋高宗赵构目睹了北宋王朝的灭亡，却并未吸取教训，其治下的南宋小朝廷，依然沿袭了北宋政治贪腐、军政腐败之风。其后各代相沿，甚至愈演愈烈，直至南宋灭亡。

---

① 《宋史》卷45《理宗纪》，第872—873页。

② 《宋史》卷46《度宗纪》，第898页。

③ 《宋史》卷46《度宗纪》，第899页；《元史》卷6《世祖纪》，第122页。

④ 《宋史》卷47《瀛国公纪》，第924页；《元史》卷6《世祖纪》、卷8《世祖纪》、卷127《伯颜传》，第158、3103页；[元]苏天爵：《元名臣事略》卷2《丞相河南武定王》，台北：商务印书馆，影印文渊阁《四库全书》本，1986年版，第451册第517页；[元]王恽：《秋涧集》卷50《大元光禄大夫平章政事乌兰氏先庙碑铭》，四部丛刊本。

一、南宋军政腐败与军中积弊的发展

南宋初，面临国耻深重，国难当头，迫切需要重整军力。李纲“谓军政久废，士气怯惰，宜一新纪律，信赏必罚，以作其气”①，发布军制二十一条，② 却很快成为一纸空文。此后，北宋末年的军政腐败与军中积弊，在南宋的一百五十年间，其总趋势不但没有根本性的扭转，反而相沿成习，甚至花样翻新、变本加厉。宗泽、岳飞等人的整军努力，根本不可能扭转和改变宋军全局性的腐败状况。

（一）宋廷纵容军中贪腐

南宋前期，既然宋高宗、秦桧等人的降金政治支配和压倒一切，加之宋高宗信用的医官王继先和宦官辈推波助澜，故对军中的贪腐事实上是采取纵容，甚至是鼓励的方针。

当时“诸大将多养尊自肆，崇饰体貌”③。“皆富贵盈溢，不肯用命，甚者握强兵，以胁制上下，有鹰扬跋扈之态”④。张俊“性贪吝，喜置田产”，每年田租收入即达六十万宋石，另一说为百万宋石。⑤ 他家“多银，每以千两铸一球，目为没奈何”⑥，以防偷盗，大致上可算是当时的首富。刘光世在“淮东置田之时，其所遣干当使臣等，惟择利便、膏腴者取之，致民间多失旧业，此众所共知”⑦。韩世忠、刘光世、张俊、吴玠等人，都过着纵情

---

① 《李纲全集》卷 59《议战》，第 642 页。

② 《宋会要辑稿》刑法 7 之 28—30，第 8590—8592 页。

③ 《鄂国金佗稡编校注》卷 9《遗事》，第 755 页。

④ 《鄂国金佗续编校注》卷 28 孙逌编《鄂王事》引邵缉荐书，第 1605 页。

⑤ 《建炎以来系年要录》卷 135，绍兴十年四月乙丑，第 2 册第 807 页；［宋］徐自明撰，王瑞来校补：《宋宰辅编年录校补》卷 16，第 1081 页。

⑥ ［宋］洪迈：《夷坚志》支戊卷 4《张拱之银》，第 1084 页。

⑦ 《建炎以来系年要录》卷 84，绍兴五年正月癸酉，第 2 册第 179 页。

声色、穷奢极欲的生活。①

宋高宗继承了祖宗善待庸将的传统，对庸懦无能的张俊、刘光世、田师中等人非常优待，尽量满足他们的贪腐要求。绍兴五年（公元1135年），刘光世请求封赠姬妾，宋高宗竟然应允他的不合理和不合法的要求，“中兴后诸大将封妾自此始”②。绍兴十一年（公元1141年），刘光世罢兵权赋闲后，宋高宗“以玩好物数种赐之，光世大喜，秉烛夜观，几至四更”③。

韩世忠部将王胜还算是一员勇将，韩世忠罢兵权后，枢密使张俊曾企图杀害王胜。“俊罢枢密。胜潜至行在，见韩世忠。世忠藏于家，一日，世忠具筵会，招医师王继先饮燕。酒行，世忠出胜，拜继先为父。继先见上，言胜可大用，遂有都统制之命。”王胜只因拜御医王继先为父，遂授镇江府驻扎御前诸军都统制。④另一王进出任池州、太平州驻扎御前诸军都统制，他“不恤士卒”，“掊尅苛暴，军人怨之刺骨”，“唯厚结王继先及诸内侍，以久其权”。⑤

如前所述，鄂州都统制田师中也是“专务结托内侍，以为内助，故能久其权”⑥。绍兴二十九年（公元1159年），田师中不满

---

① 《建炎以来系年要录》卷129，绍兴九年六月己巳，卷138，绍兴十年十二月，第2册第748—749页。

② 《建炎以来系年要录》卷85，绍兴五年二月辛丑；卷134，绍兴十年二月；卷149，绍兴十三年六月丙戌朔，第2册第198、799—800页，第3册第80页。

③ 《建炎以来系年要录》卷140，绍兴十一年六月壬辰，第2册第879页；《中兴小纪》卷29，绍兴十一年六月，第348页。

④ 《三朝北盟会编》卷212，第1527—1528页。

⑤ 《三朝北盟会编》卷212，第1529页；［宋］张孝祥著，徐鹏点校：《于湖居士文集》卷17《论荐刘泽奏》，上海古籍出版社1980年版，第166页。

⑥ 《三朝北盟会编》卷208引《林泉野记》，第1500页。

妻子萧氏卫国夫人的待遇，请求宋高宗给其妻“内中俸”①。被宋高宗罢职后，他还厚颜请求领取统兵官的全俸，“坐享厚禄”，宋高宗竟破例予以批准。② 绍兴三十一年（公元1161年）九月，田师中罢都统制后，宋高宗却还“以王继先第赐之”③。宋高宗猜忌岳飞，却对玩物丧志的刘光世、“久窃兵柄，无尺寸功”④ 的田师中等“勋旧贤劳”⑤，深感高兴和放心。在这种“主兵之官率无远虑，惟事骄侈，其志不过聚敛以肥家”⑥，“教阅不时”⑦ 的掌兵方针下，鄂州驻扎御前诸军的退化也就不足为奇了。

宋孝宗是南宋唯一认真整军经武的皇帝，企图一雪旧恨新耻，这与宋高宗朝纵容军中贪腐之将确有相当差异。他赐阎仲御札说：

> 朕惟将帅之弊，每在蔽功而忌能，尊己而自用。故下有沉抑之叹，而上无胜筭之助。殊不知兼收众善，不掩其劳，使智者献其谋，勇者尽其力，迨夫成效，则皆主帅之功也。昔赵奢解阏与之围，始令军中有谏者死，及许历进北山之策，而奢许诺，卒败秦师。奢为封君，与廉颇同位，果何害焉。卿当以奢为法，毋蹈前弊，用副注委。已尝面谕此意，故兹亲札，宜体至怀。⑧

---

① 《建炎以来系年要录》卷183，绍兴二十九年八月癸丑，第3册第594页。
② 《建炎以来系年要录》卷194，绍兴三十一年十一月甲申，第3册第787页。
③ 《建炎以来系年要录》卷192，绍兴三十一年九月辛巳，第3册第743页。
④ 《朱熹集》卷97刘珙行状，第4952页。
⑤ 《建炎以来系年要录》卷140，绍兴十一年六月壬辰，第2258页。
⑥ 《朱熹集》卷96陈俊卿行状，第4905页。
⑦ 《朱熹集》卷96陈俊卿行状，第4909页。
⑧ ［宋］马光祖修，周应合纂，王晓波等点校：《景定建康志》卷4《御制、御书》，《宋元珍稀地方志丛刊》甲编，四川大学出版社2007年版。

乾道七年（公元1171年），他"宣引带御器械王明至便殿，御札出诸袖中，亲以授之，令朝夕阅视。未几，差王明统戎池州，继为步帅、马帅"，其御笔《戒谕军帅五事》规定：

主帅唯务廉正，日前弊事，当一切措置革去。

军中财赋，不得循习旧弊，交结妄用，巧作名目，虚破官钱。

诸军器械、衣甲等，除上教一副外，更当桩办两副，专充出战使用。即不得将已造下军器轮转，作见造数目，重迭支破官钱。

遇升差将佐等，当依公选择，不得私受情嘱，或以喜怒行事。

入队战士不得差拨杂役。①

戚方本是北宋末饲养军马的厢兵教骏军士，南宋初曾当过盗匪，被岳飞打败，才接受宋廷招安。他到"自到行在，日与中贵人蒲博，不胜，取黑漆如马蹄者，用炭火熁去漆，乃黄金也，以偿博负。每一博不下数枚。以偿博负"，取悦宦官。故人民为他编了个顺口溜："要高官，受招安；欲〔得〕富，须胡做。"② 戚方在宋高宗末和宋孝宗初，已升任都统制。他依仗宦官陈瑶和李宗回的助力，"御军无法，唯务掊克"，"黩货无厌，军人日纳大概百金，正得六十，众口嗷嗷，公肆谤骂。兼其姿性凶暴，济以残虐，肆为盗贼之行，恬不悛改"。乾道三年（公元1167年），被宋孝宗

① 《景定建康志》卷4《御制、御书》，《宋元珍稀地方志丛刊》甲编。

② 《三朝北盟会编》卷137、卷140，第1000、1022—1023页。

处分。[①]

淳熙元年（公元1174年）九月，一批武将因贪腐问题，受到宋廷责罚。“张荐不合辄受贿赂，追三官勒停，彬州居住；右武大夫、果州团练使李川不合私通馈遗，降授武功大夫、吉州刺史；右武大夫、楚州团练使王公述辄以财请求军职，降授武功大夫、贵州刺史放罢；左武大夫、贵州刺史宋受降授右武大夫；修武郎、门祗候刘士良降授保义郎，并放罢。内张荐系武经大夫、文州刺史，特于遥郡阶官上追三官。”[②]

淳熙十二年（1185年），宋孝宗在示郭杲御笔说：

> 朕惟将帅之道，要当爱拊士卒，与同甘苦，故可得其死力。今所闻不然，贪污掊刻，劳役不恤，如大籴少支，勒令沽酒，以至请给稍厚者，使掠僦赁，守门回易，用备倍偿甚，或轻人命，以事游观，若此之类，不一而足。致其饥饿愁叹，为国敛怨。[③]

诸如此类，反映宋孝宗对军中的积弊还是了解很多，也亲下手诏，并采取若干措施，企图解决军政腐败的问题。

即使在号称“乾淳之治”[④] 的宋孝宗朝，军中积弊也仍然严重，不可能得到根本性的治理。隆兴和议后，“诸将皆以赂得升，

---

① 《宋会要辑稿》职官32之40—41，71之18—19，76之72，第3832—3833、4957、5137页；《宋史》卷34《孝宗纪》、卷383《陈俊卿传》，第641、11786页；《宋史全文》卷24下，乾道三年八月，第1694页。

② 《宋史全文》卷26，第2026页。

③ ［宋］周必大：《庐陵周益国文忠公集》卷149，《宋集珍本丛刊》，第52册第495页。

④ 《历代名臣奏议》卷9牟濙奏，第126页。

其势必至于掊刻取偿，益精其选迁”①。

淳熙二年（公元1175年），“茶寇赖文政起湖北，转入湖南，官军数为所败”。同年五月，宋廷令“最号精锐，有纪律”的鄂州大军都统制李川发兵平定。李川令统制官解彦详、统领梁嘉谋、张兴嗣率领三千兵力，以数倍于赖文政的兵力，前去“收捕茶寇”，竟然“一胜一负”，“致军兵亡没者一百一十四人”。② 正如司农卿李椿上奏所说：

> 鄂州大军三千人，捕数百之寇，半年之间，亡失过半。内有病患寄留者，无可奈何，临阵战殁者，犹为尽力，惟是避征逃窜，对敌退怯，小寇尚尔，遇大敌将如何？臣尝诘问差来兵将官，但云绝无旧人，新人不经战阵，其驭众无术，不能自知也。新招之人，所请日不过百金。鄂州食用皆贵，如遇泥雨，日费草履，已用其半，又况有随身器甲时须修整，伏腊之费，一身尚不能给，有妻孥者，不得温饱，无可疑也。③

周必大也上奏说：解彦详等“师行无法，至有十百为群，逃窜而归者”。周必大希望朝廷整顿军政，“偏下诸军，除大段癃老疾病之人，毋得辄行拣汰，其新军不特教之事艺，须令朝夕示以纪律，庶几缓急之际，不致误事。若乃久任将帅，使之拣择偏稗，

① 《宋史》卷385《葛邲传》，第11828页。

② ［宋］周必大：《庐陵周益国文忠公集》卷138《论军士纪律》，《宋集珍本丛刊》，第52册第419页；《历代名臣奏议》卷223周必大奏，第2935页。

③ 《历代名臣奏议》卷96李椿奏，第1322页。

整齐部曲，此在今日尤为先务”①。

李椿分析军政之弊时，说“鄂渚大军三千，捕茶寇数百，亡失过半”的原因，在于“将不得人，驭众无术，廪食既薄，又苦侵渔。老成习战之士一以疲老被汰，则挈其强壮子弟以去；军中惟有抑勒寄招之人，又皆不习战陈，而不可用。至于待遇，复不均壹”。② 淳熙二年（公元1175年），“私通馈遗”的李川，仅仅因为“按劾统制官解彦详等不能平贼”，宋孝宗即说：“此甚可喜，风俗委靡，务为姑息，以徇人情。此弊非一日。朕每见有能举职者，须与激励。李川昨曾降官，今可与复元官，更转一官。”③

似乎令人不解者，在天水一朝，宋孝宗“徇人情”，对黩乱军政的败将罪废复用却特别突出。宋高宗绍兴末，镇江府都统制刘宝因“虐众营私”等各种劣迹，而降官赋闲。④ 另有建康府都统制王权在淮西不战而遁，不少臣僚都主张将他处死。然而宋孝宗又将这两个“贪黩刻剥，丧师误国之人置之军伍，示以复用”，金安节上奏说：“臣不知两淮将士闻之，何以激励，且谓朝廷初政，威令如此，岂不相视解体，甚失陛下修政治兵，图复境土之意也。”却反对无效。⑤ 刘宝重任镇江府都统制，勇将魏胜遭金军围攻，他却坐视不救。魏胜战死，他也只受到“责授果州团练副使，琼州安置”的处分。⑥ 侍卫马军司长官成闵，在绍兴末的宋金战

① 《庐陵周益国文忠公集》卷138《论军士纪律》，《宋集珍本丛刊》，第52册第420页；《历代名臣奏议》卷223周必大奏，第2935页。

② 《朱熹集》卷94《敷文阁直学士李公（椿）墓志铭》，第4770页。

③ 《宋史全文》卷26，第2038页。

④ 《建炎以来系年要录》卷188，绍兴三十一年正月壬辰，第3册第681—682页。

⑤ ［明］程敏政：《新安文献志》卷73金安节家传，［明］弘治刻本。

⑥ 《宋会要辑稿》职官71之10，第4952页；《宋朝南渡十将传》卷4《魏胜传》，《碧琳琅馆丛书》本。

争中贪污纳贿，[①] 待金军撤兵，成闵只是率兵尾随，不敢邀击，故金军讥笑说："传语成太尉，有劳相送！"[②] 但宋高宗还是将他"超拜太尉，主管殿前司公事"。宋孝宗初，因被弹劾，罢官闲居，[③] 而至乾道五年（公元 1169 年），却又出任镇江府都统制。[④] 李显忠和邵宏渊兵败宿州符离县，"乃以宿州所得之金，厚赂权贵，巧为游说以自解，偃然安处善地，而戮不加焉，籍没不行，诛戮不加"[⑤]。乾道六年（公元 1170 年），李显忠又出任主管侍卫马军司公事，他在乾道九年（公元 1173 年）致仕后，却居然又是王权"复武康军承宣使，除主管马军司公事致仕"[⑥]。又如前述的戚方死后，宋孝宗"诏故责授果州团练副使戚方可特追复舒州观察使"[⑦]。在宋孝宗眼里，此类贪庸之将仍有使用价值，可弃瑕掩罪而复用，而别无他方。

（二）军政弛废

光是朱熹，就多次揭露当时军中各种腐恶，"陛下竭生灵之膏血，以奉军旅之费"，"而为军士者顾乃未尝得一温饱。甚者采薪织屦，掇拾粪壤，以度朝夕。其又甚者至使妻女盛涂泽，倚市门，以求食也"。[⑧] "今将帅之选，率皆膏粱騃子、厮役凡流，徒以趋走应对为能，苞苴结托为事。物望素轻，既不为军士所服，而其所以得此差遣，所费已是不赀。以故到军之日，惟务裒敛刻剥，

---

① 《三朝北盟会编》卷 229，第 1649 页。
② 《三朝北盟会编》卷 246，第 1772 页。
③ 《宋史》卷 370《成闵传》，第 11503 页。
④ 《宋史》卷 34《孝宗纪》，第 647 页。
⑤ 《历代名臣奏议》卷 306 胡铨奏，第 3967 页。
⑥ 《景定建康志》卷 26《侍卫马军司》。
⑦ 《宋会要辑稿》职官 76 之 72，第 5137 页。
⑧ 《朱熹集》卷 11《戊申封事》，第 590 页。

经营贾贩，百种搜罗，以偿债负。债负既足，则又别生希望，愈肆诛求。盖上所以奉权贵，而求升擢，下所以饰子女，而快己私。”① “主将刻剥士卒，以为苞苴，升转阶级，皆有成价。”②

薛叔似批评宋孝宗不思进取，他说：“陛下即位二十余年，国势未张，未免牵于苟安无事之说。”宋孝宗听后，无法回答，只能“默然”。③

宋孝宗朝尚且如此，此后的军政自然愈益糟糕。宋光宗时，王炎给当时的知枢密院事葛邲④的书信中，谈到了军队武备弛废的情况：

> 自诸统制以下，至于副将，虽曰偏裨，然缓急之际，朝廷亦恃以为干城。有勇而无智者，且患其寡谋而易败。甚者，其力不习于甲马，其技不熟于弓矢，亦或使之当偏裨之任，一旦遇敌，其不足恃亦明矣。⑤
>
> 今军士之贫，甚矣！将帅视之，若秦人视越人之肥瘠，不甚顾恤，平居无事，以势相待，以法相制，固不敢为乱，万一有羽书之警，率而用之，恐难于尽其死力耳。⑥

知武冈军洪秘陛辞时说：

---

① 《朱熹集》卷 11《庚子应诏封事》，第 456 页。

② 《朱子语类》卷 107，第 2659 页。

③ 《宋史》卷 397《薛叔似传》，第 12091 页。

④ 《宋史》卷 36《光宗纪》，卷 385《葛邲传》，第 699、705、11828 页载，葛邲在绍熙元年十二月至绍熙四年三月知枢密院事。

⑤ ［宋］王炎：《双溪文集》卷 21《与葛密院书》，《宋集珍本丛刊》，线装书局 2004 年版，第 63 册第 165 页。

⑥ 《双溪文集》卷 21《与葛密院书》，《宋集珍本丛刊》，第 63 册第 165 页。

襄汉、鄂渚之屯，旧隶岳飞，号岳家军，无一不当十。其余子弟，尚劲挺可用，愿廪给效用之视，长行加优为壮士者，非效用则弗屑，而主将吝啬自封，率以长行之给募流庸，此缓急可恃乎！①

太学生余古上书说，“宦者之盛，莫如方今”，“盖自副将而至殿、步帅，各为高价，不问劳绩过犯、骁勇怯弱，但如价纳贿，则特旨专除。故将帅率皆贪刻，军士无不饥寒，兵器朽钝，士马羸瘦，未尝过而问焉”。② 可知武将勾结宦官等弊政依然如故。

宋宁宗时，叶适对军中大将贪蠹、士兵贫困的状况，深感痛心：

朝廷以四大兵为命而困民财，四都副统制因之而侵削兵食，内臣贵幸因之而握制将权，蠹弊相承，无甚于此。而况不战既久，老成渐耗，新补惰偷，堪战之兵十无四五，气势慄弱。加以役使回易，交跋债负，家小日增，生养不足，怨嗟嗷嗷，闻于中外。③

嘉定和议后，南宋政治益趋腐败，南宋军政弊端更加明显，“士大夫不足仗”，“将帅不足仗”，“兵士不足仗”。正如袁甫上疏说：“将帅之臣”，“大率得军士之心者少，而敛军士之怨者多。债

---

① ［宋］魏了翁：《重校鹤山先生大全文集》卷 71《知南剑州洪公（秘）墓志铭》，《宋集珍本丛刊》，第 77 册第 383 页。

② ［宋］佚名撰，汝企和点校：《续编两朝纲目备要》卷 2 绍熙二年五月，中华书局 1995 年版。

③ 《叶适集·水心别集》卷 5《四屯驻大兵》，第 784 页；《历代名臣奏议》卷 223 叶适奏，第 2937 页。

帅之风，盖有年矣。托营运之名，行朘削之实，军伍之中，怨气满腹，威足以钳其口，而实不足以服其心。至于偏裨稍有寸长，专务抑遏，不使自伸，疾之甚于仇仇，防之过于寇敌。非但御下为然，而诸帅之自相与者亦然。以势相轧，以计相倾，有请于朝，则迭为矛盾，脱遇缓急，则不复救援。”① 他有感于岳飞治军的严整，而痛心于“满眼滔滔债帅流”② 的现实。宋理宗时，曹彦约上奏说：

> 当开禧未用兵以前，诸军皆有回易，以至邸店、酒息皆有宽剩，其不肖者，固掩为己有，而其贤者，犹得以激赏其军也。及乎出戍数多，调发不时，诸军在寨所余无几，营运日削，无所取办，而独于互送之礼、买工之弊不肯少损。盛寒出战，无望斗酒，衣不蔽体，日食尚阙，望敌惊奔，势实使然。士大夫但见乾道、淳熙间诸军富足，将谓今日事体尚未改旧，不知开禧以后大相辽绝。③

绍定四年（公元 1232 年），魏了翁上奏说：“迩来边帅不和，朝廷但知委曲覆护，听其相倾相轧，以养成乱本，而不知所以处之始焉。”④ 宋蒙联合灭金后，宋理宗与一些臣僚打算“乘时抚定

---

① ［宋］袁甫：《蒙斋集》卷 2《入对札子》，影印文渊阁《四库全书》本，第 1175 册第 350 页；《历代名臣奏议》卷 98 袁甫奏，第 1338 页。

② 《蒙斋集》卷 20《岳忠武祠》（三），影印文渊阁《四库全书》本，第 1175 册第 565 页。

③ ［宋］曹彦约：《昌谷集》卷 10《内引朝辞札子第三》，影印文渊阁《四库全书》本，第 1167 册第 123 页。

④ ［宋］魏了翁：《重校鹤山先生大全文集》卷 22《论黄陂叛卒（八月二十五日）》，《宋集珍本丛刊》，第 76 册 796 页。

中原"，"守河据关"，① "收复三京"②。此设想未尝不对，但深知南宋军队不堪战的参知政事、兼知枢密院事乔行简上疏反对，他说："今边面辽阔，出师非止一涂，陛下之将，足当一面者几人？勇而能斗者几人？智而善谋者几人？非屈指得二三十辈，恐不足以备驱驰。陛下之兵，能战者几万？分道而趋京、洛者几万？留屯而守淮、襄者几万？非按籍得二三十万众，不足以事进取。"③军队没有战斗力，民众生活困苦，"百姓多垂罄之室，州县多赤立之帑，大军一动，厥费多端"，在财政非常匮乏的情况下，"实未知钱粮之所从出也"。④ "三京之役"⑤，南宋在政治、经济和军事等条件均不具备的情况下，对"气盛锋锐"⑥ 的蒙古用兵，是

① ［元］佚名撰，王瑞来笺证：《宋季三朝政要笺证》卷1，宝庆元年五月，中华书局2010年版，第20页；［宋］史浩：《鄮峰真隐漫录》卷6《抚定中原蜡告》，《宋集珍本丛刊》，线装书局2004年版，第43册第6页；［宋］陆游：《陆游集·渭南文集》卷3《蜡弹省札（癸未二月二府请至都堂撰）》，第1993页；［宋］周密：《齐东野语》卷5《端平入洛》，第77页；［元］刘一清：《钱塘遗事》卷2《三京之役》，影印文渊阁《四库全书》本，第408册第977页。

② 《宋史》卷417《乔行简传》《赵葵传》，第12492、12502页；《宋史全文》卷32，端平元年七月癸卯，第2504页。

③ 《宋史》卷417《乔行简传》，第12494页；《历代名臣奏议》卷100乔行简奏，第1359页。

④ 《宋史》卷417《乔行简传》，第12494页；《历代名臣奏议》卷100乔行简奏，第1359页。

⑤ 《历代名臣奏议》卷61李鸣复奏、卷94辛弃疾奏、卷100吴昌裔奏，第847、1291、1361页；［宋］林希逸：《竹溪鬳斋十一藁》续集卷12《丘退斋文集序》，《宋集珍本丛刊》，线装书局2004年版，第83册第480页；《宋史》卷419《曾从龙传》，第12548页。

⑥ ［明］冯琦、冯瑗：《经济类编》卷58《武功类·料敌》，台北：商务印书馆，影印文渊阁《四库全书》本，1986年版，第962册第126页。

“一次轻率的军事行动”①，“吾之士马，才力，方耗于三京败衄之余”②，“败师河洛，兵民之物故者，以数十万计，粮食之陷失者，以百余万计。凡器甲、舟车，悉委伪境，而江、淮荡然，无以为守御之备”③。宋军士气受到严重影响，“自汴京退走，而我师之雄胆已丧；徐、邳再陷，而我师之畏心愈甚”④，宋军士气自此一蹶不振。

（三）宋军兵籍“浮肿”，战斗力日下

面临金、蒙（元）强大的军事压力，南宋政府大肆扩兵，军队“浮肿”。⑤ 仅由原鄂州武昌县升格的寿昌军，在嘉定十四年（公元 1221 年）即招收水军一千八百二十六人，为防江水军。⑥方岳说：

> 今内外兵籍不下七十余万，不可谓少矣。然而手艺者十之一，占破者十之一，虚籍者十之二，老弱者十之三，此其大较耳。是七十余万之兵，不得七八万人之用，无怪乎愈增而愈少，常战而常负也。⑦

---

① 参见邹重华《南宋收复“三京”失败的原因》，《西南师范大学学报》1989 年第 1 期。

② 《重校鹤山先生大全文集》卷 19《被召除授礼部尚书内引奏事第四札》，《宋集珍本丛刊》，第 76 册第 771 页。

③ 《历代名臣奏议》卷 185 吴昌裔奏，第 2437 页。

④ 《历代名臣奏议》卷 99 李鸣复奏，第 1351 页。

⑤ 程民生：《宋代军队数量考》，《宋代人口问题考察》，第 116 页。

⑥ ［宋］佚名纂修，［清］文廷式辑：《宝祐寿昌乘》，《宋元方志丛刊》第 8 册，第 8402 页。

⑦ ［宋］方岳：《秋崖集》卷 18《代范丞相》，台北：商务印书馆，影印文渊阁《四库全书》本，1986 年版，第 1182 册第 340 页。

在南宋“国用日竭，军政不振”[①] 之时，数量庞大而没有战斗力的军队并不能抵御外侮，徒增财政开支，加重人民负担而已。

宋理宗景定元年（公元 1260 年），因连年对蒙古用兵，军费开支急剧膨胀，南宋财政近于崩溃。贾似道实行“打算法”，他“忌害一时任事之阃臣，行打算法以污之”。所谓“打算”，就是对若干尚有名望的统兵文臣进行财政审计，以便冠以贪污的罪名，甚至下狱“受监钱之苦”[②]。他本人其实就是大贪官，却以贪惩贪，这固然是为抬高自己的政治地位，但这样做不但没有缓解南宋军政危机，反而激发了“号铁胡孙”[③] 的南宋骁将刘整叛宋降蒙。[④] 宋廷令吕文德讨伐刘整。南宋于景定三年（公元 1262 年）收复泸州。在收复泸州的过程中，宋军将领畏敌怯战。正如吕文德言“遣将校御敌，多逗遛不进，且奏功失实，具姓名上闻”。宋理宗为此下诏：“吕文焕、王达、赵真削两秩，马堃、王甫削一秩，余贬降有差。”[⑤] 在“逗遛不进”的将领率领下，宋军如何抵御蒙古大军的进攻！此时的南宋形势，“则几与（徽宗）政（和）、宣（和）矣”[⑥]，距亡国不远矣。

极其腐败的军政，当然是南宋亡国的重要因素。“大将若吕文

---

① 胡昭曦：《论宋蒙（元）关系》，《胡昭曦宋史论集》，西南师范大学出版社 1998 年版，第 141 页。

② ［元］刘一清：《钱塘遗事》卷 4《行打算法》，影印文渊阁《四库全书》本，第 408 册第 985—986 页。

③ 《宋史全文》卷 36，景定二年六月戊申，第 2709 页；《元史》卷 161《刘整传》，第 3788 页。

④ 参见王青松《从刘整叛宋论南宋的“打算法”及其末期的军政危机》，《西北大学学报》（哲学社会科学版）第 38 卷第 2 期，2008 年 3 月，第 70—72 页。

⑤ 《宋史》卷 45《理宗纪》，第 883 页。

⑥ ［宋］周密：《武林旧事》序言，西湖书社 1981 年版，第 1 页。

德、夏贵、孙虎臣、范文虎辈，矜功怙宠，慢上残下，行伍功赏，视为己物，私其族姻故旧，俾战士身膏于草莽，而奸人坐窃其勋爵矣。”① 吕文德谄媚权臣贾似道，贾似道也倚重武将吕氏集团。

咸淳三年（公元1267年）十一月，降将刘整建议忽必烈“先攻襄阳”②，将攻宋重点由川蜀战场转变为荆襄战场，使“元朝完成了重大的战略改变”③。吕文德号“黑灰团”。刘整“献言曰：‘南人惟恃一黑灰团，可以利诱也。’乃遣使献玉带于文德，求置榷场于襄城外。文德许之，使曰：‘南人无信，安丰等处榷场每为盗所掠，愿筑土墙，以护货物。’文德不许，使辞去，或谓文德曰：‘榷场成，我之利也，且可因以通和好。’文德以为然，追使者，不及矣。既而使者至，复申前议。文德遂许焉，为请于朝开榷场于樊城外，筑土墙于鹿门山外，通互市，内筑堡。（吕）文焕知被欺，凡两申制置司，为亲吏陈文彬匿之”④。于是就开始了对襄、樊的包围。

但在南宋方面，将帅之间互相倾轧，又导致一系列指挥失误。武将高达“荆湖名将，己未（开庆元年，公元1259年）解围鄂州。贾似道许以建节，竟不与，而移以与吕文德，达怨望久矣”⑤。他“恃其武勇，殊易似道”，贾似道甚至“每言于帝，欲诛达”。襄阳被围后，“时物议多言高达可援襄阳者，监察御史李旺率朝士入言于似道，似道曰：‘吾用达，如吕氏何？’旺等出叹

① 《宋史》卷196《兵志》，第4894页。

② 《元史》卷6《世祖纪》、卷161《刘整传》，第116、3788、3786页。

③ 王曾瑜：《宋朝军制初探》（增订本）第14章“宋朝军事传统与指挥的若干评价”，第535页。

④ 《宋季三朝政要笺证》卷3，景定四年，第303页。

⑤ ［宋］文天祥：《文天祥全集》卷16《江陵第二十四》，中国书店1985年版，第402页。

曰：‘吕氏安，则赵氏危矣！’（吕）文焕在襄，闻达且入援，亦不乐，以语其客。客曰：‘易耳，今朝廷以襄阳急，故遣达援之。’吾以捷闻，则达必不成遣矣，文焕大以为然”。① 咸淳九年（公元1273年）正月，元军终于攻陷坚守五年的樊城，继之襄阳知府吕文焕降元。此后，腐败的并无斗志的宋军连战连败，南宋很快走向灭亡。

正是在宋军整体性、全局性的腐败情势和影响下，南宋鄂州驻扎御前诸军的腐败和退化，也必定势不可免。

二、主将个人因素的影响

纵观古今中外的战争，决定战争胜负的因素，除了双方的综合国力外，最重要的就是双方主帅的素质。可以说，一支军队主帅的品格和才能决定这支军队的品格，包括士兵的军事素质、思想状态等，都是由主帅的素质决定的，更不必说临战指挥了。田师中以及之后鄂州御前大军主将的个人素质与掌兵方针，也同样决定了鄂州驻扎御前诸军的军事素质与战斗力。

王贵和张宪初任鄂州驻扎御前诸军都统制时，“典禁旅之严，内则资其扈卫；总兵符之重，外则薄其威名”。“抚众甚宽，列营驯其号令；临机必果，强敌避其锋棱”。② 和岳飞的“盛德懿行，夙夜小心”③ 相较，田师中只是擅长阴谋诡计。田师中不愧为张俊的亲信，深得其真传。田师中接任鄂州驻扎御前诸军都统制后，“军中初不服，统制傅选、李山、郭青辈往往乞罢去”④。田师中

---

① 《宋史》卷474《贾似道传》，第13781、13784—13785页。

② 《三朝北盟会编》卷208，第1500页；［宋］张扩：《东窗集》卷14《王贵除侍卫亲军步军［副都］指挥使添差福建路副都总管制》。

③ 《鄂国金佗续编校注》卷27黄元振编《岳飞事迹》，第1584页。

④ 《三朝北盟会编》卷208引《林泉野记》，第1500页；《建炎以来系年要录》卷144，绍兴十二年三月丁未，第3册第17页。

采用阴谋手段，分化、拉拢、排挤岳家军的将领。绍兴十三年（公元1143年）正月，武功大夫、吉州刺史、阁门宣赞舍人、鄂州驻扎御前捷胜军副将杨浩“除名，昭州编管。浩，岳飞部曲，坐谤讪朝政，及私令人上书诈不实也”[①]。田师中为排除异己，还奏称：“诸军统制等官有老病者，已蒙朝廷与差遣离军，今不可阙官。”宋高宗“乃诏选锋军统制李道为前军统制，余以次升焉”[②]。绍兴十七年（公元1147年），骁将牛皋因发表不满降金的言论，田师中竟然利用“大会诸将”之机，将其毒死。[③] 牛皋临死时，对亲人说：“皋年六十一，官至侍从，幸不啻足。所恨南北通和，不以马革裹尸，顾死牖下耳！”[④] 另一勇将董先奉命统原岳飞背嵬亲军，“赴行在宿卫，即至，改充（侍卫）步军司统制”。这是与原韩世忠的背嵬军做同样处置。[⑤]

岳飞身为一代名将，深知国难和国耻之由，非常痛恨腐败的军政。他虽知本军之外的许多积弊无法矫正，却严于律己以治军，而造就了一支“纪律最严，隐然如长城”“人百其勇”的岳家军。[⑥] 尽管如此，岳家军中原先并非就没有各种可能的腐败因素，但在岳飞压制下只能收敛和潜伏，故基本上做到了弊绝风清。田

① 《建炎以来系年要录》卷148，绍兴十三年正月丁未，第3册第65页。

② ［宋］熊克：《中兴小纪》卷31，第794页；《建炎以来系年要录》卷149，绍兴十三年六月壬申，第3册第81页。

③ 《建炎以来系年要录》卷156，绍兴十七年三月丁卯，第3册第181页。

④ 《三朝北盟会编》卷216，第1553页；《建炎以来系年要录》卷156，绍兴十七年三月丁卯，第3册第181页；《宋史》卷368《牛皋传》，第11466页。

⑤ 武汉市文物考古研究院、武汉大学历史文化学院：《武汉蔡家嘴墓地发现南宋董先墓及墓志铭考》，《武汉文博》2015年第2期引《董先墓志》。该文认为董先任同提举一行事务是在张俊与岳飞开枢密行府时，小误，应为张俊一人。可以看出，董先墓志中刻意回避岳飞战功，亦未涉及冤狱。

⑥ 《鄂国金佗续编校注》卷14《武穆谥议》，第1341页。

师中掌军，却为各种腐恶创造了足够的滋生条件。田师中接管鄂州御前诸军时，宋高宗和秦桧担心岳飞“素得军心”，“故令师中自关外带蜀兵数千人自随，以为弹压，而又分蜀赋以给之”。① 曾任中军副统制的郝晸，在岳飞统率下，也有战功。但后来却赂大将成闵黄金三百两，遂得出任襄阳知府、主管京西南路安抚司公事。②

与岳飞“奉己至薄”③、抚恤军卒与体恤百姓的仁爱作风相反，田师中继承了宋代“主将刻剥士卒，以为苞苴”④ 之风，为人“贪饕刻剥”，对部下严酷，“奴隶、使之”，“为国家敛士卒之怨”；对百姓没有仁爱之心，“捉募行旅，以补军籍，至有断截肢体以求免者”。⑤ 鄂州御前诸军将士平日对田师中的行为，早已“藉藉嗟怨，一旦有急，彼能死其长乎？”⑥

绍兴三十一年（公元 1161 年），岳飞死后二十年，金海陵王攻宋。“当此多事之时”，田师中、王权等人，“皆拥重兵”，却“不闻其有所措置”，只知“宴然坐视”，“享高爵厚禄，极其富贵安荣”。⑦ 知彭州冯时行，殿中侍御史杜莘老，御史中丞、湖北、京西宣谕使汪澈等人，纷纷弹劾田师中“老而贪，士卒怨，偏裨

---

① ［宋］度正：《性善堂稿》卷 6《重庆府到任条奏便民五事》，（台北）商务印书馆，影印文渊阁《四库全书》本，1986 年版，第 1170 册第 197 页。

② 《三朝北盟会编》卷 229，第 1649 页。

③ 《鄂国金佗续编校注》卷 14《忠愍谥议》，第 1338 页。

④ 《朱子语类》卷 107，第 2659 页。

⑤ ［宋］汪应辰：《汪文定集》卷 2《应诏言弭灾防盗事（绍兴三十一年权吏部侍郎上）》，《宋集珍本丛刊》，线装书局 2004 年版，第 46 册第 37 页；《朱熹集》卷 97 刘珙行状，第 4952 页。

⑥ 《汪文定集》2《应诏言弭灾防盗事（绍兴三十一年权吏部侍郎上）》，《宋集珍本丛刊》，第 46 册第 37 页。

⑦ ［宋］王之道：《〈相山集〉点校》卷 21《论诸将不为捍御计札子》，国家图书馆出版社 2006 年版。

不服，临敌恐误国事”，宋高宗方令吴拱取代田师中，出任鄂州御前诸军都统制。①

绍兴三十一年（公元1161年）十一月十六日，金军“乘船绞筏”，欲攻打与光化军相对的茨湖南宋驻军，继之欲进攻襄阳。“会风势不利，不得着岸。鄂州前军旗头史俊麾旗涉水，直登一舟，呼曰：‘前军得功矣，诸军宜进。’敌初不虞敢登其舟，遂大惊失措，行队不整，有坠水而死者，诸军继进。俊杀其千户一人，夺舟数十，金人乃还。”② 如果没有旗头史俊的奋勇争先与金军的惊慌失措，此次战斗，宋军未必能胜。吴拱治下的鄂州御前诸军茨湖之战，远不能与和尚原等战相比肩，宋人却艳称为“十三处战功”之一，显然大大夸大了此战战果。

乾道七年（公元1171年），韩世忠之子韩彦直任鄂州驻扎御前诸军都统制，条奏军中六事：“乞备器械，增战马，革滥赏，厉奇功，选勇略，充亲随等，朝廷多从之。先是军中骑兵多不能步战，彦直命骑士被甲徒行，日六十里，虽统制官亦令以身帅之。人人习于劳苦，驰骋如飞。事闻，诏令三衙、江上诸军仿行之。”③

乾道八年（公元1172年），秦琪接任鄂州驻扎御前诸军都统制后，“蠹坏军政，专事阿附，贪墨无厌”，韩彦直的努力付之东流。④ 接着，吴挺接任，也曾努力矫治秦琪留下的积弊。“蠹弊百

---

① 《建炎以来系年要录》卷192，绍兴三十一年八月甲辰、丁巳，第3册第734、739页；[宋]杜大珪：《名臣碑传琬琰之集》中集卷54查籥《杜御史莘老行状》，第1206—1207页；《宋史》卷32《高宗纪》，第602页。

② 《建炎以来系年要录》卷195，绍兴三十一年十二月庚子，第3册第801页；《三朝北盟会编》卷239，第1720页。

③ 《宋史》卷364《韩彦直传》，第11369页。

④ 《历代名臣奏议》卷99李鸣复奏，第1351页。

出，剔垢锄荒”，“凡冒请争秩，贸易取赢，私置榷酤，一切革去，发奸摘伏，略无容贷”。他因此得到宋孝宗“降诏奖谕”，称赞他“军务整肃，廉洁自持”。①

但淳熙年间任鄂州都统制的郭杲之为，更甚于秦琪。“前汉州太守贾伟秩满，还奏事，因言及道经鄂州，大将郭杲掊克军士状。上遣人廉其事，郭杲伏军中榷酤非法。”② 淳熙十一年（公元1184年），周必大在致郭杲书中说：

> 绍兴初，岳忠烈（岳飞）独当一面，所统兵不满六万，尚未及今日荆、鄂两军之数。徒以将士贾勇，措置有方，遂使襄汉奠枕，宛、洛震动。及庚辰、辛巳（绍兴三十、三十一年）间，聚八万之众于襄汉，仅能自保，其利害得失，盖可见矣。③

关于从庆元到开禧时的荆、鄂都统制赵淳，有不同记载。宋宁宗庆元六年（公元1200年）九月，鄂州都统制赵淳劾罢鄂州中军统制张师旦，理由是“侵盗官钱，公务弛废”④。开禧北伐时，宋军大批将领，如郭杲、郭倪、郭僎、郭倬、李爽、李汝翼、皇甫斌、魏友谅、王大节、秦世辅、陈孝庆、彭辂等，转眼间都成了覆军之罪人；而从史料中找到表现好的将领，不外有赵淳、毕再遇、田琳和周虎四人。赵淳守襄阳城“凡九十日”，大量杀伤攻

① 樊军：《〈吴挺碑〉校注》，兰州大学出版社1993年版。

② ［宋］杨万里著，辛更儒笺校：《杨万里集笺校》卷112《东宫劝读杂录》，中华书局2007年版，第4293页。

③ ［宋］周必大：《庐陵周益国文忠公集》卷196《荆鄂郭都统（杲）淳熙十一年》（第二书），《宋集珍本丛刊》，第53册第103页。

④ 《宋会要辑稿》职官73之28，第4030页。

城的金军。[①] 故此后升“赵淳为殿前副都指挥使、兼江、淮制置使”[②]。但也有记载说“赵淳焚樊城”，金军“围襄阳府，赵淳忧悸成疾，将士奉之以守”。[③] 保住了前沿军事重镇，毕竟是不可否认的史实。又有记载说，赵淳“忌宣抚司统制吕渭孙，诬其杀副统制魏友谅，辄杀之”[④]。

嘉定时，黄榦说，荆、鄂一军，“军籍既少，又皆贫困无聊，至有妻女求食于人者。至于主帅，则其所服用，皆精选；其所爱幸，皆姝丽，又安责其善战”[⑤]？岳家军骑兵敢于在平原地区与女真骑兵决战，此时的鄂州大军却不再具有骑兵优势，战马更是缺乏。知汉阳军黄榦上奏马监之事时说，“所谓孳生监者，乃鄂州大军昔日所创。方其盛时，马之蕃息，可以足军中之用，今监皆颓败，不复有马矣”[⑥]。

当然，鄂州大军都统制并非皆是庸将，其中不乏可圈可点者，除前述韩彦直、吴挺等人外，还有孟宗政与孟珙父子。嘉定十三年（公元1220年），孟宗政代为荆、鄂都统制，仍知枣阳。孟宗政积极边备，“以迫濠而陈，乃于西北濠外潴水为泞以限骑。中原遗民来归者以万数。宗政发廪赡之，为给田、创屋与居，籍其勇

---

① ［宋］赵万年：《襄阳守城录》，《全宋笔记》第6编第9册，大象出版社2013年版，第209页。

② 《宋史》卷38《宁宗纪》，第745—746页；《续编两朝纲目备要》卷11，嘉定二年五月，第207页载赵淳三年后去世。

③ 《续编两朝纲目备要》卷9，开禧二年十一月，第168页。

④ 《叶适集·水心文集》卷25《朝请大夫提举江州太平兴国宫陈公（谦）墓志铭》，第504页。

⑤ ［宋］黄榦：《勉斋先生黄文肃公文集》卷18《与宇文宣抚言荆襄事体》，《宋集珍本丛刊》，第67册第702页。

⑥ 《勉斋先生黄文肃公文集》卷24《汉阳条奏便民五事》，《宋集珍本丛刊》，第67册第766页；《历代名臣奏议》卷242黄榦奏，第3190页。

壮号‘忠顺军’，俾出没唐、邓间，威振境外”。金人呼为“孟爷爷”[①]。孟珙不仅是鄂州大军都统制中最有为者，也是南宋后期最有为者，但他多半军事生涯不在鄂州。宋蒙联合灭金前，金派遣二万骑兵，阻止宋蒙联军形成，孟珙“鼓行而前，金人战败，却走，追至高黄陂，斩首千二百级”[②]。之后，又在蔡州与金军浴血奋战，“由是威名浸盛，为荆湖制帅，善御众，得士卒心，轻财结客，对境虚实，莫不周知，外国机要，间探尤密”[③]。宋理宗淳祐十一年（公元 1251 年），李曾伯上奏说：孟珙任京湖安抚制置大使时，创立“育才弓会，每月一次捐赏习射，立为定额三百二十三人”，“荆、鄂都统制提督，因循岁久，颇闻名籍虽存，往往艺不精而廪徒耗”。[④] 军政腐败的大环境下，孟珙的练兵举措也不可能长久维持下去。

至于开庆和景定时，鄂州都统制张胜力守鄂州，最终战死，已如前述。他也是一位忠于职守的都统制。

南宋亡国时，最后一任鄂州都统制是程鹏飞。咸淳十年（公元 1274 年）十二月，元军渡青山矶，“万户史格以一军先渡，为宋荆、鄂诸军都统程鹏飞所败。总管史塔剌浑等率众赴敌，鹏飞败走”，“程鹏飞鏖战，被重创，归鄂州”。元军“师次鄂州，宋直秘阁、湖北提举张晏然、权知汉阳军王仪、知德安府来兴国并以城降。程鹏飞以本军降”。投降后的“程鹏飞以北兵徇黄州，知州

① 《宋史》卷 403《孟宗政传》，第 12213 页。

② 《宋史》卷 412《孟珙传》，第 12372 页。

③ ［元］刘一清：《钱塘遗事》卷 3《孟保相》，第 408 册第 981 页。

④ ［宋］李曾伯：《可斋杂稿》卷 20《回奏边民习射指挥》。

陈奕遣人请降于寿昌军”。[①] 后程鹏飞不仅帮助元朝平定南方，还参与元朝对安南的战事。程鹏飞“以本军降”，正可作为南宋鄂州都统司军的悲惨终结。

在鄂州大军的主将中，类似于孟宗政与孟珙父子的良将只是极少数，更多的是“内斗内行，外斗外行”的田师中之流。贪腐、怯战之将治军，“御军亡纪，刑赏亡章”[②]，他们治下的军队，必然成为“不利御寇，而利为寇”[③]，浪费民之膏血的渣滓。例如嘉定八年（公元1215年）正月，鄂州都统制王益因“军政不修，货利是殖”，降三官，放罢。[④]

宋朝“军制却是以束缚武将才能，降低武将的地位和素质，削弱其指挥权限和主动性、灵活性，牺牲军事效能为特征。在崇文抑武、以文驭武的方针指导下，整个时代的尚武精神沦落”[⑤]，也造成将才的凋零。如前所述，中国先秦时代的《孙子兵法·计篇》就提出为将五德之说：“将者，智、信、仁、勇、严也。”岳飞则将“五德”的次序调整为“仁、信、智、勇、严五事”。然而在事实上，宋朝的绝大多数武将非但达不到五德的标准，甚至是反其道而行之，真正称得上将才者寥若晨星，南宋的历任鄂州都

① 《宋史》卷47《瀛国公纪》，第924页；《元史》卷8《世祖纪》、卷127《伯颜传》，第158、3103页；［元］苏天爵：《元名臣事略》卷2《丞相河南武定王》，台北：商务印书馆，影印文渊阁《四库全书》本，1986年版，第451册第517页；［宋］王恽：《秋涧集》卷50《大元光禄大夫平章政事乌兰氏先庙碑铭》，四部丛刊本。

② ［宋］吴泳：《鹤林集》卷18《论蜀事四失三忧及保蜀三策札子》，《宋集珍本丛刊》，线装书局2004年版，第74册第443页。

③ ［宋］吴泳：《鹤林集》卷18《论蜀事四失三忧及保蜀三策札子》，《宋集珍本丛刊》，第74册第443页。

④ 《宋会要辑稿》职官75之6，第5074页。

⑤ 王曾瑜：《宋朝军制初探》（增订本），第521页。

统制也不例外。

从岳家军到鄂州驻扎御前诸军，这一支过去的英勇之师，在专制主义中央集权的等级授职制下，贪腐政治的大环境下，在田师中、秦琪、郭杲、王益等贪腐、庸驽之将执掌下，不可能保持好的军政、军纪、军风和强大的战斗力。唯一的结果则是军政、军纪和军风的退化，战斗力的退化，而与其他宋军无异。

附录　历任鄂州驻扎御前诸军都统制名录

自绍兴十一年（公元 1141 年）四月，岳飞被解除兵柄，王贵出任鄂州驻扎御前诸军都统制，至南宋灭亡的近一百四十年中，究竟有哪些人出任鄂州驻扎御前诸军都统制一职？何时任职？因为史料的缺乏，无法得知完整的历任鄂州驻扎御前诸军都统制的情况，只能根据现在残存的史料，将三十二位鄂州都统制、副都统制①按照先后顺序排列如下。

一、王贵

宋高宗绍兴十一年（公元 1141 年）三月，南宋朝廷任命岳飞为枢密副使，王贵接任鄂州驻扎御前诸军都统制。岳飞被害后，秦桧和张俊炮制的冤案已经牵连到王贵。绍兴十二年（公元 1142 年）三月一日，王贵主动辞职，宋廷授予其侍卫步军副都指挥使之虚衔，添差福建路马、步军副都总管之闲职。②

二、张宪

绍兴十一年（公元 1141 年），龙、神卫四厢都指挥使、阆州

---

① 凡任荆、鄂驻扎御前诸军副都统制，而驻军荆南府者，不列入此表。

② 《建炎以来系年要录》卷 140，绍兴十一年六月甲申；卷 144，绍兴十二年三月丁未，第 2 册第 879 页，第 3 册第 17 页。《三朝北盟会编》卷 208，第 1500 页。

观察使张宪任鄂州驻扎御前诸军副都统制。前军副统制王俊诬告张宪与岳飞、岳云父子谋反，九月，被枢密使张俊逮捕。同年岁末，与岳云一起被宋廷杀害于临安闹市。①

三、田师中

绍兴十二年（公元1142年）三月一日，龙、神卫四厢都指挥使、定江军节度使田师中接替王贵任鄂州驻扎御前诸军都统制。绍兴二十二年（公元1152年）八月，同江西安抚使张澄、殿前司统制李耕讨伐虔州军卒齐述兵叛。绍兴二十六年（公元1156年）八月，田师中率军"平湖南徭贼杨再兴，且招到其族杨通议等"。绍兴三十一年（公元1161年）八月，宋廷"召田师中赴行在"，以吴拱为鄂州诸军都统制。②

四、吴拱

吴拱为吴玠子。绍兴三十一年（公元1161年）八月，吴拱取代田师中为鄂州驻扎御前诸军都统制。九月八日，吴拱"始视事"，发兵戍襄阳。十一月十六日，鄂州驻扎御前诸军在茨湖与金军战，小胜。绍兴三十二年（公元1162年）六月，吴拱因茨湖之

---

① 《鄂国金佗稡编校注》卷8《鄂王行实编年》、卷22《淮西辨》、卷23《山阴辨》，卷24《张宪辨》，《鄂国金佗续编校注》卷21《鄂王传》，第620、659—662、686、1047、1060、1065—1078、1499—1053页。《三朝北盟会编》卷206、卷207、卷207引《岳侯传》、卷208引《林泉野记》，第1483、1486、1490、1495、1498页。《建炎以来系年要录》卷141，绍兴十一年九月癸卯；卷142，绍兴十一年十月戊寅；卷143，绍兴十一年十二月癸巳，第2册第890、898—899页，第3册第3—4页。《中兴小纪》卷29，第352、355页。《挥麈录·余话》卷2，第244—247页。《建炎以来朝野杂记》乙集卷12《岳少保诬证断案》，第701—705页。[宋]岳珂：《宝真斋书法赞》卷2《高宗皇帝亲随手札御书》，影印文渊阁《四库全书》本，第813册第586—587页。

② 《建炎以来系年要录》卷144，绍兴十二年三月丁未，第3册第17页。《三朝北盟会编》卷219引《林泉野记》，卷231，第1577、1661页。《中兴小纪》卷35，绍兴二十二年八月己卯；卷37，绍兴二十六年七月戊寅，第421、446页。《宋史》卷32《高宗纪》，第601、602页。

捷，迁为安远军承宣使、主管侍卫步军司公事。①

五、李胜

绍兴三十一年（公元1161年）十一月十六日，宋金茨湖之战时，鄂州驻扎御前诸军副都统制李胜等率前军等参战。②

六、赵樽

赵樽原为刘锜部将。③ 绍兴三十二年（公元1162年）六月至宋孝宗乾道年间（公元1165年—1171年），“平生廉素”的赵樽为鄂州驻扎御前诸军都统制，主持襄阳以东至枣阳之间的防务。④乾道二年（公元1166年），鄂州都统制赵樽“根刷告敕、宣札、绫纸、文帖共三万五千九百余件，缴申朝廷毁抹，谓宜优赏”，授予龙、神卫四厢都指挥使的虚衔。⑤

七、韩彦直

韩彦直为韩世忠子。乾道七年（公元1171年），韩彦直任鄂州驻扎御前诸军都统制。到任后，“条奏军中六事”，革除军中弊

---

① 《建炎以来系年要录》卷192，绍兴三十一年九月庚辰；卷194，绍兴三十一年十一月甲戌；卷195，绍兴三十二年十二月己亥朔；卷200，绍兴三十二年六月庚午，第3册第743、777、799、875页。《三朝北盟会编》卷231、239，第1663、1720、1722页。［宋］王之望：《汉滨集》卷8《论吴璘多病乞吴拱自襄阳归蜀朝札》，台北：商务印书馆，影印文渊阁《四库全书》本，1986年版，第1139册第766页。《宋史》卷32《高宗纪》，第602页。

② 《建炎以来系年要录》卷195，绍兴三十一年十二月庚子，第3册第801页；《三朝北盟会编》卷239，第1720页。

③ ［宋］章颖：《宋朝南渡十将传》卷1《刘锜转》，《碧琳琅馆丛书》本，第19页。

④ 《建炎以来朝野杂记》乙集卷3《孝宗善驭将》，第546页；［宋］周必大：《庐陵周益国文忠公集》卷34《朝散大夫直秘阁陈公从古墓志铭淳熙十一年》、卷197《鄂州阎（世雄）都统》（淳熙十一年），《宋集珍本丛刊》，第51册第398页、第53册第115页；《宋会要辑稿》兵21之14，第9056页；［清］《湖广通志》卷15《城池志・安陆府》，台北：商务印书馆，影印文渊阁《四库全书》本，1986年版，第531册第479页。

⑤ ［宋］刘克庄：《后村先生大全集》卷86《进故事・辛酉三月十八日》，第2250页。

端，注重训练，“人人习于劳苦，驰骋如飞”。乾道八年（公元1172年），“丐文班，乃授左中奉大夫、充敷文阁待制、知台州”。①

八、秦琪

乾道八年（公元1172年），秦琪接替韩彦直，为鄂州驻扎御前诸军都统制。秦琪“冒请合开落马四百余匹草料及朝廷降钱，修造军器皆不坚利，所降钱，琪辄营运自私”②。被继任吴挺举奏。宋孝宗淳熙元年（公元1174年），宋廷下诏：“武功大夫、荣州刺史、提举台州崇道观秦琪身任帅臣，蠹坏军政，专事阿附，贪墨无厌，可责授舒州团练副使、漳州安置。”③

九、吴挺

吴挺为吴璘子。乾道九年（公元1173年）闰正月，吴挺为荆、鄂驻扎御前诸军都统制，驻鄂州。吴挺奏前任秦琪不法事。八月，宋廷“合荆、鄂二军为一”，以吴挺充都统制。④

十、李川

宋孝宗淳熙元年（公元1174年）九月，荆、鄂驻扎御前诸军都统制、鄂州驻扎的李川因“私通馈遗”被降官。淳熙二年（公元1175年）五月，宋廷命鄂州都统制李川调兵平定“茶寇”赖文

---

① 《庐陵周益国文忠公集》卷105《赐利州观察使韩彦直辞免除鄂州驻扎御前诸军都统制恩命不允诏二月二十八日》，《宋集珍本丛刊》，第52册第129页；《历代名臣奏议》卷99李鸣复奏，第1351页；《宋史》卷364《韩彦直传》，第11369页。

② 《历代名臣奏议》卷99李鸣复奏，第1351页。

③ 《宋史全文》卷26下，淳熙元年六月丙辰，第1773页。

④ 《庐陵周益国文忠公集》卷34《朝散大夫直秘阁陈公从古墓志铭》（淳熙十一年），《宋集珍本丛刊》，第51册第398页；《宋史》卷34《孝宗纪》，第656页；刘宰：《京口耆旧传》卷6《陈亢传》，台北：商务印书馆，影印文渊阁《四库全书》本，1986年版，第451册第180页；张维辑：《陇右金石录》卷4《世功保蜀忠德碑》，《地方金石志汇编》，第25册，国家图书馆出版社2011年版。

政。同年闰九月，李川“按劾统制官解彦详等不能平贼”。宋孝宗认为李川“奏劾之章，独能体国，此为可嘉”，故将“降授”为武功大夫、吉州刺史的李川“叙复团练使”。淳熙四年（公元 1177 年）四月，“长沙守臣王佐谓有目疾，职事不举”，李川“申其人无疾患”。淳熙五年（公元 1178 年）时，宋孝宗赐夏药的都统制名单中仍有李川。①

十一、郭钧

宋孝宗淳熙六年至八年（公元 1179—1181 年），郭钧任荆、鄂都统制。②

十二、岳建寿

岳建寿是韩世忠部将岳超之子，武举出身，由侍卫步军都虞候改任。③ 淳熙八年（公元 1181 年）八月，荆、鄂都统岳建寿上奏，谈改造车船事宜。淳熙十年（公元 1181 年）四月，鄂都统岳建寿上奏，建议在德安府到信阳军之间修三关，宋孝宗认为三关不必修。④

① 《宋会要辑稿》兵 19 之 26—27，第 9014—9015 页；《宋史》卷 34《孝宗纪》，第 659 页；范成大：《吴船录》卷下，上海师范大学古籍整理研究所编：《全宋笔记》第五编，大象出版社 2012 年版；《庐陵周益国文忠公集》卷 111 赐吴挺、李川等银合腊药敕书，赐郭棣等宣、赐御前诸军都统制吴挺、李川等夏药书，赐吴拱、李川等药，赐吴拱、李川等药，《宋集珍本丛刊》，第 52 册第 186、187 页。

② 《宋会要辑稿》食货 50 之 28，第 7136 页载：“（淳熙六年）九月二十二日，诏：‘湖广总领刘邦翰、周嗣武，鄂州、江陵府驻扎郭钧检视参修战船灭裂，内邦翰去官日久，特与放罪，周嗣武、展三年磨勘，郭钧特展二年磨勘。’”“（淳熙）八年八月三日，荆、鄂都统制岳建寿说八车船之事时，也称郭钧为‘前任帅臣’。”

③ 《建炎以来系年要录》卷 166，绍兴二十四年三月丙子，第 3 册第 328 页；《宋会要辑稿》职官 32 之 14，选举 17 之 27，第 3012、4544 页。

④ 《宋会要辑稿》食货 50 之 28，方域 12 之 7，第 7136、9514 页。

十三、郭杲

郭杲为川、陕大将郭浩孙。[①] 淳熙十一年（公元 1184 年）五月，鄂州、江陵驻扎御前诸军都统制[②]郭杲上奏措置屯田事宜。同年七月，郭杲奏："木渠下荒田，实有堪耕种一百九顷四十四亩"，"已差拨官兵二百人前去开荒"。淳熙十二年（公元 1185 年）九月，郭杲"申襄阳府木渠下屯田二麦数"。淳熙十四年（公元 1187 年），郭杲"申被获逃走军兵满及三年，乞放全分请受"，带领鄂州军数千人修筑荆南城。[③]

十四、张诏

宋光宗绍熙年间，张诏为荆、鄂驻扎御前诸军都统制，"军政修举，转一官"。绍熙五年（公元 1194 年）二月，宋廷改张诏为

---

① 《建炎以来朝野杂记》甲集卷 9《渡江后父子兄弟建节数》，第 177 页。

② 《宋会要辑稿》职官 32 之 45 载：淳熙四年（1177 年），宋廷规定："荆、鄂驻扎御前诸军自今可作鄂州、江陵府驻扎御前诸军，其统制依旧以鄂州驻扎，副统制以江陵府驻扎系衔。"

③ 《庐陵周益国文忠公集》卷 149《（施行鄂军御笔）回奏》《宣示郭杲御笔》（九月二十二日）、《宣示郭杲御札回奏》（四月二日），卷 150《荆南修城犒设御笔回奏》，卷 196《荆鄂郭都统（杲）淳熙十年》《荆鄂郭都统（杲）又淳熙十一年》《荆鄂郭都统（杲）淳熙十一年》（第二书）、《荆鄂郭都统（杲）淳熙十二年》（第一、二、三、四书），《宋集珍本丛刊》，第 52 册第 495、499、504 页，第 53 册第 102、103 页；[清]《湖广通志》卷 15《城池志·安陆府》，影印文渊阁《四库全书》本，1986 年版，第 531 册第 479 页。按《宋会要辑稿》兵 19 之 32 淳熙十三年四月，第 7096 页载，为"鄂州都统制郭果"，疑抄写有误。淳熙十一年，阎世雄为鄂州诸军副都统制。十二年九月，鄂州、江陵副都统阎世雄奏："襄汉之间，麦稻熟晚。"但周必大在《庐陵周益国文忠公集》卷 197《鄂阎（世雄）都统（淳熙十一年）,《宋集珍本丛刊》，第 53 册第 115 页称阎世雄为鄂都统；《宋史全文》卷 27，第 2178 页。

成州团练使、兴州驻扎御前诸军都统制。①

十五、赵淳

孟州河阳人。宋宁宗庆元五年（公元1199年）赵淳应已出任鄂州都统制。他“寒食日，率兵将官以下遍祭战殁者于岩亭之野，酹酒焚币，成礼而去。清明日复携家来此，遥睇松楸，用修时祀”②。宋宁宗庆元六年（公元1200年）九月，鄂州都统制赵淳劾罢中军统制张师旦。开禧二年（公元1206年）四月，鄂州驻扎御前诸军都统制赵淳兼京西北路招抚使。开禧三年（公元1207年）九月，赵淳因守襄阳战功，升任殿前副都指挥使，兼江、淮制置使。③

十六、王喜

开禧三年（公元1207年）正月，吴曦叛宋。四川宣抚司踏白

① 《宋宰辅编年录校补》卷19，绍熙四年十一月；卷20，开禧二年十一月，第1287、1336页。《宋史》卷36《光宗纪》、卷391《留正传》、卷392《赵汝愚传》、卷398《丘崇传》、卷402《张诏传》，第708、11975、11984、12111、12184页。《楼钥集》卷36《武德大夫鄂州都统制张诏军政修举转一官》，第588页。《永乐大典》卷15138沈继祖《栀林集》《又代上张帅太尉》：“三杰人材有重轻，子房呼字不呼名。天授家传此韬略，固应堂上有奇兵。方、虎成功张仲在，惟忠与孝一心纯。英姿鹦鹉洲前见，异日麒麟阁上人。挟纩皆由一语温，吮疽效命亦前闻。听得武昌军士说，张家军比岳家军。元颜辛巳寇边日，十骑能收唐邓州。奈何养兵一百万，岁以金缯遗虏酋。《春秋》尚复九世仇。和议于今六十秋。诸将宁无持禄念，将军必不为身谋。”此诗疑赠张诏者。

② 崔新社：《河北襄樊市郊发现南宋摩崖石刻》，《文物》1987年第3期。

③ 《宋会要辑稿》职官73之28，兵20之8，第5016、9029页；《建炎以来朝野杂记》乙集卷18《丙寅淮汉蜀口用兵事》，第827页；《两朝纲目备要》卷9，开禧二年四月乙巳，卷10，开禧二年十二月己巳，台北：文海出版社，1967年版，第576、616页；《宋史全文》卷29，开禧二年四月乙亥，开禧三年九月辛卯，第2346、2357页；《宋史》卷38《宁宗纪》、卷397《薛叔似传》，第740、12092页；《续宋编年资治通鉴》卷13，开禧二年四月庚午，影印文渊阁《四库全书》本，第328册第1012页；［宋］赵万年撰，张剑光、周绍华点校：《襄阳守城录》，《全宋笔记》第6编第9册，大象出版社2013年版。

军统制王喜，“（吴）曦大将也”，“诛曦之日不肯拜诏”，“其后欲戕（李）好义，为曦复仇，（安）丙不能止，便宜处以节度使知兴州”。[①] 宋廷“虑喜为变，授节度使移荆、鄂都统制”。大概在宋宁宗嘉定初年，建武军节度使、充鄂州驻扎御前诸军都统制王喜卒于荆、鄂都统制任上。[②]

十七、王大才

宋宁宗嘉定二年（公元1209年）秋，荆、鄂驻扎御前诸军都统制王大才“改除入蜀”，为沔州都统制。[③]

十八、王嘉

嘉定二年（公元1209年）秋之后，王嘉为鄂州驻扎御前诸军都统制。[④]

十九、王益

嘉定八年（公元1215年）正月，鄂州都统制王益因“军政不修，货利是殖”，降三官，放罢。[⑤]

二十、张威

吴曦被诛后，张威因抗金战功由统制升为利州副都统制，“久

---

① 《宋史》卷402《李好义传》，第12200—12201页。

② 《宋史》卷402《李好义传》，第12200—12201页；[宋]真德秀：《西山先生真文忠公文集》卷19《建武军节度使充鄂州驻扎御前诸军都统制王喜加食邑食实封制》、卷20《赐建武军节度使鄂州江陵府驻扎御前诸军都统制鄂州驻扎王喜乞祠禄不允诏》、卷23《赐都统制王喜马军都虞候许俊都统制刘元鼎李贵王大才庄松何汝霖副都统制吕春李好古卢彦张威石宗水军统制冯楙银合夏药敕书》、卷41《故资政殿学士李公神道碑》，《宋集珍本丛刊》，第76册第107页、123页、154页、428页。

③ 《宋史》卷39《宁宗纪》，第760页；《建炎以来朝野杂记》乙集卷10《四川大制司结局》，第665页；《两朝纲目备要》卷12，嘉定二年秋，第769—770页。

④ [宋]刘爚：《云庄集》卷10《建武军节度使充鄂州驻扎御前诸军都统制王嘉加食邑食实封》，台北：商务印书馆，影印文渊阁《四库全书》本，1986年版，第1157册第459页。

⑤ 《宋会要辑稿》职官75之6，第5074页。

之，调荆、鄂都统制，襄阳府驻扎”。嘉定十一年（公元 1218 年）时，张威为利州都统制。①

二十一、刘世荣

刘世荣，在张威之后任荆、鄂都统制。嘉定十二年（公元 1219 年）三月，京湖制置使赵方统制扈再兴等引兵三万余人，分道出攻唐、邓州，鄂州都统制刘世荣“会兵攻唐州”。②

二十二、许国

嘉定十三年（公元 1220 年）正月，鄂州都统制许国“攻唐州，不克而还，金人追之，遂攻樊城，赵方督诸将拒退之”③。

二十三、孟宗政

许国“移金陵，（孟）宗政代为荆、鄂都统制，仍知枣阳”。嘉定十六年（公元 1223 年），孟宗政在荆、鄂都统制任上去世。④

二十四、王旻

宋理宗绍定五年（公元 1232 年），王旻为荆、鄂都统制。绍定六年（公元 1233 年）正月，宋廷“令王旻守随州”，“并益兵饬备”。端平二年（公元 1235 年），王旻任鄂州、江陵府都统制、兼权发遣知德安府。后王旻“煽乱于襄”，宋廷平定叛乱，当年二月

---

① 《宋史》卷 403《张威传》，第 12214 页；《宋史全文》卷 30，嘉定十二年三月，第 2411 页。

② 《续宋编年资治通鉴》卷 15，嘉定十二年二月壬寅，影印文渊阁《四库全书》本，第 328 册第 1031 页；《续编两朝纲目备要》卷 16，嘉定十二年三月甲午；《大金国志校证》卷 25 兴定三年三月，第 348 页；《宋史》卷 40《宁宗纪》，第 772 页；佚名：《宋史全文》卷 30，嘉定十二年三月乙亥，第 2411 页。

③ 《宋史》卷 40《宁宗纪》、卷 403《孟宗政传》，第 774、12213 页；《续宋编年资治通鉴》卷 15，影印文渊阁《四库全书》本，第 328 册第 1032 页。

④ 《宋史》卷 403《孟宗政传》，第 774 页；《后村先生大全集》卷 143《孟少保神道碑》，第 3693 页。

四日前，王旻被斩杀。①

二十五、赵胜

端平二年（公元 1235 年）五月，宋廷以杭州“军民交 ”，下诏罢免赵胜主管殿前司公事之职，以韩昱代之。② 端平三年（公元 1236 年），赵胜率军应援襄阳，参与平定王旻叛乱后，驻守汉川。魏了翁上奏说：“王旻既死，其荆、鄂都统，欲遵照便宜指挥，差赵胜填见阙，却以臣前所奏辟刘显德仍权知德安府，令各任责防。悉已别具奏牍，乞赐施行。”③

二十六、孟珙

宋理宗嘉熙元年（公元 1237 年）十月，忠州团练使、兼知江陵府、京西、湖北安抚副使孟珙与蒙古军作战有功，宋廷任命为鄂州驻扎御前诸军都统制。蒙古军进攻汉阳、淮甸，孟珙率领黄州军民“战守，卒全其城，斩逗留者四十九人以徇”。嘉熙二年（公元 1238 年）春，宋廷授孟珙宁远军承宣使、带御器械，鄂州、江陵府诸军都统制。“未几，授枢密副都承旨，京西、湖北路安抚

① 《宋史》卷 41《理宗纪》、卷 42《理宗纪》，第 800、810 页；《重校鹤山先生大全文集》卷 22《论黄陂叛卒（八月二十五日）》、卷 29《奏乞早定峡州襄阳守臣（二月四日）、卷 31《左丞相》，《宋集珍本丛刊》，第 76 册第 796 页，第 77 册第 52、70 页；［宋］吴泳：《鹤林集》卷 29《与李悦斋书第三》，《宋集珍本丛刊》，第 74 册第 559 页；洪咨夔：《平斋文集》卷 16《赐鄂州江陵府都统制兼权发遣德安府王旻等夏药敕书》《赐鄂州江陵府都统制兼权发遣德安府王旻等腊药敕书》，《宋集珍本丛刊》，线装书局 2004 年版，第 75 册第 129、130 页。

② 《宋史》卷 42《理宗纪》，第 808 页；吴泳：《鹤林集》卷 8 赵胜特转某州防御使除主管殿前司公事制》，《宋集珍本丛刊》，线装书局 2004 年版，第 74 册第 351 页；《宋史全文》卷 32，端平二年五月丙申条，第 2205 页。

③ 《重校鹤山先生大全文集》卷 29《奏乞早定峡州襄阳守臣》（二月四日）、卷 31《左丞相》，《宋集珍本丛刊》，第 77 册第 52、70 页。

制置副使，兼督视行府参谋官。”①

二十七、张顺

嘉熙三年（公元1239年）十二月，宋军“复夔州，录荆、鄂都统制张顺、孟璋等将士战功”②。嘉熙四年（公元1240年）十一月，宋廷因张顺“以私钱招襄、汉溃卒，创忠义、虎翼两军及援安庆、池州有功，特与官两转”③。

二十八、张胜

宋理宗开庆元年（公元1259年）十一月，鄂州都统制张胜兼鄂州事。宋理宗景定元年（公元1260年）三月，蒙古军围攻鄂州，都统制张胜力守，是立功将领之一。后“死于汉阳战阵，赠官五转，官其子焕进武校尉”④。

二十九、马堃

宋理宗景定元年（公元1260年）五月时，马堃任鄂州御前诸军都统制，驻扎江陵府。景定三年（公元1262年）十月，吕文德奏称“遣将校御敌，多逗留不进，且奏功失实”。因诸将御敌不力，宋廷降旨“贬降有差”，其中马堃“削一秩”。⑤

三十、汪政

宋度宗咸淳三年（公元1267年）七月，汪政权鄂州御前诸军

---

① 《后村先生大全集》卷143《孟少保神道碑》，第3697页；《可斋杂稿》卷19《奏以鄂州分司并归节制》，《宋集珍本丛刊》，第84册第361页；《宋史》卷412《孟珙传》，第12375、12376页；黄宽重：《孟珙年谱》，《南宋史研究集》，台北：新文丰出版公司1985年版，第62—64页。

② 《宋史》卷42《理宗纪》，第819页。

③ 《宋史》卷42《理宗纪》，第821页。

④ 《可斋杂稿》卷19《奏以鄂州分司并归节制》，《宋集珍本丛刊》，第84册第362页；《宋季三朝政要笺证》卷3，开庆元年十月，第254页；《宋史》卷45《理宗纪》，第873页；《钱塘遗事》卷4《阴许岁币》，影印文渊阁《四库全书》本，第408册第985页。

⑤ 《宋史》卷45《理宗纪》，第874、883页。

都统制。枢密院奏："右武大夫、权鄂州都统汪政鄂城战御，又焚光化城外积聚，及攻真阳城，皆有功，该转十二官。"宋廷下诏，汪政转"横行遥郡"。①

三十一、唐永坚

咸淳四年（公元 1268 年），知襄阳府、兼京西安抚副使吕文焕，荆、鄂都统制唐永坚蜡书报蒙古军在白河口、万山、鹿门山"兴筑城堡"②。咸淳五年（公元 1269 年），唐永坚被蒙古水军千户邢德立、张志等生擒。③

三十二、程鹏飞

咸淳十年（公元 1274 年）十二月，荆、鄂都统制程鹏飞击败先渡青山矶的元军万户史格一军，程鹏飞"鏖战，被重创，归鄂州"。元兵攻鄂州，程鹏飞等以城降。④

---

① 《宋史》卷 46《度宗纪》，第 898 页。

② 《宋史》卷 46《度宗纪》，第 899 页。

③ 《元史》卷 6《世祖纪》，第 220 页。

④ 《宋史》卷 47《瀛国公纪》，第 924 页；《元史》卷 6《世祖纪》、卷 8《世祖纪》、卷 127《伯颜传》，第 158、294、3103 页；［元］苏天爵：《元名臣事略》卷 2《丞相河南武定王》，台北：商务印书馆，影印文渊阁《四库全书》本，1986 年版，第 451 册第 517 页；［元］王恽：《秋涧集》卷 50《大元光禄大夫平章政事乌兰氏先庙碑铭》，台北：商务印书馆，影印文渊阁《四库全书》本，1986 年版，第 1200 册第 671 页。

参考文献

一、古籍

[1] [春秋] 孙武撰，[三国] 曹操等注，杨丙安校理：《十一家注孙子校理》，中华书局 1999 年版。

[2] [南朝·梁] 沈约：《宋书》，中华书局点校本 1972 年版。

[3] [唐] 姚思廉：《梁书》，中华书局点校本 1972 年版。

[4] [唐] 魏徵：《隋书》，中华书局点校本 1975 版年。

[5] [唐] 张九龄等撰，李林甫等补，陈仲夫点校：《唐六典》，中华书局 1992 年版。

[6] [唐] 李吉甫撰，贺次君点校：《元和郡县图志》卷 28《江南道》，中华书局 1983 年版。

[7] [后晋] 刘昫：《旧唐书》，中华书局点校本 1975 年版。

[8] [宋] 欧阳修、宋祁等撰：《新唐书》，中华书局点校本 1975 年版。

[9] [宋] 薛居正：《旧五代史》，中华书局点校本 1976 年版。

[10] [宋] 欧阳修撰，李逸安点校：《欧阳修全集》，中华书局 2001 年版。

[11] [宋] 司马光：《资治通鉴》，中华书局 1956 年版。

[12] [宋] 司马光撰，邓广铭、张希清点校：《涑水记闻》，

中华书局1989年版。

［13］［宋］曾公亮、丁度等编：《武经总要》，《中国兵书集成》编委会：《中国兵书集成》第3册，解放军出版社、辽沈出版社1987年版。

［14］［宋］欧阳修著，李逸安点校：《欧阳修全集》，中华书局2001年版。

［15］［宋］王称撰，孙言诚、崔国光点校：《东都事略》，《二十五别史》，齐鲁书社2000年版。

［16］［宋］曾巩撰，王瑞来校点：《隆平集校证》，中华书局2012年版。

［17］［宋］王存撰，王文楚、魏如嵩标点：《元丰九域志》，中华书局1984年版。

［18］［宋］曾巩：《元丰类稿》，《宋集珍本丛刊》，线装书局2004年版。

［19］［宋］沈括：《梦溪笔谈》，台北：商务印书馆，影印文渊阁《四库全书》本，1986年版。

［20］［宋］宋祁：《景文集》，台北：商务印书馆，影印文渊阁《四库全书》本，1986年版。

［21］［宋］李若水：《忠愍集》，台北：商务印书馆，影印文渊阁《四库全书》本，1986年版。

［22］［宋］杨尧弼撰，朱希祖校补：《伪齐录校补》，重庆独立出版社1945年版。

［23］［宋］李焘：《续资治通鉴长编》，中华书局2004年版。

［24］［宋］宗泽：《宗忠简公文集》，台北：商务印书馆，影印文渊阁《四库全书》本，1986年版。

［25］［宋］宗泽：《宋宗忠简公全集》卷9《宗忠简公事状》，清康熙刊本。

［26］［宋］確庵、耐庵编，崔文印笺证：《靖康稗史笺证》，中华书局 2010 年版。

［27］［宋］李纲著，王瑞明点校：《李纲全集》，岳麓书社 2004 年版。

［28］［宋］庄绰撰，萧鲁阳点校：《鸡肋编》，中华书局 1983 年版。

［29］［宋］程俱：《北山小集》，四部丛刊本。

［30］［宋］赵鼎：《忠正德文集》，台北：商务印书馆，影印文渊阁《四库全书》本，1986 年版。

［31］［宋］王柏：《鲁斋王文宪公文集》，《续金华丛书》，（民国）永康胡化梦选刻本。

［32］［宋］李光：《庄简集》，台北：商务印书馆，影印文渊阁《四库全书》本，1986 年版。

［33］［宋］叶梦得：《石林奏议》，续修四库全书编委会编：《续修四库全书》，上海古籍出版社 2003 年版。

［34］［宋］吕颐浩著，徐三见等点校：《吕颐浩集》，《浙江文丛》，浙江古籍出版社 2012 年版。

［35］［宋］汪藻：《浮溪集》，台北：商务印书馆，影印文渊阁《四库全书》本，1986 年版。

［36］［宋］张守：《毗陵集》，台北：商务印书馆，影印文渊阁《四库全书》本，1986 年版。

［37］［宋］汪藻著，王智勇笺：《靖康要录笺注》，四川大学出版社 2008 年版。

［38］［宋］汪应辰：《汪文定公集》，《宋集珍本丛刊》，线装书局 2004 年版。

［39］［宋］叶梦得著，宇文绍奕考异，侯忠义点校：《石林燕语》，中华书局 1984 年版。

[40]［宋］赵彦卫撰，傅根清点校：《云麓漫钞》，中华书局1996年版。

[41]［宋］叶梦得：《石林居士建康集》，《宋集珍本丛刊》，线装书局2004年版。

[42]［宋］张栻著，邓洪波校点：《张栻集》，岳麓书社2010年版。

[43]［宋］张孝祥著，于鹏点校：《于湖居士文集》，上海古籍出版社1980年版。

[44]［宋］曹彦约：《昌谷集》，台北：商务印书馆，影印文渊阁《四库全书》本，1986年版。

[45]［宋］陈均撰，许沛藻等点校：《皇朝编年纲目备要》，中华书局2006年版。

[46]［宋］刘才邵：《檆溪居士集》，台北：商务印书馆，影印文渊阁《四库全书》本，1986年版。

[47]［宋］周南：《山房集》，台北：商务印书馆，影印文渊阁《四库全书》本，1986年版。

[48]［宋］张嵲：《紫微集》，台北：商务印书馆，影印文渊阁《四库全书》本，1986年版。

[49]［宋］洪皓：《松漠纪闻》，《全宋笔记》第三编第七册，大象出版社2008年。

[50]［宋］张扩：《东窗集》，台北：商务印书馆，影印文渊阁《四库全书》本，1986年版。

[51]［宋］张知甫著，孔凡礼整理：《可书》，《全宋笔记》第4编，大象出版社2008年版。

[52]［宋］孙觌：《鸿庆居士集》，台北：商务印书馆，影印文渊阁《四库全书》本，1986年版。

[53]［宋］王庭珪：《卢溪先生文集》，《宋集珍本丛刊》，线

装书局 2004 年版。

［54］［宋］程大昌：《演繁录》，台北：商务印书馆，影印文渊阁《四库全书》本，1986 年版。

［55］［宋］岳珂著，王曾瑜校注：《鄂国金佗稡编、续编校注》，中华书局 1989 年版。

［56］［宋］岳珂：《宝真斋书法赞》，台北：商务印书馆，影印文渊阁《四库全书》本，1986 年版。

［57］［宋］刘爚：《云庄集》，台北：商务印书馆，影印文渊阁《四库全书》本，1986 年版。

［58］［宋］李心传撰：《建炎以来系年要录》，上海古籍出版社 1992 年版，文渊阁《四库全书》本。

［59］［宋］李心传撰，胡坤点校：《建炎以来系年要录》，中华书局 2013 年版。

［60］［宋］李心传撰，徐规点校：《建炎以来朝野杂记》，中华书局 2000 年版。

［61］［宋］徐梦莘：《三朝北盟会编》，上海古籍出版社 2008 年版。

［62］［宋］熊克：《中兴小纪》，台北：文海出版社 1968 年版。

［63］［宋］王明清：《挥麈录》，上海书店出版社 2001 年版。

［64］［宋］李𡌴撰，燕永成校正：《皇宋十朝纲要校正》，中华书局 2013 年版。

［65］［清］徐松辑，四川大学古籍整理研究所校点：《宋会要辑稿》，上海古籍出版社 2014 年版。

［66］［宋］叶绍翁著，沈锡麟、冯惠民点校：《四朝闻见录》，中华书局 1989 年版。

［67］［宋］曾敏行著，朱杰人标校：《独醒杂志》，上海古籍出版社 1986 年版。

[68]［宋］胡寅：《斐然集》，中华书局1993年版。

[69]［宋］周去非撰，杨武泉注解：《岭外代答校注》，中华书局1999年版。

[70]［宋］周麟之：《海陵集》，台北：商务印书馆，影印文渊阁《四库全书》本，1986年版。

[71]［宋］韩元吉：《南涧甲乙稿》，《丛书集成初编》本，中华书局1985年版。

[72]［宋］李弥逊：《筠溪集》，台北：商务印书馆，影印文渊阁《四库全书》本，1986年版。

[73]［宋］史浩：《鄮峰真隐漫录》，《宋集珍本丛刊》，线装书局2004年版。

[74]［宋］彭龟年：《止堂集》，台北：商务印书馆，影印文渊阁《四库全书》本，1986年版。

[75]［宋］袁说友：《东塘集》，《宋集珍本丛刊》，线装书局2004年版。

[76]［宋］王之望：《汉滨集》，台北：商务印书馆，影印文渊阁《四库全书》本，1986年版。

[77]［宋］赵升纂，王瑞来点校：《朝野类要》，中华书局2007年版。

[78]［宋］赵万年著，张剑光、周绍华点校：《襄阳守城录》，《全宋笔记》第六编，大象出版社2013年版。

[79]［宋］华岳著，马君骅点校：《翠微南征录北征录合集》，黄山书社2014年版。

[80]［宋］洪迈著，何卓点校：《夷坚志》，中华书局1981年版。

[81]［宋］朱熹著，尹波、郭齐点校：《朱熹集》，四川教育出版社1996年版。

[82]［宋］朱熹：《晦庵别集》，台北：商务印书馆，文渊阁

影印《四库全书》本，1986年版。

［83］［宋］朱熹、李幼武：《宋名臣言行录五集》，台北：文海出版社1967年版。

［84］［宋］王炎：《双溪文集》，《宋集珍本丛刊》，线装书局2004年版。

［85］［宋］叶适著，刘功纯、王孝鱼、李哲夫点校：《叶适集》，中华书局1961年版。

［86］［宋］吴泳：《鹤林集》，《宋集珍本丛刊》，线装书局2004年版。

［87］［宋］洪咨夔：《平斋文集》，《宋集珍本丛刊》，线装书局2004年版。

［88］［宋］杨万里著，辛更儒笺校：《杨万里集笺校》，中华书局2007年版。

［89］［宋］章颖：《宋朝南渡十将传》，《碧琳琅馆丛书》本，［清］宣统己酉年（公元1909年）刻本。

［90］［宋］薛季宣：《浪语集》，台北：商务印书馆，影印文渊阁《四库全书》本，1986年版。

［91］［宋］宇文懋昭著，崔文印校证：《大金国志校证》，中华书局2011年版。

［92］［宋］陈傅良：《陈傅良文集》，周梦江点校，浙江大学出版社1999年版。

［93］［宋］黄榦：《勉斋先生黄文肃公文集》，《宋集珍本丛刊》，线装书局2004年版。

［94］［宋］徐自明著，王瑞来校补：《宋宰辅编年录校补》，中华书局1986年版。

［95］［宋］赵汝愚：《宋朝诸臣奏议》，上海古籍出版社1999年版。

［96］［宋］曾敏行著，朱杰人标校：《独醒杂志》，上海古籍出版社 1986 年版。

［97］［宋］袁燮：《絜斋集》，台北：商务印书馆，影印文渊阁《四库全书》本，1986 年。

［98］［宋］杜大珪：《名臣碑传琬琰集》，台北：文海出版社 1969 年版。

［99］［宋］袁甫：《蒙斋集》，台北：商务印书馆，影印文渊阁《四库全书》本，1986 年版。

［100］［宋］章如愚：《山堂考索》，中华书局 1992 年版。

［101］［宋］范成大：《吴船录》，上海师范大学古籍整理研究所编：《全宋笔记》第五编，大象出版社 2012 年版。

［102］［宋］王应麟撰，张保见注：《通鉴地理通释校注》，四川大学出版社 2009 年版。

［103］［宋］王应麟：《玉海》，广陵书社 2003 年版。

［104］［宋］马光祖修，周应合纂，王晓波等点校：《景定建康志》，《宋元珍稀地方志丛刊》甲编，四川大学出版社 2007 年版。

［105］［宋］郑樵：《通志》，宋刻宋元递修本，中华再造善本。

［106］［宋］陈亮著，邓广铭校点：《陈亮集》（增订本），中华书局点校本 1987 年版。

［107］［宋］陈亮：《龙川文集》，《金华丛书》，［清］同治七年刻本。

［108］［宋］周必大：《庐陵周益国文忠公集》，《宋集珍本丛刊》，线装书局 2004 年版。

［109］［宋］黎靖德编，王星贤点校：《朱子语类》，中华书局 1986 年版。

［110］［宋］魏了翁：《重校鹤山先生大全文集》，《宋集珍本丛刊》，线装书局 2004 年版。

［111］［宋］真德秀：《西山先生真文忠公文集》，《宋集珍本丛刊》，线装书局 2004 年版。

［112］［宋］楼钥著，顾大朋点校：《楼钥集》，浙江古籍出版社 2010 年版。

［113］［宋］陆游：《老学庵笔记》，中华书局 1979 年版。

［114］［宋］陆游：《陆游集》，中华书局 1976 年版。

［115］［宋］陈造：《江湖长翁文集》，《宋集珍本丛刊》，线装书局 2004 年版。

［116］［宋］李如篪著，程郁校点：《东园丛说》，《全宋笔记》第五编第十册，大象出版社 2012 年版。

［117］［宋］刘克庄著，王蓉贵、向以鲜、刁忠民点校：《后村先生大全集》，四川大学出版社 2008 年版。

［118］［宋］赵彦卫著，傅根清点校：《云麓漫钞》，中华书局 1996 年版。

［119］［宋］罗大经著，王瑞来点校：《鹤林玉露》，中华书局 1983 年版。

［120］［宋］佚名撰，汝企和点校：《续编两朝纲目备要》，中华书局 1995 年版。

［121］［宋］度正：《性善堂稿》，台北：商务印书馆，影印文渊阁《四库全书》本，1986 年版。

［122］［宋］程珌：《程端明公洺水集》，《宋集珍本丛刊》，线装书局 2004 年版。

［123］［宋］祝穆：《方舆胜览》，中华书局 2003 年版。

［124］［宋］王质：《雪山集》，《宋集珍本丛刊》，线装书局 2004 年版。

［125］［宋］杨仲良：《续资治通鉴长编纪事本末》，北京图书馆出版社 2003 年版。

[126]［宋］方岳：《秋崖集》，台北：商务印书馆，影印文渊阁《四库全书》本，1986 年版。

[127]［宋］林希逸：《竹溪鬳斋十一藁续集》，《宋集珍本丛刊》，线装书局 2004 年版。

[128]［宋］卫泾：《后乐集》，台北：商务印书馆，影印文渊阁《四库全书》本，1986 年版。

[129]［宋］阳枋：《字溪集》，台北：商务印书馆，影印文渊阁《四库全书》本，1986 年版。

[130]［宋］李曾伯：《可斋杂稿》，《宋集珍本丛刊》，线装书局 2004 年版。

[131]［宋］王之道：《〈相山集〉点校》，国家图书馆出版社 2006 年版。

[132]［宋］施谔撰，［清］胡敬辑：《淳祐临安志辑逸》，《宋元地方志丛书续编》，台北：大化书局 1990 年版。

[133]［宋］佚名，汝企和点校：《续编两朝纲目备要》，中华书局 1995 年版。

[134]［宋］佚名纂修，［清］文廷式辑：《宝祐寿昌乘》，《宋元方志丛刊》，中华书局 2006 年版。

[135]［宋］文天祥：《文天祥全集》，中国书店 1985 年版。

[136]［宋］黄震：《黄氏日抄》，台北：商务印书馆，影印文渊阁《四库全书》本，1986 年版。

[137]［宋］周密著，张茂鹏点校：《齐东野语》，中华书局 1983 年版。

[138]［宋］周密：《武林旧事》，中华书局 2007 年版。

[139]［宋］张金吾：《金文最》，中华书局 1990 年版。

[140]［宋］刘时举：《续宋编年资治通鉴》，元刊本。

[141]［宋］马端临撰，上海师范大学古籍研究所、华东师范

大学古籍研究所点校：《文献通考》，中华书局 2011 年版。

[142] [宋] 郑思肖：《郑思肖集》，上海古籍出版社 1991 年版。

[143] [宋] 刘宰：《京口耆旧传》，台北：商务印书馆，影印文渊阁《四库全书》本，1986 年版。

[144] [金] 佚名：《大金吊伐录》，《四部丛刊》本。

[145] [元] 佚名撰，王瑞来笺证：《宋季三朝政要笺证》，中华书局 2010 年版。

[146] [元] 刘一清：《钱塘遗事》，台北：商务印书馆，影印文渊阁《四库全书》本，1986 年版。

[147] [元] 佚名：《宋史全文续资治通鉴》，台北：文海出版社 1967 年版。

[148] [元] 陈桱：《通鉴续编》，台北：商务印书馆，影印文渊阁《四库全书》本，1986 年版。

[149] [元] 佚名著，余大钧译注：《蒙古秘史》，河北人民出版社 2000 年版。

[150] [元] 王义山：《稼村类稿》，商务印书馆，1986 年版。

[151] [元] 苏天爵编：《元文类》，台北：商务印书馆，影印文渊阁《四库全书》本，1986 年版。

[152] [元] 苏天爵：《元名臣事略》，台北：商务印书馆，影印文渊阁《四库全书》本，1986 年版。

[153] [元] 王恽：《秋涧集》，四部丛刊本。

[154] [元] 脱脱等：《宋史》，中华书局点校本 1977 年版。

[155] [元] 脱脱等：《金史》，中华书局点校本 1975 年版。

[156] [元] 脱脱等：《辽史》，中华书局点校本 1974 年版。

[157] [元] 陶宗仪：《说郛三种》，上海古籍出版社 1988 年影印本。

[158] [明] 宋濂等：《元史》，中华书局 1976 年版。

[159]［明］解缙、姚广孝编纂：《永乐大典》，［明］嘉靖年间刻本。

[160]［明］黄淮、杨士奇：《历代名臣奏议》，上海古籍出版社 1989 年版。

[161]［明］天顺二年《〈满江红〉词碑》，汤阴：岳飞纪念馆藏。

[162]［明］田汝成撰，陈志明校：《西湖游览志》，东方出版社 2012 年版。

[163]［明］程敏政：《新安文献志》，［明］弘治刻本。

[164] 杨慎：《丹铅余录》，台北：商务印书馆，影印文渊阁《四库全书》本，1986 年版。

[165]［明］于弈正撰，［清］孙国敉校补，翁方纲校：《天下金石志》，《续修四库全书》，上海古籍出版社 2002 年版。

[166]［明］冯琦、冯瑗：《经济类编》，台北：商务印书馆，影印文渊阁《四库全书》本，1986 年版。

[167]［明］张志淳：《南园漫录》，台北：商务印书馆，影印文渊阁《四库全书》本，1986 年版。

[168]［明］唐顺之纂辑：《武编》，台北：商务印书馆，影印文渊阁《四库全书》本，1986 年版。

[169]［明］刘汝松、贾应春修，朱衣纂：《嘉靖汉阳府志》，《天一阁藏明代方志选刊》，上海古籍书店 1965 年影印本。

[170]［明］曾嘉诰修，汪心纂：《嘉靖尉氏县志》，《天一阁藏明代方志选刊》，上海古籍书店 1965 年影印本。

[171]［清］缪荃孙纂：《江苏金石志》，《石刻史料新编》，台北：新文丰出版公司 1982 年版。

[172]［清］顾祖禹撰，贺次君、施合金点校：《读史方舆纪要》，中华书局 2005 年版。

[173]［清］顾炎武：《天下郡国利病书》，《续修四库全书》，

上海古籍出版社 2002 年版。

[174] [清] 昭梿撰，何英芳点校：《啸亭杂录》，中华书局 1980 年版。

[175] [清] 杨守敬：《杨守敬集》，湖北人民出版社、湖北教育出版社 1997 年版。

[176] [清] 王昶编：《金石萃编》，《历代碑志丛书》，江苏古籍出版社 1985 年影印本。

[177] [清] 《湖广通志》，台北：商务印书馆，影印文渊阁《四库全书》本，1986 年版。

二、国外文献

[1] [波斯] 拉施特主编，余大钧、周建奇译：《史集》，商务印书馆 2014 年版。

[2] [日] 斯波义信著，方健、何忠礼译：《宋代江南经济史》，江苏人民出版社 2000 年版。

三、今人著作

[1] 何竹淇：《岳飞抗金史略》，生活・读书・新知三联书店 1959 年版。

[2] 陈述：《金史拾补五种》，科学出版社 1960 年版。

[3] 李安：《岳飞评传》，台北：正中书局 1969 年版。

[4] 李安：《岳飞史迹考》，台北：中正书局 1976 年版。

[5] 李汉魂：《宋岳武穆公飞年谱》，台北：商务印书馆 1980 年版。

[6] 邓广铭：《岳飞传》（增订本），人民出版社 1983 年版。

[7] 朱瑞熙：《中华民族杰出人物传・岳飞传》，中国青年出版社 1983 年版。

[8] 黄宽重：《南宋史研究集》，台北：新文丰出版公司 1985 年版。

[9] 韩儒林主编，陈得芝、邱树森、丁国范、施一揆著：《元朝史》，人民出版社 1986 年版。

[10] 台湾三军大学编：《中国历代战争史·宋辽夏金》（下），台湾：军事谊文出版社 1987 年版。

[11] 四川省成都市政协文史资料研究委员会、成都市政协文史资料研究委员会编：《宋元战争史》，四川省社会科学院出版社 1988 年版。

[12] 康宁：《古代战争中的攻防战术》，人民出版社 1992 年版。

[13] 樊军：《〈吴挺碑〉校注》，兰州大学出版社 1993 年版。

[14] 中共中央马克思恩格斯列宁斯大林著作编译局：《马克思恩格斯选集》，人民出版社 1995 年版。

[15] 汪圣铎：《两宋财政史》，中华书局 1995 年版。

[16] 程民生：《宋代地域文化》，河南大学出版社 1997 年版。

[17] 李华瑞：《宋夏关系史》，河北人民出版社 1998 年版。

[18] 李锦绣：《唐朝制度史略论稿》，中国政法大学出版社 1998 年版。

[19] 刘浦江：《辽金史论》，辽宁大学出版社 1999 年版。

[20] 徐规：《仰素集》，杭州大学出版社 1999 年版。

[21] 顾宏义：《天裂：十二世纪宋金和战实录》，上海书店出版社 2000 年版。

[22] 史继刚：《宋代军用物资保障研究》，西南财经大学出版社 2000 年版。

[23] 王光宙主编：《作战指挥学》，石家庄陆军指挥学院 2000 年版。

[24] 李华瑞：《宋史论集》，河北大学出版社 2001 年版。

[25] 龚延明：《岳飞研究》，南京大学出版社 2001 年版。

[26] 李耐国：《军事情报研究》，军事科学出版社 2001 年版。

［27］王云裳：《刘锜评传》，巴蜀书社 2001 年版。

［28］钱海皓：《军队组织编制学》，军事科学出版社 2001 年版。

［29］杨果：《宋代两湖平原地理研究》，湖北人民出版社 2001 年版。

［30］张文：《宋朝社会救济研究》，西南大学出版社 2001 年版。

［31］黄宽重：《南宋地方武力——地方军与民间自卫武力的探讨》，台北：东大图书公司 2002 年版。

［32］范晓光主编：《中国古代战争动员》，军事科学出版社 2003 年版。

［33］陈振：《宋史》，上海古籍出版社 2004 年版。

［34］王曾瑜：《岳飞和南宋前期政治与军事研究》，河南大学出版社 2005 年版。

［35］张军：《军事气象学》，气象出版社 2005 年版。

［36］朱瑞熙、程郁：《宋史研究》，福建人民出版社 2006 年版。

［37］王曾瑜：《尽忠报国——岳飞新传》，河北人民出版社 2007 年版。

［38］王曾瑜：《荒淫无道宋高宗》，河北人民出版社 2007 年版。

［39］胡阿祥、彭安玉、郭黎安：《兵家必争之地》，海南出版社 2007 年版。

［40］顾宏义：《天平：十三世纪宋蒙（元）和战实录》，上海书店出版社 2007 年版。

［41］龚延明：《岳飞研究》，人民出版社 2008 年版。

［42］漆侠、乔幼梅：《辽夏金经济史》，《漆侠全集》第 5 卷，河北大学出版社 2008 年版。

［43］漆侠：《漆侠全集》，河北大学出版社 2008 年版。

［44］王曾瑜：《涓埃编》，河北大学出版社 2008 年版。

［45］程民生：《宋代物价研究》，人民出版社 2008 年版。

[46] 王曾瑜：《丝毫编》，河北大学出版社2009年版。

[47] 孟福祥、李根安等：《陆军分队军事训练学》，军事科学出版社2009年版。

[48] 王曾瑜：《辽金军制》，河北大学出版社2011年版。

[49] 王曾瑜：《宋朝军制初探》（增订本），中华书局2011年版。

[50] 王曾瑜：《点滴编》，河北大学出版社2010年版。

[51] 王曾瑜：《纤微编》，河北大学出版社2011年版。

四、论文

[1] 中一：《南宋初年的军人与和战》，《华北日报·史学周刊》1935年6月21日。

[2] 缪凤林：《宋高宗与女真议和论》，《国风》8卷2期，1938年。

[3] 蒯伯赞：《两宋时代汉奸及傀儡组织》，《中苏文化》6卷2期，1940年。

[4] 方豪：《论宋代之军队》，《民主评论》1954年1月。

[5] 方豪：《宋代战史》，《中国战史论集》1954年6月。

[6] 张荫麟：《南宋亡国史补》，台北："国立"编译馆中华丛书编审委员会：《宋史研究集》第2辑，1964年。

[7] 陈振：《有关宋代抗金义军将领李宋臣的史料及其他》，《文物》1973年第11期。

[8] 黄宽重：《孟珙年谱》，《南宋史研究集》，台北：新文丰出版公司1975年版。

[9] 徐规：《朱仙镇之役与岳飞班师考》，《杭州大学学报》1978年第1期。

[10] 石文济：《南宋初期军力的建立》，《史学汇刊》第9期，1978年10月。

[11] 黄宽重：《宋元襄樊之战》，《南宋史研究》，台北：新文

丰出版公司 1985 年版。

［12］黄宽重：《从坞堡到山水寨——地方自卫武力》，《南宋史研究集》，台北：新文丰出版公司 1985 年版。

［13］王德毅：《崔与之与晚宋政局》，《台大历史学报》第 19 期，1985 年 6 月。

［14］屈超立：《简析宋蒙鄂州之战与“鄂州和议”》，《西南民族大学学报》（人文社科版）1986 年 S1 期。

［15］崔新社：《河北襄樊市郊发现南宋摩崖石刻》，《文物》1987 年第 3 期。

［16］屈超立：《论吕文德及吕氏军事集团》，胡昭曦、邹重华主编：《宋蒙（元）关系研究》，四川大学出版社 1989 年版。

［17］汤开建：《有关“铁鹞子”诸问题的考释》，《宋史研究论文集》（1987 年年会编刊），河北教育出版社 1989 年版。

［18］邹重华：《南宋收复“三京”失败的原因》，《西南师范大学学报》1989 年 1 期。

［19］林登泉：《严格清廉率先垂范——岳飞治军之法浅析》，《军事历史》1989 年第 2 期。

［20］杨倩描：《南宋郭氏军事集团述论》，《山西师范大学学报》1991 年第 1 期。

［21］罗炳良：《宋代军事训练及其效果》，《北方工业大学学报》1991 年 4 月。

［22］张秀平、罗炳良：《岳家军群体人物研究》，《中国史研究》1997 年第 1 期。

［23］胡昭曦：《宋代是中国古代城市发展的重要时期》，《胡昭曦宋史论集》，西南大学出版社 1998 年版。

［24］胡昭曦：《研究地方史要重视必要的实地考察》，《胡昭曦宋史论集》，西南大学出版社 1998 年版。

［25］胡昭曦：《论宋蒙（元）关系》，《胡昭曦宋史论集》，西南师范大学出版社 1998 年版。

［26］顾宏义：《岳飞之死与宋太祖“不杀大臣”誓约考》，《华东师范大学学报》（哲学社会科学版）第 33 卷第 1 期，2001 年 1 月。

［27］靳华：《嘉定和议后的宋金关系》，《北方论丛》2002 年 6 月。

［28］赵万须：《也谈战争胜负的决定因素》，《中国军事科学》第 16 卷，2003 年 2 月。

［29］王云裳：《论宋代军队的赢利性经营》，《辽宁大学学报》（哲学社会科学版）2003 年第 5 期。

［30］何忠礼、邓瑾：《贾似道与鄂州之战》，《中华文史论丛》总第 79 辑，2005 年。

［31］南京政治学院理论研究室：《把提高战斗力作为根本出发点和落脚点——五论坚持在国防和军队建设中贯彻落实科学发展观》，《解放军报》2005 年 12 月 22 日。

［32］蔡志强、卢厚清、张永利、陈赛锋：《多维约束下的军队战斗力增长模型》，《运筹与管理》第 14 卷第 3 期，2005 年 4 月。

［33］马继业：《宋代城池防御探究》，山东师范大学 2005 年硕士学位论文。

［34］吴涓：《试探南宋中后期之文武关系——（1190—1279 年）》，《嘉南学报》第 32 期，2006 年。

［35］鼓元吉：《宋代鄂州城市布局初探》，（韩国）《中国史研究》第 40 辑，2006 年 2 月。

［36］付东、方程、王振雷：《作战能力与作战效能评估方法研究》，《军事运筹与系统工程》第 20 卷第 4 期，2006 年 12 月。

［37］姚建根：《宋朝制置使制度研究》，复旦大学 2007 年博

士学位论文。

［38］何玉红：《南宋西北战区军粮的消耗以及屯田与水利建设》，《中国农史》2007 年第 3 期。

［39］李强：《试论军事统帅权及其配置——以军队领导指挥体制为视角》，《当代法学》第 21 卷第 6 期，2007 年 11 月。

［40］军中一卒：《充分认识后勤保障在现代战争中的重要性》，新浪博客，2007 年 8 月 22 日。

［41］杨倩描：《从俄藏黑水城文献看宋代的“背嵬”》，《宋史研究论丛》第 9 辑，河北大学出版社 2008 年版。

［42］赵永春：《“澶渊之盟”对宋金和战的影响》，《黑龙江民族丛刊》2008 年第 1 期。

［43］王青松：《从刘整叛宋论南宋的“打算法”及其末期的军政危机》，《西北大学学报》（哲学社会科学版）2008 年第 2 期。

［44］张其凡：《宋代军制改革及其特点》，《河北学刊》2008 年 5 月。

［45］杨晓敏：《从宋金结盟过程看北宋晚期腐败政治》，《天水师范学院学报》2008 年第 4 期。

［46］曾建忠：《古代荆襄地区军事地理位置及其战略地位》，《湘潭师范学院学报》（社会科学版）2009 年 1 月。

［47］王曾瑜：《北宋晚期政治简论》，《丝毫编》，河北大学出版社 2009 年版。

［48］陈正庭：《贾似道与晚宋政局研究》，台湾“国立”中兴大学 2009 年硕士学位论文。

［49］郑丽萍：《宋朝宣抚使制度研究》，河北大学 2009 年博士学位论文。

［50］梁伟基：《宋高宗时期三衙的重建与发展》，香港中文大学《中国文化研究所学报》第 49 期，2009 年。

［51］任德才：《“三种作战能力”说长道短》，《解放军报·军事论坛》2011 年 8 月 18 日第 10 版。

［52］贾文龙：《海江联防：岳飞旧部与南宋水军》，“纪念岳飞诞辰 910 周年学术研讨会”发言稿，2013 年 3 月。

［53］蒋怡先：《宋金对峙时期“归正人”研究》，华中师范大学 2012 年硕士学位论文。

［54］王曾瑜：《中国近代宋史研究奠基者的六十六年治史丰碑》，《丝毫编》，河北大学出版社 2009 年版。

［55］王曾瑜：《关于岳飞第四次北伐战绩的通信》，《丝毫编》，河北大学出版社 2009 年版。

［56］顾文璧：《岳飞清水亭之战和岳家军出师建康的路线问题》，龚延明、岳朝军主编：《岳飞研究论文集汇编》，浙江大学出版社 2013 年版。

［57］郭秉寅：《岳飞的治军之道》（岳飞军事思想探讨摘录），龚延明、岳朝军主编：《岳飞研究论文集汇编》，浙江大学出版社 2013 年版。

［58］张其凡：《岳飞军事思想试探——兼论宋代军事思想的发展》，龚延明、岳朝军主编：《岳飞研究论文集汇编》，浙江大学出版社 2013 年版。

［59］曾琼碧：《论宋高宗收兵权》，龚延明、岳朝军主编：《岳飞研究论文集汇编》，浙江大学出版社 2013 年版。

［60］姜青青：《南宋初年诸将帅军事合作初探》，龚延明、岳朝军主编：《岳飞研究论文集汇编》，浙江大学出版社 2013 年版。

［61］程民生：《宋代军队数量考》，《宋代人口问题考察》，河南人民出版社 2013 年版。

［62］程民生：《宋代兵力部署考察》，《宋代人口问题考察》，河南人民出版社 2013 年版。

［63］毛元佑：《岳飞“反攻中原”战略述评》，龚延明、岳朝军主编：《岳飞研究论文集汇编》，浙江大学出版社 2013 年版。

［64］顾文璧：《〈宋史·岳飞传〉建康府“新城”的地点问题——〈读史方舆纪要〉辨误》，龚延明、岳朝军主编：《岳飞研究论文集汇编》，浙江大学出版社 2013 年版。

［65］韩毅、刘红：《岳飞》，山东孙子研究会编：《中国古代著名军事家评传》，齐鲁书社 2013 年版。

［66］熊燕军：《战略错位与宋蒙（元）襄樊之战——从南宋援襄诸军的构成谈起》，《宋史研究论丛》第 14 辑，河北大学出版社 2013 年版。

［67］彭光谦、金一南、罗援：《甲午之战，中国败在哪里?》，《世界军事》2014 年第 10 期（5 月下）。

［68］史泠歌、王曾瑜：《岳飞：无可置疑的民族英雄》，《文汇报·文汇学人》2015 年 4 月 10 日。

［69］武汉市文物考古研究院、武汉大学历史学院：《武汉蔡家嘴墓地发现南宋董先墓及墓志铭考》，《武汉文博》2015 年第 2 期。

［70］王曾瑜：《宋徽宗时的奸臣群》，《中华文史论丛》2015 年第 3 期。

［71］王曾瑜：《宋徽宗时的宦官群》，《隋唐辽宋金元史论丛》第 5 辑，上海古籍出版社 2015 年版。

后　　记

九百多个日夜，感觉却是弹指一挥间。博士后在站期间的甘苦不必叙述，诸位先生、同学、亲朋所给予的关爱却必须要说，以表达我的感激之情。

2012 年 9 月进入河南大学历史文化学院博士后流动站后，在程民生先生门下学习的过程中，深深感受到程先生热爱学术、刻苦治学的精神。例如，迄今为止，《续资治通鉴长编》一书，程先生已经通读十二遍。程先生在繁忙工作之余，还细心指导我的研究，关心我的生活，教给我面对生活挑战的技巧。承蒙程先生的悉心引领，我得以顺利完成博士后研究工作。程先生提携后学之精神，每每令我感慨颇多，唯有励志求真以图报。程先生热爱生活，待人热诚，做事严谨，思维开阔，这些都深深感染与影响着我，激励我前行。

2013 年，为了参加汤阴纪念岳飞诞辰 910 年的活动，对岳飞研究十分无知的我，临时赶写了《“岳家军”作为特殊历史现象的思考》一文。程民生先生对我要求十分严格，改写多次，仍不合他的意。最终，他又在春节特别打电话，要我将博士后的出站报告，即以岳家军为题。

我不得不去求教恩师王曾瑜先生，先生立即表示赞成。他要我向符海潮先生学习，通过对这个课题的研讨和写作，力争成为新一代的岳飞研究专家。他认为，由于岳飞是中国古代伟大的爱国将领，对今天中华民族的精神文明建设仍有相当大的意义和影响。就宋史界而论，确实需要有新一代的专家，以应对社会上必然出现的各种对史学的需求。他指出，这既需要逐步熟悉《鄂国金佗稡编、续编校注》的史料，逐步熟悉现代的岳飞研究状况，逐步熟悉岳飞事迹的各个细节，也需要了解岳飞的民间故事，例如阅读《说岳全传》等，以便准确区分历史和传说。岳飞研究的新成果自然不可能写很多，但有了以上的知识基础，就可以做到胸有成竹，应付裕如。

在我学习与论文写作过程中，恩师王曾瑜先生投入了大量的时间与精力。记得七十余高龄的先生，在帮我修改博士论文书稿时，曾经感到脚趾发凉，每每想起此事，心中都充满了愧疚与自责。恩师汪圣铎先生、姜锡东先生亦是一如既往地热情关怀和指导，鼓励我乐观地面对生活，踏实地工作。

同时，感谢朱瑞熙先生、张邦炜先生、龚延明先生、郑明宝先生、刘复生先生、苗书梅先生、李华瑞先生、孙久龙先生、丁建军先生、王晓龙先生、王晓薇先生、贾文龙先生、王红梅先生、肖崇林先生、刘秋根先生、肖爱民先生、刘云军先生、尹猛先生、王琳先生、王娜先生的关心、帮助和赐宜。

感谢汤阴县文化馆王波清先生的热诚相待和关心，大力支持和帮助；感谢安阳学院傅炳熙先生提供的吟咏岳飞诗词；感谢王茂华师姐主动提供的电子资料，使我查找有关资料时非常方便；感谢惠鹏飞师弟、张彦晓师妹在紧张的学习中帮我核对二十条注释页码；感谢一起入站的徐秀玲姐妹般的关心与帮助；感谢田志光师兄的关心和在我办理出站手续时给予的惠助；感谢受志敏、陈丽娜、赵鸣矜、刘严、刘本栋等师门同窗、好友的关心和鼓励。

感谢铜仁学院校长侯长林先生、书记李树新先生，马克思主义学院院长严华先生，人事处处长杨成光先生等各级领导和同事们的真诚关心和大力支持，使我有充足的时间完成博士后报告。感谢科研处申伍爱先生、赵圣文先生对我出版资助方面的支持与帮助。

这本小书，是和河北大学出版社王红梅老师的第二次合作，王老师一如既往地精心审阅与指导，使得本书能及时出版，再次表示我的感谢。

感谢我的亲人们，对我一如既往地理解和支持。

本稿承蒙老师、友好和同窗们指点和教正，并修订了若干错误。特别蒙恩师王曾瑜先生给予最近尚在修订中的《鄂国金佗稡编、续编校注》电子稿，准许使用和复制，给了我很大方便。程民生先生在繁忙的治学之时，还拿出宝贵的时间审阅、指导我的文稿，并提出了从框架到参考文献系统的、宝贵的修改意见。看到先生们在文稿上用红色标出的修改文字，心中是幸福，更是惭愧！幸福的是，有幸得到恩师的谆谆教诲；惭愧的是，自己进步太慢，愧对恩师！然而，因拳拳于求学之途，甚至对有的先生连一句感念之词也未曾表达过。谨以此书，向他们以及曾经帮助过我的所有的人们，表示深深的谢意！本书还引用了大量的珍贵文献或学术观点，在此一并谢忱。

终日沉浸在天水一朝，青灯永夜之时，常忆起河南大学历史文化学院马玉臣师兄的音容笑貌。虽然马师兄已经离开我们两年多了，但是师兄病重之时的关怀，“恍然类昨日事”。不仅是马师兄的关爱，诸位先生给予的关爱，亦会温暖我前进的旅程。

“尽忠报国”，不仅是八百多年前岳飞的奋斗目标，也是激励我前进的座右铭。

2015 年 10 月于铜仁锦江河畔